语言战略研究丛书

语言扶贫问题研究

(第一辑)

李宇明　主　编

王春辉　王海兰　副主编

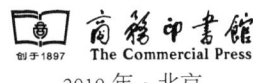

商务印书馆
创于1897　The Commercial Press
2019 年·北京

图书在版编目(CIP)数据

语言扶贫问题研究.第1辑/李宇明主编.—北京:商务印书馆,2019
(语言战略研究丛书)
ISBN 978-7-100-17483-1

Ⅰ.①语… Ⅱ.①李… Ⅲ.①社会语言学—中国—文集 ②扶贫—中国—文集 Ⅳ.①H1-53 ②F126-53

中国版本图书馆CIP数据核字(2019)第215189号

权利保留,侵权必究。

语言战略研究丛书

语言扶贫问题研究
第一辑
李宇明 主编

商 务 印 书 馆 出 版
(北京王府井大街36号 邮政编码100710)
商 务 印 书 馆 发 行
北京九州迅驰传媒文化有限公司印刷
ISBN 978-7-100-17483-1

2019年10月第1版	开本 780×1092 1/16
2019年10月北京第1次印刷	印张 22¾
定价:58.00元	

语言扶贫减贫的理论与实践
——《语言扶贫问题研究（第一辑）》代序

李宇明

扶贫减贫，是一个历史性、世界性的难题，也是古今中外负责任国家都努力追求的目标。2016年11月，国务院印发《"十三五"脱贫攻坚规划》，立志到2020年中国农村贫困人口实现脱贫、贫困县全部摘帽、解决区域性整体贫困问题。中国的扶贫减贫事业既立足本国，也有世界眼光。中国扶贫减贫事业是人类扶贫减贫事业的一部分，中国扶贫减贫可以在人类扶贫减贫史上树立一个样板。

我在《修筑扶贫脱贫的语言大道》一文中提到，语言与贫困具有相关性，语言可以扶贫，源自语言与教育的密切关系，源自语言与信息的密切关系，源自语言与人与互联网的密切关系，源自语言与人的能力和机会的密切关系。开展语言扶贫，使语言在扶贫脱贫中真正发挥作用，需要研究语言与贫困的理论关系，认识并利用好语言作用于贫困或经济发展的机制与规律，需要总结和借鉴国内外开展语言扶贫的路径与实践经验。

国际上关于语言与贫困关系的研究有三个主要方面。一是以费希曼（Joshua Fishman）、普尔（Jonathan Pool）为代表，研究语言多样性（碎片化）与经济发展的关系，他们的研究结论，学界一般称为"费希曼–普尔假说"（Fishman-Pool Hypothesis）。1966年，费希曼观察到，凡是较为富裕的国家，语言都较为统一，即具有"同质性"；而较为贫穷的国家，语言具有较强的多样性，即具有"异质性"。1972年，普尔在费希曼研究的基础上，分析了133个国家1962年前后人均国内生产总值与语言状况的关联，发现"一个语言极度繁杂的国家，总是不发达或半发达的；而一个高度发达的国家，总是具有高度的语言统一性"。2000年，尼特尔（Daniel Nettle）基于此提出了"费希曼-普尔假说"，即认为语言多样性与经济发展之间有种逆相关，而语言统一与经济发展则是正相关。

二是关于语言能力与工资收入的关系研究。1975年越南战争结束以后，许多难民到了美国，难民的语言能力与他们的工作情况息息相关：懂英语的能较快地找到工作。之后，关于移民语言与工作状况的研究，其他人群的语言能力与工资收入研究，也都在世界各地开展起来，成为语言经济学的一个重要研究领域。

三是伯恩斯坦（Basil Bernstein）等人的发现。20世纪60~70年代，伯恩斯坦从教育学角度发现，家境不好的孩子，说话总是使用"局限语码"；而中产阶级家庭的孩子，说话总是使用"复杂语码"。两类语码与语言能力的强弱基本呈正相关的关系。语言上的差别与家境息息相关，而其背后其实就是与教育资源的达及程度相关。

这三个方面大致刻画出了语言与贫困之间的关系，这也是我们开展语言扶贫和减贫研究的一些他山之石。

中国的语言减贫研究也有自己的学术亮点。一是对"费希曼-普尔假说"的补正。中国东南的广东、上海、福建、江苏等省份都处于方言区，方言和语言呈现较高程度的多样性，但是却是改革开放以来经济发展较好的地区。这一地区的语言生活有两个特点。第一，方言属于"高价值方言"：粤方言与香港及海外有关联，闽方言与台湾及海外有关联，吴方言本身的经济价值就很高。第二，建立了普通话和方言的双层语言生活，可以享受普通话的优势。故而这些地区虽然语言复杂，但并没有"碎片化"。中国经济的快速发展，就是架起了三座"立交桥"：东南方言连接港澳台和东南亚的立交桥，推广普通话建立的全国立交桥，外语学习建立的海内外的立交桥。这三座桥打破了中国语言的"碎片化"，使"费希曼-普尔假说"在当今中国失效。

二是大面积贫困与个人、家庭贫困的关系。中国的语言减贫实际要解决两个层面的贫困问题。其一是解决大面积贫困问题，即地区贫困（特别是14个连片集中特困地区），途径之一是推广普通话，之二是促进地方语言（包括民族语言、汉语方言）增值；其二是要解决个人、家庭贫困，这就需要精准扶贫，既要提升语种能力，又需重视语言技术的应用。

三是中国扶贫的"三路"经验。"要致富，先修路"。目前，全国上下齐动员，正在为扶贫脱贫修筑"三条大路"：村村通公路，这是现实之路；户户通广播电视，宽带网络广覆盖，这是电信之路；2018年1月，教育部、国务院扶贫办、国家语委联合制定了《推普脱贫攻坚行动计划（2018—2020年）》，要为扶贫脱贫修筑语言大道，这是负载知识与机遇之路。

中国是人类减贫事业的重要成员。中华人民共和国成立以来，采取了各种措施开展扶贫减贫工作，贫困人口比率从建国之初的90%多降低到了目前的1.7%。在这个过程中语言减贫发挥了重要作用。2018年《推普脱贫攻坚行动计划（2018—2020年）》颁布，由此吹响了三年语言扶贫减贫攻坚战的号角，也成为了助力打赢扶贫脱贫攻坚战的纲领性文件。

围绕语言与贫困的关系，我国语言学界积极探索，开展了一系列讨论，形成了一系列研究成果。比如2018年和2019年的《中国语言生活状况报告》连续刊发了三篇语言与贫困的研究报告；2018年6月"语言与贫困"微信公众号创建，"推普脱贫攻坚研讨会"在江苏师范大学召开；《语言战略研究》和《云南师范大学学报（哲学社会科学版）》分别在2019年第1期和第4期刊发了"语言与贫困专题"和"语言扶贫专题"。可以说，语言与贫困问题已经成为研究的一个热点，而本论文集的推出无疑将会进一步助推此论题的深化和提升。

语言减贫是一项基础性、先导性的扶贫减贫举措。当代中国正在进行的扶贫减贫事业无疑为语言与贫困问题的研究提供了颇具特色的背景和材料。当然，许多问题还有待深入研究。比如，2020年是我国脱贫攻坚的收官之年，那么在后脱贫时代，语言扶贫与减贫的路径和模式如何，语言技术在语言减贫中如何应用等，都是值得深思的问题。我们期待有更多的学者加入语言与贫困问题研究的队伍，更期待能为中国以及人类的减贫事业贡献力量。

目　录

一、语言扶贫的理论与实践 … 1

修筑扶贫脱贫的语言大道
　　——序《中国语言生活状况报告（2018）》/ 李宇明 ………… 3
论语言因素在脱贫攻坚中的作用 / 王春辉 ……………………… 6
国内经济学视角语言与贫困研究的现状与思考 / 王海兰 ……… 25
海外语言与贫困研究的进展与反思 / 方小兵 …………………… 43
语言扶贫视域下的儿童早期语言发展干预政策及实践 / 张洁 … 63
推普脱贫有关问题探讨 / 陈丽湘等 ……………………………… 80
普通话推广的经济学分析 / 周端明 ……………………………… 97
少数民族地区语言扶贫效应研究 / 史维国等 …………………… 109

二、语言能力与人力资本 … 119

语言能力对劳动者收入贡献的测度分析 / 赵颖 ………………… 121
中国少数民族劳动力普通话能力的语言收入效应 / 王兆萍等 … 143
普通话水平与就业关系的实证检验 / 金江等 …………………… 164
藏族青年语言能力与社会经济地位关系调查研究：
　　以天祝县为例 / 王浩宇 ……………………………………… 182
语言经济学视角下藏族大学毕业生藏汉双语水平与收入的
　　相关性研究：以青海省T县藏族大学毕业生为例
　　/ 英吉卓玛等 ………………………………………………… 195

中越边境居民语言能力与经济收入关系研究：
　　以广西东兴市为例 / 卞成林等 ………………………… 205
方言与经济增长 / 徐现祥等 ……………………………… 222
方言、普通话与中国劳动力区域流动 / 李秦等 …………… 260

三、儿童语言教育与贫困代际阻断 ………………… 279

不同社会经济地位家庭儿童的入学语言准备状况比较
　　/ 陈敏倩等 …………………………………………… 281
7岁儿童语言表达的影响因素分析 / 刘志军等 …………… 293
家庭收入对儿童早期语言能力的影响作用及机制：
　　家庭学习环境的中介作用 / 李艳玮等 ………………… 303
我国西部贫困地区儿童早期语言发展现状及影响
　　因素分析 / 王博雅等 ………………………………… 316
贫困代际传递的神经机制以及教育阻断策略 / 周加仙等 ……… 334

附录：语言扶贫问题研究已发表论著索引 ……………… 348

一、语言扶贫的理论与实践

修筑扶贫脱贫的语言大道

——序《中国语言生活状况报告（2018）》

李宇明

贫困，是历代中国都在应对的重大社会问题，也是世界各国都在应对的重大社会问题。2016 年，中国发布《"十三五"脱贫攻坚规划》，立志到 2020 年农村贫困人口实现脱贫、贫困县全部摘帽、解决区域性整体贫困问题。在拥有 14 亿人口的中国大地上消除贫困，中国人从此告别贫困，这是多么艰巨而又多么伟大的壮举！

"要致富，先修路"，这是很多农民都懂的道理。为扶贫要村村通公路，这是现实之路；还要户户通广播电视，宽带网络广覆盖，这是电信之路；同时也应修筑起宽阔的语言大道，这是负载知识和机遇的大道。

致贫原因多种多样，扶贫脱贫要千方百计。语言与贫困之间的联系，早就有人关注过。1966 年，费希曼（Fishman）观察到，凡是较为富裕的国家，语言都较为统一，即具有"同质性"；而较为贫穷的国家，语言具有较强的多样性，即具有"异质性"。1972 年，普尔（Pool）在费希曼研究的基础上，分析了 133 个国家 1962 年前后人均国内生产总值与语言状况的关联，发现"一个语言极度繁杂的国家，总是不发达的或半发达的；而一个高度发达的国家，总是具有高度的语言统一性"。这便是语言与贫困具有相关性的"费希曼-普尔假说"。

1935 年，地理学家胡焕庸描画了中国第一张人口密度图。自东北的瑷珲至云南的腾冲，形成一条东南与西北的分界线，史称"胡焕庸线"。当时，线东南半壁 36% 的土地供养了全国 96% 的人口，西北半壁 64% 的土地仅有 4% 的人口；即使到了今天，胡焕庸线两边的土地与人口的比例也没有发生太大变化。目前，全国有14个集中连片的特困地区，基本上都是老（革命老区）少（少数民族地区）边（边疆地区）穷（瘠苦地区）地区。这14个连片特困地区，有11个在胡焕庸线附近和胡焕庸线之西。而这11个地区又多是汉语方言复杂的地区和少数民族语言地区，普通话普及率较低。胡焕庸线所反映的语言与贫困的关系，可谓"费希曼–普尔假说"的中国例证。

语言何以与贫困相关？语言何以能扶贫脱贫？

语言能力是劳动力的重要构成要素，是重要的人力资本。伴随着社会的进步，从事生产劳动的智力因素和信息化水平不断提高，语言能力在劳动力中的比重也在不断加大。所谓语言，对个人来说主要是指语言能力。语言能力不仅是熟练运用口语的能力，更是读书识字、运用书面语的能力；在当今的中国，还应包括能够使用知识含量高、经济价值高的国家通用语言的能力，能够使用当今必要的语言技术的能力。语言经济学的研究表明，语言能力的高低常常决定着就业的机会和收入的水平。

除了一般的口语可以自然习得之外，语言能力通过教育才能获得、才能提升；同时，语言能力也是能够获得较多较好教育资源的因素之一。教育资源，包括普通话资源，通过提升受教育者的语言能力转变为个人发展的资源，转化为地方发展的资源；这种资源也有利于切断贫困链条，阻断贫困的代际传递。

语言的基本功能是沟通信息，传输知识。如果掌握了通用度高的语言，就有了信息交通的高速通道，便于资金、人才、技术等各种生产要素的进入，便于经贸信息的内外传播，从而促进当地经济的发展。卞成林等对广西14个地级市2011~2015年的普通话普及率与经济发展的关系进行了研究，发现普通话普及率大于60%后，对经济发展就会产生显著的正面效应；2015年，广西普通话普及率已达70%以上，普通话已经成为推动广西经济可持续发展的重要要素和动力源泉。广西如此，其他省域也是如此。一个地区如此，一个人也是如此。掌握了通用度高的语言，信息沟通的半径扩大了，人的活动半径也扩大了，可以走出乡村，走进城市务工经商，获取更多的就业机会和劳动收益。

中华人民共和国建立初期的扫盲和推广普通话运动，就同文化教育和经济发展密切相关。在现代扶贫工作中，2011年《中国农村扶贫开发纲要（2011—2020年）》已经关注到语言扶贫的作用。2016年教育部、国家语委发布的《国家语言文字事业"十三五"发展规划》，明确指出了要"结合国家实施的精准扶贫、精准脱贫方略，以提升教师、基层干部和青壮年农牧民语言文字应用能力为重点，加快提高民族地区国家通用语言文字普及率"。2016年国务院印发的《"十三五"脱贫攻坚规划》，与语言因素相关的政策表述多次出现，将语言因素在扶贫脱贫方略中的作用提到一个新高度。2018年1月，教育部、国务院扶贫办、国家语委联合制定了《推普脱贫攻坚行动计划（2018—2020年）》，就推普扶贫方面提出了一个"目标定位"、四个"基本原则"和九大"具体措施"，可谓认识到位，举措到位，有望发挥较大作用。

提升贫困地区的语言能力要有基本方略，要做专门的语言规划。比如贫困地区的普通话推广，重在普及而不急于提高，重在发挥普通话获取知识、交换信息的作用，以"用"为本，长期坚持。基础教育是基础，且宜以学校为基地辐射社会；社会教育是补课，主要人群是教师、干部、商户和青少年，且宜以职业的实用教育带动语言能力提升。除了推广普通话，也要尊重和保护当地的语言或方言，以减少语言冲突，促使语言生活和谐。当地的语言或方言是当地文化发展的基础，也可以为旅游等经济活动服务。要鼓励扶贫干部学习当地的语言或方言，以便于同当地人民的沟通，获得当地人民的认同。要重视民族语言技术的开发，消除少数民族群众使用移动终端和信息服务时的语言障碍。

语言与贫困具有相关性，语言可以扶贫，源自语言与教育的密切关系，源自语言与信息的密切关系，源自语言与人与互联网的密切关系，源自语言与人的能力和机会的密切关系。认识语言的扶贫功能，为贫困人口和贫困地区修筑起脱贫的语言大道，为改变经济劣势和发展劣势、促进当地社会的文明进步贡献"语言之力"。

更期冀这一语言大道能够为改变"胡焕庸线"发挥助力。

（《中国语言生活状况报告（2018）》，商务印书馆2018年版）

论语言因素在脱贫攻坚中的作用

王春辉

一、引言

贫困，是人类面对的共同问题。扶贫、脱贫、减贫，是联合国《新千年发展目标》的主要工作之一。消除贫困、改善民生，也是执政党治国理政的重要使命。中国政府历来重视扶贫-脱贫工作，从1986年国务院贫困地区经济开发领导小组的成立到1994年的《国家八七扶贫攻坚计划》和2011年的《中国农村扶贫开发纲要（2011—2020年）》，再到2016年的《"十三五"脱贫攻坚规划》的出台，三十年间，中央扶贫政策几经调整：从"救济式扶贫"到"开发式扶贫"；从"区域性扶贫"到瞄准贫困县、"整村推进"再到"扶贫入户"，而"精准扶贫"则成为当下的最新方向标。

几十年来我国取得的扶贫-脱贫成就是巨大的，也为世界的消除贫困工作做出了巨大贡献。根据世界银行的标准和统计数据，1981年世界平均贫困率是42.15%，而当时中国的贫困率是88.32%；到2013年，世界平均贫困率是10.68%，而中国的贫困率则下降到了1.85%。具体数据如图1所示。

中共十八大以来，党中央高度重视扶贫工作，把扶贫开发摆到更加突出的位置，大力推进精准扶贫、精准脱贫，扶贫开发事业取得显著进展。尤其是2015年岁末，《中共中央国务院关于打赢脱贫攻坚战的决定》正式发布。这份长达万余言的重要文件，对未来五年脱贫攻坚工作做出了全面部署。2017年10月9日，在第四个国家扶贫日[①]即将到来之际，习近平总书记对脱贫攻坚工作做出了重要指示。[②] 而在党的十九大报告中，在第一部分、第八部分对脱贫攻坚都做了重要论述。

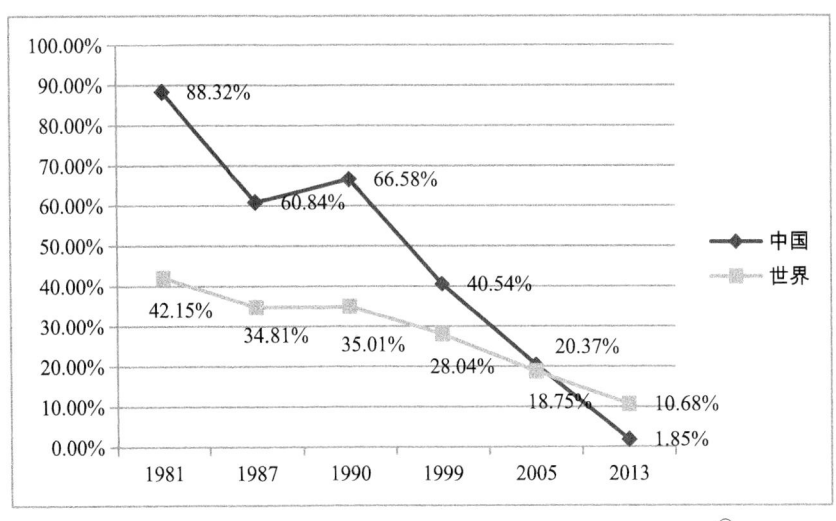

图 1　世界与中国贫困人口率的历时演变图（1981~2013）[③]

2017 年 6 月 23 日，习近平总书记在深度贫困地区脱贫攻坚座谈会上指出，"社会发育滞后，社会文明程度低"是导致深度贫困的主要原因之一。"有的民族地区，尽管解放后实现了社会制度跨越，但社会文明程度依然很低，……很多人不学汉语、不识汉字、不懂普通话……"这段话道出了语言文字与扶贫之间的重要联系。

语言文字关系到国家的统一，民族的团结，经济的发展，社会的进步，历史的传承和文化的繁荣。在国家扶贫脱贫的大方略实施中，在"精准扶贫""精准脱贫"的政策落实中，在打赢脱贫攻坚战的重要时期，语言因素也应该是很重要的一个方面，更是一个基础性因素。"语言与贫困具有相关性，语言可以扶贫，源自语言与教育的密切关系，源自语言与信息的密切关系，源自语言与人、与互联网的密切关系，源自语言与人的能力和机会的密切关系。"（李宇明 2018：5）本文的目的即深入分析语言因素、语言扶贫在脱贫攻坚战中的重要作用。

下文第二部分搜集了相关部门扶贫脱贫政策中针对语言文字的相关表述以及针对脱贫攻坚的语言文字政策，第三部分考察了 14 个集中连片特困地区的语言文字状况，第四部分分析了语言资本与经济发展的关系，第五部分聚焦于提升普通话能力、助力脱贫攻坚的话题，第六部分是结语。

二、国家政策中的语言扶贫措施[④]

我国的大规模、系统式扶贫应该可以追溯到1986年国务院贫困地区经济开发领导小组[⑤]的成立。但在各类政策文件中，一直到了2011年的《中国农村扶贫开发纲要（2011—2020年）》才首次提到了语言因素，即"五、行业扶贫（二十三）"中提到的"在民族地区全面推广国家通用语言文字"。到了2016年的《"十三五"脱贫攻坚规划》，与语言因素相关的政策表述多次出现，从而将语言因素在扶贫-脱贫方略中的作用提高到了一个新的高度。具体的政策比如"建立健全双语教学体系"和"加大双语教师培养力度，加强国家通用语言文字教学"（第五章"教育扶贫"第一节"提升基础教育水平"）；"加强民族聚居地区少数民族特困群体国家通用语言文字培训"（第五章"教育扶贫"第三节加快发展职业教育）等。2017年11月20日，中共中央办公厅、国务院办公厅印发的《关于加强贫困村驻村工作队选派管理工作的指导意见》，将"积极推广普及普通话，帮助提高国家通用语言文字应用能力"明确为驻村工作队的主要任务之一。

除了上述扶贫-脱贫政策中的表述，在2016年8月教育部、国家语委发布的《国家语言文字事业"十三五"发展规划》中，"三、主要任务，（一）普及国家通用语言文字，2.加快民族地区国家通用语言文字普及"中指出"结合国家实施的精准扶贫、精准脱贫方略，以提升教师、基层干部和青壮年农牧民语言文字应用能力为重点，加快提高民族地区国家通用语言文字普及率"；在"四、重点工程，（一）国家通用语言文字普及攻坚工程"中又提到"与国家扶贫攻坚等工程相衔接，在农村和民族地区开展国家通用语言文字普及攻坚"。

2017年4月，教育部、国家语委又发布了《国家通用语言文字普及攻坚工程实施方案》，在"一、总体要求，（二）"中提到，"虽然我国的普通话平均普及率已超过70%，但东西部之间、城乡之间发展很不平衡，西部与东部有20个百分点的差距；大城市的普及率超过90%，而很多农村地区只有40%左右，有些民族地区则更低。中西部地区还有很多青壮年农民、牧民无法用普通话进行基本的沟通交流，这已经成为阻碍个人脱贫致富、影响地方经济社会发展、制约国家全面建成小康社会，甚至影响民族团结和谐的重要因素。扶贫首要扶智，扶智应先通语"。在"一、总体要求，（三）"中又说，"要结合国家精准扶贫、精准脱贫基本方略……制定普通话普及攻坚具体实施方案，大力提高普通话的普及率，为经济发展提供新动力，为文化建设提供强助力，为打赢全面小康攻坚战奠定良好基础"。

2018年1月，教育部、国务院扶贫办、国家语委三部委联合制定了《推普脱贫攻坚行动计划（2018—2020年）》。计划的制定宗旨就是要充分发挥普通话在提高劳动力基本素质、促进职业技能提升、增强就业能力等方面的重要作用，采取更加集中的支持、更加精准的举措、更加有力的工作，为打赢脱贫攻坚战、全面建成小康社会奠定良好基础。计划提出了一个"目标定位"、四个"基本原则"和九大"具体措施"。[⑥]特别值得一提的是，计划将普通话普及率的提升明确纳入地方扶贫部门、教育部门扶贫工作绩效考核，列入驻村干部和驻村第一书记的主要工作任务，力求实效。综合人口、经济、教育、语言等基础因素和条件保障，聚焦普通话普及率低的地区和青壮年劳动力人口，将普通话学习掌握情况记入贫困人口档案卡，消除因语言不通而无法脱贫的情况，切实发挥语言文字在教育脱贫攻坚中的基础性作用。

显然，提升贫困农村和民族地区群众的普通话能力和水平是实现知识学习和其他技能提升的核心要素之一，在此基础上贫困群众才有可能实现真正的脱贫。上述文件和政策，必将会为国家扶贫-脱贫方略的实施提供切实的语言层面的保障。

三、特困地区的语言使用现状

《中国农村扶贫开发纲要（2011—2020年）》在全国范围内遴选出了14个集中连片特困地区作为扶贫-脱贫工作的重点。它们基本都属于老（革命老区）少（少数民族地区）边（边疆地区）穷（瘠苦地区）地区，贫困程度较深，生态环境脆弱，普通话普及率不高、水平较低。本节就尝试从少数民族语言区和汉语方言区这两个层面来简略描画一下这些地区的语言使用现状。

在这14个特困地区中,有11个地区是涵盖少数民族居住区的。[7]具体说来,按照少数民族人口比例依次是[8]:(1)新疆南疆三地州少数民族人口占93%以上[9],境内主要少数民族有维吾尔族、塔吉克族、回族、哈萨克族、柯尔克孜族、满族、蒙古族、藏族、土家族、乌孜别克族、锡伯族、塔塔尔族等20多个[10];(2)西藏少数民族人口占到90%以上,主要是藏族以及回族、纳西族、怒族、门巴族、珞巴族等;(3)四省藏区的少数民族人口占到了73%左右[11],主要包括藏族、蒙古族、羌族、彝族、回族、苗族、傈僳族、羌族等少数民族;(4)滇桂黔石漠化区少数民族人口2129.3万人(62.1%),有壮、苗、布依、瑶、侗等14个世居少数民族;(5)武陵山区少数民族1100多万人(47.8%),有土家族、苗族、侗族、白族、回族和仡佬族等30多个少数民族;(6)滇西边境山区少数民族人口831.5万人(47.5%),有彝、傣、白、景颇、傈僳、拉祜、佤、纳西、怒、独龙等20多个世居少数民族,其中有15个云南独有少数民族、8个人口较少民族;(7)乌蒙山区少数民族人口占总人口20.5%,片区内居住着彝族、回族、苗族等少数民族,是我国主要的彝族聚集区;(8)大兴安岭南麓山区少数民族人口111.4万人(13.3%),有蒙古族、满族等6个世居少数民族,其中有达斡尔族、锡伯族、柯尔克孜族等3个人口较少民族;(9)燕山-太行山区少数民族人口146万人(13.3%),有满族、蒙古族、回族等3个世居少数民族;(10)六盘山区少数民族人口390.1万人(16.6%),有回族、东乡族、土族、撒拉族等;(11)秦巴山区有羌族等少数民族人口56.3万人(1.5%)。

14个特困地区都涉及汉族居住区,从语言地理上来看:(1)基本上覆盖了北方、吴、湘、赣、客家、闽、粤等几大方言区及其内部一些次方言区;(2)有好几个处于两大或几大方言区交界的地区,方言使用情形也就更为复杂,比如燕山-太行山区、吕梁山区、六盘山区、秦巴山区、大别山区、乌蒙山区、罗霄山区、武陵山区、滇桂黔石漠化区、滇西边境山区等。

从上面的数据和分析可以看出,14个连片特困地区基本上都呈现出了语言或方言使用较为复杂的状态。

四、语言资本与经济发展

（一）语言作为资本在扶贫-脱贫中的作用

语言，是一种资本（capital）。语言资本有不同的维度，比如可以归入文化资本（Bourdieu 1977；Jæger 2009），也可以归入人力资本（Schultz 1963；Becker 1964）。本文取其人力资本属性，即语言是一种具有经济价值的知识和能力。

Williams 曾给出过一个贫穷循环图，如图 2 所示（Williams 1970）。

语言作为资本，可以在改观教育劣势上发挥重要作用。比如恰当且达到一定水平的语言能力可以有助于信息的获取、一些工作技能的学习，有助于接受更好的教育，有助于市场劳动力的流动，也有助于经济产业的升级等。在此基础上，将最终有助于改观就业和经济劣势，以达到扶贫-脱贫的目的（王春辉 2018）。

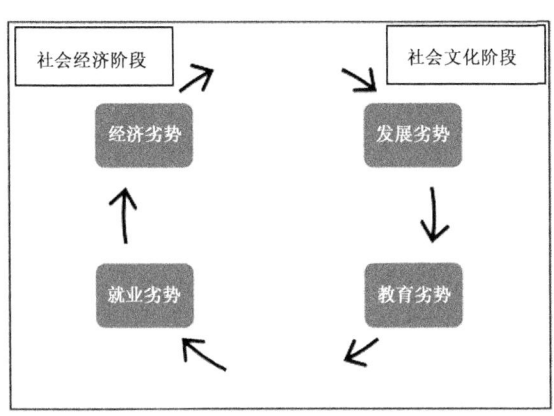

图 2　贫穷循环图

中华人民共和国成立初期，我国的文盲比例高达 80%，在广大农村地区，文盲比例甚至超过了 95%。之后通过一系列的政策和措施，到 2010 年文盲比例降低到了 4.08%，减少了大约 76 个百分点（吴雪钰 2016：17~57）。文盲率的下降，读写水平的提高，为教育水平的提升和知识技能的获取提供了前提和保障,从而为图1中所示的人口贫困率的急速减少提供了最坚实的基础。

《"十三五"脱贫攻坚规划》提出了包括"旅游扶贫、科技扶贫、教育扶贫、产业发展扶贫、转移就业扶贫、易地搬迁扶贫、健康扶贫、生态保护扶贫、提升贫困地区区域发展能力、社会扶贫、开展职业培训"等在内的多种产业扶贫措施。增强语言作为资本的意识,提升贫困地区人们的通用语语言能力,无疑可以为这些措施的传达和实施提供必要的基础和保障。

上述的整个流程可以表示为图3。

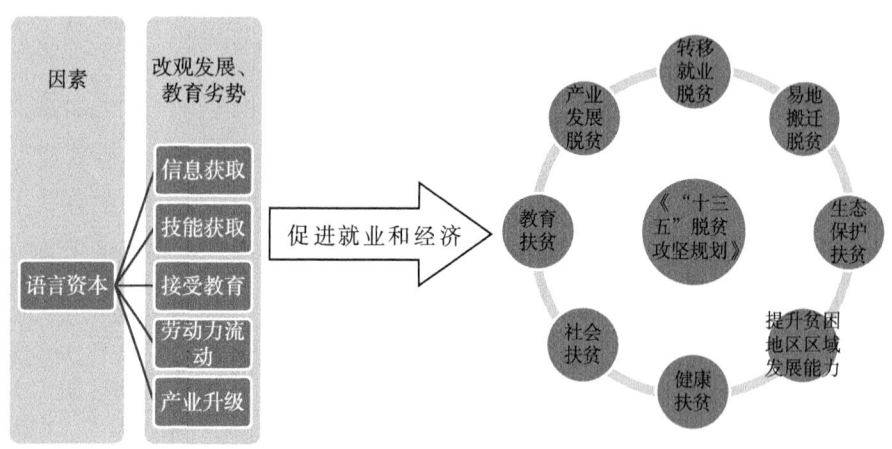

图3 语言资本的影响效果图

(二)统一的语言与经济发展

一直以来,许多不同学科的学者(比如经济学家、语言学家等)似乎都认同这一观点:语言多样性程度更高的国家往往比那些以单一语言为主的国家更贫穷。与语言以及其他文化因素(比如民族等)的碎片化相关联的,往往是社会的分化和冲突、低流动性、有限的贸易、不完善的市场以及较贫乏的交流。

对这一论题较为系统和全面的分析可以追溯到Fishman(1966)。此文基于前人研究的几份调查报告,分析了语言同质(统一性)或异质（多样性）与诸种社会–政治变量之间的关系。在总结部分，作者说道："一般说来，比起语言异质性，语言同质性往往更多地与国家的'好的'和'合意的'特征相联。语言上同质的国家往往在经济上更发达，教育上更先进，政治上更现代化，政治意识形态上也更稳定和牢固。"又说："具有统一语言和多种语言的国家所表现出的许多差别似乎也体现了富国与穷国之间的差别。"

几年之后，Pool（1972）[12]在 Fishman（1966）等研究的基础上，分析了 133 个国家 1962 年前后人均国内生产总值和最大本族语社区人数之间的关联，并指出："一个国家可以具有任何程度的语言统一或语言分歧而仍然是不发达的；一个全民（或多或少）使用同一种语言的国家可以在不同程度上或贫或富。但是，一个语言极度繁杂的国家总是不发达的或半发达的，而一个高度发达的国家总是具有高度的语言统一性。因此，语言统一性是经济发展的必要的但不是充分的条件，经济发展是语言统一性的充分的但不是必要的条件（这是指描述上的，不是因果关系上的）。"

20 多年后，Nettle（2000）基于上述研究，提出了"费希曼–普尔假说"（Fishman-Pool Hypothesis），即认为语言多样性与经济发展之间有种逆相关，而语言统一与经济发展则是正相关。Nettle（2000）的研究基本上证实了这一假说，但与此同时 Nettle 认为需要在解释机制上有所改进。

Wang & Steiner（2015）从社会资本的角度发现，一般说来社会资本越高的国家越富有，而具有较高社会资本的国家在语言上也会呈现出较高的同质性。比如日本、荷兰、丹麦等就属于国内语言单一且社会资本指数高的国家，而印度和乌干达则是完全相反。这也可以看作是对"费希曼–普尔假说"的证明。

如果我们将目光从国家间转向国家内，从语言间转向语言内的方言，这一假说似乎在很大程度上仍然是成立的。刘毓芸等（2015）的研究就表明：其他条件不变时，在同一方言大区内部，方言距离每增大 1 个层级，劳动力跨市流动的概率提高 30% 以上；不同方言大区之间，方言距离每增大 1 个层级，劳动力跨市流动的概率降低 3% 左右；劳动力跨方言流动的最优方言距离是跨方言区、但不跨方言大区。Falck et al.（2012）探讨了历史的方言差异给当代经济交流带来的影响，跟刘毓芸等（2015）的研究异曲同工。其核心发现是：德国当代的人口流动与方言间的相似度成正相关，这一关系有重要的经济学效应，即如果没有方言的屏障，德国的国内人口流动会比现在现实的情形高20%左右。Lameli et al.（2015）利用相同的方言学材料，也得出了与之一致的结论。

一个反面的证据是濒危语言与经济发展的关系，即经济发展越好的国家或区域，语言濒危的速度会更快，换句话说语言一致的程度会更高。[13]

当然，除了对假说正面的证明，也还有些研究对这一假说持反对的意见。比如Sreekumar（2014）和Gerring et al.（2011）的研究。正如Galbraith & Benitez-Galbraith 所说："语言多样性、种族分化与经济行为之间的关系是复杂的，其争论也是开放的。"（Galbraith & Benitez-Galbraith 2009：309~331）

具体到特困地区来说，可以据此做出如下论断：不同民族语言区和不同汉语方言区的民众提升普通话这一国家通用语的水平将有助于特困地区经济的发展。下文第五部分的论述也正与这一结论相合。

此外还有三点需要特别指出：一是强调统一语言的重要性，并不是对语言多样性的否定，也不是要抑制少数民族语言和汉语方言。恰恰相反，从单语主义走向多语主义（李宇明2016）以及双语双言社会的构建（戴庆厦，董艳1996；李宇明2004，2014），不仅具有理论和实践的双重价值，而且可以使通用语的传播和推广与语言/方言多样性这二者和谐共存。二是在提升全民特别是贫困地区民众普通话水平的同时，贫困地区的干部也应该学习一些当地的少数民族语言或方言。"同说方言土语，能够让扶贫干部和贫困群众更好地打成一片，融为一体。所以，扶贫干部要用好土话，在用土话和贫困群众沟通交流的过程中，拉近与贫困群众的关系，赢得群众的支持和信任。"（沈道远2017）三是统一的语言与经济发展之间并不是简单的线性关系，而是一种概率性关系。即较低的通用语言能力并不一定必然导致贫困，否则就无法解释有些方言集中地区的经济也很发达的事实；但是对于贫困地区、贫困家庭来说，他们的通用语言能力往往是较低或没有的，而提升他们的通用语能力则有助于他们走出贫困。

五、提升普通话能力助力脱贫攻坚

如果上文的分析是成立的，那么增强贫困地区的普通话推广力度、提升贫困地区人们的普通话水平就是语言扶贫的核心内涵，对于扶贫-脱贫方略的实现和打赢"脱贫攻坚战"就具有着重要作用。[14]

（一）提升普通话能力的重要作用

目前我国还有30%即四亿多人口不能用普通话交流，尤其是在农村、边远地区和民族地区。[15]国务院扶贫办党组书记、主任刘永富在谈到贫困地区脱贫的难点之时就指出："一些少数民族地区的人不会说普通话，他如果出来打工，或者是到内地做一些什么事情，交流有难度。"[16]显然这一论断也是适用于汉语方言区等其他贫困地区的。此外，"普通话的推广有利于降低沟通交流中的不确定性，促进知识和技术的传播，容易形成团队合作，扩大创业者之间的'学习效应'，推动进城务工人员创新创业"（卞成林2017）。

大量研究表明：（1）语言上的差异往往会阻碍劳动力在市场中的流动；（2）在一国内部，会说通用语者比只会说本族语者收入要高；（3）双语教育与经济收入之间基本呈正相关的关系（Chiswick, Patrinos & Hurst 2000; Godoy et al. 2007; Chiswick & Miller 2007; Tang, Hu & Jin 2016）。

其中，Tang et al.（2016）的一项研究就指出，中外学者普遍认为中国少数民族社会经济地位滞后是因为其教育水平的滞后，但是作者们通过《中国劳动力动态调查》等大量第一手数据证明：少数民族（特别是维吾尔族、藏族）与汉族的教育水平相差无几，而影响少数民族就业和收入机会的更重要原因是普通话能力的薄弱。因此，改善民族平等的先决条件之一是普通话在少数民族群体中的推广与普及。为了促进少数民族地区的经济和社会发展，应当强化汉语教学。

许多学者也都指出，"重视民族语文，抓好双语教育，在社会扫盲、普及文化、提高普及义务教育效果方面十分显著"（戴庆厦，董艳 1996）。双语教学在提高民族地区的文化水平、促进民族地区经济文化的发展等方面，具有重要意义（李宇明 2004）。况且，用普通话扶贫，用扶贫推广普通话，不仅具有重要的经济意义，而且具有深远的政治意义（朱维群 2017）。因此，对于少数民族贫困地区来说，提高普通话的普及率，提升当地人们的普通话水平，实施语言文字精准扶贫的策略，将非常有助于当地扶贫－脱贫工作的开展以及扶贫－脱贫目标的实现。特别是在奋力打赢脱贫攻坚战的新形势下，掌握普通话已经成为我国少数民族群众的一种重要能力，对于其脱贫致富具有重要意义（余金枝 2017）。

这里值得一提的是，对于在少数民族地区该施行何种语言教育政策这一议题，笔者更倾向于在综合考虑当地师资力量、经济产业结构、语言的资源性、语言的身份认同性等参项的基础上，采用分阶段教学的策略，即初级阶段的教学可以使用少数民族的母语，随着教学阶段的提升，逐渐过渡到母语和普通话的双语教学，而似乎不宜采用所有学习阶段的教学语言都是普通话的"一刀切式"策略。构建和谐的双语双言／多语多言社会，应该是理论与实践上的指向所在。

对于汉语方言区的特困地区来说，加大普通话推广力度，提升当地人的普通话水平同样具有基础性作用。因为方言差异会阻碍劳动力的市场流动，只会说方言者的经济收入也往往要比会说通用语者要低（刘毓芸，等 2015；王春辉 2014；Gao & Smyth 2011；Yao & Ours 2016）。

特别值得一提的是，并不是说一推广普通话就能促进经济发展，而是有个普及程度的问题。比如卞成林等（2017）以广西 2011~2015 年普通话普及率、人口增长率、固定资产投资率、贸易依存度等数据为样本，得出结论认为广西普通话普及率与经济增长率之间存在二次曲线关系，普通话普及率存在最低有效规模，且广西这一最低有效规模为 60%~63.8%。即要使普通话推广对经济发展产生正面效应，就必须保证普通话普及率大于 60%。这一研究具有很强的启示价值。

习近平总书记多次强调要注重扶贫同扶志、扶智相结合。扶志就是从思想观念、信心毅力和志气勇气方面帮助被帮扶者；扶智就是从文化水平、知识素养、智慧能力方面帮助被帮扶者。从这个意义上来说，《国家通用语言文字普及攻坚工程实施方案》中提出的"强国必先强语，强语助力强国""扶贫首要扶智，扶智应先通语"的方针策略是必要而恰当的。

（二）提升普通话能力助力脱贫攻坚的实例[17]

在实际扶贫工作中，一些地方政府就将掌握普通话作为一个重要的扶贫手段，比如云南泸西县白水镇全镇已经把少数民族地区普通话培训列为精准扶贫的一大举措，为畅通语言交流搭建平台。由专业教师长期担任教学和辅导工作，开展各种培训学习，通过"走出去，请进来"的方式，让普通话在少数民族村寨推广开来，消除少数民族语言交流障碍，实现与外界语言、文化、思想的融合，促进当地经济发展，以精准教育助力脱贫攻坚。[18]四川凉山州则通过教习普通话，加强技能培训，来帮助贫困群众增长见识、增加知识，掌握脱贫致富的方法与技巧，获得追求幸福生活的信心、能力和勇气。[19]甘肃省教育厅则围绕语言文字精准扶贫，提出了"一抓两促三支撑"工作思路，以此提升农村普通话水平。[20]

正如郭龙生所指出的："将国家通用语言普通话的推广程度纳入贫困县脱贫考核评价指标体系之中，必然会有效促进语言文字的精准扶贫，也会有利于尽快提升贫困地区的社会文化程度，从而在经济脱贫过程中实现教育脱贫、文化脱贫，达到最终'脱真贫'和'真脱贫'的目标。"（郭龙生 2018）

（三）提升普通话能力的措施

提升贫困地区人民的普通话水平和能力，可以至少在以下几个方面用力（朱维群 2017；余金枝 2017；郭龙生 2018；赫琳 2018；林露 2018）：

1. 在民族地区实行"双语教育"的同时，加强幼儿园、小学阶段的普通话教学，让普通话成为人们的日常使用语言，同时增进教师的普通话培训和能力水平。

2. 结合当地产业发展的需求，在农村职业技能培训体系中增加或强化对不具备普通话沟通能力的青壮年的专项培训的内容。

3. 外来务工人口较多的城市将外来常住人口纳入本地语言文字工作范围，将普通话培训纳入职业技能培训。

4. 参加扶贫对口支援工作的省市和企业，将推广学习普通话列入援助计划，提高受援地方青壮年与社会交流、自主就业的能力。

5. 广播电视是人们学习普通话的重要途径，借助广播电视"户户通"推进普及国家通用语言文字。

6. 开发定向教材，开展推普周定向支持。2018年5月，教育部、国家语委在京发布2017年中国语言文字事业发展状况，教育部语用司、语信司司长田立新谈及语言扶贫过程中采取的相关举措时就提到：为了更好地指导农村和民族地区学习普通话，6月将出版教材《千句普通话沟通你我心》；将在第21届推普周活动中，在11个西部省区对30个国家级贫困县给予重要支持。

7. 开发语言文化资源，抓好重点活动。有计划地进行贫困地区语言文化资源的整理、整合、转化和利用，开发贫困地区语言文化产业以及人文旅游，推动贫困地区语言文化资源的可持续性价值转换。开展与普通话相关的重点活动可以在一定程度上激发贫困地区民众学习普通话的热情，比如定期举办经典诵读、演讲、讲故事等语言活动。

8. 构建语言扶贫志愿者服务制度。可以尝试有计划地组织大学生和研究生开展到村、到户、到人的跟踪滚动式语言志愿者服务。同时依托在线语言服务平台，把面对面服务和远程在线服务相结合，形成立体长效的语言志愿者服务体系。

六、结语

贫困问题是一个世界性问题，不管是发达国家、发展中国家还是贫穷国家，都面临此问题。贫困问题是一个涉及许多方面的系统问题，比如收入、食物、教育、医疗等。贫困问题的解决无疑需要多维路径、多方努力，而语言就应该是其中的重要考量因素之一。

在日常生活和公共决策中，语言因素往往因其"大隐隐于市"而被人习焉不察。但是在许多情形下，语言因素却往往是社会-经济发展中边缘性和脆弱性的症结之一。就扶贫-脱贫方略来说，处理好各种语言问题，利用好语言因素的积极作用，以语言文字精准扶贫为重点提升贫困地区的普通话水平，无疑会帮助相关部门和组织在实际项目中减少贫困。语言文字精准扶贫是"真脱贫""脱真贫"的核心途径之一，因为"通语是脱贫攻坚的治本之策"（张世平 2018），"通过对现有的贫困劳动力进行语言扶贫，有助于提高他们战胜贫困的能力，也有助于培养他们永久脱贫的能力；通过对贫困地区和贫困家庭的中小学生进行语言扶贫，可以帮助他们获得更强的生存和发展能力，消除下一代再陷入贫困的人文诱因"（赫琳 2018）。语言扶贫必将助力打赢"脱贫攻坚战"。

要发挥好语言因素的作用，就需要有一些合理而系统的语言规划，比如国家通用语言的进一步推广、合理而有效的双语教育政策等。一个好的语言规划，对于贫困的减少甚至消除有着不可忽视的影响（Kaplan 2012）。对于贫困地区来说，好的语言规划可以在消除绝对贫困和饥饿、接受基本教育、减少婴儿夭折、孕妇健康、减少传染疾病等方面都有积极作用（Igboanusi 2014）。

最后需要指出，本文的考察显然是初步的、尝试性的。在"语言与贫困的关系"这一大议题之下，在国家"脱贫-扶贫"这一大背景下，还有许多问题尚待探讨，比如贫困对于贫困地区儿童语言能力的影响（罗仁福，等 2010；Brooks-Gunn & Duncan 1997），语言因素在教育、医疗和政府管理等方面的作用（Djité 2008），等等。此外，要真正了解和发挥语言因素在国家脱贫-扶贫方略中的作用，还需要大量的实地调研和考察。这些应该就是下一步亟待研究的议题。

注释

① 10 月 17 日一直是"国际消贫日"，每年这一天，联合国都会选择一个国家作为主会场，开展不同的主题活动。从 2007 年至 2013 年连续 7 年，我

国在"国际消贫日"与联合国驻华系统、联合国开发计划署联合主办减贫与发展高层论坛。各地也在同一天举办各种活动。2014年8月1日,国务院关于同意设立"扶贫日"的批复明确,从2014年起,将每年10月17日设立为"扶贫日"。

② 参见新华网,《习近平:再接再厉扎实工作坚决打赢脱贫攻坚战》,网址:http://news.xinhuanet.com/politics/2017-10/09/c_1121774701.htm。

③ 此图根据世界银行的相关数据制作,可参见网址:http://data.worldbank.org.cn/indicator/SI.POV.DDAY?end=2013&locations=1WCN&start=1981&view=chart。

④ 第二和第三部分的部分内容曾在王春辉(2018)中摘录,本文在内容上有所扩展。参见王春辉《脱贫攻坚需要语言文字助力》,载国家语言文字委员会组编《中国语言生活状况报告(2018)》,北京:商务印书馆,2018年版。

⑤ 1993年12月改名为"国务院扶贫开发领导小组"。

⑥ 对于这些措施的实施规划和落实步骤可参看张世平《通语是脱贫攻坚的治本之策》,载中国语言文字网,网址:http://www.china-language.gov.cn/yw/mtsd/201804/t20180429_30012.html。

⑦ 不涉及或基本不涉及少数民族居住区的3个区是:吕梁山区、大别山区、罗霄山区。

⑧ 参见中国扶贫在线,《扶贫攻坚主战场》,网址:http://f.china.com.cn/node_7237046.htm。

⑨ 参见中新网,《南疆三地州是同分裂势力斗争的主战场》,网址:http://www.chinanews.com/gn/news/2008/03-11/1188761.shtml。

⑩ 综合三地州政府网站中的信息,网址分别是:http://www.xjkz.gov.cn/9fdeede3-ef2b-40a8-b73b-61fc4ba318c7_1.html;http://www.xjht.gov.cn/article/show.php?itemid=54808;http://www.kashi.gov.cn/Item/41122.aspx。

⑪ 这个数字是四省藏区所辖12个州/市的平均数。

⑫ Pool Jonathan, "National Development and Language Diversity", 载 Joshua A. Fishman (ed.) *Advances in the Sociology of Language* Vol. 2, The Hague: Mouton, 1972年版, 213~230页。译文见:周庆生主编《国外语言政策与规划进程》,北京:语文出版社,2001年版。

⑬ 更详细的论证可参看王春辉《当代世界的语言格局》,载《语言战略

研究》，2016 年第 4 期。

⑭ 当然，扶贫干部如果能会说所扶贫地区的语言或方言，肯定会有助于他们更好地融入贫困地区、走进贫困群众的生活，从而有利于相关工作的开展。

⑮ 人民网，《我国目前有 4 亿多人口不能用普通话交流》，网址：http://politics.people.com.cn/n/2013/0905/c1001- 22821948.html。

⑯ 国务院扶贫开发领导小组办公室，《〈对话〉中国脱贫目标：到 2020 年消灭绝对贫困》，网址：http://www.cpad.gov.cn/art/2016/10/18/art_82_54533.html。

⑰ 参见王春辉《脱贫攻坚需要语言文字助力》，载国家语言文字工作委员会组编《中国语言生活状况报告（2018）》，北京：商务印书馆，2018 年版，其中有详细介绍。

⑱ 人民网，《脱贫攻坚出新招：把普通话"请进"彝村》，网址：http://yn.people.com.cn/news/yunnan/n2/2016/0812/c368196-28826579.html。

⑲ 四川省人民政府网，《贫困户吉木尔地莫高声宣布——我常说普通话》，网址：http://www.sc.gov.cn/10462/10778/10876/2016/9/19/10396190.shtml。

⑳ 新华网，《以语言文字精准扶贫为重点，提升农村普通话水平》，网址：http://news.xinhuanet.com/politics/2016-09/19/c_129287324.htm。

参考文献

卞成林　2017　语言精准扶贫促进全民发展，《中国教育报》9 月 15 日第 6 版。
卞成林，刘金林，阳柳艳，等　2017　少数民族地区普通话推广的经济发展效
　　应分析：来自广西市际面板数据的证据，《制度经济学研究》第 3 期。
戴庆厦，董　艳　1996　中国国情与双语教育，《民族研究》第 1 期。
郭龙生　2018　扶贫必先扶智　扶智可先通语，《光明日报》1 月 28 日第 12 版。
赫　琳　2018　语言扶贫有助于永久脱贫，《中国教育报》5 月 31 日第 5 版。
李宇明　2004　关于小学"双语教学"的思考，载教育部语言文字应用研究所
　　编《语言文字应用研究论文集 II》，北京：语文出版社。
李宇明　2014　双言双语生活与双言双语政策——序《中国语言生活状况报告
　　（2014）》，载教育部语言文字信息管理司组编《中国语言生活状况报
　　告（2014）》，北京：商务印书馆。
李宇明　2016　由单语主义走向多语主义，《语言学研究》第 1 期。

李宇明　2018　修筑扶贫脱贫的语言大道，载国家语言文字工作委员会组编《中国语言生活状况报告（2018）》，北京：商务印书馆。

林　露　2018　教育部官员：语言扶贫攻坚战打响，http://edu.people.com.cn/n1/2018/0529/c1006-30021513.html。

刘毓芸，徐现祥，肖泽凯　2015　劳动力跨方言流动的倒 U 型模式，《经济研究》第 10 期。

罗仁福，张林秀，刘承芳，等　2010　贫困农村儿童的能力发展状况及其影响因素，《学前教育研究》第 4 期。

沈道远　2017　干部扶贫要先闯"语言关"，http://theory.people.com.cn/n1/2017/0609/c409497-29329986.html。

王春辉　2014　城市化移民诸变量的社会语言学分析，《北华大学学报（社会科学版）》第 2 期。

王春辉　2018　精准扶贫需要语言教育协力，《中国社会科学报》3 月 6 日第 3 版。

吴雪钰　2016　当代汉语母语教育政策发展研究，北京语言大学博士学位论文。

余金枝　2017　把推广普通话纳入民族地区脱贫攻坚战，《人民日报》11 月 14 日第 7 版。

张世平　2018　通语是脱贫攻坚的治本之策，http://www.china-language.gov.cn/yw/mtsd/201804/t20180429_30012.html。

朱维群　2017　把推广普通话纳入扶贫攻坚战，《环球时报》8 月 26 日第 7 版。

Becker, G. S. 1964. *Human Capital: A Theoretical and Empirical Analysis, with Special Reference to Education.* Chicago: University of Chicago Press.

Bourdieu, P. 1977. Cultural reproduction and social reproduction. In J. Karabel & A. H. Halsey (eds.) *Power and Ideology in Education.* New York: Oxford University Press, 487–511.

Brooks-Gunn, J. & G. J. Duncan. 1997. The effects of poverty on children. *The Future of Children* 7(2): 55–71.

Chiswick, B. R. & P. W. Miller. 2007. The economic costs to native-born Americans of limited English language proficiency. In B. R. Chiswick & P. W. Miller (eds.) *The Economics of Language: International Analyses.* London: Routledge,

413-430.

Chiswick, B. R., H. A. Patrinos & M. A. Hurst. 2000. Indigenous language skills and the labor market in a developing country: Bolivia. *Economic Development and Cultural Change* 48: 349-367.

Djité, P. G. 2008. *The Sociolinguistics of Development in Africa*. Clevedon: Multilingual Matters.

Falck, O., S. Heblich, A. Lameli, et al. 2012. Dialects, cultural identity, and economic exchange. *Journal of Urban Economics* 72: 225-239.

Fishman, H. A. 1966. Some contrasts between linguistically homogeneous and linguistically heterogeneous polities. *Sociological Inquiry* 36(2): 146-158.

Galbraith, C. S. & J. Benitez-Galbraith. 2009. The impact of ethnolinguistic diversity on entrepreneurial activity: A cross-country study. *International Journal of Entrepreneurship and Small Business* 8(2): 309-331.

Gao, W. & R. Smyth. 2011. Economic returns to speaking "standard mandarin" among migrants in China's urban labour market. *Economics of Education* 30(2): 342-352.

Gerring, J., S. C. Thacker, W. Huang, et al. 2011. *Does Diversity Impair Development? A Multiple-level Analysis*. Sws.bu.edu.

Godoy, R., V. Reyes-Garcia, C. Seyfried, et al. 2007. Language skills and earnings: Evidence from a pre-industrial economy in the Bolivian Amazon. *Economics of Education Review* 26(3): 349-360.

Igboanusi, H. 2014. The role of language policy in poverty alleviation in West Africa. *International Journal of the Sociology of Language* 225: 75-90.

Jæger, M. M. 2009. Equal access but unequal outcomes: Cultural capital and educational choice in a meritocratic society. *Social Forces* 87(4): 1943-1971.

Kaplan, S. 2012. *Are Language Policies Increasing Poverty and Inequality?* http://www.globaldashboard.org/2012/07/25/does-language-policy-increase-poverty-and-inequality/.

Lameli, A., V. Nitsch, J. Südekum, et al. 2015. Same same but different: Dialects and trade. *German Economic Review* 16(3): 290-306.

Nettle, D. 2000. Linguistic fragmentation and the wealth of nations: The Fishman-

Pool hypothesis reexamined. *Economic Development & Cultural Change* 48(2): 335–348.

Schultz, T. W. 1963. *The Economic Value of Education*. New York: Columbia University Press.

Sreekumar, P. 2014. Development with diversity: Political philosophy of language endangerment in South Asia. *Economic & Political Weekly* XLIX(1): 51–57.

Tang, W., Y. Hu & S. Jin. 2016. Affirmative inaction: Education, language proficiency, and socioeconomic attainment among China's Uyghur minority. *Chinese Sociological Review* 48(4): 346–366.

Wang, C & B. Steiner. 2015. Can ethno-linguistic diversity explain cross-country differences in social capital? A global perspective. *Economic Record* 91(294): 338–366.

Williams, F. 1970. Some preliminaries and prospects. In Frederick Williams (ed.) *Language and Poverty: Perspectives on a Theme*. New York: Academic Press, 1–10.

Yao, Y. & J. C. van Ours. 2016. *The Wage Penalty of Dialect-Speaking*. The Institute for the Study of Labor (IZA) Discussion Paper, No. 10333.

（本文发表于《江汉学术》2018 年第 5 期，第 92~100 页）

国内经济学视角语言与贫困研究的现状与思考

王海兰

一、引言

2018年以来，随着《推普脱贫攻坚行动计划（2018—2020年）》的发布，"学前学好普通话"项目的启动，以及面向农村和民族地区的普通话教材《普通话1000句》的出版发行，"语言扶贫"作为一项政策举措逐渐得以推行，作为一个学术概念受到学界关注。如王春辉（2018a，2018b）、李宇明（2018）、卞成林（2017，2018）、赫琳（2018）、王海兰（2018a）等都提出要重视语言在扶贫脱贫中的基础性作用。

但是语言与贫困之间到底存在什么关系，哪些语言要素可以影响贫困，这些语言要素又是通过什么机制来影响贫困等问题有待进一步深入研究。语言与贫困之间的相互关系，既有语言要素对贫困的影响，又包含贫困对语言要素的影响。国外对这两个方面都有不少研究。中国目前还没有直接指向语言与贫困的相关论著，但不少学者从经济学视角探讨了语言对经济的影响，主要涉及语言（方言）多样性对经济增长及相关经济变量的影响，以及个体语言能力对劳动收入的影响。这些成果以中国本土数据为支撑，从实证的角度检验了语言要素对经济诸变量的影响，得出的相关结论表明语言变量可以影响宏观经济发展，也可以影响微观个体收入。这些研究所揭示的语言经济规律实际暗含了语言会导致贫困"固化"或者说语言可以帮助或促进摆脱贫困的原理。

本文希望以"语言与贫困"为主线，从经济学视角将与此相关的研究成果串联起来，从宏观和微观两个维度对现有研究进行梳理，总结归纳所得出的主要研究结论、所采用的主要方法和数据，以及所做出的贡献和存在的不足，为深化语言与贫困关系的认识与研究、推动语言扶贫提供参考。

二、宏观层面：语言多样性影响经济发展

语言多样性与经济发展的关系是国外研究语言与贫困问题的主要维度之一。比如"费希曼-普尔假说"就指出"一个语言极度繁杂的国家，总是不发达或半发达的；而一个高度发达的国家，总是具有高度的语言统一性"（李宇明 2018；王春辉 2018b）。中国是一个多方言的国家，多样性是中国语言生态的基本特征。一些学者以中国的方言和经济数据为基础，探讨了方言多样性对经济增长及其相关变量的影响。研究发现，方言多样性对经济增长、劳动力流动、资源配置与市场发展、城镇化和对外开放等都有影响，其作用机制主要是语言多样性影响沟通交流、认同与信任、教育和人力资本投资，以及制度和技术扩散。语言多样性制约经济发展的一个重要政策导向是推广一种共同语言以减少或克服语言多样性带来的负面影响。当然，说语言多样性对经济发展有抑制作用，并不是说语言多样性导致了贫困，而是语言多样性往往会使贫困固化或者是说语言多样性一定程度上阻碍了贫困地区摆脱贫困。尽管目前国内实证研究的文献主要聚焦于语言多样性对经济发展的负面效应，但仍不能忽视其正向作用，更不能由此得出要发展经济就必须消除语言多样性的结论。所以，这里有两点需要特别注意：（1）影响一国或一地区经济发展的因素是多方面的，语言状况对经济发展有影响，但并非决定性的。语言多样性对经济发展的阻碍作用尽管更容易显现，但其正向作用同样不容忽视，相反应好好开发。有一些案例也显示有些地区语言多样但经济上却比较富裕。（2）推广国家通用语，实施国家语言统一的政策，并非一定要放弃母语或方言，或者消除或减弱语言多样性，而是要提倡双语/双言社会的和谐发展。

（一）语言多样性对经济增长及相关因素的影响

1. 语言多样性对经济增长的影响

语言多样性对经济发展的影响是多方面的，作用过程是复杂的，其最终是阻碍还是促进经济发展，受到诸多因素的影响，结果往往具有不确定性（王海兰 2017）。语言多样性肯定增加交易成本，对经济个体和国家或地区的经济增长不利，但不同文化的交融可能提升人力资本，也可能增加产业和就业，有利于人力资本积累，有助于经济增长（黄少安 2016）。国内研究有的通过实证研究验证了方言多样性对经济增长的阻碍是客观存在的，有的则肯定了语言多样性对经济发展的促进效应。乔纳森·普尔（1972/2001）是国内较早论述国家发展与语言多样性之间关系的文献，文中指出："语言的统一是经济发展必要的但不是充分的条件，而经济发展是语言统一的充分但不是必要条件。""没有语言的同化，经济增长可能不会发生，但是，如果经济增长确实发生了，那么语言的统一也将接踵而至。"徐现祥等（2015）以中国278个地级及以上城市的方言多样性指数和经济数据为研究对象，通过实证分析发现，方言多样性对经济增长具有显著的负向影响，在其他因素不变时，消除方言多样性可使人均产出提高多达30%。还有一些学者以方言差异（方言距离）作为文化差异（文化距离）的代理变量，发现方言差异是造成中国地域经济差异的重要原因（高翔，龙小宁 2016；赵子乐，林建浩 2017）。

张卫国（2014）认为，尽管有人倾向性地认为，语言多样性阻碍贸易，或不利于经济发展，但对这一假说还是持谨慎态度为佳。例如，瑞士的语言多样性没有成为经济发展的障碍，相反还创造了巨大的经济价值。语言多样性的益处并非表现为金钱形式，因此其更加难以测量，语言多样性在提高社会成员福利、增加产品数量和类型、提高工资水平等方面都表现出积极作用（吉尔斯·格雷尼尔 2018）。为降低语言多样性对经济增长的阻碍，发挥其正向效应，还需建立语言规划与经济规划之间的良性互动机制，发展多语教育和语言技术，全面提升语言能力，同时加强语言资源管理规划，发展语言经济（王海兰 2017）。

2. 语言多样性与劳动力流动

劳动力流动是一种重要的生产要素流通，对区域经济发展、收入水平变化和区域间经济发展差距的扩大或缩小有重要影响。在以往关于中国劳动力区域转移的研究中，语言和文化因素往往被忽略了（李秦，孟岭生 2014）。近年来，一些学者开始考察语言因素在劳动力转移中的影响和作用。李秦、孟岭生（2014）用普通话普及率和方言作为语言沟通成本及共同文化背景的代理变量，在控制了经济因素和地理因素后，探讨语言沟通和地区文化对中国劳动力区域流动的影响。结果表明，在中国国内的确存在着语言和文化障碍，劳动力更倾向于流动到沟通障碍小、拥有共同文化背景的地方工作。刘毓芸等（2015）基于《汉语方言大词典》和《中国语言地图集》中的方言分区，计算了全国278个地级市间的方言距离，并与"2012年中国劳动力动态调查数据"相匹配，构建了一个劳动力跨方言流动的微观数据库，证明了在一定条件下，方言距离呈现出先促进、后抑制劳动力流动的"倒U型"模式。具体而言，在同一方言大区内部，方言距离每增大一个层级，劳动力跨市流动的概率会提高30%以上；不同方言大区之间，方言距离每增大一个层级，劳动力跨市流动的概率会降低3%左右；最优的方言距离是跨方言区，但不跨方言大区。

3. 语言多样性与资源配置和市场发展

促进统一市场的发展，提高资源配置效率是促进区域经济发展的重要途径。相反，市场分割和资源错配往往会阻碍经济发展，增加区域经济发展的不平衡。语言是最重要的交际工具和信息载体，从理论上说，语言越统一，就越有助于降低交易成本，促进生产要素的流通和统一市场的发展。那么，我国多方言的国情是否会加剧市场分割和资源错配呢？答案是肯定的。刘毓芸等（2017）研究表明，方言上的不同显著增强了相邻两县间的资源错配，平均而言，方言不同的相邻两县间生产率差距比方言相同的相邻两县间高出4.7%左右，即使刨除语言沟通机制的影响，方言仍然会扭曲地区间资源配置。谢凤璘（2017）的研究也证实了方言多样性对市场整合和资源配置的负向作用。他指出，方言小类每增加一种，市场分割指数平均提高2.72%，资源配备无效率系数平均增长2个百分点；如果区域内使用单一方言，最高可以使地区的市场分割指数下降近49%。方言多样性对市场整合的阻碍作用受区域内经济、交通及行政因素的影响：平均经济发展水平越高、交通越便利，方言的阻碍作用越小；行政干预过大，方言对市场整合的阻碍作用越大。但平均而言，经济和交通因素暂时无法抵消语言的负作用。此外，语言差异对市场制度差异有显著正向影响，即语言差异越大的区域其市场制度差异也越大（阮建青，王凌 2017），还会带来教育服务的边界效应，特别是在小学、初中、高中学习阶段（高晶，林曙 2018）。

4. 语言多样性与城镇化

城镇化率是衡量国家经济社会发展水平的一个重要维度。过去主要从经济和社会的维度研究制约我国城镇化进程的原因。邵帅等（2017）基于2000~2012年中国276个地级及以上城市的数据样本，以方言多样性代理度量文化多样性，发现方言多样性对城镇化率具有显著的负向影响；在考虑存在遗漏变量的可能而引入滞后一期的城镇化率作为解释变量后，方言多样性对城镇化率的影响依然显著为负。以方言为代表的文化变量是影响城镇化进程的一个重要因素。

有学者指出，为应对城镇化发展过程中日益多元化的居民异质性及其异质公共服务诉求和公共偏好的负面影响，政府应实施普及普通话覆盖公共领域的语言政策，发挥普通话而非地方话在城镇各大公共领域的主要沟通媒介作用，减少不同人因不同地方语言交流而可能产生的歧视意识和行为，淡化当地居民"本地人"和"外地人"的语言隔阂和身份意识，树立起同城镇同身份的城镇居民意识和价值观（连洪泉，周业安 2015）。

5. 语言多样性与对外开放

随着全球化进程的加速发展，一个地区的对外开放程度逐渐成为影响和制约该地区经济发展的重要变量。如果语言多样性会影响到区域的对外开放度，也必将会对地区的经济发展带来影响。李光勤等（2017）基于中国276个地级及以上城市的语言多样性与对外贸易数据集，采用普通最小二乘法、随机效应模型及工具变量法，首次对语言多样性如何影响地区对外开放进行了考察。结果表明，一个城市平均每增加一种方言，对外开放程度将降低2~2.4个百分点。

（二）语言多样性影响经济发展的机制

1. 语言多样性影响沟通交流

语言是最重要的交际工具，语言统一有助于劳动力、技术和制度等生产要素的流通；反之，语言多样性则会阻碍生产要素的流通，这一点毋庸置疑。我国的很多实证研究也证实了这一点。在我国，普通话的推广促进了语言沟通，进而促进了劳动力流通（李秦，孟岭生 2014；刘毓芸，等 2015）和技术扩散（赵子乐，林建浩 2017）。语言差异影响交流是语言多样性阻碍统一市场形成和资源配置效率提升的重要原因之一（谢凤璘 2017）。

2. 语言多样性影响信任和认同

社会信任是影响经济发展的一种重要的非市场因素。具有相同文化背景的个体之间往往更容易建立信任，这也是方言影响经济绩效的重要机制（谢凤璘 2017；黄玖立，刘畅 2017），其背后的机制又在于方言具有的身份认同功能。方言对劳动力流动的影响主要不是通过语言沟通，而是通过认同效应和互补效应来发挥作用的。普通话的推广消除了语言沟通上的障碍，因而有利于劳动力的流动，但可能在增进认同上却效果甚微（刘毓芸，等 2015）。因此，普通话的推广无法完全消除方言多样性对劳动力流动的影响。语言差异影响文化观念（阮建青，王凌 2017）和信任（谢凤璘 2017），进而容易导致市场分割和资源错配，使得地区间生产率差距拉大。

3. 语言多样性影响教育和人力资本积累

徐现祥等（2015）研究发现，语言多样性阻碍经济增长的一个重要原因是其阻碍了人力资本的积累，如果消除方言多样性，那么城市人均人力资本最大可以提高约4%。语言多样性抑制对外开放的重要原因也是阻碍了人力资本积累。研究发现，语言多样性对平均受教育水平表现出显著的负向影响，而对文盲率及成年人文盲率则表现出显著的正向影响，导致地区呈低人力资本状态，从而抑制对外开放。随着受教育水平的提高，语言多样性对开放程度的抑制效应将被逐渐缓解。当平均受教育水平达到高中以上文化程度时，语言多样性对开放程度的影响接近于零，说明加强基础教育可以缓解甚至规避语言多样性对开放程度的抑制效应（李光勤，等 2017）。方言会通过影响随迁子女的教育而增加对劳动力跨区域流动的阻力（高晶，林曙 2018）。推广普通话教育有利于降低劳动力区域流动的方言边界成本，有利于促进劳动力市场整合程度的进一步提高。

4. 语言多样性影响制度和技术扩散

技术扩散是实现地区经济收敛的重要途径，而语言在技术扩散和创新中发挥重要作用（邱质朴 1981；王海兰 2018b）。语言多样性影响经济增长的另一个重要原因就是阻碍了知识和技术的传播。如果消除城市的方言多样性，那么城市技术水平最多可以提高约23%（徐现祥，等 2015）。各地与技术前沿的文化差异通过影响信任和沟通等因素阻碍技术扩散，最终影响区域经济的均衡发展（赵子乐，林建浩 2017）。

林建浩、赵子乐（2017）利用方言数据测度文化差异，基于中国代表性城市样本进行了实证研究。结果显示，各个城市与技术前沿的相对方言距离对技术差距有显著影响，表明文化差异阻碍了技术从前沿地区向其他地区扩散，并且制度是这一过程的重要中介变量，即文化差异通过阻碍制度传播进而阻碍了技术扩散。

（三）语言统一政策的经济效应

推广普通话，促进统一语言的形成，是中国为推动经济社会发展，克服语言多样性带来负面影响而实施的一项重要的语言政策。在20世纪八九十年代，中国语言学者就指出讨论经济发展与语言发展，特别是经济发展与普通话推广的关系问题具有现实意义（詹伯慧 1993），并提出语言属于生产力范畴（奚博先 1993，1994）、语言属于资源（邱质朴 1981）、要大力开发汉语资源等观点。奚博先（1993）还明确提出，发展生产力需要推广普通话、统一语言，指出"守着方言不肯改变，是和落后的自然经济相联系的，也是和改革开放搞活不相容的,更是和现代化格格不入的,要改变这种状况,需要举国上下共同努力"。2018年国家提出实施"推普脱贫攻坚"行动计划以来,国内不少学者提出了推普在国家扶贫脱贫中的基础性作用。例如,张世平(2018)指出,使贫困人口"通语",具备基本的普通话交流能力,是脱贫攻坚的治本之策等。

中国长期以来实施的普通话推广政策对促进劳动力(李秦,孟岭生 2014;刘毓芸,等 2015)和技术(林建浩,赵子乐 2017;赵子乐,林建浩 2017)等生产要素的流动和统一市场的形成,促进教育的发展(高晶,林曙 2018)等方面无疑发挥了巨大作用,个体亦通过普通话学习获得了收益(周端明 2003)。

有学者从促进城镇化建设和对外开放,促进劳动力和技术等生产要素流通,以及促进教育和人力资本积累等方面提出进一步推动普通话推广的政策建议。如李光勤等(2017)提出基于推动区域经济发展的角度需要加大对普通话的推广力度,减少地区内和地区间居民交流和沟通的障碍,从而促进地区对外开放程度的提高等。

三、微观层面:语言能力影响劳动收入

语言能力对劳动收入的影响是语言经济学的重要分析领域之一,也是研究语言与贫困关系的一个重要视角。语言能力是一种特殊的人力资本,可以影响劳动者的收入(张卫国 2008;王海兰 2012),这在中国学界已成为一种共识。根据所分析语种能力的不同,目前国内关于语言能力与劳动收入关系的研究大致分为3类,分别探讨了普通话水平、外语能力和方言技能3种语言能力对劳动收入的影响。

(一)普通话水平与劳动收入

普通话是中国宪法规定推行的语言,也是国内流通度最高的语言。近年来,不少学者对中国劳动力市场上的劳动者,特别是农民工和少数民族地区劳动者的普通话水平的收入效应进行了实证分析。

陈媛媛(2016)采用中国家庭动态跟踪调查(CFPS)、中国劳

动力动态调查（CLDS）以及中国综合社会调查（CGSS）3套综合数据，检验了普通话能力对劳动收入的影响。结果发现，总体上，普通话以及单项能力（听和说）都会对劳动者收入产生比较显著的影响，对服务业从业人员的工资有显著提升作用，对跨方言流动人口的影响要大于方言区内人口的影响；普通话对城镇劳动者的收入的影响比较显著，对农村劳动者收入的影响不显著。

有的学者专门探讨了农民工的语言能力对其收入的影响。秦广强（2014）分析了进京农民工的普通话能力对收入的影响，研究发现，普通话熟练的农民工能够获得高于不熟练者21%~40%的月收入，普通话熟练者在工作培训、职业技能、自我价值意识、工作适应等方面有更好的表现。姜杉、汪雯（2017）研究发现普通话对非农收入存在显著正向影响，普通话标准的农民工其小时工资要高15.73%。农民工对普通话的经济地位认同程度也非常高，70%以上的农民工认为"普通话说得好能够找到一份好工作"（夏历 2009）。

还有一些学者关注了少数民族群体掌握普通话的收入效应。对藏族大学生双语能力与收入关系的实证研究发现，当地藏族大学毕业生藏汉双语水平与收入之间呈正相关性。其中，汉语水平与收入的相关性更加显著，藏语水平与收入的显著性不明显，但其价值在实际工作中得到了增值（英吉卓玛，张俊豪 2016）。

就业是收入的重要来源，语言能力对就业的影响是影响收入的一个重要原因。金江等（2017）采用2010年中国（广东）家庭动态跟踪调查数据，对广东省居民普通话技能与就业的关系进行了考察。研究结果表明，普通话技能对就业具有显著影响，平均而言，个体的普通话水平每提升一个等级，就业概率将增加0.016，且这种影响效应存在明显的异质性差异。在中国少数民族地区，对通用语言掌握欠缺所形成的语言障碍影响了少数民族农牧民从第一产业向第二、第三产业转移的步伐和城镇化的进程，加重了劳动力市场的城乡分割的程度，具体表现为隐性失业和结构性失业加剧（吕君奎 2013）。双语教育程度对少数民族地区的就业行业分布、就业渠道、就业收入、工作能力、就业公平、就业形势、就业心态等有积极影响（陈千柳 2016）。

（二）外语能力与劳动收入

外语能力，主要指英语能力。2013年山东大学刘国辉的博士论文《中国的外语教育：基于语言能力回报率的实证研究》是国内第一篇实证检验中国劳动力市场外语能力的工资效应的文献。此后陆续出现了一批考察中国劳动力市场上个体的外语熟练程度与收入之间关系的研究成果，研究主要基于中国综合社会调查的相关数据。刘国辉、张卫国（2016）利用中国综合社会调查2006年数据，在控制了教育、工作经验、行业、职业、工作场所以及一系列反映个人特征的变量后，发现外语能力在中国有着较高的经济回报。总体上，精通外语对人们月工资的提高区间在34.5%~47.6%，一般外语能力对月工资的提高区间在8%~14.8%。刘泉（2014）利用中国综合社会调查2006年数据，考察了中国城市劳动力市场中个体外语熟练程度与收入之间的关系，发现外语熟练度能显著提高劳动者的收入，外语熟练个体工资高出外语不熟练个体大约69%。郑妍妍等（2015）基于中国综合社会调查2008年、2010年的数据，实证分析了全球化背景下英语能力对个体收入的影响。研究表明，在不考虑全球化因素时，英语能力对个体年收入的影响并不显著；在引入全球化因素后，英语能力的提高对个体收入产生了显著正向影响。该研究同时发现，英语能力对收入的提高，主要是通过受教育程度的提高而体现的，对低技能劳动者收入的提升效应比高技能劳动者显著。赵颖（2016）借助中国综合社会调查2010年数据，考察了普通话能力和英语能力构成的语言能力对劳动者收入的影响。结果显示，劳动者语言能力对收入的影响程度约为11.62%~15.60%，这种影响效应在中东部地区和平均收入以上组更为明显，英语能力的溢价高于普通话，同时两种语言的表达能力溢价显著高于听力能力的溢价。这些文献虽然以不同年份的中国综合社会调查数据为基础，得出了外语能力能显著影响劳动力收入的一致性结论，但研究者在对外语能力收入效应的异质性分析和外语能力对收入产生影响的外部条件的考察视角上略有不同。例如，刘国辉、张卫国

（2016）主要考察了外语收入效应在外语熟练度、性别，以及劳动者群体自身收入分配状况等方面表现出来的异质性，刘泉（2014）主要考察了外语收入效应与教育程度和母语熟练度之间的关系，而郑妍妍等则主要分析了全球化和教育程度与外语收入效应的关系。

此外，程虹、刘星滟（2017）基于2015年"中国企业-员工匹配调查"（CEES）数据，发现英语综合能力、听说能力和阅读能力对员工小时工资都具有显著的正向因果效应。潘昆峰、崔盛（2016）利用"中国教育追踪调查"数据，以高考成绩和大学英语四级成绩作为学生语言能力的代理变量，发现语言能力中的汉语能力和英语能力对大学生的就业薪酬均有显著的正向影响。

（三）方言技能与劳动收入

语言的经济价值是与言语社区高度相关的一个概念。在特定言语社区中，流通度越广、使用频率越高的语言其经济价值往往越高。在不同地域，不同方言亦具有不同经济价值，掌握当地方言技能会对劳动者的收入、城市融入和创业产生影响。

程名望等（2016）采用国家统计局上海调查总队2011年上海外来农民工情况调查数据开展实证研究，结果表明，上海话熟练程度的提高不仅有利于增加农民工的绝对收入，而且还会对其相对收入的感知起到正向作用。上海话作为一种重要非制度因素，已经成为上海市外来农民工获取心理平等感的一种媒介，对于其主动融入城市生活以及减小受排斥的预期有着十分重要的意义。农民工进城落户是城镇化发展的一个重要路径，也是提高农民就业和收入的重要途径。方言技能通过社会交往以及社会认同机制等实现对进城农民落户意愿的正向影响，越熟悉当地方言的进城农民，越倾向于落户城镇（邱济芳，聂伟2018）。与此同时，方言技能还对流动人口创业具有积极作用，那些会讲当地方言，熟悉运用方言的流动人口更倾向于成为创业者，方言的创业效应在城乡接合部、县城、乡镇农村及跨方言大区均非常显著（魏下海，等2016）。

四、结论与启示

已有研究表明,语言诸变量,如语言多样性、语言能力和语言政策等,都能产生经济力量;语言既可以影响宏观经济发展,也可以影响微观经济行为。由此可知,无论是解决地区贫困,还是个体贫困,语言都是一个不容忽视的因素,这为语言扶贫提供了理论基础和实践依据。同时,我们也应看到语言诸变量对经济变量的影响和作用过程是非常复杂的,受到很多因素的影响。这些对深化语言与贫困问题研究,开展语言扶贫具有重要启示意义。从以上的梳理中,我们可以得出以下结论和启示。

(一)语言对经济的影响及作用机制具有自身的规律,开展语言扶贫需认识并遵循语言经济规律

尽管语言对经济发展、语言能力对收入的影响是客观存在的,但其影响和作用机制具有一定的规律性,对这些规律的认识和把握是开展语言扶贫的重要前提和基础。现有文献所揭示的语言经济规律大致可归纳如下:

一是不同语言对经济变量的影响大小和作用机制不同,同一语言也会具有不同的经济效应。普通话、方言、少数民族语言和外语都会影响到地区或个体的发展,但其影响大小和作用机制不一样。例如普通话水平和外语能力都会对劳动者收入产生影响,但影响大小存在差异;普通话和方言都会影响劳动力流动,普通话主要是通过影响语言沟通发挥作用,表现为"工具效应"或"信息效应",而方言主要是通过文化和身份认同来实现,表现为"文化效应"或"认同效应"。同一种语言也会对同一变量同时具有阻碍和促进两种不同的效应。例如,方言多样性一方面会阻碍技术扩散,另一方面又有助于技术的创新和企业家精神的培育。在实施语言扶贫时,应充分认识同一语言的不同作用、不同语言的各种作用及其不同的作用机制。

二是同一语言变量在不同发展阶段对同一地区的经济发展(或同

一个体的劳动收入）的作用不同。卞成林等（2017）的研究揭示了普通话普及率与经济发展之间的二次曲线关系：在普通话普及率达到最低有效规模之前，普通话普及率对经济发展是起抑制作用的，而一旦超过该规模，普通话普及率的提升就会对经济发展产生积极的促进作用。现有研究表明，个体对同一语言掌握的熟练度不同所带来的收入效应不同，同一语言的听、说等不同技能对收入的影响大小也不同。这些研究成果对于我们开展推普脱贫无疑都具有重要的指导意义。

三是语言对经济变量的作用具有很强的异质性，同一语言对不同个体的影响不同。有研究表明，外语能力对收入的影响会因个体的性别、受教育程度、自身收入等特征的差异而有所不同，普通话对就业的影响因性别、行业和区域而存在差异。语言能力收入效应的异质性给出的一个重要启示是：语言扶贫举措需因人而异，精准实施。

四是语言对经济变量的作用受到诸多其他条件的影响，当其他条件发生变化时，语言对经济变量的影响会发生改变。例如，语言多样性对技术扩散壁垒因人力资本水平、外来移民人口比例和外国直接投资等因素而存在异质性（林建浩，赵子乐 2017），外语能力的收入效应受到全球化因素的影响等。当这些外在条件发生变化时，语言多样性和语言能力对经济变量的影响就会发生变化。这就告诉我们，实施和评估语言扶贫必须要充分考虑外在条件，因地制宜，因时调整。

（二）语言变量对经济变量的作用是一个"多阶段传导"的过程，其影响具有伴随性、周期性等特点，开展语言扶贫需客观、全面地认识语言的经济作用

语言对经济的影响往往是伴随性的，通过影响沟通、教育和人力资本积累、信任和认同，进而影响劳动力流动、技术扩散、资源配置等，最终影响经济发展和收入，是一个"多阶段传导"的过程，其作用是隐性的，很难测度，且需要一定周期才能显现，因而往往容易被忽略。语言多样性和语言能力等语言变量在长期情况下会对经济发展和劳动收入等经济变量产生影响，但研究结果所揭示的是，这些语言变量对经济变量的影响往往是伴随性的，需要与其他要素相结合而发挥作用。例如，语言多样性往往是通过影响沟通、认同和信任而影响劳动力流动、教育和人力资本积累，以及技术扩散，最终影响经济增长等。语言能力同样需要通过影响教育、信息获取和技能学习等中间要素而对就业和收入产生影响。与此同时，语言变量必须积累到一定规模才会对经济变量产生作用。例如，个体对一种语言的掌握需要达到一定的熟练程度，语言才会对收入产生影响，一种语言需要在某个区域达到一定的普及程度才能对经济发展产生积极作用，等等。语言能力达到一定水平、语言普及率达到一定规模都需要时间，都有个过程。由于语言发生作用的伴随性和多阶段传导性，使得语言对经济的作用也往往需要一定周期才能显现出来。开展语言扶贫，需要客观、全面地认识语言的经济作用以及作用机制和过程。

（三）开展语言扶贫需要加强语言与贫困的理论与实践研究，建立"语言–贫困"数据库，开展语言扶贫绩效评估

目前我国语言经济学关于语言多样性与经济发展、语言能力与收入的实证研究主要限于城市和城市劳动力市场，针对贫困地区、少数民族地区的研究相对较少。关于劳动者语言能力的微观数据主要来自中国综合社会调查数据库。该数据库是一个综合数据库，其中涉及的语言变量主要是普通话和英语的听说能力，没有包括方言技能。但对于贫困人口而言，其最重要的语言能力是方言和普通话。因此，这个数据库对于研究语言与贫困问题来说不是一个最优数据库。为推进语言文字助力扶贫脱贫，深入研究语言与贫困的关系，我们需要一个面向贫困地区和贫困人口的"语言–贫困"综合数据库。这一数据库应该包括个体的语言能力、收入、教育、职业等多种变量，可用于分析语言与贫困之间的相互关系及该关系的动态变化。同时，我们也需要对语言扶贫措施进行跟踪，建立系统性的绩效评估机制，实现语言扶贫措施的精准施行。

参考文献

卞成林　2017　语言精准扶贫促进全民发展，《中国教育报》9月15日第6版。

卞成林　2018　深度贫困地区脱贫的语言要素，《光明日报》9月25日第15

版。

卞成林，刘金林，阳柳艳，等　2017　少数民族地区普通话推广的经济发展效应分析：来自广西市际面板数据的证据，《制度经济学研究》第3期。

陈千柳　2016　少数民族地区双语教育与就业的关联性研究，西南交通大学硕士学位论文。

陈媛媛　2016　普通话能力对中国劳动者收入的影响，《经济评论》第6期。

程　虹，刘星滟　2017　英语人力资本与员工工资——来自2015年"中国企业-员工匹配调查"的经验证据，《北京师范大学学报（社会科学版）》第1期。

程名望，王　娜，史清华　2016　语言对外来农民工收入的影响——基于对上海外来农民工情况的调查，《经济与管理研究》第8期。

高　晶，林　曙　2018　省际边界、方言边界和一价定律，《金融研究》第4期。

高　翔，龙小宁　2016　省级行政区划造成的文化分割会影响区域经济吗？《经济学季刊》第2期。

赫　琳　2018　语言扶贫有助于永久脱贫，《中国教育报》5月31日第5版。

黄玖立，刘　畅　2017　方言与社会信任，《财经研究》第7期。

黄少安　2016　经济学视野中的语言问题，《语言战略研究》第2期。

吉尔斯·格雷尼尔　2018　论语言及其多样性的经济价值，刘国辉译，《云南师范大学学报（哲学社会科学版）》第1期。

姜　杉，汪　雯　2017　普通话对农民工收入的影响分析——基于甘肃省360农户的调查，《人力资源管理》第4期。

金　江，尹菲菲，廉　洁　2017　普通话水平与就业关系的实证检验，《制度经济学研究》第1期。

李光勤，曹建华，邵　帅　2017　语言多样性与中国对外开放的地区差异，《世界经济》第3期。

李　秦，孟岭生　2014　方言、普通话与中国劳动力区域流动，《经济学报》第4期。

李宇明　2018　修筑扶贫脱贫的语言大道，载国家语言文字工作委员会组编《中国语言生活状况报告（2018）》，北京：商务印书馆。

连洪泉，周业安　2015　异质性和公共合作：调查和实验证据，《经济学动态》第9期。

林建浩，赵子乐　2017　均衡发展的隐形壁垒：方言、制度与技术扩散，《经济研究》第9期。

刘国辉　2013　中国的外语教育：基于语言能力回报率的实证研究，山东大学博士学位论文。

刘国辉，张卫国　2016　中国城市劳动力市场中的"语言经济学"：外语能力的工资效应研究，《山东大学学报（哲学社会科学版）》第2期。

刘　泉　2014　外语能力与收入——来自中国城市劳动力市场的证据，《南开经济研究》第3期。

刘毓芸，戴天仕，徐现祥　2017　汉语方言、市场分割与资源错配，《经济学》第4期。

刘毓芸，徐现祥，肖泽凯　2015　劳动力跨方言流动的倒U型模式，《经济研究》第10期。

吕君奎　2013　通用语言、小语种语言与少数民族就业问题研究，《新疆大学学报（哲学人文社会科学版）》第1期。

潘昆峰，崔盛　2016　语言能力与大学毕业生的工资溢价，《北大教育评论》第2期。

乔纳森·普尔　1972/2001　国家发展与语言多样性，魏淑花译，载周庆生《国外语言政策与规划进程》，北京：语文出版社。

秦广强　2014　进京农民工的语言能力与城市融入——基于适应性区群抽样数据的分析，《语言文字应用》第3期。

邱济芳，聂伟　2018　方言技能对进城农民落户意愿的影响机制——基于2014年全国流动人口动态监测数据，《湖南农业大学学报（社会科学版）》第3期。

邱质朴　1981　试论语言资源的开发——兼论汉语面向世界问题，《语言教学与研究》第3期。

阮建青，王凌　2017　语言差异与市场制度发展，《管理世界》第4期。

邵帅，李光勤，曹建华　2017　文化多样性会阻滞城镇化进程吗？——基于方言视角的经验考察，《东南大学学报（哲学社会科学版）》第5期。

王春辉　2018a　脱贫攻坚需要语言文字助力，载国家语言文字工作委员会组编《中国语言生活状况报告（2018）》，北京：商务印书馆。

王春辉　2018b　论语言因素在脱贫攻坚中的作用，《江汉学术》第5期。

王海兰　2012　个体语言技能资本投资研究，山东大学博士学位论文。

王海兰　2017　语言多样性与经济发展的互动关系分析，《制度经济学研究》第4期。

王海兰　2018a　深化语言扶贫　助力脱贫攻坚，《中国社会科学报》9月11日第3版。

王海兰　2018b　语言人力资本推动经济增长的作用机制研究，《语言战略研究》第2期。

魏下海，陈思宇，黎嘉辉　2016　方言技能与流动人口的创业选择，《中国人口科学》第6期。

奚博先　1993　语言属于生产力范畴——再谈语言和"吃饭"的关系，《语言文字应用》第4期。

奚博先　1994　关于《语言属于生产力范畴》的驳诘，《语言文字应用》第4期。

夏　历　2009　城市农民工的语言资源和语言问题，《云南师范大学学报（哲学社会科学版）》第4期。

谢凤璘　2017　方言多样性对市场分割影响的实证分析，重庆大学硕士学位论文。

徐现祥，刘毓芸，肖泽凯　2015　方言与经济增长，《经济学报》第2期。

英吉卓玛，张俊豪　2016　语言经济学视角下藏族大学毕业生藏汉双语水平与收入的相关性研究——以青海省T县藏族大学毕业生为例，《民族教育研究》第3期。

詹伯慧　1993　经济发展与推广普通话，《语文建设》第12期。

张世平　2018　通语是脱贫攻坚的治本之策，《语言文字报》4月15日。

张卫国　2008　作为人力资本、公共产品和制度的语言：语言经济学的一个基本分析框架，《经济研究》第2期。

张卫国　2014　语言多样性与经济发展：由瑞士的语言多样性说起，《经济学家茶座》第65辑。

赵　颖　2016　语言能力对劳动者收入贡献的测度分析，《经济学动态》第1期。

赵子乐，林建浩　2017　经济发展差距的文化假说：从基因到语言，《管理世界》第1期。

郑妍妍，李 磊，庄媛媛 2015 全球化与学英语的回报——来自中国微观调查数据的经验研究，《中央财经大学学报》第5期。

周端明 2003 普通话推广的经济学分析，《安徽师范大学学报（人文社会科学版）》第4期。

（本文发表于《语言战略研究》2019年第1期，第34~43页）

海外语言与贫困研究的进展与反思

方小兵

2018 年 1 月 5 日，教育部、国务院扶贫开发领导小组办公室和国家语言文字工作委员会共同制定了《推普脱贫攻坚行动计划（2018—2020 年）》，提出了"语言扶贫"的重要举措。近一年来，国内学界，尤其是从事语言政策与规划研究的学者，开始关注"脱贫与推普"话题，提出了一些颇有价值的观点。例如，语言可以扶贫，源自语言与教育、信息、互联网，以及与人的能力和机会之间存在的密切关系（李宇明 2018）；在精准脱贫中应该重视语言因素的基础性作用，因为语言作为资本，有助于改观落后地区的就业和经济劣势（王春辉 2018）；语言和贫困之间枝附叶连，不可分割，语言扶贫是新时期普通话推广的重要使命（史维国，杜广慧 2018）。

然而，由于国内此类研究开展较迟，话题主要集中在推广普通话对脱贫的意义上，对国外的相关研究不甚了解，对西方学者在该课题研究中采取的视角、采用的方法、倡导的理念、提出的对策还缺乏足够的梳理，为此本文将回顾近 60 年来国外有关语言与贫困之间关系的研究，归纳总结语言与贫困相关性的具体表现，从研究缘起、作用机制、社会影响、干预措施等方面，综述国外在本领域的研究成果，以期为国内学者开展相关研究提供借鉴，并为中国贫困地区开展儿童语言教育和制定相关社会救助政策提供参考。

一、西方语言与贫困研究缘起与概貌

1959 年，美国联邦政府首次对国内贫困状况进行调查，统计数据表明，美国有 22.4% 的人口生活在贫困中，这意味着当时在这个世界上最富有的国家里，仍有约 4000 万人处于贫困状态（Sharp 2012）。该数据使人们感到震惊，贫困也就成为20世纪60年代美国的一个主要社会问题。约翰逊总统发出了"向贫困宣战"（War on Poverty）的号召，许诺要把美国建成"伟大社会"，推行包括发展教育、兴建住宅、增加营养、扩大就业等在内的社会福利计划，以根除贫困。为回应美国民权运动和美国印第安人运动的诉求，联邦政府在1964年颁布了《民权法案》（Civil Rights Act）和《经济机会法》（Economic Opportunity Act），并在1965年颁布了《中小学教育法》，包括联邦援助城乡贫困儿童的第一部分计划；同年，《高等教育法》授权为贫困大学生提供财政援助。1968年出台的《双语教育法》（BEA）规定学校应该向孩子（主要是土著和移民家庭儿童）提供借助其母语学习英语的项目，帮助他们更好地融入社会。1974年《平等教育机会法》（Equal Educational Opportunities Act）颁布后，联邦政府又推出了一些针对特定贫困群体的具体项目，如"领先"（Head Start）项目为贫困儿童提供学前教育，"向上跃进"（Upward Bound）项目资助贫穷的高中生进入大学，"就业工作团"（Job Corps）为贫困青年举办职业训练。通过这一系列措施，美国生活在贫困中的人口数量显著减少。

在"向贫困宣战"运动的带动下，许多学者和一些智库开始关注语言与贫困的相关性，包括种族语言（如美国黑人语言）、移民语言（如西裔和亚裔移民语言）、阶层语言（如劳工阶层家庭语言）。美国智库"贫穷研究所"（Institute for Research on Poverty）在经济机会办公室（Office of Economic Opportunity）的资助下，通过基础研究和对策研究，为解决美国贫困问题提出政策制定基础。作为该研究所的核心成员，Williams主编了论文集《语言与贫困：同一主题多种视角》（1970），将语言和贫困相关的一系列观点汇集在一起，综合语言学家、心理学家、社会学家和教育工作者的智慧，从语言视角观察反贫困计划中的紧迫实际问题。该文集在西方学界影响巨大，但也引起了许多争议。2005年10月，美国康奈尔大学举行了题为"语言与贫困"的会议。在康奈尔大学"贫困、不平等和发展"项目的资助下，Harbert等学者基于会议提交论文，编撰出版了《语言与贫困》（2009）一书，对语言与贫困的相关性进行探讨。与40年前的同名文集相比，该文集研究的对象不再仅仅是美国的贫困问题，而是全世界普遍存在的贫困群体面临的发展赤字和社会边缘化问题。

虽然上述两个文集都使用《语言与贫困》的名称，但内容有很大的不同。1970年出版的文集讨论了贫困与语言能力、语言地位、语言权利之间的关系，而40年后的同名文集更多采用语言生态学和语言经济学的视角，讨论贫困与社会资源获取、贫困与语言多样性等方面之间的关系。前者的作者大多来自英美；而后者的作者来自全球，包括印度、南非等国家的学者，视角更为开阔，案例也更为丰富。

除了这两本影响较大的文集，以及围绕这两本著作发表的一系列书评（如 Mufwene 2010；Dobrin 2010）之外，还有不少文献在不同程度涉及语言与贫困的关系问题，主要包括一些社会语言学和语言政策与规划研究著作，如 Cobarrubias（1983）的《语言规划进展》、Tollefson（1991）的《规划语言，规划不平等》、Ferguson 的《语言规划与语言教育》（2006）；一些社会学和经济学文献，如 Bernstein（1971）的《阶级、语码与控制》、Sharp 等人（2012）的《社会问题经济学》。另外，世界银行、联合国教科文组织、联合国儿童基金会等国际组织以及美国暑期语言学院（SIL）等智库和民间组织，都对语言与贫困的关系提出了自己的理念，并在此基础上倡议不同类型的语言政策。

二、观察语言与贫困关系的四个视角

国外学者主要从以下4个视角对语言与贫困的关系进行讨论：(1) 语言能力与贫困；(2) 语言地位与贫困；(3) 语言权利与贫困；(4) 语言多样性与贫困。当然，这4个视角是相辅相成的，而不是相互割裂的，仅仅是侧重点的不同。下面分别概述。

（一）语言能力与贫困

多年来，国外有众多学者对贫困儿童的语言特征（有的称为"语言缺陷"）进行描写，探讨贫困孩子语言能力欠缺的原因和对策。

语言学习环境论者认为，家庭贫困会从不同侧面影响儿童语言能力发展，甚至在学龄前就已十分显著，进而影响后来其学业成功和终生发展。贫困家庭儿童语言能力之所以欠缺，是因为家庭不能为儿童早期语言习得提供质量高、数量足的语言输入，从而限制了儿童模仿的语言参照，进而导致其语言能力发展低于高社会经济地位家庭儿童，主要表现为语言学习能力低下、语音意识不足、词汇和句法习得较慢等。贫困家庭父母与孩子交谈使用语言的数量与质量（如词汇量大小；解释性、描述性、引导性句型种类多少）远远低于非贫困家庭（Gruen, Ottinger & Zigler 1970）。

英国社会学家Bernstein（1971）通过"语码理论"（code theory）首次系统阐述了劳工家庭儿童与中产阶级家庭儿童在语言习得与语言使用方面的差别。他指出，由于家庭环境差异，劳工家庭的儿童通常只能接触到结构简单、需依赖背景信息才能理解、适合小范围群体间交流的语言表达方式，可称为"局限语码"（restricted code）；中产阶级家庭儿童则不仅能习得局限语码，还能接触到结构复杂、语义抽象、不需太多背景信息就能理解的"精致语码"（elaborated code）。Bernstein认为，由于学校教材、课堂教学、升学考试等使用的都是精致语码，结果导致劳工家庭孩子在学校里语言能力相对较弱，成绩常常不如中产阶级家庭的孩子，存在挫败感，辍学率高，考取好大学的概率也更小，影响其向上流动的机会。

20世纪70年代初，有学者提出美国黑人儿童的语言能力之所以普遍"低下"，是因为黑人英语是一种"有缺陷的语言"，逻辑混乱不清，不适宜在学校和许多正规场合使用。一时间，美国黑人语言与其较低的社会地位之间是否存在共变关系成为许多学者关心的话题。社会语言学家Labov（1970）认为，应该避免将语言差异与语言缺陷相混淆，他通过调查黑人英语中系动词"BE"的省略现象，证明黑人英语和其他英语变体一样具有系统性和逻辑性，能满足各种交际需要。因此，判定美国黑人儿童语言能力必然低下是一种语言歧视和社会偏见。真正导致黑人群体贫困的是既存的社会制度，而不是其语言。

也有学者认为，贫困会减缓认知能力的发展，从而影响语言能力的发展，因为语言机能（language capacity）是认知能力的一部分（Duncan & Magnuson 2012）。神经认知科学实验证实，贫困对认知的影响要远甚于对身体健康的影响，贫困家庭的营养供给、教养方式、家庭氛围对儿童大脑的语言系统、执行系统、记忆系统等神经认知系统的功能都会产生影响，进而不同程度妨碍语言发展（Lipina & Posner 2012）。通过图片词汇测试、语义场聚焦测试、语法接受测试、多层级的语义自上而下加工测试，学者发现视觉词解码神经区域活跃程度、语音敏感度、阅读推理能力、句法加工能力，都与社会经济地位呈正相关。相对于工作稳定、社区安全状况良好的中产阶级家庭，贫困家庭疲于生活压力，生活焦虑程度高，过滤无关信息的能力低，因而记忆系统发展缓慢；同时，贫穷劳工家庭孩子的生活大多是物质的，缺乏诗歌吟诵表演、旅行、结社、开读书会的机会，没有"诗和远方"，在一定程度上限制了想象力的发展。

（二）语言地位与贫困

还有一些学者从不同语言享有不同社会地位这一角度，讨论了语言与贫困的相关性，认为某些语言群体之所以贫困，不是因为其语言能力不行，而是因为其语言社会地位低，群体被边缘化，有效获取并利用社会资源和福利的手段和途径少，结果导致贫困。

经济学家 Jacob Marschak（1965）提出了"语言经济学"的概念，认为语言是一种人力资本，具有成本、收益、价值和效用，语言与讲话人的收入存在相关性。基于语言人力资本理论，Vaillancourt（2009）在加拿大魁北克调查了母语既不是英语也不是法语的居民，通过多变量分析，确定在导致居民贫困诸因素中，语言是一个决定性因素。由于教育、就业、医保等信息基本上都是以社会主导语言发布，导致社会机会不均等，小语种群体难以获取劳动力市场信息，有的甚至被排挤在大经济圈之外，而且在行政、司法、科技等方面难以平等获取社会资源，不能平等地参与社会发展。作者建议，虽然这些居民的语言不能成为官方语言，但政府应该在公共场合（如语言景观）强制使用多语制，在就业方面为各语言群体建立配额制（Vaillancourt 2009：158）。

为了消除在歧视小语种群体方面的指责，美国联邦政府在 1963 年颁布了《同酬法案》（*Equal Pay Act*）。法案规定，雇主对相同的工作支付不同的工资是非法的。但是由于《同酬法案》只适用于工资歧视方面，因此该法案的作用是有限的，因为许多高收入行业是黑人和少数民族根本就无法进入的，谈不上有工资。为此，美国政府在 1964 年又颁布了《公民权利法案》（*Civil Rights Act*），以保证在教育、就业等方面不因语言、种族、性别等因素产生歧视，但是一些隐性的歧视仍然存在。Lambert et al.（1960）最早通过"变语配对"的心理语言学实验，证实了"语言刻板印象"（linguistic stereotype）的真实存在，即人们往往会仅仅凭借一个人的语言来判断其性格和能力。"以语取人"的结果就是，社会地位低的语言在各个方面被边缘化。在美国，隐性语言歧视的一个具体表现是家长追求"同学效应"。父母不希望其子女与非英语家庭孩子在一起，即使本身就是非英语家庭。这样一来，留给那些"失败"公立学校的只能是社区内相对贫困的学生，他们大多数都是非裔美国人和家境贫困的移民家庭学生。

在一些国家，人为制造出的语言地位不平等用来为特定阶层利益服务，并成为贫困固化机制。例如，虽然卢旺达 95% 以上的人都说卢旺达语，但是该国在独立之后，仍然选择前殖民语言法语作为官方语言，全民通用的卢旺达语无法进入行政、司法、教育和媒体层面。De Swaan（2001）指出，这是因为官员们自己就希望继续用法语作为官方语言。卢旺达独立之际，政府和社会精英垄断了法语教育，使其成为"神秘"而"雅致"的语言。虽然人人知道法语是通往财富权力和声望的语言，但是对于绝大多数卢旺达人来说，法语是可望而不可即的，因为法语只能通过书面语言课程习得，而卢旺达的文盲率非常高。既得利益者不愿意看到更多的人学习法语，因为那样会影响他们垄断职场上高级职位的机会。按照联合国相关标准，卢旺达属于世界最不发达国家之一，绝大多数人处于贫困状态。民众清楚地知道自己不懂法语，没文化，不够格，所以只能安于贫困。就这样，未能获得社会高等级语言成了贫困的"合法"理由，语言不平等成为固化社会不平等的隐形武器。

Tollefson（1991）从批评语言政策的角度，分析了现代社会中基于语言的制度性约束，认为这种隐性约束导致语言少数群体无法顺利进入社会和政治制度，从而产生不平等和不公正，造成结构性贫困。例如，自独立以来，印度的语言等级制度已逐渐固化，印度宪法第八附表最初列出了 14 种语言，称为"表列语言"，后来增加到 18 种。到 2003 年，表列语言数量达到 22 种。多年来，许多少数民族语言团体一直在进行游说活动，希望其语言能够进入表列语言名单，因为不同等级的语言可以获取不同等级的行政职业、社会资源和教育资源。社会地位最高的是英语和印地语，其次是区域性的邦语言，如乌尔都语、泰米尔语、泰卢固语等，地位最低的是一些部落语言，主要位于中南部山区。调查显示，仅仅掌握部落语言的民众，无法获得现代技术，不会使用 ATM 机，人均收入低，而且难以找到一份体面的工作来摆脱贫困；同时，由于政府在这些地区的公共资源投放也远远少于城市地区，当地民众缺乏向上流动的机会，存在被现代社会抛弃的失落感和失败感（Mohanty 2009）。

有学者从话语权层面分析了语言地位与贫困之间的关系，认为语言小族之所以常常与贫困挂钩，甚至一部分人陷入贫困循环，是因为社会地位低的语言群体不仅社会资源受限，更缺乏提出社会诉求的话语权。语言小族即使有减困脱贫的有效方案，但只能借助"他者语言"（社会主导语言）的媒体、渠道和平台为自己的利益发声，否则其声音就不会被听到（Ammon 2012）。这里就存在一个悖论：因为要想发出自己的声音，就必须借助别人的喉咙。如果贫困群体不想借他者语言发声，而是想诉诸自己的语言，那么，要么不被社会所关注，久而久之沦为默认的现实；要么出现"灰犀牛"效应，转而诉诸各种形式的暴力活动，让政府和社会感知其诉求——对此，学者们喜欢冠以"语言冲突"之名，但其实质并非语言之间的冲突，而是政治经济利益冲突。

（三）语言权利与贫困

西方学者所谓的语言权利在本质上是指母语权利，包括母语习得和母语使用的权利。这类学者最喜欢采用的一个理据是：母语教育更有利于扫盲和职业发展，从而有助于消除贫困，并认为这是毋庸置疑的。

Skutnabb-Kangas 长期担任联合国教科文组织专家组成员，是母语权理念的坚定维护者，她认为语言权是一种人权，母语教育是每个人都享有的不可剥夺的权利，而且有利于儿童成长（Skutnabb-Kangas 2000）。联合国教科文组织接受了这一观点，通过发布与母语教育相关的专家报告、宣言、倡议书和设立"国际母语日"等活动，在全世界宣传母语教育的重要性和优越性。例如，"儿童通过母语比通过一种不熟悉的语言媒介学习得更快"（UNESCO 1953）；"如果一个孩子最初几年的学龄教育是在母语环境中进行的话，他的学习就会更顺利"（UNESCO 2010）；"我们倡导母语教学，因为它有助于更好地开展扫盲和提高教育质量"（UNESCO 2013）；"母语教育是实现可持续发展目标的关键要素，它有利于学习并增强读写算技能"（UNESCO 2015）；"儿童用母语学习的效果是其他方式难以企及的"（UNESCO 2018）。

联合国教科文组织是二战之后成立的，那时在亚非拉出现了许多新独立国家，这些国家迫切需要消除殖民者宗主国语言的影响，并在民族共同语的基础上推广国家通用语，配合扫盲运动，消除国家贫困。因此，教科文组织最初的母语教育观念，实际上是与殖民地宗主国语言相对应的本地语（vernacular），是一种潜在的国家通用语。这一母语教育观念受到绝大多数国家的欢迎，也产生了较大的国际影响。

但是从 20 世纪 60 年代后半期开始，左翼知识分子思想逐渐占据西方学术界主流地位，与此同时，学生运动、民权运动和女权运动席卷美国和西欧诸国，主要诉求是对外反对越战，支持民族独立，对内反对基于语言、种族、性别、宗教信仰等一切因素的歧视，要求权利平等（陈平 2013）。在此影响下，整个西方世界在社会思潮、主流意识形态和政府内外政策方面经历了重大变化，追求社会正义和族群平等渐渐成了社会的主旋律。与此同时，母语概念从集体层面转向个体层面，母语权讨论开始面向那些原先被忽略的小族语种，在一些国家还包括土著语言和移民语言。然而，按照结构语言学的划分，一些贫困国家的语言数量动辄 200 到 300 种，基于语言平等和社会公平的原则，政府需要为每一种母语印制教材、培养师资，这几乎是不可能完成的任务，母语教育理念的可行性就成了问题。没有一个国家可以让境内所有的语言实现完全意义上的平等。如果一个国家同时使用着100种官方语言，那这个国家的发展水平肯定非常之低下，因为全体国民之间沟通成本太高，而难以沟通肯定有碍社会发展（Sharp 2012）。

为此，一些学者提出了不同的看法。Fasold（1992）在《本地语教育的再思考》一文中指出，母语的优越性并没有在各地得到证实，接受过双语教育的讲英语的爱尔兰儿童在解算术题时，使用爱尔兰语不如用英语好，而且他们用爱尔兰语阅读的时间比用英语长。绝对意义上的母语教育可能会增加学生的负担。Gupta（1997）则从另一个角度分析了通过母语教育来脱贫的局限性。他认为语言不平等只是更大社会不平等结构的一部分，母语教育解决方案不能从根本上改变现有的不平等，如果社会不能提供必要的语言服务来打破语言障碍，社会不平等将继续存在。期望每个国家为所有儿童提供母语初等教育，这不但是非常昂贵的，而且在后勤方面也是不切实际的，教师培训、教材编写、教学组织等方面的问题会堆积如山。

与教科文组织倡导的母语教育权不同，世界银行支持的是语言教育权。世界银行积极参与联合国"千年发展目标"和"2030可持续发展目标"中的减贫部分，向贫穷国家提供贷款、援助和培训项目。世界银行的多份报告指出，在当今的信息饥渴社会，即便最基本的工作也要求劳动者能读能写，而大多数的工作要求更高，一个年轻的成年人如果缺乏坚实的语言教育，那么他很有可能生活在一种贫困或接近贫困的状态。世界银行认为，个人的生存权、工作权和发展权，与母语权一样重要。基于通用语的早期教育会产生最大的收益，对家庭最有价值。因此，要真正解决贫困问题，解决贫困的代际传承，"必须努力改变受援助者的语言"（Alsop 2005）。世界银行在对不发达国家开展教育类投资开发项目，建立校舍和培训师资，进行就业激励和援助时，更多关注的是国家通用语教育，而不是母语教育，因为如果仅仅是母语教育，孩子上了学后可能仍找不到工作（World Bank 1980）。

（四）语言多样性与贫困

国外关于语言多样性与贫困的相关性研究，主要从国家、区域和个体 3 个层面展开。

就国家层面而言，Fishman（1966：146~158）认为"语言上同质的国家往往在经济上更发达，教育上更先进，政治上更现代化，政治意识形态上也更稳定和牢固……具有统一语言和多种语言的国家所表现出的许多差别似乎也体现了富国与穷国之间的差别"。美国学者普尔（Pool 1972）进一步指出："一个语言极度繁杂的国家总是不发达的或半发达的，而一个高度发达的国家总是具有高度的语言统一性。"Nettle（2000）将此称为"费希曼-普尔假说"（Fishman-Pool Hypothesis），即语言多样性与国家贫困之间存在正相关，并进一步指出，语言多样性之所以会降低经济发展的速度，是因为它阻止专业人员流动、增加管理成本、妨碍新技术传播。

Fasold（1992）总结说，"规划者如果坚持保留文化语言上的多元化，就要准备牺牲经济进步……目前没有任何一个国家能够成为未经语言同化而取得经济成功的样板，这至少应该使我们有理由对那些关于语言多样性照样发展的言论表示足够的怀疑"。卡林顿则提出了更为激进的观点，"煽动革命可能超出了语言学家应该做的范围，但是如果认为促进地方语言发展能够带来社会平等和保持语言多样性，那么只有拆解国家了"（Carrington 1997：89）。

就区域层面而言，Romaine（2009：135）认为，生物多样性、语言多样性与贫困三者之间存在相关性，即贫困地区通常保持传统的生活方式，自然环境的生物多样性未受破坏，人类社会的语言多样性也保存较好。但是许多以脱贫为目标的开发工程和发展项目使得环境发生了巨大变化，破坏了当地的经济模式，迫使农村劳动力进入城市寻找工作，导致环境和文化多样性的退化，并伴随着语言多样性的摧毁。他提醒人们，不要狭隘地关注经济增长而忽视了这些行为对语言和文化构成的威胁，忽视了人类福祉的其他方面。

井上史雄对世界各个地区的夜晚照明情况进行了考察，他发现，从人造地球卫星俯瞰夜晚的地球，有 3 个地方比较明亮：北美、西欧和东亚。这些地区经济实力强，人口密度高，人们可以晚上聚在一起，方便地进行互相交流，这样就会发生语言的单一化。另外 3 处，即南美、非洲和南亚，夜晚较为黑暗，那里有众多比较贫穷的农村地区，交际密度稀疏，语言多样性保持较好。换言之，在地理分布上，富裕地区语言多样性低，贫困地区语言多样性高（井上史雄 2018）。

还有一些学者从个体层面讨论了贫困与语言多样性的关系，认为贫困会影响个体语言选择，造成语言转用，诱发母语人口流失，最终导致语言多样性减少。人类学家 Whiteley（2009）研究了被纳入美国国家脱贫计划的霍皮人的生活状况。像其他美洲原住民群体一样，霍皮人往往很穷，许多人生活在贫困线以下。在其他经济机会匮乏的情况下，农业生产对于霍皮族来说既是物质的、社会的，也是精神的，霍皮人的语言实践也不能脱离社区的生活环境。人们被迫放弃原有的语言和生活方式，以便不再穷困潦倒，凸显了经济发展与语言活力之间的紧张关系。霍皮语（Hopi）濒临消亡只是北美土著语言多样性减少的一个样本。

也有少数学者论证了语言多样性的益处，认为语言多样性有其经济和文化价值，可以使社会可提供的产品数量与类型得到有效增长，有助于减少贫困发生率。例如，民族主题的餐馆可以提升一个城市的经济活力，方言形式的文化产品可以促进旅游经济。Ottaviano 和 Peri（2005）对过去 20 年里欧美 160 个大城市的语言状况与经济发展进行了关联研究，为语言多样性的经济收益提供了定量证据。该研究发现，语言多样性与城市平均工资之间存在正相关。Taylor（2013）的研究更加聚焦，他发现，纽约和伦敦都位于全球最发达城市之列，但也是语言多样性丰富的城市。其中，2010 年纽约市区有 817 万人口，来自全球 180 多个国家和地区，家庭语言和小社区语言种类众多，仅每天发行的报刊就要使用 40 多种语言；伦敦一直被视为欧洲最具吸引力的金融中心，而伦敦的交流语言数量多达 233 种，是世界最具多元化特色的大城市之一。可见语言多样性不仅不会导致贫困，反而是经济发达的表征。

Grin（2003）则从反面论证了语言多样性对于遏制贫困发生的机制作用。他指出，语言多样性固然会增加社会负担，妨碍底层民众获取公共资源，但是如果把资源投入保护语言多样性和促进少数民族文化，就不但能够为经济发展营造良好的社会氛围和稳定、可预期的社会经济环境，而且可以带来社会和谐，有助于避免因语言冲突和政治危机引发的民众流离失所和大面积贫困。现有的证据表明，维持语言多样性的货币成本非常有限（吉尔斯·格雷尼尔 2018），社会动荡的代价肯定大大高于维持语言多样性的成本。如果说维持语言多样性有可能让少部分人处于贫困，那么不尊重语言多样性则有可能造成社会上大多数人贫困。

三、评论与反思

下面将从语言资源、母语教育和语言多样性 3 个方面，对国外学者关于语言与贫困的研究进行讨论，并提出自己的看法。

（一）通过开发语言资源来减贫尚未真正实现

Williams（1970）从两个层面绘制了语言因素导致的贫困循环图。社会文化层面的贫困循环路径为：贫困→教育劣势→发展劣势→贫困。社会经济层面的贫困循环路径为：贫困→就业劣势→经济劣势→贫困。无论是哪个层面，语言都被视作一种资源，只不过前者是文化资源，后者是经济资源。

语言资源倡导者常常怀着良好的愿望，相信通过开发语言经济资源能够使该语言的贫困群体脱贫，通过宣传语言文化资源达到保护语言多样性的目的。然而现实生活中，语言资源往往难以在语言市场上实现其价值。Pennycook（2002）指出，"语言资源"隐喻有时会被特定社会政策话语所利用，目的是将"当地人"圈禁在保留地和种植园中，以抑制土著人口的政治诉求和社会进步。结果自然是拥有"语言资源"的人也"拥抱了贫困"。Ricento（2005）也对"语言资源"这一隐喻进行了批评。他指出，在美国，语言资源观的倡导者实际上是一种为特定国家利益而发展的工具，其中作为地缘政治、国家外交（包括军事和安全问题）和国际贸易的"资源"是最重要的，其重要性远远超过语言社区本身的利益，拥有语言资源的社区自身并没有享受到语言"红利"。Grin（2006）则指出，"语言资源"的提法并不科学，反对将语言资源规划与自然资源管理进行比较，认为基于应用经济模型的

"供给和需求"分析方法不适用于语言，原因之一就是语言与其他资源不同，越用反而越多，越被分享，其资源规模就越大。Grin 同时指出，虽然语言常常被商品化为经济上可利用的东西，但是，在实际的语言规划过程中，基于国家利益的干预常常使"语言市场"扭曲，"在实现语言多样性目标时，几乎每种形式的市场失灵都会发生"（Grin 2006：83~84）。可以说，试图通过开发小族群语言资源来完全摆脱贫困和保持语言多样性，目前还只存在于理论探讨层面，全世界真实的案例还寥寥无几。

当我们将语言作为一种文化资源来处理时，我们应该看到，这种资源是需要全社会来维持的，"因为每一种语言都是对人的生存状态的一种独特的体现，都是我们应当珍惜的一份活的遗产"（UNESCO 2002）。既然我们声称濒危语言是全人类的精神财富，我们就应该共同维护，不能把这一重担仅仅交给濒危语言讲话人。选择学习什么样的语言是家庭和个人的自由，哪怕只是为了平等的机会。既然要鼓励少数民族或移民学习其母语，就应该给予其一定的经济补偿，因为对于大语言来说，只要有人以其为外语或二语来学习，大语言母语者就会受益，因为其交际价值得到了提升，语言 Q 值（即基于语言实力和交际潜力的市场价值）更高，比较优势更加明显（De Swaan 2001）。小群体可以守护其母语，但语言学习需要成本，包括时间成本、物质成本（文具、教材、师资等）和心理成本（如风险成本和转换成本），这也是"母语讲话人的生命的机会成本"（徐大明 2014：138）。语言资源保护的义务主体是政府，优势语言使用者需要主动分担责任。应该建立类似于政府主导的生态保护补偿机制，通过补贴贫困群体来保护语言多样性，采用经济上给予优惠待遇和政府投资发展边远地区社会文化事业的办法加以调节。

（二）通用语教育也是一种人权，且更有利于消除贫困

在世界许多地区，将母语权利和母语教育理想化，已经遭到许多家庭的抛弃和国家层面的软抵制。语言人权仅仅是母语权吗？人们有没有学习国家和国际通用语的权利？仅仅关注尊严、正义、权利等远

景理念和抽象概念，说话人群体的社会地位却并没有真正提高。语言是平等的，但市场价值是不等的，片面强调母语教育可能会进一步削弱弱势群体对社会福利和权力结构的获取（Gupta 1997）。在南非，对于非洲教育中的母语原则，非洲人社团抵制尤烈，因为这些土著语言尽管与英语和阿非利堪斯语同为官方语言，受到法律保护，但都改变不了教育质量差和工作机会少的现状。统治精英信誓旦旦要推广多语制，宪法也给了土著语言很多的语言权利，但口惠而实不至，中看不中用（De Swaan 2001）。真正的语言权利是结果，不是条件。不能简单倡导贫困者具有使用某种语言的权利，而要倡导让人们在摆脱贫困后享有自由选择和使用某种语言的权利。近些年，联合国教科文组织也开始重视语言与发展问题，强调基于母语的多语教育，其倡导的国际母语日、国际扫盲日也开始与联合国"2030可持续发展目标"对接。

绝大多数父母关心的是孩子的教育是否成功，而不在乎是否是母语教育。况且，非母语教育不一定带来语言能力低下或教育失败。Ogbu（1987）在长期考察欧美移民家庭学生成绩后发现，虽然非洲裔英国学生和墨西哥裔美国学生在学校中一直表现不佳，但是亚裔学生在英国和美国的学业成绩都很好，这说明是不是使用母语进行教育并不重要，语言之外的群体文化因素更为重要。

在贫困地区，学生们掌握国家通用语不但有助于接受新鲜事物，掌握科技文化，学会一门职业技能，增加就业机会，而且有利于增强他们的公民意识，促进社会凝聚力，为全民脱贫创造稳定的社会环境。就像许多宣扬英语霸权或英语帝国主义的学者通常选择用英语发表论文一样，母语教育倡导者大多是已经摆脱贫困的社会精英，已没有通过掌握通用语而向上流动的紧迫需求，"站着说话不腰疼"。实际情况是，要真正认识到母语的价值，必须自身不因学习母语而受拖累，付出太多机会成本。比如，一些经济地位较低的拉丁裔美国人不支持其子女学习西班牙语，而希望孩子通过掌握英语，获得更多向上流动的机会。然而当他们通过各种途径进入中产阶级后，对子女学习西班牙语就转变为积极和开放的态度，"这或许是因为西班牙语已不再是他们经济成功的障碍"(Lynch 2003)。也许可以这样说,"仓廪实而惜母语"。

(三)相对贫困是语言多样性减少的根本原因

贫困是一个相对概念,有比较才有所谓的贫困,正如有了发达国家,才有发展中国家这样的表述。绝对贫困不一定会改变语言多样性,只有被感知到的贫困才会真正影响语言多样性。一些封闭的、地理位置偏远的"落后"社会,在生产生活方式上自给自足,没有太多的物质交换,市场规模很小,自然也没有什么收入和支出,地区生产总值很小。按照现代经济学理论,一些地区年收入低于联合国划定的贫困线,似乎很贫穷。但其生活模式很和谐幸福,自我满足,没有现代城市人的精神贫困。例如,不丹是一个佛教国家,虽然人均国内生产总值较低,但是国民幸福指数很高,生态良好,社会安定,人们的主观幸福指标排名很高。这样一个"小国寡民"的世外桃源,没有受到全球化的巨大冲击,语言多样性保存良好。

贫困之所以会导致语言多样性减少,是因为人们经过比较,发现自己身处(相对)贫困之中。穷则思变:"人往高处走,水往低处流。"人口流动性大、迁移程度高。虽然人口自由流动有助于各类资源(特别是人力资源)合理配置,使经济充满活力,让更多人摆脱贫困;但另一方面,人口流动破坏了原有的交际网络,带来母语人口流失。一些人远离母语社区,言语互动频率持续降低、单次互动时间不断缩短,母语言活力逐渐降低,在二代和三代内就出现语言转用,从而减少语言多样性。这里的决定因素并不是绝对贫困,而是相对贫困引发的人口流出。

但我们也绝对不能为了保护语言而保留贫困,更不能像通过设定自然保护区一样来圈定"语言保护区",那是有违社会正义和伦理道德的。Whiteley(2009:175~176)指出,想要"原汁原味"地延续美国霍皮人的语言和传统文化,群体成员们就需要继续生存在原来的经济模式和传统村寨和牧区中,就像北美印第安人保留地和澳大利亚土著人居住地一样。但是这样他们就被隔绝于主流社会之外,不了解现代科学技术，无法享受现代文明的成果，丧失追求现代生活质量的权利。

传统的语言规划观常常"惜语不惜人"，仅注重语言传承和语言保护，忽视了讲话人的利益，使得语言权利保护缺乏根基。语言调查者绝不能仅仅将社区作为利用的对象，把社区成员作为纯粹的数据来源，不为社区做点有意义的事作为回报，而仅仅带着研究材料离开，这是有违学术伦理的（Johnson 2013）。基于社区的语言规划重视社区利益，表现出对社区的真正关怀，通过研究语言问题来消除贫困在特定社区的传承，应该是语言政策与规划研究学者应尽的一份社会责任。在贫困地区，更应该注重言语社区规划，倡导"以人为本"的语言规划理念，通过建设交通、医疗、教育、文化设施较为完备的新农村和小城镇，建设经济文化相对发达、社会和谐、交际网络稳定、凝聚力强的言语社区，用以维持语言生活和语言生态（方小兵 2018），从而达到既消除贫困又传承语言的目的。

四、余论

语言和贫困虽然相互关联，而且相互影响，但并不存在直接关联，更不存在因果关系。语言和贫困的相关性表现为一种概率关系，而不是一一对应的关系。例如，虽然罗姆语是世界各地散居的吉卜赛人（大多位于社会中下层）的母语，而加泰罗尼亚语是西班牙经济富庶、文化发达区域的语言，但是，既有说罗姆语的百万富翁，也有说加泰罗尼亚语的流浪汉。

我们还应该认识到，语言并非导致贫困的根本原因，仅凭语言因素也不能消除贫困。在美国，许多西裔移民的英语语言能力超过了白人，但仍然深陷贫困；在非洲，许多土著语言已获得国家语言或官方语言的地位，但土著民众依然贫困；在南亚和东南亚，许多低位语言使用者为了阻断贫困的代际传递，放弃自己的母语权利，鼓励孩子学习优势语言；在拉丁美洲，一些旨在保护当地语言多样性的举措被当地民众视为分化和隔离的手段，保护和开发小族语言资源以消除贫困在实践中并未真正见效。应该承认的是，在致贫或脱贫的过程中，语言只是催化剂，不起决定性作用。

语言之所以与贫困相关，是因为有许多中介因素的存在，"源自语言与教育的密切关系，源自语言与信息的密切关系，源自语言与人、与互联网的密切关系，源自语言与人的能力和机会的密切关系"（李宇明 2018：5）。不过，这些中介因素发生的机制目前还不太清楚，有待进一步研究。目前需要搜集大量真实案例，进行实证分析。只有当我们真正意识到语言差异是如何被那些贫困群体所体验和解释时，认识到在语言上被边缘化的贫困家庭子女如何被剥夺各种融入社会的机会时，我们才有可能真正认清语言与贫困的复杂关系，从而制定出切实有效的语言政策。

参考文献

陈　平　2013　政治、经济、社会与海外汉语教学——以澳大利亚为例，《世界汉语教学》第 3 期。

方小兵　2018　从家庭语言规划到社区语言规划，《云南师范大学学报（哲学社会科学版）》第 6 期。

吉尔斯·格雷尼尔　2018　论语言及其多样性的经济价值，刘国辉译，《云南师范大学学报（哲学社会科学版）》第 1 期。

井上史雄　2018　语言景观与语言经济，包联群译，《中国语言战略》第 1 期。

李宇明　2018　修筑扶贫脱贫的语言大道，载国家语言文字工作委员会《中国语言生活状况报告（2018）》，北京：商务印书馆。

史维国，杜广慧　2018　语言扶贫是新时期普通话推广的重要使命，《中国社会科学报》10 月 21 日。

王春辉　2018　论语言因素在脱贫攻坚中的作用，《江汉学术》第 5 期。

徐大明　2014　语言贸易：中国和平发展的国际语言战略，载李宇明《中法语言政策研究》，北京：商务印书馆。

Alsop, R. 2005. *Power, Rights, and Poverty: Concepts and Connections*. New York: The World Bank.

Ammon, U. 2012. Linguistic inequality and its effects on participation in scientific discourse and on global knowledge accumulation—with a closer look at the problems of the second rank language communities. *Applied Linguistic Review* 3(2): 333–355.

Bernstein, B. 1971. *Class, Code and Control: Theoretical Studies Towards a Sociology of Language (Volume 1)*. London: Routledge Press.

Carrington, L. D. 1997. Social contexts conducive to the vernacularization of literacy. In A. Tabouret-Keller, et al. (eds.) *Vernacular Literacy: A Re-evaluation*. Oxford: Clarendon Press.

Cobarrubias, J., et al. 1983. *Progress in Language Planning*. New York: Mouton Publishers.

De Swaan, A. 2001. *Words of the World: The Global Language System*. Cambridge: Polity Press.

Dobrin, L. M. 2010. Review of language and poverty. *Language Documentation and Conservation* (4): 159–168.

Duncan, G. J. & K. Magnuson. 2012. Socioeconomic status and cognitive functioning. *Wiley Interdisciplinary Reviews Cognitive Science* 3(3), 377–386.

Fasold, R. 1992. Vernacular-language education reconsidered. In Kingsley Bolton & Helen Kwok (eds.) *Sociolinguistics Today: International Perspectives*. London: Routledge.

Ferguson, G. 2006. *Language Planning and Education*. Edinburgh: Edinburgh University Press.

Fishman, J. A. 1966. Some contrasts between linguistically homogeneous and linguistically heterogeneous polities. *Sociological Inquiry* 36(2), 146–158.

Grin, F. 2003. *Language Policy Evaluation and the European Charter for Regional or Minority Languages*. London: Palgrave Macmillan.

Grin, F. 2006. Economic considerations in language policy. In Thomas Ricento (ed.) *An Introduction to Language Policy: Theory and Method*. London: Blackwell, 77–94.

Gruen, G., D. Ottinger & E. Zigler. 1970. Level of aspiration and the probability learning of middle- and lower-class children. *Developmental Psychology* 3(1), 133–142.

Gupta, A. F. 1997. When mother-tongue education is not preferred. *Journal of Multilingual and Multicultural Development* 18 (6), 496–506.

Harbert, W., et al. 2009. *Language and Poverty*. Clevedon: Multilingual Matters.

Johnson, D. 2013. *Language Policy*. New York: Palgrave Macmillan.

Labov, W. 1970. The logic of nonstandard English. In Frederick Williams (ed.) *Language and Poverty: Perspectives on a Theme*. New York: Academic Press Inc.

Lambert, W. E., et al. 1960. Evaluational reactions to spoken languages. *Journal of Abnormal and Social Psychology* 60(1): 44–51.

Lipina, S. J. & M. Posner. 2012. The impact of poverty on the development of brain networks. *Frontiers in Human Neuroscience* 6(1): 238.

Lynch, A. 2003. The relationship between second and heritage language acquisition: Notes on research and theory building. *Heritage Language Journal* 1(1): 26–43.

Marschak, J. 1965. Economics of Language. *Behavioral Science* 10(2): 135–140.

Mohanty, A. K. 2009. Perpetuating inequality: Language disadvantage and capability deprivation of tribal mother tongue speakers in India. In W. Harbert, et al. (eds.) *Language and Poverty*. Clevedon: Multilingual Matters.

Mufwene, S. S. 2010. The role of mother-tongue schooling in eradicating poverty: A response to language and poverty. *Language* 86(4): 910–932.

Nettle, D. 2000. Linguistic fragmentation and the wealth of nations: The fishman-pool hypothesis reexamined. *Economic Development & Cultural Change* 48(2): 335–348.

Ogbu, J. U. 1987. Variability in minority school performance: A problem in search of an explanation. *Anthropology and Education Quarterly* 18(4): 312–334.

Ottaviano, P. & G. Peri. 2005. Cities and cultures. *Journal of Urban Economics* 2, 304–337.

Pennycook, A. 2002. Mother tongues, governmentality, and protectionism. *International Journal of the Sociology of Language* 154: 11–28.

Pool, J. 1972. National development and language diversity. In J. A. Fishman (ed.) *Advances in the Sociology of Language* (Volume 2). The Hague: Mouton.

Ricento, T. 2005. Problems with the "language-as-resource" discourse in the promotion of heritage languages in the USA. *Journal of Sociolinguistics* 9(3): 348–368.

Romaine, S. 2009. Biodiversity, linguistic diversity and poverty: Some global patterns and missing links. In W. Harbert, S. McConnell-Ginet, A. Miller & J. Whitman (eds.) *Language and Poverty*. Clevedon: Multilingual Matters.

Sharp, A. M., et al. 2012. *Economics of Social Issues (20th edition)*. New York: McGraw-Hill Higher Education.

Skutnabb-Kangas, T. 2000. Linguistic human rights and teachers of English. In. J. K. Hall & W. G. Eggington (eds.) *The Sociopolitics of English Language Teaching*. Clevedon: Multilingual Matters.

Taylor, F. 2013. *Multilingual Britain*. London: Cumberland Lodge.

Tollefson, J. 1991. *Planning Language, Planning Inequality*. New York: Addison Wesley Longman.

UNESCO. 1953. *The Use of Vernacular Languages in Education; Monographs on Fundamental Education, VIII*. Paris: UNESCO.

UNESCO. 2000–2018. Message from Director-General of UNESCO on the Occasion of International Mother Language Day. Accessed at http://www.unesco.org/.

Vaillancourt, F. 2009. Language and poverty: Measurement, determinants and policy responses. In W. Harbert, et al. (eds.) *Language and Poverty*. Clevedon: Multilingual Matters.

Whiteley, P. 2009. Losing the names: Native languages, identity and the state. In W. Harbert, et al. (eds.) *Language and Poverty*. Clevedon: Multilingual Matters.

Williams, F. 1970. Some preliminaries and prospects. In Frederick Williams (ed.) *Language and Poverty: Perspectives on a Theme*. New York: Academic Press.

World Bank. 1980. *Education Sector Policy Paper*. Washington, DC: World Bank.

（本文发表于《语言战略研究》2019 年第 1 期，第 22~33 页）

语言扶贫视域下的儿童早期语言发展干预政策及实践

张 洁

引 言

语言扶贫是"一项具有先导性、全局性和基础性的扶贫措施"（王海兰 2018）。面向贫困儿童的语言扶贫包含两方面内容：语言发展和反贫困。语言发展是反贫困的重要手段，反贫困为语言发展提供有利外部条件，两者可互为辅成。贫困之所以代际传递，很大程度在于儿童早期发展不足所造成的能力不足。语言能力是"一切智能发展的基础和手段"（赫琳 2019）。从经济学角度看，语言能力是"劳动力的重要构成要素，是重要的人力资本"（李宇明 2018）。儿童早期是语言能力形成的关键时期，极易受到各种不利因素的影响。研究证明，贫困与儿童语言能力发展有统计学相关性。贫困可能通过社会经济与文化多重因素影响、制约儿童语言能力发展；而儿童语言能力是其认知能力的重要组成部分，也是学业成就、人力资本和社会流动的显著预测指标（张洁 2019）。扶贫先扶智，扶智先通语，通过干预儿童早期语言发展以增加人力资本、减少贫困是语言扶贫的一项长效机制。自 20 世纪 60 年代以来，世界各国政府陆续开发了多个儿童发展干预项目，帮助处境不利儿童消除语言发展风险，获得平等的教育结果，切断贫困的代际传递，促进社会和谐发展。

近 30 年来，我国的反贫困事业取得了显著成就，贫困发生率大幅度下降，成为首个提前完成联合国千年发展目标的发展中国家。但与此同时，儿童贫困却始终处于高发与高危状态（杨晨晨，刘云艳 2017）。中国发展基金会的研究报告指出，儿童比成人更易陷入贫困状态，截至 2013 年我国仍有 4000 万儿童处于相对贫困线以下，占儿童总人口的16.7%。在0~15岁儿童群体中，0~5岁儿童的贫困发生率最高（中国发展研究基金会2013：23）。儿童高发的贫困率背后，是高危的生存样态，主要包括早期养育水平低、缺乏接受学前教育的机会、心理问题突出、儿童福利与保护不健全等问题（中国发展研究基金会2017：37）。以学前教育为例，贫困地区学前教育投入严重缺乏，在集中连片特困地区，学前三年毛入园率普遍在50%以下，不少贫困县仅为30%~40%（庞丽娟2016），偏远山村3~5岁幼儿基本没有接受早期教育的机会，这些贫困农村幼儿的语言和认知能力与城市在园幼儿相差40%~60%（中国发展研究基金会2017：86）。在我国扶贫工作进入攻坚阶段的关键时刻，建立贫困儿童早期语言发展干预体系对深入开展人力资本扶贫至关重要。目前，国外关于贫困儿童早期语言发展干预项目的研究与实践已趋成熟，而我国相关项目的工作也积累了一定经验。基于此，本文对国内外儿童语言发展的干预政策及实践进行梳理，以探索一条符合我国国情的语言扶贫之路。

一、贫困儿童语言发展的多重风险

自20世纪50年代开始，贫困儿童的语言发展问题逐渐受到国外学界的关注，形成了由心理学、教育学、语言学、社会学、认知神经科学等多个学科参与的研究领域。国际研究表明，贫困与儿童语言发展有统计学相关性，贫困儿童面临着语言能力发展的多重环境风险（张洁2019）。社会经济地位、营养保健、居住环境、家庭混乱等与贫困有关的社会经济因素可能对儿童语言发展产生间接影响；而父母教养方式、亲子交互质量、家长语言水平、家长和教师期望等与贫困有关的社会人文因素与儿童语言能力发展显著相关。与同龄人相比，贫困儿童更有可能经历家庭变故、暴力、分离和混乱，生活在拥挤、嘈杂、物质条件较差的家庭环境中，更容易遭受环境污染的侵害，拥有较少的图书、电脑等学习资源，较少有父母陪伴和参与教育文化活动，从父母得到的情感温暖与认知刺激较少，家长掌握国家通用语水平较低，所在社区的公共安全、社会服务和教育资源较差，学前教育的可及率低。不利的儿童早期环境和经历可能妨碍贫困儿童大脑各能区神经回路及其生物功能的正常发育，从而影响认知、语言、行为等方面的发展。这些来自家庭、学校、社会的影响因素在儿童大脑发育和语言发展过程中以动态的方式共同作用，可能对每个贫困儿童在语音、词汇、句法、表达能力、理解能力、读写能力，以及叙事语言能力、学业语言能力等语用能力方面造成不同影响。

二、儿童早期语言发展的干预理论

目前，学界对儿童语言发展形成了3点共识：第一，儿童早期是大脑发育和语言能力形成的关键时期；第二，儿童语言发展是基因和环境相互作用的结果；第三，干预措施应该在儿童生命的早期就开始实施。针对贫困儿童而言，无论是"缺陷观"还是"差异观"的支持者均认为贫困儿童的语言能力发展易受环境影响，应尽早采取干预措施。

（一）基于缺陷观的儿童语言发展干预理论

20世纪50、60年代，受个体主义贫困理论影响，美国心理学和教育学界普遍持有贫困儿童的语言缺陷观。该观点认为贫困儿童由于其自身的经济和文化劣势，在语言发展上落后于中产阶级儿童，语言能力存在"缺陷"，因此需以补偿性教育（compensatory education）为手段对儿童发展进行干预，以提高贫困儿童入学准备和学业成就。在此观点下，美国联邦政府、各州政府或私人基金会资助开展了一系列针对3~5岁学龄前儿童和小学低年级儿童的大规模学前教育项目（例如：开端计划 Head-Start Program）以及小型干预或充实项目（例如：随访项目 Program Follow Through）。近30年以来，随着心理学、教育学和认知神经科学在儿童发展领域的研究成果不断涌现，有关贫困儿童语言发展的观点从"文化缺陷论"转向了"环境缺陷论"和"认知缺陷论"，这一转变使儿童发展干预政策的重心从儿童自身转向了家庭、学校和社会环境（张洁2019）。政策制定者意识到婴幼儿时期的营养、养育、关爱等环境因素对儿童大脑发育和能力发展的基础性作用。自20世纪90年代开始，国外实施了多个针对0~3岁婴幼儿的儿童发展项目，形成了贯穿 0~5 岁的完整儿童早期教育体系，例如：美国的早期开端计划（Early Head Start Program）、英国的确保开端计划（Sure Start Local Program）及印度的儿童发展综合服务（Integrated Child Development Services）。这些项目对处境不利儿童的身体、心理、语言、行为和社会能力发展进行综合干预，涵盖学前教育、儿童保育、家庭支持、营养保健、医疗卫生等多个干预内容。项目调查显示，改善贫困家庭的社会经济处境，为父母提供亲职教育，提高家长的国家通用语水平等干预措施有助于形成贫困儿童语言能力发展的环境。

（二）基于差异观的儿童语言发展干预理论

20 世纪中期，多元文化主义（multiculturalism）在美国、加拿大和澳大利亚等以移民为主体的发达国家兴起，倡导人们认识不同文化之间的差异性，并呼吁主流文化对少数族群文化的尊重和承认。在此背景下，Stewart、Labov、Shuy 和 Baratz 为代表的一批美国社会语言学家提出了与贫困儿童语言缺陷观相对立的语言差异观。他们反对缺陷论者将社会分层、民族文化、地域方言、言语情景所形成的语言差异认定为语言复杂程度、精湛程度、发展程度的差异，主张贫困儿童的语言能力应依据其言语社区内部的语言规范和发展规律来评判（张洁 2019）。与此同时，英国教育社会学家 Bernstein 建立了描述不同社会阶级群体语言特征的符码理论（Bernstein 1962），并以符码理论解构教育公平问题，认为学校教育使用的精致型符码（elaborated code）更容易被中产阶级家庭儿童所接受，而工人阶级家庭儿童因使用限制型符码（restricted code）在入学准备和学业成就上注定落后，导致了贫困的循环（Bernstein 1973）。20 世纪 70 年代初美国补偿教育的失败引起了一些教育理论家的反思，这些教育家们指出处境不利儿童学业成就上的差异本质上是种族和文化的差异造成的，种族和文化不平等就不可能从根本上实现教育机会均等（万明钢 1993）。语言差异论的支持者呼吁儿童发展干预政策应瞄准单一文化的学校，认为以中产阶级标准语为基础的课程内容、教学语言、评测标准和教师期望是阻碍贫困儿童发展、实现社会公平的主要机制。这些学者提出教育改革需要完成的工作不是改变和补偿有"缺陷"的儿童，而是建立多元文化教育体系，改造阻碍处境不利儿童获得平等教育机会和教育结果的单一文化学校。

三、国外儿童语言发展的干预政策及实践

20 世纪 60 年代以来，世界各国政府将反贫困战略和儿童发展理论相结合，制定了一系列相关的行动准则、计划、法规、方案以及措施，并先后开发了多个儿童早期发展干预项目。在这些干预项目中国家和地方政府发挥着主导作用，并鼓励社会组织、企业、社区、家庭的多方参与。50 多年以来，项目取得了广泛的成果，也面临着诸多挑战。

（一）儿童发展综合干预项目

美国、英国、印度三国由政府主导的儿童发展干预项目对我国发展儿童早期教育和反贫困事业具有重大借鉴意义。

1. 开端计划

开端计划（Head-Start Program）是美国联邦政府资助历时最长、规模最大的为处境不利儿童和家庭服务的早期干预计划。20 世纪 50、60 年代出现的新贫困理论和儿童发展理论为开端计划的创立提供了理论前提，美国总统 Lyndon Johnson "向贫困宣战（War on Poverty）"的战略计划则为开端计划的创立搭建了政治平台。1965 年，美国联邦教育总署根据《经济机会法》启动了开端计划，对 3~5 岁处境不利儿童进行教育补偿，以追求教育公平，消除贫困代际循环。1995 年，美国联邦政府意识到儿童生命最初 1000 天对于儿童发展的重要性，出台了面向 0~3 岁婴幼儿和孕妇的早期开端计划（Early Head Start Program）。该延伸项目主要通过亲子中心、儿童全面发展中心等为婴幼儿和孕妇提供服务，旨在改善孕妇的产前健康，加强婴幼儿智力开发，营造健康的家庭。开端计划以儿童早期发展为中心，以联邦政府为主导，以科研为支撑，创立了一个包括学前教育、健康保健、家长参与、社区支持为内容的综合性服务模式，成为世界学前儿童补偿教育的典范。截至 2018 年，该项目已经累计为 3600 多万名美国儿童及其家庭提供了

服务（Administration for Children and Families 2019）。研究表明，开端计划有利于提高贫困儿童的词汇、书写、识字和运算能力，但参加开端计划儿童的读写技能整体上仍落后于全国常模（刘彤 2007）。此外，开端计划通过家长参与模式提高了贫困家长的就业机会，改善了影响儿童发展的家庭环境，切实帮助一部分贫困人口脱离了贫困。但是，该项目也面临着公平、质量、师资等诸多挑战（邬春芹 2018）。首先，开端计划所提供的补偿教育并未彻底解决美国的贫困问题。由于开端计划并未普及，贫困儿童进入该项目的机会是不均等的，这导致了新的公平问题。其次，欠发达地区优质师资的流失制约了开端计划的质量提高，隔离式的教育环境对贫困儿童的语言和社交能力发展有消极影响。此外，20 世纪 90 年代后学前教育普及化使得开端计划面临与州立幼儿班在招生、师资、资金、设施等方面的激烈竞争。

2. 确保开端计划

20 世纪 90 年代知识经济的发展、建构全纳社会的需求对英国改善处境不利儿童早期教育情况，提高入学准备，消除贫困提出要求。受美国开端计划启发，英国政府于 1998 年出台了确保开端计划（Sure Start Local Program）。该项目以家庭为切入口，以社区为依托，建立了大量的"确保开端儿童中心"（Sure Start Children's Centre），为学前儿童及其父母提供免费学前教育、儿童保育、家庭支持、医疗卫生服务。语言能力是该项目学前教育内容之一。项目通过 2 分钟对话测试将 8 月龄的学前儿童划分为语言能力发展正常儿童和语言发展障碍儿童，并针对不同儿童的语言发展情况进行加强巩固与矫正治疗。21 世纪以来，英国政府加大了对学前教育的干预力度，制定了一系列学前教育政策，包括《每个孩子都重要》（Every Child Matters，2003）、《儿童保育十年战略》（A Ten-years Strategy，2004）、《早期奠基阶段规划》（The Early Years Foundation Stage，2005）、《2006 儿童保育法》（Education Act，2006）、《儿童计划》（The Children's plan，2007）等。这些政策致力于改革儿童服务体系，明确学前教育发展目标及评估指标，规范政府对儿童保育的法治化管理和职责，创建安全、健康、有利的儿童发展环境，促进处境不利儿童群体享有平等的受教育权与发展权，消除儿童贫困。其中，《早期奠基阶段规划》对 0~5 岁儿童在包括语言、交际和读写等7个方面的能力发展制定了明确标准，为早期教育服务质量监管奠定了法律基础。2008年，英国政府意识到儿童早期的语言能力发展对于儿童学业和社会成就的重要性，启动了"每个孩子都是演说家"（Every Child a Talker, 2008）的国家战略，旨在通过早期语言顾问培训和家长培训为学前儿童建立一个适合发展的（appropriate）、支持性（supportive）和激励性（stimulating）的语言学习环境，强化0~5岁处境不利儿童的早期语言能力，提高入学准备（Department for Children, Schools and Families, 2008）。确保开端计划是英国实现在20年内彻底消除儿童贫困承诺的中心环节。该项目在缩小儿童学前教育差距，减少贫困人口方面取得了一定效果，但欠发达地区和发达地区在学前教育可及率及质量上仍存在较大差距，处境不利儿童提高后的成绩仍落后于全国常模。此外，项目管理也存在一些问题，如政府各部门缺乏协作、资金投入短缺等。

3. 儿童综合发展服务项目

作为发展中国家和人口大国，印度在加强处境不利儿童的学前教育、实现教育公平方面做了卓有成效的尝试。印度联邦政府于1975年推出的儿童发展综合服务（Integrated Child Development Services）是全球最大的以促进0~6岁贫困家庭儿童早期发展为目标的非正规学前教育项目。该项目通过140万个安干瓦地中心（Anganwadi）提供包括基本保健、免疫、补充营养餐、社区学前教育，以及面向青春期少女和母亲的健康及营养教育服务。2012年印度妇女儿童发展部颁布的《课程大纲》[①]中指出儿童早期保育与教育的目标就是促进儿童全面潜能的最佳发展，包括身体和肌肉协调发展、语言发展、认知发展、社交和情绪发展、感官发展、创造性和审美的发展。2013年，安干瓦地中心经过调整成为旨在强化儿童早期启蒙教育和早期学习的"儿童早期发展中心"。截至2014年，该项目已拥有1.045亿受益者，其中4670万是0~3岁婴幼儿，3820万是3~6岁学龄前儿童，1960万是孕期及哺乳期妇女（中国发展研究基金会2017：27）。项目显著推动了印度的学前教育发展及普及，在儿童营养、保健、认知发展方面取得了积极效果，提高了处境不利儿童的入学准备，特别是读写和运算能力。印度在大型学前教育项目发展中的经验，尤其是非正规学前教育和师资建设经验对我国具有一定借鉴意义。但同时，印度的非正规学前教育也面临着诸多挑战，如城乡、公私学前教育发展不平衡，学前教育投入不够等。

（二）针对家长/看护人的亲职教育项目

家长的教养方式是影响儿童发展的关键因素。对家长的指导和干预可以有效帮助家长树立正确的教养理念、防止错误的教养行为，从而减少儿童的问题行为并促进其各方面的健康发展。作为政府干预措施，亲职教育项目（parenting training 或 parenting intervention）对家长进行关于如何科学养育儿童的教育和培训。自20世纪60年代以来，西方国家（如美国、英国、澳大利亚、挪威、新西兰）在亲职教育领域不断探索和发展，逐步形成大力推进基于证据的亲职教育项目的趋势，并产生了相应的质量评估标准。目前国际上广泛应用的5个优质亲职教育项目分别是："家长管理培训"（Parent Management Training）、"帮助不听话的孩子"（Helping the Noncompliant Child）、"亲子互动疗法"（Parent-Child Interaction Therepy）、"不可思议的年岁"（The Incredible Years）、"3P正面教养项目"（Triple P Positive Parenting Program）（范洁琼2016）。近10年来，多项研究显示贫富家庭在亲子交互数量上存在3000万词汇的差距，贫困儿童可能由于家庭语言环境问题导致语言发展迟缓，缺乏入学准备（Hindman et al. 2016）。基于此，美国健康资源与服务部建立了消除词汇差距研究网络中心（the Bridging the Word Gap Research Network），以期找出由家长/看护人实施的（caregiver-implemented）、切实有效的语言干预措施，促进贫困儿童语言能力发展。目前所采取的主要措施是增加家长/看护人对儿童的语言输入和反馈。虽然项目评估结果显示不同干预措施的影响大小存在差异，但此类干预措施均能对家长/看护人与儿童的交互行为以及儿童语言能力发展产生积极效果（Haring Biel et al. 2019）。

（三）针对两代人的国家通用语培训项目

移民群体和少数族裔家长往往由于语言问题难以寻求就业并帮助

其子女获取政府的公共教育福利,加深了这些儿童的不利处境。在美国,超过 20% 的居民在家至少使用一种非英语语言,其中仅有 45% 的多语使用者认为自己的英语水平"很好"。2016 年,美国 3~5 岁入园儿童中 16.2% 为非母语的英语学习者(English Language Learner)(McFarland et al. 2019)。2002 年美国国会颁布实施的《不让一个孩子掉队法》(*No Child Left Behind Act*)明确要求提高移民儿童的英语水平,保证每一个孩子都能阅读。② 美国政府、各级学校和社区为了帮助英语非母语的新移民和留学生更好地融入社会,开设了一系列 ESL 课程(English as a Second Language),实行语言、文化适应、社会融入等具体内容的培训,取得了良好的效果。2012 年,美国俄克拉荷马州塔尔萨县开发了两代人英语作为第二语言培训项目(Two-generation ESL program),项目招募注册了开端计划的拉丁裔移民儿童的父母,在儿童进行开端计划培训的同时为其父母提供与儿童发展和儿童早期学校经历有关的高质量密集 ESL 课程,并对出勤率高的家长给予儿童保育基金和出勤奖励(托儿券)以及专业的儿童养育咨询服务。研究表示该项目提高了家长的英语水平和人力资本,减弱甚至消除了部分家长的负面情绪(Sommer et al. 2018)。更重要的是,该项目通过协调家长课程与儿童发展的一致性,提高了家长对儿童发展的关注和了解,促进了家长和儿童开展分享阅读、协同作业等内容的双向学习,培养了家长与子女教师及学校接触的专门技能(如家长会、家访),增加了家长参与儿童发展相关活动的信心、自我效能感、独立性和主体意识。

(四)针对教育系统的多元文化教育项目

20 世纪下半叶以来,少数族裔学生在英美等西方国家学校的比例逐渐攀升,学生和老师之间的社会和文化差距日益拉大,这对加快多元文化教师队伍建设、建立多元文化教育体系提出要求。多元文化教育策略主要包括鼓励少数民族学生在学校内外讲母语;招聘能够运用学生母语授课的教师;开设反映多元文化教学内容的课程;对教师进行多元文化培训;为非母语的学生提供双语教育等。1971 年美国召开了以"迈向文化多元主义的教育和教师教育"(Education and Teacher Education

for Cultural Pluralism）为主题的全国会议，首次提出将多元文化内容纳入教师教育项目中。美国国家教师教育认证理事会（National Council for Accreditation of Teacher Education）于 1979 年开始用多元文化教育标准评估师范院校，并要求自 1981 年开始教师教育机构必须提供多元文化教育，但实施情况并不理想（席蔚华 2000）。1989 年，英国教育与科学部颁布了《合格教师资格标准》，对教师多元文化视野和素质提出了具体要求：教师必须对学生具有较高的期望值，尊重学生的社会、文化、语言、宗教和种族背景，并致力于提高学生的教育成就；教师应该考虑学生的多样化需求，使每个学生都能获得较好的发展（吕耀中 2008）。英国学校通过正式课程或课外活动大力宣传儿童权利，努力培养所有儿童的平等权利意识。同时，学校强调尊重不同文化，努力提高学生多元文化意识。此外，每一门国家课程都渗透了多元文化教育的思想，特别是公民教育、宗教教育和现代外语教育。今天，英国越来越多的学校和课堂呈现出性别、民族、种族、文化和语言的多样性。目前，国外学校多元文化教育面临多重挑战和困难。首先，要充分地实现多元文化教育的目标就必须超越学校和课程，努力改变整个社会的政治和经济系统中的权利关系，而这样的改变往往背离社会现实。其次，多元文化教师教育项目质量参差不齐，一些机构的多元文化教师教育流于形式、缺乏设计，导致教师未能将多元文化知识内化成教学实践能力。此外，西方多元文化教师教育项目难以吸引优秀的少数族裔人才，多元文化教育理念并未被教师和管理者广泛接纳，遭到白人主流教师群体的挑战。

四、中国儿童语言发展的干预政策及实践

自 1986 年起，中国开始实施有计划、有组织、大规模的扶贫开发，设立了扶贫开发专门机构，制定符合中国国情和发展阶段的扶贫开发方针。经过多年发展，中国政府逐渐形成了开发式扶贫、保障式扶贫和人力资本扶贫三大支柱的国家扶贫战略体系，从早期注重物质资本投资转向人力资本投资，加大了对贫困地区儿童的教育、健康等人力资本的投入力度。目前我国逐渐形成了政府主导、多方参与，研究先行、

政策保障，项目依托、试点推广为一体的儿童发展综合干预体系。

（一）先行研究

从 2007 年开始，国务院发展研究中心所属的中国发展研究基金会依托高校、研究机构和政府相关部门的多学科专家在反贫困与儿童发展领域积极开展相关研究。该基金会先后在青海、云南、贵州、湖南、新疆、陕西等 10 省（区）的 20 个县（市）开展儿童发展实验，实验内容包括学前供餐、婴幼儿营养改善、学前教育、早期养育、学校营养餐、中等职业教育等多个领域，覆盖从孕期到就业各个阶段，并对儿童成长进行了全程跟踪研究（李伟 2018：4）。这些实验不仅使实验地区儿童直接受益，而且基于实验形成的关于义务教育阶段农村营养餐、营养包、山村幼儿园等多项政策建议已上升为国家政策。

（二）政策保障

自 21 世纪初，中国政府逐渐重视儿童早期发展，出台了一系列法律法规，如：《幼儿园教育指导纲要（试行）》（2001）、《全国家庭教育指导大纲》（2010）、《3—6 岁儿童学习与发展指南》（2012）。2010 年起，儿童早期发展被更多地纳入国家儿童发展规划和扶贫规划中，包括《中国儿童发展纲要（2011—2020）》《国家贫困地区儿童发展规划（2014—2020）》《中国落实 2030 年可持续发展议程国别方案》《"十三五"脱贫攻坚规划》《"健康中国 2030"规划纲要》等。多项政策中明确提出"坚持儿童成长早期干预基本方针"，将以儿童早期发展为重点的干预措施上升为国家战略和发展规划。

（三）干预项目

2017 年，中国发展研究基金会提出"阳光起点"儿童早期发展战略，内容包括：建立全程干预、全面保障的贫困地区儿童早期发展体系，加大对贫困地区儿童的营养健康、养育和学前教育方面的综合投入、确保儿童早期发展项目能覆盖到所有儿童、母亲及其他看护者；积极实施孕妇营养包项目、母乳喂养项目、婴幼儿营养包项目、幼儿园营养午餐计划；建立家访型、中心型和家访结合中心型等多种模式的早期养育体系；开展山村幼儿园计划，建立可及、普惠和有质量的贫困地区学前教育体系；完善政府直接提供服务和向社会力量购买服务相结合的机制，倡导和鼓励企业、社会组织、家庭和媒体积极参与贫困地区儿童发展事业；加强贫困地区儿童早期发展的研究和政策评估（中国发展研究基金会 2017：11）。目前，"山村幼儿园"项目、"家访示范项目"和"慧育中国项目"等一些干预措施对促进贫困儿童的语言发展已初见成效。

1. "山村幼儿园"项目

"山村幼儿园"项目针对 3~5 岁贫困家庭儿童，利用山村小学的闲置校舍或公共场所，设置村级"早教点"，在当地招募和培训早教志愿者，提供免费学前教育。自 2009 年起，该项目已推广到 8 省 17 县的近 4 万贫困农村地区儿童（李伟 2018：228）。第三方监测评估表明，项目儿童在语言、认知、记忆和社会性等方面大幅缩小了与城市在园儿童的差距，显著好于未入园儿童。

2. 城市流动及贫困家庭儿童家访示范项目

"家访示范项目"是国内首个针对婴幼儿的家访社会实验项目，该项目引入牙买加家访项目的经验，以北京市肖家河社区和云南昆明市船房社区的 400 名 0~3 岁流动儿童为实验对象，提供每周一次，每次 1.5 小时的家访课程。家访课程是一套严格按照婴幼儿发育规律设计的结构化课程，有完整配套的玩具、图卡和歌谣。第三方的跟踪评估显示，家访形式的早期养育干预措施显著丰富了贫困地区家庭社区的养育文化，改变了家庭教育环境，提高了亲子互动质量，对实验组儿童的语言理解和表达能力有明显改善。

3. 慧育中国项目

"慧育中国：儿童早期养育项目"是我国开展的第一个评价营养包和家访综合干预效果的 0~3 岁儿童早期发展项目，该项目在甘肃华池县开展了两年的试点研究，通过定期、系统地收集儿童和家庭等各方面的数据，描绘儿童生长发育的趋势，评价儿童早期综合干预措施的效果，为儿童早期发展研究和政策制定提供数据支持（李伟 2018：265）。研究显示，营养与家访相结合的综合干预对改善家庭养育和教育环境以及儿童营养不良方面产生了正向效果，显著促进了试点地区 0~3 岁儿童语言、动作等智力发育。

五、启示与建议

儿童语言能力发展是儿童智能发展的重要内容。儿童语言能力不仅关系到个体人力资本的形成，也关系到国家语言能力。目前，尽管我国的儿童早期发展已经走在了发展中国家前列，但与英美等发达国家相比，仍存在对儿童早期发展特别是语言发展的社会重视不足、投入水平低、干预政策不完善、保障机制不健全等问题。

（一）提高儿童早期保育和教育经费的有效投入

诺贝尔经济学奖获得者 Heckman（2006）指出儿童发展投入越早，其成本越低、回报越高。要通过儿童发展推动人力资本扶贫，政府必须保证对儿童早期保育和教育的有效投入。2018 年我国教育经费总投入为 46 135 亿元，其中，学前教育经费投入 3672 亿元，占教育经费总投入的 7.96%，比上年增长 12.79%。全国幼儿园生均教育支出 10 648 元，比上年增长 8.93%（柏檀，等 2012）。虽然近年我国学前教育财政投入大幅度增长，但仍存在总量不足、分配不均、结构失衡等问题。[③] 首先，我国学前教育经费投入与欧美国家平均水平仍有差距。2012 年美国学前教育经费占 GDP 的 0.5%、英国为 0.6%、法国为 0.7%、德国为 0.8%[④]，而 2018 年我国学前教育经费占 GDP 比例才达到 0.41%。其次，学前教育财政经费大都流向城市公立幼儿园，广大农村地区的学前教育机构、城市民办学前教育机构很少能分配到财政资金，存在区域、城乡、公办民办之间的显著性差异。此外，我国学前儿童生均教育支出结构中个人部分、公用部分以及基建经费支出的比例失衡（夏茂林，孙佳慧 2019）。重公用部分和基建经费支出轻人员经费支出现象严重。基于此，未来应加大各级政府教育财政性拨款中学前教育经费的投入，并向欠发达地区、农村地区、少数民族贫困地区儿童，城市贫困家庭儿童、流动儿童、留守儿童倾斜，设立贫困儿童学前教育的专项经费，给予贫困家庭财政补贴或税收减免。此外，还应构建"民办公助"的学前教育资助机制（张寰 2019），鼓励"希望工程"和"春蕾计划"等民间集资捐助方式，将财政资金和社会集资投入贫困地区民营学前教育机构以提升教育质量。另一方面，应注重优化教育经费的支出结构，重视学前教育的软环境投入，提升贫困地区教师质量和待遇，加大早期教育工作的岗前培训和在职培训力度。

（二）建立普惠、可及、综合、全纳的儿童早期语言发展干预体系

首先，应建立普惠、可及的贫困儿童早期语言发展体系，解决城市贫困家庭儿童和流动儿童"入园贵""入园难"问题，提高农村贫困儿童入园率，广泛推进"山村幼儿园项目""家访示范项目"和"慧育中国项目"等干预措施，确保干预政策惠及所有贫困儿童及其看护人。其次，鼓励家长、老师、学校、社区参与到儿童发展事业中，在贫困村镇或城市贫民社区建设儿童发展中心，对贫困地区儿童开展家访服务，为最弱势的贫困儿童提供尽可能多的语言发展服务和干预。再次，促进贫困儿童语言发展不仅需要关注儿童个体的早期经验，还要关注家庭、学校、社区乃至社会等外部因素。因此应将贫困儿童补偿教育项目、亲职项目、两代人项目以及社会生态项目相结合，建立多种主体导向的综合儿童早期语言发展干预体系。除了为学前贫困儿童提供补偿教育之外，还为儿童家庭提供社会服务，改善家庭经济状况、父母教养行为和社会网络支持。最后，应建立全纳的多元文化教育体系。我国处境不利儿童主要来自三大群体，即农村留守儿童、城市流动儿童和少数民族贫困儿童，其语言、民族、文化背景和发展环境存在多样性，所以，应针对不同贫困儿童群体建立遵循语言发展规律和反映多元文化的课程体系，对教师进行多元文化教学培训，鼓励教师学习当地的民族语言文化，在培养贫困儿童的国家通用语言文字应用能力的同时注重民族语言文化的保持，利用地缘和语言资源优势发展儿童

多语多言能力。

（三）健全儿童早期语言发展干预项目的保障机制

未来，我国还应形成对干预项目进行立法、管理、监督、评估和研究的保障机制。首先，由于处境不利儿童不具备改变自身劣势的能力，因而必须通过立法来确立针对弱势贫困儿童的早期教育补偿制度，明确补偿教育的扶助对象与宗旨，政府及相关部门的投入与职责，学前补偿教育机构的资质与管理，教师及相关工作人员的资格与培训等。其次，应建立以社区为基地，以家庭为对象，中央政府为主导，各级政府为责任人，辅以社会慈善力量，统筹管理、分工合作的管理体制，保障干预项目的有效投入和顺利实施。此外，加强学前教育师资队伍建设，加大幼教专业专科和本科的定向培养力度，吸纳本地教职人员参与干预项目，加强幼儿保育和教育人员的岗前培训和在职培训。再次，建立干预项目的质量监督与评估体系，在项目实施之前制定详细的行动计划与阶段目标，以此为依据聘请第三方监督和评价项目的进展和成效。强化绩效考核制度，通过系统地搜集资料对各项干预政策的实施效益和社会意义进行评估，定期向社会公布考核结果，并督促干预绩效较差的项目负责人提出新的促进计划。最后，干预项目的设计和实施需要建立在广泛深入的调研基础上，加强对参与项目儿童语言发展和个人发展的历时跟踪研究，利用可靠的科研成果使儿童早期语言发展干预项目惠及最需要帮助的人群，以实现语言扶贫。

注释

① National Council for Educational Research and Training. 2012. *Early Childhood Education Curriculum Framework* (*Draft*). Ministry of Women and Child Development, Government of India.

② U. S. Department of Education. Fact Sheet—The No Child Left Behind Act of 2001. （2003-08-23） [2019-05-27]. https://www2.ed.gov/nclb/overview/intro/factsheet.html.

③ 参见中华人民共和国教育部《2018年全国教育经费统计快报发

布 》（2019-04-30）[05-27]。http://www.moe.gov.cn/jyb_xwfb/gzdt_gzdt/s5987/201904/t20190430_380156.html。

④ 参见中国产业信息网《2017年中国教育经费及学前教育经费支出情况统计分析》（2017-08-23）[2019-05-27]。http://www.chyxx.com/industry/201708/553387.html。

参考文献

柏　檀，熊筱燕，王水娟　2012　我国学前教育财政投入问题探析，《教育与经济》第1期。

范洁琼　2016　国际早期儿童家庭亲职教育项目的经验与启示，《学前教育研究》第11期。

赫　琳　2019　语言扶贫的根本保障是教育，《语言战略研究》第1期。

李　伟　2018　《反贫困与中国儿童发展》，北京：中国发展出版社。

李宇明　2018　修筑扶贫脱贫的语言大道，载国家语言文字工作委员会组编《中国语言生活状况报告（2018）》，北京：商务印书馆。

刘　彤　2007　美国"开端计划"历程研究，河北大学博士学位论文。

吕耀中　2008　《英国学校多元文化教育研究》，上海：华东师范大学出版社。

庞丽娟　2016　贫困地区"入园难"如何破解，《人民日报》3月17日第18版。

厦茂林，孙佳慧　2019　我国学前教育经费支出城乡差距的实证分析及政策建议，《当代教育与文化》第1期。

万明钢　1993　理想与现实的冲突——美国少数民族教育机会均等问题的讨论述评，《民族研究》第5期。

王海兰　2018　深化语言扶贫，助力脱贫攻坚，《中国社会科学报》9月11日第3版。

邬春芹　2018　美国开端计划面临的挑战及发展趋势，《教育评论》第3期。

席蔚华　2000　美国学校的多元文化教育，《陕西师范大学学报（哲学社会科学版）》第3期。

杨晨晨,刘云艳　2017　可行能力理论视域下早期儿童教育扶贫实践路径建构，《内蒙古社会科学》第6期。

张　寰　2019　美国学前教育弱势补偿机制及其启示,《陕西师范大学学报(哲学社会科学版)》第3期。

张洁 2019 国外贫困与儿童语言发展研究的回顾与展望,《语言战略研究》第1期。

中国发展研究基金会 2013 《反贫困与中国儿童发展》,北京:中国发展出版社。

中国发展研究基金会 2017 《中国儿童发展报告2017:反贫困与儿童早期发展》,北京:中国发展出版社。

Administration for Children and Families. 2019. *Head Start Federal Funding and Funded Enrollment History*. Washington, DC: U. S. Department of Health and Human Services.

Bernstein, B. 1962. Social class, linguistic codes and grammatical elements. *Language and Speech* (5).

Bernstein, B. 1973. *Class, Codes and Control*. St. Albans: Paladin.

Department for Children, Schools and Families. 2008. *Every Child a Talker: Guidance for Early Language Lead Practitioners*. The Crown Publishing Group.

Haring Biel, C., J. Buzhardt, J. A. Brown, et al. 2019. Language interventions taught to caregivers in homes and classrooms: A review of intervention and implementation fidelity. *Early Childhood Research Quarterly*.

Heckman, J. J. 2006. Skill formation and the economics of investing in disadvantaged children. *Science* (312).

Hindman, A. H., B. A. Wasik & E. K. Snell. 2016. Closing the 30 million word gap: Next steps in designing research to inform practice. *Child Development Perspectives* (2).

McFarland, J., B. Hussar, J. Zhang, et al. 2019. *The Condition of Education 2019 (NCES 2019-144)*. U. S. Department of Education. Washington, DC: National Center for Education Statistics.

Sommer, T. E., C. J. Gomez, H. Yoshikawac, et al. 2018. Head Start, two-generation ESL services, and parent engagement. *Early Childhood Research Quarterly*.

(本文发表于《云南师范大学学报(哲学社会科学版)》2019年第4期,第40~48页)

推普脱贫有关问题探讨

陈丽湘　魏　晖

一、引言

我国曾是世界上贫困人口基数最大、最贫穷的国家之一。改革开放以来，在经济发展与扶贫政策的双重推动下，我国的农村贫困率从97.5%（1978年）降至1.7%（2018年），成为世界上最早实现联合国千年发展目标中减贫目标的发展中国家，为世界减贫事业做出了重要贡献。党的十八大以来，我国扶贫开发进入脱贫攻坚新阶段；至2020年，我国将稳定实现现行标准下农村贫困人口的"两不愁、三保障"，确保解决区域性整体贫困。语言障碍与贫困形成有一定的相关性，重视语言文字在扶贫、脱贫中的基础性作用，是我国扶贫开发工作的一大特色。从中华人民共和国成立之初所开展的扫盲运动、推广普通话运动，就与国家社会经济发展有着密切的关系。2011年中共中央、国务院印发了《中国农村扶贫开发纲要（2011—2020年）》，首次在扶贫政策文件中明确提出"在民族地区全面推广国家通用语言文字"。2017年教育部、国家语委出台了《国家通用语言文字普及攻坚工程实施方案》，提出"扶贫首要扶智，扶智应先通语"。2018年教育部、国务院扶贫办印发了《深度贫困地区教育脱贫攻坚实施方案（2018—2020年）》，特别指出要面向"三区三州"实施推普脱贫攻坚行动；同年，教育部、国务院扶贫办、国家语委制定了《推普脱贫攻坚行动计划（2018—2020年）》，提出要"充分发挥普通话在提高劳动力基本素质、促进职业技能提升、增强就业能力等方面的重要作用"。推普脱贫是我国政府聚焦贫困地区和贫困群体，推广国家通用语言文字，以消除因语言不通而制约脱贫的情况发生；并通过提升贫困群体的语言素养，激发内生动力，以实现人力资本积累的方式助力区域经济发展。

语言助力扶贫不同于一般的救济式扶贫,它能有效防止扶贫受益者对福利的过分依赖,并促进形成更文明、更加益贫的社会帮扶环境。

二、推普脱贫的意义

认识到语言与"致贫""脱贫"之间的联系,是我国扶贫理念的新发展。从经济社会发展的历程来看,推广普通话为我国的经济发展建起了一座在国内无障碍交流的桥梁,提高了社会交际效率,提升了先进知识、先进技术在社会中的流通速度,对我国社会生活产生了重大而深远的影响。认识语言的扶贫功能,为贫困人口和贫困地区修筑起脱贫的语言大道,为改变经济劣势和发展劣势、促进当地社会的文明进步贡献"语言之力"(李宇明 2018b)。推普脱贫是脱贫攻坚的新举措,可为我国的扶贫工作提供新的思路和方法。

(一)提高交际效率,有效促进社会流动

高速的经济增长是减贫的最根本和最重要的力量,在人均国内生产总值迅速增长的同时,我国的绝对贫困依然存在,扶贫任务十分艰巨。特别是深度贫困地区,相对难以分享到主流社会经济文化进步的成果,语言不通是影响其发展的重要因素之一。例如,在青海的泽库县羊玛日村,95%以上当地人完全不懂汉语,语言是制约贫困户参与现代经济发展和表述金融需求的首个关卡(李亚奇 2017)。语言能力是人的最基本的能力,语言障碍在一定程度上阻碍了贫困群体的社会流动与职业选择。我国西部一些地区还有很多人不懂普通话、语言意识低下,严重阻碍了他们的经济发展(李宇明 2018c)。国家通用语言文字是非常宝贵的语言资源,也是各民族共同拥有的财富。掌握国家通用语言文字,可以降低交际成本,分享到更多的社会资源和持续发展的机会。

一些学者认为中国贫困的症结在于缺少城乡统一的高流动性劳动市场(樊明 2018)。高流动性的一个重要条件是要消除语言障碍,统一的高流动性市场的建立离不开良好的语言交流环境。语言距离在一定程度上影响了劳动力的空间流动。在不同方言大区之间,方言距

离每增大一个层级，劳动力跨市流动的概率会降低3%左右（卞成林2018）。从理论上来讲，深度贫困地区对人口流动的驱动力应该最强，但实际上深度贫困地区的部分闲置劳动力因语言障碍等问题不具备流动能力，甚至没有流动的愿望。在扶贫开发工作中，劳务输出是脱贫的重要渠道，贫困剩余劳动力的转移既能促进家庭脱贫，也能促进区域经济发展，有利于社会人力资源的合理配置。推普脱贫攻坚重点是为贫困地区的劳动力消除语言障碍，使贫困劳动力具备跨区域就业的基本语言能力，能够把潜在的劳务输出变为现实，在一定程度上改善社会流动，促进区域经济发展。

（二）改善信息不对称，持续提升社会资源禀赋

信息化、网络化是当今世界最显著的特征之一，信息技术的巨大能量使得社会生活的诸多领域发生变化，形成了信息化网络结构新范式。一方面社会资源利用效率更高，另一方面因语言障碍造成知识壁垒、技术壁垒的可能性更大。以国家通用语言文字为主要载体的网络信息资源全面开放，社会公平程度明显提高，社会交际效率、资源配置效率大大提升。截至2017年12月底，中国网站中有简体中文网站395.32万个、英语网站24.71万个、中文繁体网站6.15万个，其他语言网站1.11万个。[①]可见，国家通用语言文字在我国网络空间中占据着主导地位。但信息化时代给贫困群体带来的不一定是发展机遇，社会差距会因语言障碍以及所掌握语言的种类、熟练程度等问题而日趋扩大。不懂国家通用语言文字便不能通过互联网运用现代化手段获取信息，将导致网络空间生活边缘化。信息经济学认为，信息不对称是造成信息资源分配不公的重要原因，是未来社会资源和财富分配不公的新表现。目前，我国的绝对贫困得到了有效缓解，但随着"信息鸿沟"的加剧，无法使用现代化手段获取信息将成为相对贫困的一个成因和特征。

国家通用语言文字是获取网络信息资源、实现网络信息及时传递的重要工具。在信息化背景下，掌握国家通用语言文字，让贫困群体融入信息时代的"高速路径"，才可能实现"让农产品通过互联网走出乡村，让山沟里的孩子也能接受优质教育"[②]的目标。推普脱贫攻坚

有利于提高贫困群体公平享有社会公共资源（特别是教育资源、信息资源等）的能力，这是持续改善贫困个体资本积累和贫困地区社会资源禀赋的重要途径，能够让贫困群体更好地应对信息社会带来的机遇和挑战。

三、推普脱贫机理分析

语言可以扶贫，源自语言与教育的密切关系，源自语言与信息的密切关系，源自语言与人、与互联网的密切关系，源自语言与人的能力和机会的密切关系（李宇明 2018b）。推普在脱贫实践中具有基础性作用，对实现教育脱贫、产业脱贫以及阻断贫困代际传递等具有积极意义。本文将从语言与经济、教育、人力资本的关系角度，对推普助力脱贫的机理做初步探讨。

（一）语言与经济

语言与经济是相互作用的，国家通用语的形成、普及是一个长期的动态过程。在诸多外部因素中，经济因素的作用最为关键，而语言的选择、推广也会对经济造成一定的影响。普通话的普及率与区域经济发展存在一定统计学意义上的相关性，我们选取 2000 年、2017 年两年的人均国内生产总值（GDP）[③]与 2000 年普通话普及率（整体和 15~29 岁年龄段）[④]绘制了曲线图（见图 1）。2000 年 15~29 岁的青少年群体到 2017 年时是社会的主要劳动力群体，且这个年龄段群体的语言能力在 2000 年时已基本处于稳定状态，他们的普通话水平能反映出未来主要劳动力普通话水平的大致情况。因近年来没有全国性的普通话的普查数据，以下分析中将把这个年龄段群体的普通话普及率作为一个参考。

图 1 中普通话普及率与人均国内生产总值曲线的关系表明，普通话的普及程度对经济的影响不是直接的，但普通话普及率与区域经济之间存在一定相关性。（1）2000 年人均国内生产总值位于全国前十位的省市，其普通话普及率除了山东（44.61%）外，均高于全国普及率

（53.06%）；2000年人均国内生产总值位于全国后十位的省市，其普通话普及率除了江西（64.28%）外，均低于全国普及率。（2）2017年人均国内生产总值位于全国前十位的省市，2000年普通话普及率（15~20岁年龄段群体）除了天津（66.09%）、山东（68.86%）、内蒙古（62.76%）、重庆（68.69%）稍低于全国普及率（70.12%），其他6个省区均高于全国普及率；2017年人均国内生产总值位于全国后十位的省市，2000年普通话普及率（15~20岁年龄段群体）除黑龙江（82.78%）外，均低于这个年龄阶段的全国普及率。（3）从2000年至2017年间，人均国内生产总值增长较显著的山东、重庆和湖北，2000年的普通话普及率虽整体相对偏低，但在15~29岁年龄阶段的群体中的普及率（山东68.86%；重庆62.76%；湖北68.69%），明显高于云南（51.40%）、贵州（49.09%）、青海（45.87%）、新疆（40.44%）和西藏（21.51%）等省区同年龄段的普及率。青少年群体普通话普及率高意味着未来主要劳动力群体的国家通用语能力也相对较高，会对经济发展产生一定的影响。（4）上海、江苏、天津、广东等人均国内生产总值较高的省区，普通话普及率虽未居前列，但均远高于全国平均水平。同时，方言在当地的使用率也非常高，高价值方言对当地经济发展有着重要作用。

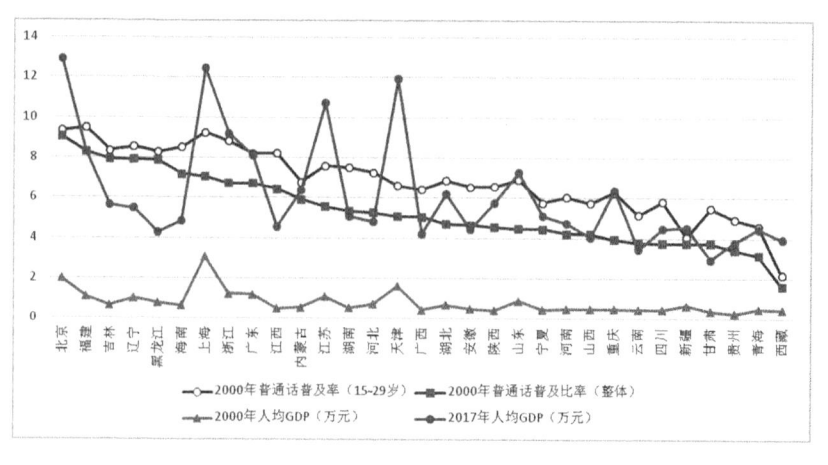

图1 2000年普通话普及率（整体、15~29岁）与2000年、2017年人均GDP关系图

语言与经济之间的关系是复杂的，既相互影响，又互为促进。语

言并不是影响经济发展的关键因素，语言对经济的影响是伴随性的（王海兰2019），语言能力是经济社会地位提升的概率性条件（王春辉2019）。我国是一个"多民族、多语言"的国家，我国语言的多样性，是建立在"统一性"与"多样性"并存之上的。"统一性"是指"国家推广全国通用的普通话"；"多样性"是我国的语言文字政策赋予了少数民族语言、方言的使用和发展空间。普通话的推广和普及让我国大量的劳动力具备了"双语双言"的能力，也让我国在"多言多语"的复杂语言环境中依然能保持经济的迅速增长，而并未陷入"费希曼-普尔假说"的困境。语言虽不是贫困的直接决定因素，但普通话推广对我国经济社会发展产生的重要影响是客观存在的。王海兰（2019）认为，语言变量必须积累到一定的规模才会对经济变量产生作用。卞成林等（2017）构建的定量模型实证了广西普通话普及率对经济发展能产生正面效应的最低有效规模60%~63.8%。高普及率、高普及质量的语言对经济的影响会更为显著。当然，语言变量对经济变量的影响还需要更多的实例来证明，以形成理论指导实践。

（二）语言与教育

语言扶贫是教育扶贫的重要内容，也是防止新的贫困产生的有效机制（王春辉2019）。教育是提升个体素质的重要途径，能为贫困地区的经济增长提供稳定的可持续发展的动力。语言与教育之间相互促进，相互影响。第一，语言是一切教育活动的基础。学生收集处理信息的能力、获取新知识的能力、分析和解决问题的能力、语言文字表达能力以及团结协作和社会活动的能力均离不开语言文字能力。[⑤]《中华人民共和国国家通用语言文字法》规定："学校及其他教育机构以普通话和规范汉字为基本的教育教学用语用字。"在我国的一些贫困地区，语言障碍是影响教育发展的重要因素。例如，在云南省的义务教育中，学生汉语言障碍是教育发展滞后的重要原因。其中，汉语言障碍一定程度上导致了澜沧拉祜族自治县教育发展水平低于全省水平，成为思茅市"普九"攻坚的最后一个县（戴庆厦2011a）。同样，汉语言障碍也是制约景颇族聚居区（戴庆厦 2011b）、绿春县（戴庆厦 2012）等地方教育发展的一个重要因素。第二，语言文字教育教学是教育的主要内容，学校教育是普通话习得的主要途径（见表1），教育水平是影响普通话普及率的重要指标，受教育程度与普通话普及率之间呈正相关，例如，高中程度群体的普通话普及率明显高于初中程度。

表1　部分省区普通话普及率及习得途径情况表[⑥]　　　单位：%

	初中程度 普通话普及率	高中程度 普通话普及率	普通话习得途径 为学校
内蒙古自治区	61.70	79.15	68.72
宁夏回族自治区	45.14	76.11	68.48
新疆维吾尔自治区	38.43	62.56	63.51
西藏自治区	40.78	64.23	67.02
广西壮族自治区	61.93	82.17	81.33
贵州省	45.86	71.72	69.42
云南省	47.56	71.23	70.10
青海省	44.17	71.29	70.86

国家通用语言文字应用能力的提升，是个体获得优质教育资源的重要保障。在美国劳动力市场上，熟练掌握英语与正规教育之间显著相关，不会英语的个体很难获得只有通过正规教育才能获得的人力资本，这也解释了为什么在美国英语流利者接受到的正规教育年限（13.1年）远远高于不流利者（7.9年）（Chiswick & Miller 2003）。在我国，因所掌握的语言资源的差异，造成的教育资源匹配不平等，可能导致个体机会的不平等和社会阶层的差距。例如，在天祝藏族自治县，少数民族个体因缺乏优质语言教育资源，在升学和择业中不具优势，致使其所处社会经济地位较低（王浩宇 2019）。国内大部分优质教育资源（例如国家教育资源公共服务平台等）以国家通用语言文字为主要载体，普通话的普及是实现公共教育服务均等化的基础。推普脱贫攻坚能促进教育资源共享和教育均衡发展，"让贫困家庭子女都能接受公平有质量的教育"。良好的教育会让贫困群体拥有更多机会积累人力资本，实现代际跨越，助力永久脱贫。

（三）语言与人力资本

人力资本投资是现代经济增长的源泉（舒尔茨1990）。舒尔茨认为贫穷的根源不在物质资本，而在人力资本。当"具备劳动能力"[7]的人成为扶贫主要对象，就意味着人力资本在扶贫中发挥越来越重要的作用。人力资本积累在扶贫和脱贫中具有关键性作用，是防止"返贫"的最优选择之一。作为技能，语言是一种很重要的人力资本形式（黄少安，等2017）。推普是促进重要的国家公共语言资源、信息资源转化为个体语言资源并实现其价值的过程，属于个体基础人力资本增量的重要过程。一些研究表明，经过某种语言专门训练的人学习其他语言会更容易，掌握优势语言有助于人们更好地获得其他知识和技能（Savoie 1997）。群体语言能力（特别是国家通用语言能力）的提升能提高知识传递的速度、加快资源配置的效率，其经济效益远远超出个人收益的层面，有助于国家经济社会发展。

语言经济学的语言Q值模型理论认为，Q值代表语言的生命力和交际潜能，一种语言的Q值会随着学习人数的增长而增加，Q值大的语言会吸引更多人的选择（黄少安，等2017）。语言是平等的，没有优势之分，但并不意味着各种语言的资源价值以及所能带来的潜在经济价值是相等的。语言是一种特殊的社会资源，某种语言被使用人数越多，意味着所带来的收益越大，人们选择和学习的倾向性就更强。因不同语言的经济回报率有差异，在选择语言学习的种类时，个体通常会考虑到学习成本与收益等因素，最终也会选择Q值高的语言，以最大限度增加人力资本量。在我国"多民族、多语言"的环境中，国家通用语的社会交际效率最高，包含的信息量最多，语言Q值最高，能带来的资源和信息相对更多，自然而然成为了主流的选择。在一些民族地区，经济比较发达的村寨有较多的商业机会，经济形式多样的家庭对汉语的重视程度超过了母语（戴庆厦2009）。国家通用语熟练程度高，意味着更好的收入，主动获取国家通用语技能成为了贫困地区获得经济优势和融入社会群体的重要途径。语言人力资本是形成其他人力资本的重要工具和手段，可以促进其他人力资本的积累（王海兰2018）。

在实际生活中,掌握了通用度高的语言的群体,所获得的资源相对较多,人力资本的积累就会越多,也就越能融入现代社会并获得劳动能力的认可,贫困的可能性就越小。

四、推普脱贫的路径

推普脱贫是为贫困劳动力赋能的过程,通过帮助贫困群体掌握国家通用语言文字,使得贫困地区初步具备普通话交流的语言环境。从推普脱贫攻坚的对象来看,贫困群体和贫困地区是重点;从攻坚目标来看,一方面要"抑制增量"(新增劳动力人口应全部具有使用普通话进行沟通交流的能力),阻断"不通语"⑧的代际传递是目标;另一方面"减少存量"(让现有贫困青壮年劳动力具有使用普通话进行基本交流的能力),精准聚焦发力是关键。在实现路径上,既要结合语言技术,也要结合国家战略。

(一)聚焦重点,合理配置语言资源

区域发展不平衡既是我国经济社会的基本特点,也是我国语言文字发展的基本特征之一。贫困虽是一个多维复杂的现象,但在地理维度上有"聚集"分布特征,同一地域的贫困有一定的共性。语言在地理层面的"聚集"特征同样存在,推普"区域精准"来源于语言在地理分布上的相似性。解决区域性的语言障碍,需要"精准聚焦",推普不能脱离实际、超越基本语言国情,了解贫困地区语言使用情况是基础。《关于加强贫困村驻村工作队选派管理工作的指导意见》(2017年)提出"积极推广普及普通话,帮助提高国家通用语言文字应用能力"为驻村工作队的主要任务。驻村队扎根于脱贫攻坚的第一线,把语言文字工作融入驻村工作中,使我国扶贫工作能真正实现户户精准。精准聚焦才能保证语言扶贫资源在不同区域、不同个体的有效精准配置。

民族地区是我国深度贫困地区的集中地带。截至 2016 年底,我国有 4335 万农村贫困人口,其中民族八省区有 1411 万人,尚有 113 个少

数民族县属于深度贫困县,贫困人口主要集中在少数民族地区(张丽君 2017)。我国的56个民族有30多种语言,一些深度贫困的少数民族地区普通话普及率极低,不利于民族地区经济的发展。《中华人民共和国宪法》规定"国家推广全国通用的普通话",《中华人民共和国国家通用语言文字法》规定"公民有学习和使用国家通用语言文字的权利"。学习和使用国家通用语言文字是每个中国公民的权利和义务。在民族地区依法推广国家通用语言文字,对民族贫困群体脱贫致富、促进民族经济发展尤为重要。王兆萍、马小雪(2019)基于CGSS2012的数据,对少数民族劳动力普通话能力的语言收入效应进行分析发现:普通话能力(特别是口语能力)对少数民族劳动力职业收入有明显的提升作用,且在中低收入层次劳动力中体现得更加显著。《"十三五"脱贫攻坚规划》提出要"加大双语教师培养力度,加强国家通用语言文字教学""加强民族聚居地区少数民族特困群体国家通用语言文字培训"。搭建好各民族交往交流交融的语言桥梁,不仅仅是民族地区脱贫的问题,更是加强国家和民族的文化情感认同、铸牢中华民族共同体意识、维护国家团结稳定的重要保障。

推普脱贫攻坚是分享优势语言资源的过程,大部分人群都具有明显的国家通用语意识,有明确需求,对普通话学习的态度积极,为推普营造了良好的社会心理环境。推普脱贫攻坚是一项民心工程,需妥善处理好国家通用语言与少数民族语言、方言之间的关系,以适应国家、社会稳定发展的需要。从语言规划的角度,多民族国家都会面临最优语言配置的问题。国家在整合和配置语言资源时,要努力实现国家通用语言与民族语言、方言之间相互补充、各得其所的"帕累托最优"[9]状态。

(二)重视教育,防止"不通语"的代际传递

贫困的代际传递反映了社会代与代之间的垂直流动,深度贫困地区"不通语"的闭塞环境使得传统"前喻文化"的特征更明显,具有维持贫困生活方式的巨大力量。语言作为一种特殊的社会资源,代际传递是语言获得的主要方式。"布劳–邓肯社会地位获得模型"[10]所描

述的个人对社会资源的获得路径以及家庭因素对社会地位的影响，对阻断贫困代际传递有一定的启示，对如何防止"不通语"的现象在代际间的传递也是有指导性意义的。贫困群体两代间相似的语言环境，加上闭塞的地理环境、落后的经济环境、相对滞后的教育环境，若是上一代不会普通话，那么下一代"不通语"可能性很大。此外，语言资源还具有群体衍生性，贫困群体因语言能力低下，会影响到下一代对语言的认识和选择；贫困家庭也不具备家庭语言规划的能力，通常不会为下一代进行专门的语言投资。

目前，我国17岁及以下的少年儿童有2.7亿多人，其中近4400万居住在贫困地区。[11]学校教育是国家通用语言文字学习的主要途径，要重视学前和义务教育阶段的语言教育，这个阶段是学习和掌握语言技能的关键阶段；高中和大学阶段是语言能力的重要提升阶段；而职业教育、继续教育和相关培训可以作为语言教育的必要补充。其中，学龄前儿童的语言教育是基础，在最初阶段进行语言的干预和投资能发挥个体的最大语言潜能。民族地区学生进入小学只会使用民族语交流，会出现跟不上教学进度的状况，而这种状况会随着教学难度的增加而越来越严重（李慧勤 2014）。在儿童学习语言的最佳时期，进行国家通用语言的教育，适时阻断先赋性因素（家庭、群体、文化、价值观念等）对个人语言获得的影响，能有效防止新的"不通语"的情况发生。例如，四川凉山州少数民族农村地区开展的"一村一幼"计划，重视学前教育，是民族地区少年儿童学习国家通用语言、化解基础教育阶段教学语言障碍、培养良好行为习惯的奠基工程（谭强 2018）。自2015年实施以来，较好地解决了学前儿童从母语向国家通用语言过渡难的问题。此外，全国政协委员海霞倡议的"石榴籽计划"等公益性扶贫活动产生了一定的社会效应，为帮扶贫困儿童提高语言能力，提供了良好的借鉴模式。国家、政府及社会对贫困地区儿童早期发展的语言投资、教育投资，是建立理想的未来劳动力市场、应对相对贫困的有效方法之一。

（三）结合现代语言技术，适应社会信息变革

语言知识和技能具有"元知识""元技能"的属性，是获得其他

知识和技能的基础（王海兰 2018）。国家通用语言文字规范程度较高，在网络空间传递知识和信息的优势明显。2016 年 10 月，中央网信办、国家发展改革委、国务院扶贫办联合印发了《网络扶贫行动计划》，工作目标包括：到 2020 年，宽带网络覆盖 90% 以上的贫困村，建立起网络扶贫信息服务体系；让农产品通过互联网走出乡村；帮助提高贫困地区群众的身体素质、文化素质和就业能力等。贫困地区的网络就业和创业将逐渐成为改变命运的重要通道，信息资源优先占有、对信息掌握比较充分的群体将在社会竞争中占有优势。贫困群体除了要提高语言能力，还需要语言技术的支撑。推普需要与现代语言技术相结合，既把现代语言技术作为推普的辅助手段，也把它作为推普的一个目标（李宇明 2018a）。语言能力和语言技术同时提升，才能在贫困地区真正通上"信息高速公路"，加速贫困群体融入信息化、市场化进程。

现代信息技术在推普脱贫攻坚中得到了广泛应用，使得推普工作更便利，覆盖面更广。2018 年 4 月云南省教育厅与中国移动云南公司、科大讯飞联合推出"语言扶贫 APP 项目"，截至 2018 年 12 月，云南省发放手机 20 000 台，196 649 人通过 APP 学习普通话，其中 149 924 人使用"语言扶贫 APP"学习，46 725 人使用"Superfish 智能普通话互动学习系统"（由云南北飞公司开发）学习，充分利用信息技术的现代化培训模式，实现目标人群的广覆盖，取得了阶段性的成果。[12] 也有部分地区的贫困劳动力因在手机 APP 的具体操作和使用方面存在一定困难，而不愿使用手机进行自主学习。语言技术的掌握也是当今语言能力的一部分（李宇明 2018a）。在语言培训中重视渗透语言技术相关的技能培训很重要，这是现代劳动力市场所需的关键技能之一；实现在信息共享平台下的技能提升和资源获取，也是贫困群体迅速适应现代社会信息化变革的重要能力保障。《2019 年世界发展报告》认为，未来工作性质的变革将是最需要面临的挑战之一，拥有良好语言能力、语言技术和发展能力的群体能更好面对社会变革。

（四）衔接国家战略，形成政策叠加效应

推普脱贫要主动与国家战略相结合，并充分发挥语言文字的基础

性作用。2018年中共中央、国务院印发的《关于实施乡村振兴战略的意见》《关于打赢脱贫攻坚战三年行动的指导意见》《乡村振兴战略规划（2018~2022年）》等文件都提出了"乡村振兴战略与脱贫攻坚的衔接和相互促进"的要求。从政策目标来看，脱贫攻坚属阶段性任务（短期目标），乡村振兴战略属长期历史任务（长期目标）。中国的贫困人口主要集中在农村，农村发展越好，贫困群体受益越大。据统计，我国城乡之间的普通话差异较大，大城市的普及率超过90%，许多农村和民族地区只有40%左右。[13]有的贫困地区、民族地区甚至更低，是推普的短板。《乡村振兴战略规划（2018~2022年）》提出的"要把人力资本开发放在首要位置""优先发展农村教育事业""研究解决那些收入水平略高于建档立卡贫困户的群体缺乏政策支持等新问题"等要求，有益于促进群众稳定脱贫，建立防范返贫的长效机制，有效预防相对贫困。目前我国共有29个省（市、区）出台了省级乡村振兴规划，其中23个省份明确指出要"优先发展农村教育事业"。在农村教育中，推普工作可以与夜校、就业技能培训、科技应用相结合，以促进劳动力就业为导向，为贫困群体解决语言和技术的问题，实现与社会产业发展劳动力需求的有效对接。从规划实施看，推普脱贫与乡村振兴战略相结合，对贫困区域形成政策叠加效应，能有效促进政策落地生根，产生实效。

从政策制定的主客体来看，我国的财政经济政策、文化教育政策以及民族政策在扶贫开发上呈现出一定的融合态势。推普工作历来不是孤立进行的，推普脱贫攻坚还需要结合国家各部委出台的《教育脱贫攻坚"十三五"规划》《关于在打赢脱贫攻坚中做好人力资源社会保障扶贫工作的意见》《"十三五"促进民族地区和人口较少民族发展规划》《兴边富民行动"十三五"规划》等公共服务及民族地区的扶贫规划，主动服务于国家经济发展。

（五）关注脱贫后的推普，建立长效机制

我国的扶贫工作既要解决温饱，也要巩固温饱；既要消除绝对贫困，还要减少相对贫困。自打响脱贫攻坚战以来，我国已宣布了四批贫困

县脱贫摘帽，标志着这些县目前已解决贫困群体的基本生存和发展需求。要保证"脱贫户"不"返贫"，关键在于改善人力资源结构，让劳动力拥有持续发展的能力。推普脱贫不能仅局限于短期目标的实现，应总结推普脱贫攻坚的成功经验做法，推动建立推普长效机制。

贫困地区的语言障碍是一个社会问题，推普助力扶贫是一项周期长且见效慢的工程。语言有自身的习得和发展规律，其发展并不能与经济社会发展保持同步。掌握一门语言需要一定的时间，巩固语言学习效果也需要稳定的语言交流环境和使用域，长效推进才能发挥最优的语言价值。提高贫困群体的通用语言文字能力是一项人力资本投入，并非对贫困的纯粹救济性补偿，其短期带来的直接经济价值并不明显。卞成林（2017）认为，在普通话普及率达到最低有效规模之前，普通话对经济发展是起抑制作用的，而一旦超过该规模，普通话普及率的提升就会对经济发展产生积极促进的作用。他所揭示的普通话普及率与经济发展之间的二次曲线关系对贫困地区建立推广普通话的长效机制有重要意义。贫困地区的推普攻坚，近期目标是为了"补齐短板""解决瓶颈制约"，解决国家通用语言文字在地域上发展不平衡的问题，受益者主要为贫困劳动力。语言能力与贫困群体内生动力不足、贫困代际传递、贫困文化和心理等问题有高度关联，伴随语言文化所带来的"扶志"和"扶智"功能将在贫困地区产生深远影响，可产生持续性减贫效果。长远来看，在解决2020年以后的相对贫困所要面临的发展、共享等问题上，国家通用语言文字能力提升所产生的"溢出效应"带来的价值将是无法估量的。因此，在推普工作中要立足于加快提高普及程度、重视提高普及质量、不断提升语言文化素养，建立推广国家通用语言文字的长效机制，形成良好的语言环境，服务国家发展需求。

五、余语

语言资源属于社会公共资源，国家对语言资源的配置既要解决迫切的现实语言问题，也要对语言和谐发展起到良好的导向功能，统筹兼顾，以促进语言资源与经济建设良好互动，保障社会稳定。推普脱贫是国家和政府从贫困地区、贫困群体需求的立场来配置国家语言资源，以推动国家语言资源在贫困地区施放、向个人能力转化，使国家、区域和个人语言能力得到最优化配置和最大化释放，助力国家扶贫事业。在我国经济社会发展历程中，国家通用语言文字发挥了重要作用，而方言、民族语言、外语的作用也不可替代，推普脱贫攻坚中不可忽视其他语言资源的经济价值和文化价值。语言与贫困、语言与扶贫、语言与经济、语言与人力资本等问题亟待更深入的研究。

注释

① 数据来源于《中国互联网站发展状况及其安全报告（2018）》，参见 http://www.isc.org.cn/zxzx/xhdt11istinfo-36071.html。

② 引自中央网信办、国家发展改革委、国务院扶贫办2016年10月联合印发的《网络扶贫行动计划》。

③ 人均国内生产总值反映了一个地区的产出与人口的关系。本节中的人均国内生产总值数据来源于国家统计局网站。

④ 数据来源于《中国语言文字使用情况调查资料》中"能使用普通话与人交谈的比例""能用普通话与人交谈分年龄段的比例"的两组数据。

⑤ 中共中央、国务院印发的《关于深化教育改革全面推进素质教育的决定》要求重视培养学生收集处理信息的能力，获取新知识的能力、分析和解决问题的能力、语言文字表达能力以及团结协作和社会活动的能力。

⑥ 数据来源于《中国语言文字使用情况调查资料》中的部分数据。

⑦ 中共中央、国务院印发的《中国农村扶贫开发纲要（2011—2020年）》把"在扶贫标准以下具备劳动能力的农村人口"作为扶贫工作的主要对象。

⑧ 不通语，是指不会使用汉语普通话而无法实现在母语环境之外的沟通。

⑨ 帕累托最优，也称帕累托效率，是指一种资源分配的理想状态。

⑩ "布劳－邓肯社会地位获得模型"是社会分层和社会流动研究中的经典模型，描述了先赋因素和自致因素对个人地位的影响。

⑪ 数据来源于国务院发展研究中心党组书记马建堂2019年6月1日在中国儿童发展论坛上的致辞。

⑫ 数据来源于2019年全国语言文字工作会议暨推普脱贫攻坚中期推进会会议材料。

⑬ 数据来源于刘延东在纪念《国家通用语言文字法》实施15周年暨国务

院发布《关于推广普通话的指示》60周年座谈会上的讲话。

参考文献

卞成林　2018　深度贫困地区脱贫的语言要素，《光明日报》9月25日。
卞成林，刘金林，阳柳艳，等　2017　少数民族地区普通话推广的经济发展效应分析：来自广西市际面板数据的证据，《制度经济学研究》第3期。
戴庆厦　2009　《西摩洛语语言使用现状及其演变》，北京：商务印书馆。
戴庆厦　2011a　《澜沧拉祜族语言使用现状及其演变》，北京：商务印书馆。
戴庆厦　2011b　《云南德宏州景颇族语言使用现状及其演变》，北京：商务印书馆。
戴庆厦　2012　《云南绿春县哈尼族语言使用现状及其演变》，北京：商务印书馆。
樊　明　2018　《扶贫政策：政府导向或市场导向？》，北京：社会科学文献出版社。
黄少安，张卫国，苏　剑　2017　《语言经济学导论》，北京：商务印书馆。
李慧勤　2014　《边境民族贫困地区基础教育发展研究》，昆明：云南人民出版社。
李亚奇　2017　特困地区的精准扶贫思考——以青海省泽库县羊玛日村为例，《青海金融》第9期。
李宇明　2018a　扶贫语境话推普，《语言文字周报》9月5日。
李宇明　2018b　修筑扶贫脱贫的语言大道，《语言文字周报》8月1日。
李宇明　2018c　语言在全球治理中的重要作用，《外语界》第5期。
舒尔茨　1990　《论人力资本投资》，北京：北京经济学院出版社。
谭　强　2018　民族地区农村学前教育发展政策与实践创新研究——以四川省凉山州"一村一幼"计划为例，《四川省干部函授学院学报》第3期。
王春辉　2019　语言与贫困的理论和实践，《语言战略研究》第1期。
王海兰　2018　语言人力资本推动经济增长的作用机制研究，《语言战略研究》第2期。
王海兰　2019　国内经济学视角语言与贫困研究的现状与思考，《语言战略研究》第1期。
王浩宇　2019　藏族青年语言能力与社会经济地位关系调查研究：以天祝县为

例,《语言战略研究》第 1 期。

王兆萍,马小雪　2019　中国少数民族劳动力普通话能力的语言收入效应,《西北人口》第 1 期。

张　洁　2019　国外贫困与儿童语言发展研究的回顾与展望,《语言战略研究》第 1 期。

张丽君,吴本健,王　飞,等　2018　《中国少数民族地区扶贫进展报告（2017）》,北京：中国经济出版社。

中国语言文字使用情况调查领导小组办公室　2006　《中国语言文字使用情况调查资料》,北京：语文出版社。

Chiswick, B. R. & P. W. Miller. 2003. The complementarity of language and other human capital immigrant earnings in Canada. *Economics of Education Review* (5).

Savoie, G. 1997. The comparative advantages of bilingualism on the job market survey of studies. In Albert Breton (ed.) *New Canadian Perspectives: Official Languages and the Economy*. Ottawa Canadian Heritage.

（本文发表于《语言文字应用》2019 年第 3 期,第 2~11 页）

普通话推广的经济学分析

周端明

一、导言

新中国成立后，我国政府为了推广普通话做了大量工作。但是，效果并不是很理想，"当前推广普通话工作面临的主要问题，一是还有很多人不会或者说不好普通话，二是很多人虽然会说普通话，但在正式场合、公众场合不愿意或者不好意思说普通话"（许嘉璐 1998）。理论界认为，出现这种现象的原因"一是心理上障碍，二是学习上障碍"（詹伯慧 1996）。其中特别强调心理上障碍，也就是"方言情结"，认为是推广普通话中的最主要障碍（许嘉璐 1998；詹伯慧 1996；陈原 1983；张怡春 2000；张晓宏 2002；胡吉成 1999）。但是，主要从心理因素来解释推广普通话效果不理想很难令人信服，它忽视了产生"方言情结"的经济根源。

实际上，对语言的选择像人们对任何其他的工具的选择一样，取决于各种工具带来的预期净收益的比较。人们采用预期净收益更高的语言，放弃预期净收益较低的语言。通过这种理论，我们试图解释以下问题：（1）新中国推广普通话已有 50 多年的历史，但至今"有的地区方言盛行，在公共场合说普通话还没有形成真正风气"（全国人大教科文卫委员会教育室，教育部语言文字应用管理司 2001：11）。（2）为什么南方方言复杂，而北方相对统一？（3）为什么不同年龄结构的人对普通话采用的态度相差悬殊？（4）为什么越是开放、发达的地区普通话普及率越高，而越是封闭、落后的地区普通话的普及率越低？（5）"世界语"为何"夭折"？为什么一种效率更高的语言系统不能取代一种效率更低的语言系统？（6）国际通用语为什么由英国英语转变为美国英语？汉语能否成为世界通用语？

二、语言的理性选择理论

语言是人们进行交际、交流思想、从事商品交易的工具。像人类的其他工具一样，语言是人们理性选择的结果。因此，考察一个民族共同语的形成过程，关键是要分析单个主体对语言的选择过程。在这里，每一个主体都是一个理性的经济人，追求自身的利益最大化。同时，这里的语言选择不包括母语，因为母语是继承的结果。个人对语言的选择取决于各种语言使用的预期净收益。如果用 R 表示语言带来的预期收益，C 表示语言带来的预期成本，A_i 表示第 i 种语言，那么，人们将选择带来预期净收益最高的那种语言，即选择 A_i，使 Max $[R(A_i) - C(A_i)]$。因此，分析语言的选择，关键是分析语言的预期收益和预期成本。

（一）语言的收益分析

语言是人类的交际工具，它的采用有利于人们交流思想、协调工作、组织社会生产、从事商品交易等，给人们带来收益。同时，懂得一门语言，无疑增加了一个人的机会和自由。这些都是语言带给人们的直接收益和间接收益，这些收益的总和，我们称之为语言收益。具体来说，包括如下几种：

1. 节约的交流成本

人们之间的交流是需要成本的。当人们之间的语言不通时，为了交流或交易，相互之间不得不请翻译人员，而这给人们带来：翻译直接成本，如翻译人员的工资，翻译人员的食宿、交通等费用。翻译的间接成本，如误读成本，即由于翻译的不准确而使交流或交易的双方产生误解带来的成本；泄密成本，即由于有第三方的参与，增加了泄密的可能性，从而带来的成本。非当地人成本，指由于语言的不通而遭到的不公正、不公平的待遇而带来的成本。因此，拥有共同语就可以节约这些因为语言不通而带来的交流成本，从而间接地带来收益。

2. 直接交流收益

首先，在一个高度开放的社会，人们之间的交流很多，也很平常。相互之间的交流，有利于新思想的传播，有利于创新的产生，等等，给人们自己和社会都带来收益。特别是交流的社会收益，是巨大的。其次，交流还有利于交易的开展，增加了交易成功的概率。它给个体带来收益同时，促进了人们之间的互通有无，给社会带来收益。

3. 心理收益

所谓的心理收益是指因使用的语言相同而得到人们的认同给语言的使用者带来的收益。当我们到一个陌生的地方，如果不会说当地的语言，我们就可能被当作外地人。外地人在从事商务活动或非商务活动，都有可能被当地人欺负或排斥，这是人们内心的一种典型的地域认同心理。因此，如果我们会使用当地的语言，即使是一个外地人，也会被当作是当地人看待，容易被当地人所认同。在上海，不会说上海话的外地人往往受到上海人的歧视（张晓宏 2002：62）。如果会说一口标准的上海话，那你无论是找工作还是从事其他活动，都容易被上海人认同。

4. 代际收益

所谓代际收益是指上一代带给下一代的收益。因为在上一代采用某种语言时，这种语言将作为母语传给下一代，这大大地降低了下一代的学习成本，而下一代因为这门语言给他（她）带来的收益就是我们所说的代际收益。例如，如果父母采用普通话，那么，子女也将采用普通话，从而就节约了子女的学习成本，带来了大量的收益。而子女又将这种语言传给他们的子女，如此循环往复。若节约的交流成本、直接交流收益和心理收益总和为 R_A，且代际收益增长率或降低率是 k，[①]则这种语言的代际收益的总和 R_G 为：……

$$R_G = R_A + \sigma(1+k)R_A + \sigma^2(1+k)^2 R_A + \sigma^3(1+k)^3 R_A + \cdots\cdots$$

其中，σ 为贴现因子，$\sigma = \frac{1}{1+i}$，i 为利率。

因此，语言的总收益是上述四项收益的总和，用公式表示为：

$$R = R_A + R_G = R_A + R_A + \sigma(1+k)R_A + \sigma^2(1+k)^2 R_A + \sigma^3(1+k)^3 R_A + \cdots\cdots$$

决定语言收益的因素主要有：

（1）语言使用的人数

语言收益的决定因素是该语言使用的人数。该语言使用的人数越多，交流、交易的机会就越多，从而带来的收益也越多；语言的使用人数越多，它的生命力就越强，会有明显的路径依赖的特征；语言的使用人数越多，它的代际收益就越大。特别是，语言收益具有规模报酬递增的特征。也就是说，当该语言使用的人数增加一倍时，它带来的收益会超过一倍。这是因为随使用该语言人数的增加，社会交流、交易的机会成倍增长，其收益也就成倍增长。

（2）社会的开放度和自由度

在其他因素不变的条件下，社会越开放、越自由，社会交流、交易的机会越多，该社会的语言收益就越大；反之，社会越封闭、越不自由，该社会语言收益就越小。开放和自由为人们的交流和交易提供了可能。当社会高度封闭时，人们难得有交流的机会，如古代中国，人们就过着"鸡犬之声相闻，老死不相往来"的生活。当社会不自由时，人们同样难以交流，因为人们交流的成本过大，如"文革"时期，同事、朋友，甚至是亲人之间都不敢多说话，因为讲多话就有可能出错，一旦出错就有可能被批斗、游街，甚至是坐牢，所以人人过着三缄其口的生活。

（3）地区的经济社会发展水平

地区经济社会发展水平越高，外部社会与它交流、交易往来越多，带来的收益越多。同时，为了与该地区交易，外部社会就不得不学习这种语言，导致该地区语言的扩散，这又增加该地区的语言潜在收益。所以，地区的经济社会发展水平越高，该地区的语言的收益就越高；地区的经济社会发展水平越低，该地区的语言的收益就越低。

若我们用 R 表示语言收益，用 Q 表示语言使用的人数，用 F 表示经济社会开放度、自由度，用 D 表示经济社会发展水平，则语言收益和影响因素的关系可以表示为：

$R = H(Q, F, D)$，且满足：

$\partial R / \partial Q > 0$，表示语言收益和使用语言的人数之间的正向关系；

$\partial^2 R / \partial Q^2 > 0$，表示语言收益具有规模报酬递增的特征；

$\partial R / \partial F > 0$，表示语言收益和经济社会开放度、自由度之间的正向关系；

$\partial R / \partial D > 0$，表示语言收益和经济社会发展水平之间的正向关系。

它们的关系可以用图 1 表示：

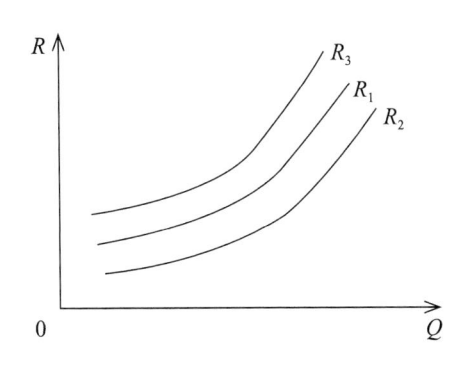

图 1　语言收益曲线

在图 1 中，我们用横轴表示使用语言的人数 Q，用纵轴表示语言收益 R，R_1、R_2、R_3 表示语言收益曲线。因为语言收益和使用语言的人数成正向关系，且语言收益是报酬递增的，因此语言收益曲线是向右上方倾斜且凸向原点。从上图中我们很明显能看出：随着使用语言的人数增加，语言收益不断增加。同时，语言收益还受经济社会开放度、自由度和经济社会发展水平的影响。在图 1 中，当经济社会自由度、开放度或经济社会发展水平提高时，语言收益曲线将向左上方移动；反之，则向右下方移动，如当经济社会发展水平提高时，语言收益曲线右 R_1 移动至 R_3。

（二）语言的成本分析

所谓语言成本是指学习和使用某种语言给人们带来的货币支出和非货币支出的总和（詹伯慧 1996）。主要包括：（1）直接学习成本。为了能够熟练地使用一门语言，我们必须花费时间、金钱和精力学习，要去学校或专门的培训班学习，购买专业书籍，等等。这些构成语言的直接学习成本。（2）间接学习成本。因为学习语言而不得不放弃其他机会给人们带来的损失，我们称之为语言的间接学习成本，也就是学习语言的机会成本。（3）心理成本。采用与当地人不同的语言，可能还要承担一定的心理压力，这给采用人带来的成本，我们称之为语言的心理成本。如在一个方言流行的地方，采用普通话与当地人交流，就可能被当地人误解，认为你傲慢、故意与众不同。因此，在外地工作的中国人往往采用多种语言，一般有普通话、家乡地方言和工作地方言三种，到什么环境采用什么语言，这就是为了减少心理压力。

采用一门语言是需要成本的，决定语言成本的因素主要有：（1）使用语言的人数。使用该语言的人数越多，该语言的使用成本越低；反之，越高。这主要因为，使用语言的人数多，学习语言的语境就好，这将大大降低学习语言的学习成本和心理成本。同时，语言成本满足规模递减规律，也就是说，当语言的使用人数增加一倍时，语言成本的降低将超过一倍。（2）社会的开放度和自由度。社会的开放度越高、自由度越大，人们的交流机会就越多，所受的约束就越少，从而语言的学习成本和采用成本都将降低；反之，则语言的成本将增加。（3）学习语言的天赋。这是一个个人因素，它影响到学习成本。一个人的语言天赋越高，学习成本越低；反之，学习成本越高。（4）所学语言与母语的相似性。所学的语言与母语的相似性越大，学起来就越容易，学习成本就越低；反之，学习成本就越高。如欧洲人学习英语就比中国人学习英语容易得多、北方人学习普通话就比南方人容易，皆源于此。

如果用 C 表示语言成本，Q 表示使用语言的人数，F 表示社会的开放度和自由度，P 表示学习语言的天赋，M 表示所学语言与母语的相似性，则它们的关系可以用语言成本函数来表示：

$C = C(Q, F, P, M)$，且满足：

$\partial C / \partial Q < 0$，表示语言成本和使用语言的人数成反向关系；

$\partial^2 C / \partial Q^2 < 0$，表示语言成本具有规模递减的特性；

$\partial C / \partial F < 0$，表示语言成本和社会开放度、自由度之间的反向关系；

$\partial C / \partial P < 0$，表示语言成本和学习语言的天赋之间的反向关系；

$\partial C / \partial M < 0$，表示语言成本和所学语言与母语的相似性之间的反向关系。

它们的关系可以用图 2 表示：

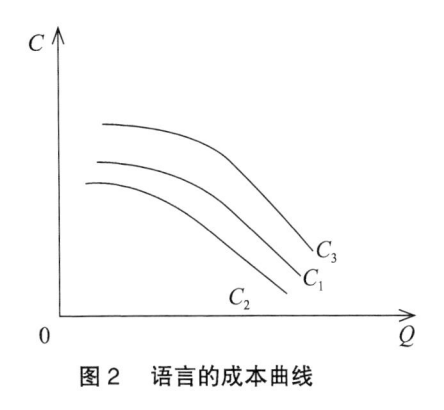

图 2　语言的成本曲线

在图 2 中,我们用横轴表示使用语言的人数 Q,纵轴表示语言成本 C, C_1、C_2、C_3 表示语言成本曲线。语言成本曲线是一条向右下方倾斜的且凹向原点的曲线，表示语言成本随使用该语言的人数的增加而不断降低。同时，语言成本还受到社会的开放度和自由度、学习语言的天赋、该语言与母语的相似性等因素的影响，当这些因素发生变化时，语言成本曲线将发生移动。如当社会的自由度提高，这将导致语言成本曲线向左下方移动，如由 C_1 移到 C_2；反之，向右上方移动。

（三）语言生存的最小有效规模理论

根据语言收益和语言成本的分析，一种语言要想生存并不断发展，就必须具有一定的使用规模。因为，只有当一门语言具有一定使用规模时，语言收益才会超过语言成本，这门语言才会给人们带来净收益。随这门语言的采用，使用规模扩大，该语言才能不断发展。否则，这门语言将因使用人数越来越少而慢慢"夭折"。我们把语言收益等于语言成本时的使用该语言的人数称之为语言生存的最小有效规模（见图 3）。

在图 3 中，我们用横轴表示使用语言的人数 Q，用纵轴表示语言收益 R 和语言成本 C，R_1、R_2、C_1、C_2 分别表示语言收益和语言成本曲线。在初始情况下，语言收益曲线为 R_1，语言成本曲线为 C_1，二者相

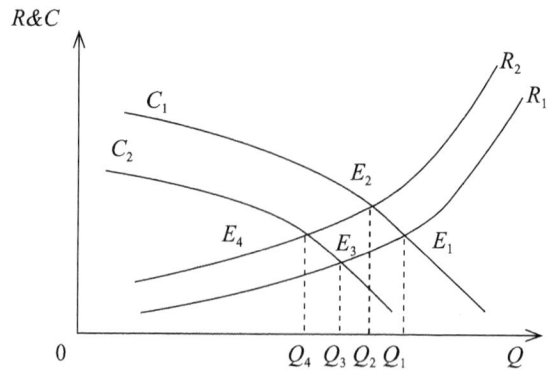

图3 语言生存的最小有效规模

交于E_1点，此时的最小有效规模为Q_1。也就是说，只有当该语言的使用人数大于Q_1时，语言收益才会超过语言成本，人们才会选择这门语言，该语言才会发展，否则，该语言就会慢慢"夭折"。因此，如何使一门语言达到最小有效规模，在语言的生存和发展中关系重大。但是，当一门语言的最小有效规模很大时，将不利于这门语言的发展。为此，如何降低一门语言的最小有效规模就很重要。具体方式有三种：（1）提高语言收益，使语言收益曲线发生移动。决定语言收益的因素除了使用语言的人数外，还有社会的开放度与自由度和经济社会发展水平，当它们发生变化时，语言收益曲线将发生移动。如图3中，随社会开放度的提高，语言收益曲线由R_1移动至R_2，从而与语言成本曲线C_1交于E_2点，此时的语言最小有效规模相应地降低到Q_2的水平。（2）降低语言成本，使语言成本曲线发生移动。决定语言成本的因素除了使用语言的人数外，还包括社会的开放度与自由度、学习语言的天赋，以及该语言与母语的相似性，当这些因素发生变化时，语言成本曲线将发生移动。如图3中，随社会的自由度的提高，语言成本曲线由C_1移动至C_2与语言收益曲线交于E_3点，此时的语言最小有效规模降低至Q_3水平。（3）同时降低语言成本和提高语言收益，使语言收益和语言成本曲线都发生移动。如图3中，随社会开放度与自由度的提高，语言收益曲线和语言成本曲线的交点由E_1点移动至E_4点，此时的语言最小有效规模相应地由Q_1降低至Q_4，大大地降低了语言的最小有效规模，从而有利于语言的扩散和推广，使语言得到发展。

（四）语言的路径依赖特性

在语言的发展过程中，历史是重要的。在语言的发展过程中，语言的最终锁定将取决于一个有限的数量，可能是小数量的最初使用者。换句话说，第一个语言采用者的决定也许成为重要的小历史事件。具有这种特性的动态过程就是所谓的语言路径依赖。正是语言的这个特征，使一种更具优势的语言系统也许难以超越一种处于相对劣势的语言系统。

三、结论和政策含义

文中发展了一个语言的理性选择理论，用语言收益和语言成本说明了人们是如何选择和使用语言的。该理论证明了语言的最小有效规模和路径依赖特性。利用该理论，我们能够对一些重要的问题提供解释。

为什么中国方言众多，标准语一直难以形成？主要原因：一是标准语的收益低所致。中国长期的封建小农经济是一种典型的自给自足的自然经济，人们之间的交易稀少，交易范围狭窄，因此标准语带来的收益很低（袁钟瑞1998）。同时，中国长期的户籍管理制度，限制了人们的自由迁徙。而人们的自由迁徙是促进语言的相互融合创新的最重要途径，正是通过自由迁徙，人们相互交流，使各种方言逐渐统一，最终才可能归于"一统"，自然演进而形成一种标准语。因此，长期的户籍管理制度限制了人们的自由迁徙，也就限制了标准语的形成。另外，中国长期的封建割据，增加了人们的交易成本，从而减少了标准语的收益。二是方言的路径依赖特性。作为一个历史事件，方言已经拥有生存所需的最小有效规模，在现有的使用规模下，方言的收益大于方言给使用者带来的成本，从而人们选择采用方言，使方言在某些地区很盛行。三是普通话在某些地区还没有达到最小有效规模，从而普通话的收益小于普通话的成本，所以人们不选择采用普通话作为基本的交流工具。因此,"方言情结"的深刻经济根源在于方言的预期净收益高于普通话的预期净收益。

为什么北方的方言统一,而南方方言众多?这主要是因为在北方采用统一的方言收益高而成本低,而南方采用统一的方言成本高而收益低。在我国,长江以北以平原为主,而南方以山地丘陵为主。北方多平原,人们之间交易成本低,从而为人们的交易的开展提供了一个前提条件,所以北方多集市,这从北方的地名可以很清楚地看出来。正是因为北方集市发达,人们为了交易,不得不采用相对统一的标准语,所以在北方使用统一标准语的收益高。南方多丘陵,人们的交易成本高,所以南方的集市不发达,经济中自然经济的比重更大,人们过着自给自足的生活,所以在南方采用标准语的收益很低。同时,长江天堑的存在,大大地增加了两岸人们的交易成本,不利于南北语言的相互交流。因此,以长江为界,南方方言复杂,北方则是统一的北方方言。

为什么相对于老年人,青年人更愿意采用普通话?这主要是二者采用普通话的收益和成本不一样。相对于老年人而言,年轻人采用普通话的收益更高,成本更低。

为什么越是开放的、经济发达的地区,普通话的普及率越高?这主要是因为在开放的、经济发达的地区使用普通话的收益更高,而成本更低所致。

"世界语"也许是一种比英语更有效率的语言系统,它的"夭折"充分展示了语言的最小有效规模理论和路径依赖特性。正是因为难以获得生存所需的最小有效规模,"世界语"难以突破生存的临界状态。既然语言有很强的路径依赖特性,那么如何取代现有的强势语言呢?美国英语取代英国英语提供了一个很好的范例,它体现了市场对语言的选择,正是美国英语带来的收益更高,而成本更低,故而最终取代英国英语的地位。这也是与美国取代英国成为世界中心同步的。当年英国作为世界工厂,成为世界中心,为了获得与其进行交流和商务交易的收益,人们不得不学习其语言。正是英语带来的收益超过了其成本,人们才愿意学习英语,进而英语走向了世界。"二战"后,随着世界经济、政治中心向美国的转移,相应的美国英语带给人们的收益更高,而成本更低，人们也就开始选择美国英语，最终美国英语取代英国英语成为世界通用语。在"冷战"时期，俄语曾经在社会主义阵营国家流行的原因与此相同。今天，随着中国经济的发展，汉语普通话也越来越受到人们的青睐，随着中国成为多极世界中的一极，汉语普通话最终也会成为世界通用语之一。当然，由于语言的路径依赖性，一国语言成为世界通用语的时间要落后于该国成为世界经济、政治中心的时间。

我们的分析得出的政策含义如下：

第一，继续提高中国社会的开放度和自由度，是提高普通话普及率的长远战略。通过提高社会的开放度和自由度，普通话的收益将增加，成本将降低，从而降低普通话的最小有效规模，加速普通话的扩散和推广。而且，当普通话达到最小有效规模时，它又会发挥其路径依赖的特性。

第二，提高中国的经济社会发展水平，使中国成为多极世界的一极，是汉语走向世界的根本战略。

第三，加快市场经济的建设、打破地区壁垒、形成全国统一大市场是推广普通话的又一重要战略。市场经济本质上是要求自由的、开放的，既然建设市场经济，就必然会提高社会的开放度和自由度，从而提高普通话的收益，降低其成本。

第四，在全社会营造一种使用普通话光荣的社会氛围，这将大大降低使用普通话的心理成本。

第五，近期继续实行在政府窗口部门、新闻媒体、学校和其他的有关部门使用普通话的制度，将大大加速普通话推广的速度。特别是在青年大学生中推广使用普通话，使普通话合格成为大学生毕业的基本条件。因为，青年大学生将是社会未来的中坚，他们对于普通话的推广和扩散将具有重要意义。

第六，各级政府领导要带头自觉使用普通话，把使用普通话作为考核各级干部的基本标准之一（詹伯慧 1996）。

注释

① 这主要因为有的语言使用的人数规模越来越大，从而这种语言的收益将增加；而有的语言的使用人数规模越来越小，其收益将降低。

参考文献

陈　原　1983《社会语言学》，上海：学林出版社。

全国人大教科文卫委员会教育室，教育部语言文字应用管理司　2001　《中华人民共和国国家通用语言文字法学习读本》，北京：语文出版社。

谢　孟，胡吉成　1999 香港推广普通话面临的问题及其对策，《广播电视大学学报哲学社会科学版）》第 1 期。

许嘉璐　1998　提高认识，齐心协力，搞好首届推广普通话宣传周活动——在首届全国推广普通话宣传周电视电话会议上的讲话，《语文建设》第 6 期。

袁钟瑞　1998　12 年推广普通话工作回顾，《语文建设》第 3 期。

詹伯慧　1997　试论粤方言地区的推广普通话工作，《语文建设》第 1 期。

张晓宏　2002　"方言情结"对推广普通话的影响，《乌鲁木齐成人教育学院学报》第 1 期。

张怡春　2000　方言情结与普通话推广，《盐城师范学院学报（哲学社会科学版）》第 3 期。

（本文发表于《安徽师范大学学报（人文社会科学版）》2003 年第 4 期，第 419~424 页）

少数民族地区语言扶贫效应研究

史维国　　刘昕怡

自 2016 年国家发布《"十三五"脱贫攻坚计划》以来，脱贫攻坚战进展到今天已进入关键阶段，按照国家在 2011 年制定的农民年人均纯收入 2300 元的贫困标准，截止到 2017 年底，我国仍有 3046 万贫困人口，其中少数民族地区 1000 万，占了全国贫困总人口的三分之一。由此可见，只有解决了少数民族地区的贫困问题，让少数民族地区的贫困人民富裕起来，才能实现国家在 2020 年打赢脱贫攻坚战的目标。我国大部分少数民族地区都存在着地理位置偏僻、自然环境恶劣的问题，这就导致这些地区的少数民族居住地远离经济中心和交通干线，形成了封闭的环境，教育医疗等基础设施建设难以全面普及，人们的文化水平也难以提高。这样一来，少数民族地区的贫困问题就很难从根本上解决。所以要想真正提高少数民族地区扶贫的质量，就要先从提高少数民族地区贫困群众的综合素质入手，对少数民族地区的贫困群众进行"扶智"，即开展语言扶贫，提升其最基本的语言能力，使其具备与外界进行有效沟通的能力，转变语言能力为人力资本，加快少数民族地区劳动力的流动，从而促进该地区的教育、交通、医疗等基础设施的建设，打破封闭的发展环境，激发少数民族地区的内在发展动力，为其他扶贫举措提供坚实的基础和保障。

一、语言扶贫的界定及方式

语言具有经济功能这一论断早在 20 世纪就被西方语言学家和经济学家所认可，21 世纪以来，我国的一些专家和学者也对这一课题进行了深入的探索和研究，近几年在全国脱贫攻坚的背景下，国家也出台了相应的政策。2018 年推出了"推普脱贫攻坚行动"，大力倡导发挥语言在扶贫进程中起的积极作用。李宇明（2018）认为"语言与贫困具有相关性。语言可以扶贫，源自语言与教育的密切关系，源自语言与信息的密切关系，源自语言与人与互联网的密切关系，源自语言与人的能力和机会的密切关系"；赫琳（2018）提出了"语言扶贫是一项从根本上治贫的系统性工作"；王春辉（2018）认为，语言和教育协力促进精准扶贫。王海兰（2018）指出"语言扶贫是指将语言因素纳入扶贫脱贫中，利用或借助语言来开展扶贫，助力脱贫"。可见，语言扶贫就是用语言来进行扶贫，语言扶贫是一个过程。这个过程可以分成两个步骤：第一步是语言能力，第二步是扶贫。就少数民族地区语言扶贫来看，语言能力不仅仅是少数民族地区的群众能用普通话和本民族语言进行语言交流的能力，还应该包括在这基础上能够运用普通话和少数民族语言去获取商业信息、学习现代知识技术或者入职创业等实际应用能力。在少数民族地区开展语言扶贫实际上是通过提升和发掘少数民族人民的语言能力来帮助其摆脱贫困的过程。

目前，语言扶贫的方式主要有以下三种：

一是通过推广普通话，提高少数民族贫困人口使用普通话的能力及该地区普通话的普及率。让贫困人口提升熟练掌握运用普通话听说读写的能力，以此为基础获取知识、信息、技术，进而促进人力资本的积累，提高劳动力外出务工的竞争力，促进人口和资本的流动；提升普通话在少数民族地区的普及率，构建通用语沟通桥梁，打破贫困地区和外界信息交流的"语言屏障"，消灭由于语言不通而形成的封闭环境，形成统一市场，扩大人民的创业就业范围，促进经济发展。

二是通过对少数民族地区当地语言资源的开发和利用，将少数民族语转化为产业要素，来发掘少数民族语言的经济活力。少数民族的语言资源除了语言本体的资源外，还应该包括语言的人力资源和技术资源。开发语言本体的资源，如依托少数民族语开发特色旅游业，以少数民族语编撰戏剧或歌舞等文化项目并向外推广，让少数民族语言成为该民族特有的一种文化产品；开发语言的人力资源，如鼓励少数民族语言人才积极参与国家"一带一路"等多边贸易活动，为跨民族跨地区商贸往来提供语言互通基础；开发语言的技术资源，如大力发展普通话和少数民族语互译技术，使得各民族的人都能依托现代科技实现跨语言交流的愿景。这样才能带动少数民族地区旅游、文化、科技、外贸等相关产业的发展，为少数民族地区经济增添活力，促使贫困人口脱贫致富。

三是通过开展语言服务，强化少数民族地区公职人员及外来企业工作人员的双语互通互译能力。如开发少数民族语和普通话的互译软件、应用系统，为少数民族地区人民学习普通话、公职人员和外来务工人员学习少数民族语提供便利，扫清他们与当地人沟通的语言障碍，增进感情，加强信任，帮助公职人员更好地落实国家的扶贫政策，帮助企业更多地吸引外来资本。

二、少数民族地区语言扶贫的意义

在我国少数民族地区开展语言扶贫，有着重要的现实意义。

第一，有利于从根本上解决我国少数民族地区的贫困问题。通过在少数民族地区实行语言扶贫政策，提高少数民族群众的综合素质，促进贫困群众观念的转变，使该地区具有"走出去，引进来"的能力，消除下一代返贫的人文诱因，对我国打赢脱贫攻坚战、做到所有贫困人口"脱真贫""真脱贫"有着不可忽视的重要作用。

第二，有利于为其他扶贫举措的实施提供基础和保障。少数民族地区贫困群众具有了使用普通话的能力，就有了学习互联网、电商等先进技术的语言基础，有了和外地游客沟通的语言能力，有了与卫生医疗人员准确交流的语言路径，从而促进了电商、旅游、医疗、现代技术等多种扶贫产业的发展。

第三，有利于保护少数民族语言。在开发和利用少数民族语言资源的时候，既能获取相应的经济效益，同时也能最大限度地调动全族人民学习使用本族语言的积极性，通过多种语言相关产业宣传少数民族的语言文化，扩大少数民族语言的知名度，让更多的人意识到民族语言的可贵之处，从而加强对少数民族语言的保护。

第四，语言扶贫丰富了国家扶贫的方式。有别于其他扶贫举措，语言扶贫可以帮助少数民族贫困群众从思想上和能力上脱贫。贫困群众通过掌握国家通用语，接触到更多的信息，开阔了眼界，增强了自信，提高了个人思想境界和素质。

三、少数民族地区语言扶贫的对象和目标

（一）语言扶贫的对象

从语言扶贫开展的地域来看，对象主要集中在少数民族地区，所针对的是少数民族地区的贫困人口，但在这些人口中，民族八省区[①]的贫困人口占比更大。统计数据表明，截至2017年底，我国认定的深度贫困县有334个，这334个深度贫困县中，少数民族人口相对集中的民族八省区就有162个，占48.5%，再加上湖北、四川、甘肃等地的深度贫困县几乎都在民族地区，总数就达到了250多个，占全国深度贫困县的比例超过75%，具体分布情况见表1。

表1 民族八省区深度贫困县与深度贫困人口（2017年）

	内蒙古	广西	贵州	云南	西藏	青海	宁夏	新疆
深度贫困县/个	15	20	14	27	44	15	5	22
深度贫困人口/万人	12.90	98.80	120.89	123.29	33.00	25.87	32.40	162.75

通过上述数据，我们可以得出一个结论：在全国少数民族地区大力推行语言扶贫政策的同时，民族八省区的贫困人口将是接下来语言扶贫工作开展的重点对象，尤其是祖国西部和西南部的广西壮族自治区、云南省、西藏自治区、新疆维吾尔自治区等省区，更应成为关注的重点。

从年龄构成上来看，少数民族群众贫困现象年轻化的特征更为明显。据2002年的调查统计数据显示，0~14岁的全国平均值占21.29%，15~64岁的占70.55%，65岁以上的老年人占8.16%，而少数民族八省区则分别为24.46%、68.99%和6.55%。结合人口的年龄构成，在少数民族地区进行语言扶贫的过程中，应该将贫困人口按年龄区分开来，为年轻人和老年人分别制定符合其年龄的扶贫方案，这样才能有针对性、有效率地减少贫困人口的数量，缩小贫困的规模。

除此之外，文化水平也是影响经济能力的重要方面，教育更是与语言能力息息相关，二者相辅相成，在提高贫困人口的劳动力素质方面有不可忽视的作用。同汉族相比，少数民族地区的群众在受教育水平上仍然存在较大的差距，见表2。

表2 2010年汉族与少数民族人口受教育程度占总人口数的百分比（郑长德2014）

单位：%

文化程度	汉族		少数民族	
	男	女	男	女
未上过学	2.53	6.98	5.42	11.23
小学	25.55	30.15	38.12	40.64
初中	44.56	39.89	38.42	32.09
高中（中专）	16.93	13.96	10.70	9.17
大学专科	5.95	5.32	4.35	4.01
大学本科	4.09	3.41	2.83	2.68
研究生	0.39	0.30	0.18	0.18

从表2中可以看出，我国少数民族人口的文化水平存在"两多一少"的现象，即文盲、半文盲多，低文化程度的多，高文化程度的少。文化水平低往往伴随的就是语言能力的不足，而语言能力不足则会导致少数民族群众失去一切智能发展的基础和手段，在教育和信息沟通获取上产生不利影响，由此形成脱贫难、返贫易的恶性循环。因此，在少数民族地区进行语言扶贫，除了按年龄分别制定对策外，还应考虑贫困人口的文化水平，对低文化程度和高文化程度的人区别对待。对低文化水平的年轻人，重点培养其普通话的使用能力；对高文化水平的年轻人，重点培养其在利用普通话获取信息知识和高水平就业的能力；对少数民族的老年人，则要将重点放在保护其本族语言使用能力上，为当地语言资源的开发和利用奠定基础。

（二）语言扶贫的目标

语言扶贫的最终目的一定是帮助贫困人口脱贫，在少数民族地区，这一终极目标包含以下几个方面。

一是促进少数民族地区语言和经济的协调互助发展。通过对贫困群众的语言扶贫,提升其普通话和本族语言使用能力,来增强他们的基本素质、交流沟通能力、劳动力流动能力以及获取知识和信息的能力。由此扩大其创业就业的途径,提高贫困人口外出务工、互联网创业、企业注资等经济行为的可能性,以语言为基础,达到开拓少数民族地区市场的目的,提高人民收入。

二是在妥善利用和开发少数民族语言的基础上,保护少数民族的语言和文化,将少数民族语言资源和文化资源发扬光大。在全面普及普通话的背景下,会使用少数民族语的人越来越少,有些人口较少的少数民族更是面临着本族语言和文化即将失传的困境。重视少数民族语言资源的开发不仅可以为当地经济助力,同时也加强了对这种资源的保护,官民合力,形成推广普通话与民族语言开发保护齐头并进的双赢局面。

三是发挥出语言扶贫对《"十三五"脱贫攻坚计划》中提到的产业发展脱贫、转移就业脱贫、异地搬迁脱贫、教育扶贫、健康扶贫、生态保护扶贫和社会扶贫等七大重点扶贫举措的保障作用。改善各少数民族地区重视物质扶贫、不重视语言文化扶贫的现象,让各级政府对语言扶贫的重要性有深刻清醒的认识,进而通过普及普通话和开发语言资源,将语言资本转化到生产要素的各个方面,为其他扶贫举措的顺利开展打好基础。

在少数民族地区实行语言扶贫政策时,当地政府不仅要在过程中把好关,更要将目标细化,以目标为纲,不断地调整具体的落实方向,这样最终才能达成帮助少数民族地区贫困人口脱贫致富的总目标。

四、少数民族地区语言扶贫的主要举措

在少数民族地区实施语言扶贫举措时,应站在全方位、系统性的角度,因地制宜地为少数民族地区的贫困人口提供多样性的语言扶贫路径。

首先,要加强语言教育培训,大力推广普通话。一要将推广普通话的程度纳入少数民族地区贫困县脱贫考核的评价体系中,在政策上

规范推广普通话的进程。二要在民族地区推行"双语教育"政策，培养专业教师，在中小学开展普通话教学和少数民族语教学。俗话说"授人以鱼不如授人以渔"，"渔"对少数民族人民来说就是以普通话为基础的多语使用能力，只有掌握了语言应用能力，才能进一步学习专业知识技术，拥有自己打"鱼"的能力。发展好职业学校、农民夜校等各类职业技能培训基地，将普通话能力与职业技能培训相结合，提高少数民族劳动力的综合素质。如云南泸西县白水镇就积极响应国家推广普通话的政策，由专业教师长期担任教学工作，辅助开展各种培训学习，既提高了村寨里人民的普通话使用能力，又培养了人民使用一些生产技术的能力增强了该村青年劳动力外出务工的竞争力，提高了本地人民用所学技术创业的能力。三要利用好广播、电视、网络等媒体进行直通家家户户的普通话教学和宣传，营造出良好的推广普通话的环境。

其次，要合理开发和利用少数民族语言资源。政府应组织好语言资源发掘队伍，深入地方了解语言资源保护和开发利用的情况，以此为基础制定相应的语言保护和开发规划。如广西壮族人民将用民族语言编撰并广为流传的《布洛陀》《莫一大王》《白鸽姑娘》等戏剧表演与当地古镇旅游资源相结合，吸引了大量游客，形成了特有的少数民族文化旅游产业；还有在"一带一路"建设中，地处丝绸之路经济带的新疆、陕西、甘肃、青海等少数民族聚集的省区更应该培养少数民族群众提高双语互通互译能力，研发互译技术，为国家经济振兴政策提供可利用的语言人才。除此之外各地开设语言学科的高校更应该积极帮助国家语言扶贫政策的实施，可以通过设立"家乡话研究"等专题项目，鼓励来自少数民族地区的学生记录、研究本民族的语言，学生毕业后也可进入语言相关产业继续为少数民族语言资源的保护和开发尽一份力。总之，对待少数民族的语言资源，我们应该时刻铭记将保护与开发相结合，利用好新媒体资源，抽出部分语言资源开发的红利进行语言保护，加大宣传力度，多多研制少数民族语言文化相关书籍手册等，方便学习和传播。

再次，还要注意提高少数民族贫困地区公职人员和外来企业工作人员的普通话能力和方言能力，建立好督查机制，不能让语言能力不达标的人做上传下达的工作。同时完善长效的语言扶贫志愿服务系统，鼓励大学生到少数民族地区对干部和贫困人民进行语言帮扶活动，保障其语言使用能力的先进性和时代性。

除了以上几种语言扶贫措施外，少数民族地区政府还应继续结合当地实际情况推出更符合当地发展需求的扶贫举措。语言扶贫的路径是多样性的，只要有助于少数民族地区贫困人口脱贫，政府都该予以支持和鼓励。

五、少数民族地区推广普通话与语言资源保护的关系

在少数民族地区大力推广普通话，就会面临普通话与少数民族语相互冲突的局面，这个问题是不可避免的，也不应该绕过，应予以重视并想办法解决。普通话作为国家通用语，在各行各业各地各处都有巨大的应用价值，所以必须要全民普及，提高普通话的普及率也有助于经济的增长。与此同时，少数民族本族的语言作为该民族宝贵非物质文化，有着非常重要的历史文化意义，也应该加以保护和发扬。所以在语言扶贫的进程中，既要坚定推广普通话，又要有语言保护意识，处理好二者之间的矛盾，形成推广普通话和保护少数民族语言互促互补的良好局面。这就要求政府做好以下三方面工作：一要切实落实好"双语学校"的建设，让少数民族儿童既能学习普通话，也能学习本族语言。二要支持鼓励少数民族语言相关产业的发展，大力宣传少数民族语言文化，使少数民族人民群众享受到本族语言应用好所带来的经济效益，为少数民族语言的传播提供良好的环境。三要积极抢救濒危语言，将使用人口少的少数民族语记录下来，形成音频及书面资料，延缓或阻止濒危语言的灭绝。

注释

① 民族八省区指内蒙古自治区、广西壮族自治区、西藏自治区、宁夏回族自治区、新疆维吾尔自治区5个自治区和贵州、云南、青海3个省份。

参考文献

赫　琳　2018　语言扶贫有助于永久脱贫，《中国教育报》5月31日第5版。

李宇明　2018　修筑扶贫脱贫的语言大道——序《中国语言生活状况报告（2018）》，载国家语言文字工作委员会组编《中国语言生活状况报告（2018）》，北京：商务印书馆。

王春辉　2018　精准扶贫需要语言教育协力，《中国社会科学报》3月6日第3版。

王海兰　2018　深化语言扶贫　助力脱贫攻坚，《中国社会科学报》9月11日第9版。

郑长德　2014　2000年以来中国少数民族受教育程度变化的族际比较研究，《西南民族大学学报（人文社会科学版）》第5期。

（本文发表于《哈尔滨师范大学社会科学学报》2019年第2期，第88~91页）

二、语言能力与人力资本

语言能力对劳动者收入贡献的测度分析

赵 颖

一、引言

文化是技术和制度之外，推动经济增长的第三大力量（Aghion & Howitt 2009）。在文化的众多表现形式中，语言是文化较重要的一个方面，它承载着自我认同和信息交流的双重使命。一般而言，在中国的劳动力市场上，语言的相似性能帮助劳动者形成更多的社会网络和社会资本，从而对其收入的绝对数量和相对位次产生影响（陆铭，张爽 2007；Gao & Long 2014）。在此意义上，劳动者是否具有较好的语言能力，较大程度上成为影响劳动者工作机会、获取收入数量的重要因素。这种劳动者语言能力对劳动者收入的影响，就是 Grin（1996）给语言经济学归纳的九大任务[①]之一。

随着中国经济的不断发展和分工的不断细化，各区域的劳动者也开始出现了较大规模的地域流动和技能分层。在诸多技能分化的形式中，劳动者语言运用能力差异是其技能分化的重要体现之一（Farrell 1995；Autor & Handel 2013；Yao & Ours 2015）。来自不同区域的劳动者是否能够有效交流并获取劳动力市场的信息，对劳动者自身的意义是不言而喻的。在一段时间大力提倡英语能力的培养后，中国开始重新重视学生语文能力的培养，甚至部分地区开始尝试在高考成绩中增加语文分数的权重而相应减少英语分数的权重。这在一定程度上促使社会重新思考语言能力在学生能力形成中的作用。而学生语言能力培养的好坏，在一定程度上体现为他们进入劳动力市场后语言方面技能的高低。

目前，此领域相关研究主要集中于流动劳动者语言能力对工资收入的影响，因为跨国流动中语言的使用问题往往集中于跨国劳动者（Bleakley & Chin 2004；Parrotta et al. 2014；Yao & Ours 2015）。中国的问题与此类似但存在显著的中国特色：虽然中国区域间语言的差异较大，但大多数地区间语言的差异没国与国之间的差异大，普通话作为一种交流的共同载体成为推广的主要模式。因此，中国在城镇工作的劳动者，都在一定程度上面临使用普通话的挑战。此外，随着中国市场逐渐成熟和国际化程度不断提升，英语的使用也日益变得普遍（Guo & Sun 2014）。在此意义上，在中国分析语言能力对劳动者收入影响时，需要将城镇劳动者和流动劳动者同时纳入分析范围，也需要同时考虑普通话和英语两种不同语言使用能力对工资收入的作用。

迄今为止，国内学者对语言在经济学层面分析的研究仍相对较少，仅有汪丁丁（2001）、韦森（2004）、张卫国（2008）和黄少安的研究团队等对此进行过论述。刘毓芸等（2015）尝试构建了方言多样性指数，和 Gao & Long（2014）的研究重点一样，关注的是方言多样性对经济增长的影响。语言能力对劳动者收入的分析仅限刘国辉（2013）等，但分析对象仅限于英语能力的工资溢价。在中国劳动力市场上，虽然就业单位对劳动者外语能力的要求逐渐提升，但对绝大多数劳动者而言，学习和使用普通话的工资溢价更需要得到关注。因此，本文拟在刘国辉（2013）的基础之上，将语言能力中普通话和英语同时纳入分析范围之内，并进一步尝试探索语言能力影响劳动者收入的内在机理，以期为相关的理论研究提供助益。

分析发现，中国劳动力市场上劳动者语言能力对其收入的影响在 11.62%~15.60% 之间。在处理内生性问题上，主要构建了劳动者所在地和劳动力来源地两个层面的工具变量，发现结论是稳健的。在处理样本自选择问题上，使用 2SLS 进行筛选分析，并辅之以 PSM 检验了结果，结论同样稳健。在此基础之上，本文对语言能力影响劳动者收入的地域效应和收入组别效应进行了分析，发现中东部地区和平均收入组以上更为明显。就细分的语言能力而言，英语能力的溢价高于普通话，同时两种语言的表达能力溢价显著高于听力能力的溢价。这说明掌握更多的语言，有助于劳动者在劳动力市场上更有效地获取外部信息，从而能在一定程度上提高劳动者收入。这种影响的内在机理在于较好的语言能力有助于劳动者节约搜寻工作的时间，相对更容易找到工作，通过提高就业的机会成本来增加自身收入。这种影响机理容易被微观个体观测到，因此劳动力市场上劳动者的语言能力具有较强的正外部性。

二、文献综述和理论假说

理论层面上，语言能力对劳动收入的影响是语言经济学的重要分析领域之一（Grin 1996）。语言能力导致的收入差异，是劳动者技能差异导致收入分化的表现之一，这主要是因为劳动者的语言能力也是其人力资本的具体体现之一（Aldashev et al. 2009；Yao & Ours 2015），这种形式的人力资本与其他形式的人力资本之间存在某种程度上的互补关系（Chiswick & Miller 1995，2003；Berman et al. 2003）。迄今为止，劳动者语言能力对其收入会产生一定的影响，已经在学界初步达成了一定的共识（Chiswick & Miller 1995；Lazear 1999；Bleakley & Chin 2004）。

劳动者驾驭语言的能力，在分工不断深化的现代市场经济中具有越来越重要的地位，相关文献研究结论均支持语言能力对劳动者收入具有一定的提升作用，如 Chiswick & Miller（1995）比较了美国、加拿大、澳大利亚和以色列4国劳动力市场上劳动者语言能力对劳动者收入的影响，发现前者对后者的正面影响是普遍存在的。如果劳动者语言能力较为欠缺，将难以改变自己在市场上所处的劳动力技能层次和信息不对称状况，逐渐使自身在劳动力市场上边缘化，固化或进一步加剧了劳动者的弱势地位。事实上，较强的语言使用能力能带来较高的收入回报率在国外劳动力市场上是普遍存在的（Toomet 2011）。

在中国劳动力市场上，劳动者的语言能力对所能形成的社会资本具有重要作用（陆铭，张爽 2007；Gao & Long 2014）。此外，工作中运用和使用普通话或者英语的要求逐渐增加，这对劳动者的语言技能提出了一定的要求。特别是随着第三产业的发展，服务导向型的工作开始出现并日益变得普遍，逐渐替代了部分传统任务导向型的工作，对劳动者的语言技能提出了更高的要求，这与国外此类研究的市场化背景基本类似。此外，伴随中国经济的不断发展，越来越多的外资企业在中国招聘员工，提供的工资水平也高于国内同类型企业。1995年，在国有企业单位和外资企业单位工作的劳动者工资水平分别是社会平均工资水平的1.62和1.69倍,2014年该数据为1.22和1.24倍。虽然两种类型企业工资的相对水平有所下降,但差距的绝对数量却迅速上升。由此,我们提出假说1。

假说1:在中国劳动力市场上,劳动者语言能力对收入的影响是积极的,且英语能力的收入回报率高于普通话的收入回报率。

劳动者语言能力的高低,不仅关乎劳动技能的具体体现,还在一定程度上也能在劳动力市场上传递关于自身能力的信号(Farrell 1995; Guo & Sun 2014)。劳动力市场上对语言的要求往往与对其他方面的要求联系在一起(Autor & Handel 2013)。部分学者的研究指出在劳动力市场上劳动者的语言技能可能在一定程度上克服市场分割造成的障碍(如信息不对称),从而对最终收入的增加具有一定的影响(Constant & Massey 2003; Guo & Sun 2014)。如果劳动者语言能力不足,会在一定程度上导致就业机会的流失(Gonzalez 2005),进而对其所能获得工资水平产生一定的负面影响(Chiswick & Miller 1995; Dustmann & Fabbri 2003; Yao & Ours 2015)。

在中国劳动力市场上,这种市场分割可能是由户籍限制造成的,也有可能是由技能水平分化造成的,还有可能是因为社会网络差异导致就业机会不同造成的。这种影响产生的基础在于,较好的语言能力能在一定程度上增加劳动者的竞争优势,减少信息不对称和潜在市场摩擦等所可能带来的不利影响,且就业机会的增加会提升劳动者的议价能力,进而增加其工资收入。较之于掌握一门语言的劳动者而言,掌握两门或者更多语言技能对收入的积极影响更为显著(Savofe 1996)。此外,劳动者较强的语言使用能力也能使他们在劳动力市场中较为容易建立社会网络,通过更好地配置自身周围的信息和人脉资源,对工资收入的增长具有一定的帮助(Melitz 2008)。由此,我们提出假说2。

假说2:语言能力对劳动者收入的积极影响,主要是通过增加劳动者工作机会实现的。

此外,中国劳动力市场上的劳动者往往具有"人以群分"的特征,比如在劳动力输入地的选择和职业选择方面(陆铭,张爽 2007; Gao & Long 2014)。随着时间的推移,既定工作岗位上劳动者语言能力对其收入具有促进作用的内在传导机制实际上是容易被其他劳动者观测到的。如果劳动者在劳动力市场上逐渐认识到较好的语言能力能够提升收入水平，那么是否会采取策略性行为提高自己的语言能力进而增加自己的收入呢？这种外部性实际上就是语言能力同群效应的具体体现。②分析劳动者语言能力潜在的策略性行为，能较好地捕捉劳动力市场上微观主体间的互动性，从而为更加深入地认识中国劳动力市场提供助益。由此，我们提出假说3。

假说3：劳动者的语言能力具有同群效应，地理上越近的群体对其影响程度越大。

迄今为止，研究主要是对跨国劳动者语言能力的分析。经过十数年的发展，劳动者语言能力的研究对象已经从传统的劳动者工资收入逐渐扩展到更广泛的劳动者福利层面了，如劳动者就业和劳动时间（Yao & Ours 2015）。即便如此，相关学者对中国地域间语言差异较大背景下劳动者语言能力对其收入的影响关注相对较少。作为劳动者技能重要方面之一的语言能力，对劳动者具有的潜在影响应得到充分的重视和分析。如果劳动者技能水平较高但语言能力相对较低，那么就会导致一种"酒香但巷子深"的尴尬局面，使劳动者难以有效提升其收入水平。因此，本文研究我国劳动力市场上劳动者语言能力对其收入所可能具有的影响，并分析其内在影响机理，以期对相关研究有所助益。

三、研究设计和数据说明

（一）模型设定

借鉴Stöhr（2015）和Yao & Ours（2015）的分析思路，构建方程（1）检验语言能力对劳动者收入的影响。

$$w_i = \beta_1 Language_i + \beta_2 X_i + \beta_3 Work_i + \beta_4 Market_i + \beta_5 Industry_i + \theta_i + \varepsilon_i \quad (1)$$

其中，w_i是劳动者年收入的对数，选择劳动者年职业收入对数和年总收入对数。③$Language_i$是劳动者个体的语言能力，包括英语能力和普通话能力。CGSS2010中将劳动者语言能力分成5类，分值越高代表语言能力越强。我们将中等水平"3"以上的分数定义为语言能力较强，之下则定义为较差。为进一步分析英语和普通话的影响，将语言能力进一步细化为英语听力、英语表达、普通话听力和普通话表达的虚拟变量，具体构建方式与总体测度的构建方式类似。

X_i 是劳动者的个人特征，涵盖性别、年龄、年龄的平方、民族、政治身份和户口；$Work_i$ 是劳动者的人力资本，包括工作经验、经验的平方和教育程度；$Market_i$ 是劳动者所处的市场环境，主要有市场化程度和劳动力市场所处地区的方言多样性；$Industry$ 是行业控制变量；θ_i 是区域的固定效应，ε_i 是误差项。

鉴于部分劳动者在语言信息的获取和语言表达方面存在差异，我将劳动者语言能力分为两类：一是同一语种会听或会说，即劳动者语言能力1；二是同一语种会听且会说，即劳动者语言能力2。两个概念存在定义宽泛与严格的区分，能为后面研究的展开提供多维分析视角和一种稳健性检验。工作经验并不是按照年龄方式计算的，而是根据从事第一份非农工作到现在的实际年限来测度的，这种测度方式更类似于一种专用性人力资本的时间长度。一般而言人力资本的专用性时间越长经验也就相对越丰富。另外，将初高中以下的劳动者作为参照组，构建初高中教育程度以上以及本科教育程度以上的虚拟变量。市场化指数来源于樊纲的《中国市场化指数2011》。需要说明的是，由于樊纲在《中国市场化指数2011》中仅给出了至2009年的各项指数评分，我们按照1997~2009年的年度平均变化率估算出2010年的指数。

此外，本文尝试引入刘毓芸等（2015）构建的方言多样性指数。该指数有两部分组成，一是多样性指数的评分，二是区域语言种类数目。一般而言，方言种类较多的区域内说普通话或者英语的难度，可能会高于方言种类较少的区域。该指数也是目前能够较好刻画方言种类的指数。根据刘毓芸等（2015）计算的市级方言多样性指数，与CGSS2010年的数据进行匹配，共匹配出253个市级层面的数据。对于未匹配成功的样本，使用城市所在省级单位方言多样性指数的平均值进行赋值，从而在一定程度上尽量减少匹配的缺失值。

（二）数据说明

本文采用的数据来自于中国综合社会调查（China General Social Survey，CGSS）2010年的调查数据。中国人民大学社会学系和香港科技大学社会学部联合负责CGSS数据的搜集和整理工作。该项数据的主要调研内容包括个人和家庭的基本信息、工作经历、目前的工作情况、态度\意识\认同和行为评价等方面。该项调查2010年共在31个省级单位展开，共有11 783个观测值。

根据研究需要，我们在分析过程中对数据进行了如下筛选：首先，遵循相关文献的做法，将劳动者的年龄限制在18~65岁之间。其次，剔除年收入小于3000元的样本，这实际上相当于将每天收入低于1.22美元的劳动者排除在样本外。每天1.22美元高于早期国际通行标准每天1美元贫困线，稍低于部分学者修正的每天1.5美元的贫困线。此外，剔除部分变量的缺失值和异常值。主要变量的统计描述见表1。对绝大多数劳动者而言，无论是最大值、最小值、均值还是中位数，总收入和职业收入的差别并不明显，仅职业收入的标准差比总收入更大（见表1）。语言能力2是比语言能力1更严格的定义，因此均值显著低于后者。在中国的劳动力市场上，劳动者普通话的运用能力显著好于英语能力的运用。在各自语种内部，语言的听力能力都要好于语言的表达能力。这说明劳动者善于接受外部任务，而可能难以胜任语言交互性较强的岗位。样本中男女性别和城乡居民比重基本平衡，年龄均值在4岁左右，绝大部分是汉族，党员比重偏低。这部分劳动者主要受过中等教育，平均工作经验在6年左右。

表1 主要统计量描述

类别	项目	最小值	最大值	均值	中位数	标准差	样本量
年度收入	职业收入	8.006	15.607	9.544	9.473	0.937	5784
	总收入	8.006	15.607	9.578	9.581	0.900	7798
语言能力	语言能力1	0	1	0.607	1	0.488	11 986
	语言能力2	0	1	0.350	0	0.477	11 986
	英语听力	0	1	0.029	0	0.167	11 769
	英语沟通	0	1	0.021	0	0.143	11 763
	普通话听力	0	1	0.608	1	0.488	11 764
	普通话沟通	0	1	0.364	0	0.481	11 761

(续表)

类别	项目	最小值	最大值	均值	中位数	标准差	样本量
个人特征	性别	0	1	0.482	0	0.500	11 783
	年龄	18	65	43.776	44	12.207	9990
	年龄平方	324	4225	2065.396	1936	1056.802	9990
	民族	0	1	0.907	1	0.291	11 761
	政治身份	0	1	0.124	0	0.330	11 767
	户口	0	1	0.437	0	0.496	11 779
人力资本	经验	0	47	5.861	0	9.928	11 771
	经验平方	0	2209	132.931	0	304.931	11 771
	中级教育	0	1	0.485	0	0.500	11 778
	高等教育	0	1	0.154	0	0.361	11 766
市场环境	语言多样性	0.001	0.782	0.292	0.256	0.220	10 200
	市场化	0.390	12.620	8.556	8.170	2.192	11 783
行业特征	行业	0	14	7.749	8	3.308	4551

注：这里的样本量是合并文件后的样本量，与CGSS2010中直接筛选数据的样本量存在差异。

四、语言能力对劳动者收入的基本影响

由于存在潜在内生性问题和较多的劳动者异质性问题，给结果的识别带来一定的障碍。我们分别采用2SLS和PSM匹配方式予以克服。在此基础之上，进一步将语言能力细分为英语和普通话的听、说能力，并对主要的效应进行分析。

（一）基本结果

实证结果发现，语言能力对劳动者收入水平确实有一定的积极影响（见表1），这和现有的结论基本一致（Chiswick & Miller 1995；Yao & Ours 2015）。进一步控制个人特征、人力资本和市场环境后，这种正面影响仍存在，仅绝对数额有所下降。就个人特征和人力资本对劳

动者收入的影响而言，与现有文献的结论基本一致。男性比女性劳动收入更高些，党员身份能在一定程度上提升劳动者收入，但户口对劳动者收入的增加具有一定的负面影响。人力资本控制变量主要包括经验和学历两项，前者的定义方式为"从您第一份非农工作到您目前的工作您一共工作了多少年"，后者则根据受教育年限的长短进行定义。

在市场环境中，引入刘毓芸等（2015）构建的方言多样性指数，对CGSS数据中调查区域内方言的多样性进行控制，从而在一定程度上克服遗漏变量对结论的影响。和现有文献基本一致，市场化程度的提升对劳动者收入具有积极影响。劳动者语言能力的提升从供给层面改善了劳动者素质，提升了其就业的议价能力。市场化程度的提升，则从需求层面增加了劳动者的就业机会。如果劳动者不断提升的个人能力能够与合适的工作岗位相匹配，就可能会在一定程度上提升其收入水平。就区域层面的控制变量而言，我们使用了市级层面的虚拟变量进行分析，结论基本一致。

（二）内生性和选择性偏差问题

在上述分析过程中，有三个识别方面的问题需要得到重视：一是遗漏变量的影响，二是主观汇报的语言能力会导致一定程度的测量误差，三是反向因果问题（Yao & Ours 2015）。前两个问题会使语言的回报率估计值存在一定的误差，而第三个问题则对语言回报率的存在性提出了挑战。

在前述分析报告中，引入地区语言多样性指数，能够在一定程度上克服遗漏变量的潜在影响。为了尽可能减少第二个问题对结论的影响，分别使用两种语言能力进行估计。上述测量方法下的结果与本文基本回归中的结果类似。为了尽量消除潜在的测量误差，在分析过程中还重新将"2"以上定义为较强，之下定义为较差。这种分类方式主要是为前述分类提供一种稳健性检验。结果发现，分类方式的影响不大。④

1.内生性问题。解决内生性问题的通常做法是寻找合适的工具变量，为此，将地级市层面除自身外其他劳动者语言能力的平均水平作为IV。根据语言能力的强弱，进一步区分"同一语种会听或会说"（IV1）

和"同一语种会听且会说"（IVII）这两种情形，因此共有两个工具变量。引入工具变量后，语言能力对劳动者收入的影响程度显著上升，证实了结论的可靠性（见表2）。类似地，劳动者总收入的提升也受益于较强的语言能力。一般而言，引入工具变量后回归结果会显著高于OLS的估计值，这主要是因为测量误差带来的影响显著高于遗漏变量或者反向因果带来的影响，这种引入工具变量后估计系数显著上升的现象存在于诸多此领域的文献中（Dustmann & Fabbri 2003；Bleakley & Chin 2004；Chiswick & Miller 2010）。刘毓芸等（2015）在分析方言多样性对经济增长影响时，也发现纳入工具变量后的估计系数有8~9倍的上升。

表2 语言能力与劳动者职业收入

		职业收入					总收入				
		语言能力 = 同一语种会听或会说					语言能力 = 同一语种会听或会说				
		(1)OLS	(2)OLS	(3)OLS	(4)IVI	(5)IVII	(6)OLS	(7)OLS	(8)OLS	(9)IVI	(10)IVII
语言能力		0.518*** (0.026)	0.270*** (0.023)	0.138*** (0.024)	1.132*** (0.238)	1.613*** (0.354)	0.488*** (0.023)	0.275*** (0.021)	0.146*** (0.022)	1.168*** (0.230)	1.624*** (0.333)
个人特征	性别			0.318*** (0.022)	0.333*** (0.025)	0.340*** (0.029)			0.290*** (0.019)	0.312*** (0.023)	0.322*** (0.027)
	年龄			0.027*** (0.008)	0.038*** (0.009)	0.043*** (0.011)			−0.001 (0.007)	0.015* (0.009)	0.022** (0.010)
	年龄平方			−0.000*** (0.000)	−0.001*** (0.000)	−0.001*** (0.000)			0.000 (0.000)	−0.000 (0.000)	−0.000** (0.000)
	民族			−0.017 (0.048)	−0.018 (0.055)	−0.019 (0.063)			−0.017 (0.044)	−0.032 (0.052)	−0.039 (0.059)
	政治身份			0.145*** (0.033)	0.119*** (0.039)	0.106** (0.045)			0.170*** (0.030)	0.130*** (0.036)	0.112*** (0.042)
	户口			0.050* (0.027)	−0.008 (0.035)	−0.036 (0.042)			0.122*** (0.024)	0.042 (0.033)	0.006 (0.041)
人力资本	经验			0.025*** (0.004)	0.018*** (0.005)	0.014** (0.006)			0.026*** (0.004)	0.018*** (0.005)	0.014** (0.006)
	经验平方			−0.001*** (0.000)	−0.000*** (0.000)	−0.000** (0.000)			−0.001*** (0.000)	−0.000*** (0.000)	−0.000** (0.000)
	中级教育			0.189*** (0.029)	0.016 (0.053)	−0.068 (0.072)			0.228*** (0.025)	0.049 (0.050)	−0.031 (0.067)
	高等教育			0.721*** (0.042)	0.434*** (0.084)	0.295** (0.116)			0.758*** (0.038)	0.471*** (0.078)	0.344*** (0.106)
市场环境	语言多样性			0.284*** (0.069)	0.259*** (0.081)	0.246*** (0.093)			0.251*** (0.065)	0.195** (0.077)	0.170* (0.089)
	市场化			0.033*** (0.011)	−0.018 (0.059)	0.030 (0.072)			0.036*** (0.010)	−0.020 (0.057)	0.030 (0.069)

（续表）

	职业收入					总收入				
	语言能力 = 同一语种会听或会说					语言能力 = 同一语种会听或会说				
	(1)OLS	(2)OLS	(3)OLS	(4)IVI	(5)IVII	(6)OLS	(7)OLS	(8)OLS	(9)IVI	(10)IVII
行业特征	N	Y	Y	Y	Y	N	Y	Y	Y	Y
省级单位	N	Y	Y	Y	Y	N	Y	Y	Y	Y
市级单位	N	Y	Y	Y	Y	N	Y	Y	Y	Y
R^2	0.066	0.363	0.475			0.062	0.34	0.449		
样本量	5608	5608	4725	4725	4725	6801	6801	5741	5741	5741

注：这里的语言能力代表普通话或者英语会听或会说的能力。这里的IVI和IVII分别代表同一地级市层面除自己外其他劳动者同一语种会听或会说的平均水平、同一地级市层面除自己外其他劳动者同一语种会听且会说的平均水平。语言能力一般以下定义为不会听或者不会说，之上定义为会听或者会说。为了减少分组带来的误差，将"比较差"以下定义为不会听或者不会说，之上定义为会听或者会说，结论与此基本一致。按照上述两种思路，本文也使用省级层面的数据重新构造了上述两个工具变量，结果也基本一致。汇总备索。* 表示 $p < 0.1$，** 表示 $p < 0.05$，*** 表示 $p < 0.01$。

既然使用工具变量使得估计系数出现了较大的跳跃，那么工具变量的选择是否会影响这种系数大小呢？为了更好地检验这种影响，我们也引入了另外一种形式的工具变量，即劳动者来源地语言多样性指数。结果发现，使用这种工具变量同样能得到稳健的结果，劳动者语言能力的回报程度进一步上升至2.667（0.131）和2.115（0.091），这说明使用的工具变量IVI和IVII是有效的。⑤

需要说明的是，语言能力可能随着教育程度的增加而显著上升，而将教育及教育的结果同时作为解释变量，在逻辑上会对估计结果产生影响。引入工具变量后的结果显示，高等教育程度对劳动者收入的贡献程度出现了显著下降，而中级教育对劳动者收入的贡献度不再显著。这也说明引入的工具变量较好的捕捉了语言能力本身而非教育程度对劳动者收入的间接影响。

此外，劳动者的语言能力是劳动者技能的外在体现之一，拥有更好语言能力的劳动者可能会选择更好的工作岗位，从而获得更好的工资收入，进而对估计结果产生影响。使用2SLS进行分析克服这种内生性。首先，对劳动者语言能力的状况进行估计：

$$Language_i = \alpha_0 + \alpha_1 X_i + \alpha_2 Work_i + \alpha_3 Market_i + \alpha_4 Industry + \theta_i + \varepsilon_i \quad (2)$$

然后,将估计值纳入回归方程(1)进行估计,结果归纳在表3中。由表3可知,修正内生性问题后,无论是严格意义上还是宽松层面上的劳动者语言能力,对劳动者收入仍具有显著的正面影响。

2.选择性偏差。即便如此,由于样本中个体的异质性较强,仍可能忽略了劳动者其他层面的异质性,导致结论估计有偏。为了进一步解决这个问题,将样本中选择具有可比性的劳动者进行分析。为此,引入倾向得分匹配估计(Propensity Score Matching,PSM)方法分析,对上述结论的稳健性进行检验。由于普通回归方法中存在对因变量效应具有同质性的假设以及存在潜在的自选择问题,容易出现估计偏误。倾向得分匹配估计能够通过降维的方法(dimension reduction),在处理过程中较好地控制协变量对结果所可能产生的影响(Rubin & Rosenbaum 1985)。按照劳动者语言能力的大小,选择和语言能力较强劳动者相似的语言能力较弱劳动者,从而减少潜在忽略的异质性对结果的影响,这也是目前文献中使用的方式。使用匹配好的样本就语言能力对劳动者的收入水平进行分析[6],结果仍旧能证实前述结论(见表3)。综上所述,通过工具变量和PSM方式克服内生性后,语言能力对劳动者收入的影响仍是积极的,因此结论是稳健的。

表3 语言能力与劳动者收入:2SLS 与 PSM 分析

	Heckman 分析				PSM 分析			
	职业收入		总收入		职业收入		总收入	
	(1)	(2)	(3)	(4)	(5)	(6)	(7)	(8)
语言能力1	0.433*** (0.027)		0.356*** (0.025)		0.518*** (0.026)		0.138*** (0.024)	
语言能力2		0.537*** (0.025)		0.430*** (0.025)		0.182*** (0.026)		0.170*** (0.023)
控制变量	Y	Y	Y	Y	Y	Y	Y	Y
行业特征	Y	Y	Y	Y	Y	Y	Y	Y
省级单位	Y	Y	Y	Y	Y	Y	Y	Y
市级单位	Y	Y	Y	Y	Y	Y	Y	Y
mills	−0.821*** (0.032)	−0.809*** (0.032)	−1.271*** (0.053)	−1.261*** (0.052)				
R^2					0.360	0.429	0.331	0.402
样本量	9963	9963	9963	9963	5608	4017	4725	4876

注：这里的控制变量包括个人特征、人力资本、市场环境的变量共 12 个，以及省级单位和市级单位的虚拟变量。囿于版面原因，这里汇报的是第二阶段的结果，第一阶段结果汇总备索。语言能力 1 和语言能力 2 分别代表劳动者在同一语种会听或会说、同一语种会听且会说，结果与此基本一致。* 表示 $p < 0.1$，** 表示 $p < 0.05$，*** 表示 $p < 0.01$。

（三）当普通话遇见英语

随着中国教育和劳动力市场的发展，劳动者的语言能力也已经从一般的普通话逐渐延伸至英语。那么，中国劳动力市场上劳动者普通话和英语运用能力对工资收入具有怎样的影响呢？根据 CGSS2010 年的调查问卷，我们将语言能力进一步划分为英语听力能力、英语表达能力、普通话听力能力和普通话表达能力四个方面进行量化分析。

结果发现，无论是英语语言能力还是普通话语言能力，均对劳动者职业收入具有积极的促进作用（见表 4）。逐步将个人特征、人力资本和市场环境纳入考虑范围后，发现英语听力水平对劳动者职业收入的影响变得不再显著[7]，而英语沟通能力、普通话听力和普通话表达能力对劳动者职业收入的影响均显著为正。这说明语言能力对劳动者工资收入的影响不容忽视。此外，还有两个伴生问题需要引起重视：首先，无论是英语还是普通话，语言的表达能力比接受能力更重要，这体现为表达能力对职业收入的影响高于听力能力。其次，普通话能力对职业收入的溢价低于英语能力对职业收入的溢价。这说明具有良好英语使用能力的劳动者改善自身收入的机会更多。将研究对象由劳动者职业收入转变为劳动者总收入，发现上述三个结论仍存在。PSM 方式的分析结论与此处也是基本一致的。

表 4 英语、普通话与劳动者收入

	职业收入						总收入					
	(1)	(2)	(3)	(4)	(5)	(6)	(7)	(8)	(9)	(10)	(11)	(12)
语言能力												
英语听力	0.559*** (0.108)	0.203** (0.092)	0.139 (0.088)	0.042 (0.092)		0.039 (0.091)	0.551*** (0.098)	0.231*** (0.085)	0.175** (0.081)	0.065 (0.084)		0.056 (0.083)
英语沟通	0.404*** (0.126)	0.345*** (0.107)	0.368*** (0.102)	0.297*** (0.106)		0.283*** (0.105)	0.445*** (0.115)	0.351*** (0.099)	0.355*** (0.095)	0.287*** (0.097)		0.277*** (0.097)
普通话听力	0.243*** (0.029)	0.158*** (0.026)	0.118*** (0.025)		0.089*** (0.027)	0.092*** (0.027)	0.237*** (0.026)	0.170*** (0.023)	0.132*** (0.022)		0.102*** (0.024)	0.104*** (0.024)

（续表）

	职业收入						总收入					
	(1)	(2)	(3)	(4)	(5)	(6)	(7)	(8)	(9)	(10)	(11)	(12)
普通话沟通	0.411*** (0.028)	0.199*** (0.027)	0.156*** (0.026)		0.111*** (0.028)	0.104*** (0.028)	0.374*** (0.025)	0.180*** (0.024)	0.143*** (0.024)		0.098*** (0.025)	0.091*** (0.025)
个人特征	N	N	Y	Y	Y	Y	N	N	Y	Y	Y	Y
人力资本	N	N	Y	Y	Y	Y	N	N	Y	Y	Y	Y
市场环境	N	N	N	N	N	N	N	N	N	N	N	N
行业特征	N	Y	Y	Y	Y	Y	N	Y	Y	Y	Y	Y
省级单位	N	N	N	N	Y	Y	N	N	N	N	Y	Y
市级单位	N	Y	Y	Y	Y	Y	N	Y	Y	Y	Y	Y
R^2	0.131	0.295	0.404	0.469	0.471	0.474	0.12	0.267	0.38	0.443	0.446	0.448
样本量	5593	5593	5581	4720	4718	4716	6786	6786	6772	5736	5734	5732

注：* 表示 $p < 0.1$，** 表示 $p < 0.05$，*** 表示 $p < 0.01$。

（四）主要效应分析

在诸多可能存在的效应中，地域效应和收入组别效应较为显著。如果流动劳动者能够听懂普通话，对他们收入的改善具有积极作用（见表5）。样本中，从事加工制造和建筑业的流动劳动者数量分别占全部流动劳动者的23.51%和24.13%，从事这两个行业的流动劳动者占全部流动劳动者的47.64%。这说明流动劳动者主要从事任务导向型的工作，工作的主要任务是接受外部信息。对收入组别的分析表明，处于收入低于平均收入的劳动者，听懂、使用普通话都是重要的。如果劳动者收入低于平均收入的80%，那么便出现了和流动劳动者类似的局面，只需要听懂普通话便能改善收入。如果收入高于平均收入的20%，那么普通话的使用能力再次变得较为重要。这在一定程度上也说明了随着工作的交流机会逐渐增加，任务的复杂程度也会出现一定的提升。

就地域范围而言，东部和中部地区语言能力的回报率模式基本类似：除了普通话的沟通能力外，英语沟通能力也是较为重要的（见表5）。一个值得注意的区别是：东部地区普通话的沟通回报率显著高于普通话听力回报率，而中部地区恰好相反，这在一定程度上说明中部地区劳动者仍是一种任务导向型的传统就业模式。就英语沟通能力的回报率而言，中部地区和东部地区都是较为显著的，表明综合语言能力的提升在这两个区域内是较为重要的。西部地区中普通话或者英语的回报率均不显著，在一定程度上可能是由于西部地区市场化程度较低导致的技能回报率偏低。

表5 语言能力与劳动者收入的组别特征

		英语听力		英语沟通		普通话听力		普通话沟通		控制变量	R^2	N
职业收入	(1)	0.288	(0.484)	−0.100	(0.684)	0.131*	(0.075)	−0.051	(0.079)	Y	0.195	511
	(2)	0.015	(0.089)	0.119	(0.108)	0.075***	(0.022)	0.056**	(0.024)	Y	0.398	3987
	(3)	0.027	(0.100)	0.051	(0.127)	0.070***	(0.022)	0.038	(0.024)	Y	0.35	3535
	(4)	−0.001	(0.088)	0.111	(0.107)	0.073***	(0.022)	0.065***	(0.024)	Y	0.413	4153
	(5)	0.102	(0.114)	0.253*	(0.132)	0.093**	(0.046)	0.110**	(0.043)	Y	0.436	2086
	(6)	−0.131	(0.182)	0.348*	(0.211)	0.110***	(0.042)	0.098**	(0.044)	Y	0.333	1673
	(7)	−0.155	(0.335)	0.369	(0.349)	0.061	(0.053)	0.102	(0.069)	Y	0.423	957
总收入	(1)	0.665	(0.443)	0.271	(0.545)	0.153**	(0.075)	−0.061	(0.081)	Y	0.186	527
	(2)	−0.023	(0.092)	0.175	(0.111)	0.075***	(0.023)	0.058**	(0.025)	Y	0.383	3964
	(3)	−0.019	(0.104)	0.107	(0.132)	0.067***	(0.023)	0.041*	(0.025)	Y	0.331	3515
	(4)	−0.038	(0.091)	0.166	(0.110)	0.073***	(0.023)	0.066***	(0.025)	Y	0.402	4128
	(5)	0.125	(0.104)	0.267**	(0.120)	0.085**	(0.040)	0.109***	(0.037)	Y	0.418	2597
	(6)	−0.166	(0.171)	0.317	(0.204)	0.138***	(0.039)	0.090**	(0.041)	Y	0.297	1990
	(7)	−0.038	(0.271)	0.249	(0.292)	0.082*	(0.049)	0.059	(0.064)	Y	0.401	1145

注：这里的控制变量包括个人特征、人力资本、市场环境、行业特征、省级层面和地级市层面虚拟变量。(1)~(7)分别是流动劳动者组(1)、收入3000以上且低于37 148的组(2)、收入3000以上且低于37 148的80%的组(3)、收入3000以上且低于37 148的120%的组(4)、东部地区收入组(5)、中部地区收入组(6)和西部地区收入组(7)。就省份层面而言，使用市（县）级层面的虚拟变量，结果与此基本一致。* 表示 $p < 0.1$，** 表示 $p < 0.05$，*** 表示 $p < 0.01$。

五、传导机制分析

前述分析已经证实了语言能力对劳动者收入具有积极影响。而分析这种影响的内在实现机理，对深化这种现象的认识，以及为劳动者提高收入，能提供一定程度的帮助。

（一）影响的内在机理

一般而言，劳动者所能获得的职业收入往往与就业状态联系密切（Gonzalez 2005）。长时间处于失业状态，会显著影响工资收入的获得以及人力资本的积累。如果语言能力对劳动者收入具有积极影响，这是不是因为通过减少劳动者潜在的待业时间，从而提升了劳动者就业的机会成本呢？为检验这一假说，引入劳动者的待业时间进行检验。根据 CGSS 问卷的设置，将连续未工作的时间定义为待业时间。根据一般经验，将连续 24 个月未工作的样本作为分析对象。

本文通过依次展开三个步骤来识别这种传导机制：首先，证实语言能力对劳动者收入具有积极影响。其次，分析待业时间是否对劳动者收入具有影响。再次，如果第二步证实了具有影响，那么同时分析待业成本和语言能力。如果语言能力的溢价显著降低，就可以断言待业时间就是语言能力提升劳动者收入的传导机制。结果表明，语言能力对劳动者收入的提升确实是通过减少待业时间实现的。

需要说明的是，如果劳动者处于待业状态，那么他难以获得职业收入，因此语言能力对职业收入的影响虽然为负但并不明显。即便是劳动者处于待业状态，他也会有其他形式的收入来源，这种待业状态对照收入的影响是显著为负的。同时将语言能力和待业时间纳入分析，结果发现语言能力的解释能力确实是显著降低了，同时待业时间的解释力依然稳健和显著（见表6）。

按照前述的分析思路，同样按照非替代性的 1∶1 匹配技术对样本进行 PSM 分析，并在此基础上重新选择样本进行分析。结果发现，即便进行了 PSM 分析，结论仍是稳健的。

进一步对样本进行分解，发现这种作用机制主要集中于东部地区和男性样本中，PSM 样本中的效果更为显著。子样本分析的结论和整体样本分析基本一致，也证明了这种传导机制是可靠的。

表6 传导机制分析

	职业收入						总收入					
	原始样本												
	全样本						东部			男性		
	(1)	(2)	(3)	(4)	(5)	(6)	(7)	(8)	(9)	(10)	(11)	(12)
语言能力	0.137*** (0.024)		0.090 (0.094)	0.145*** (0.022)		0.099** (0.042)	0.166*** (0.035)		0.116** (0.056)	0.129*** (0.031)		0.036 (0.070)
待业时间		−0.078 (0.158)	−0.070 (0.158)		−0.287** (0.131)	−0.288** (0.130)		−0.310*** (0.090)	−0.317*** (0.090)		−0.150 (0.092)	−0.151 (0.092)
控制变量	Y	Y	Y	Y	Y	Y	Y	Y	Y	Y	Y	Y
Constant	9.035*** (0.207)	9.571*** (0.728)	9.453*** (0.739)	9.240*** (0.186)	10.682*** (0.521)	10.602*** (0.521)	7.895*** (0.302)	8.625*** (0.591)	8.594*** (0.590)	9.157*** (0.254)	9.693*** (1.341)	9.635*** (1.347)
R^2	0.47	0.378	0.378	0.445	0.364	0.367	0.412	0.279	0.284	0.398	0.332	0.331
样本量	4725	283	283	5741	1033	1033	2599	567	567	3122	415	415
	PSM样本												
	全样本						东部			男性		
	(1)	(2)	(3)	(4)	(5)	(6)	(7)	(8)	(9)	(10)	(11)	(12)
语言能力	0.114*** (0.027)		0.068 (0.097)	0.143*** (0.024)		0.085** (0.042)	0.170*** (0.040)		0.081 (0.057)	0.126*** (0.034)		0.036 (0.074)
待业时间		−0.116 (0.172)	−0.111 (0.173)		−0.363*** (0.137)	−0.361*** (0.137)		−0.099*** (0.025)	−0.101*** (0.025)		−0.068** (0.028)	−0.068** (0.028)
控制变量	Y	Y	Y	Y	Y	Y	Y	Y	Y	Y	Y	Y
Constant	8.809*** (0.323)	9.271*** (0.982)	9.233*** (0.985)	9.668*** (0.263)	10.973*** (0.635)	10.964*** (0.634)	8.769*** (0.391)	8.603*** (0.834)	8.731*** (0.838)	9.666*** (0.363)	12.307*** (1.190)	12.260*** (1.196)
R^2	0.360	0.373	0.371	0.331	0.353	0.355	0.286	0.255	0.257	0.275	0.232	0.230
样本量	2801	217	217	3631	816	816	1404	450	450	1994	330	330

注：控制变量设定与表3相同。* 表示 $p<0.1$，** 表示 $p<0.05$，*** 表示 $p<0.01$。

（二）劳动者语言能力具有外部性吗

前文已经证实了语言能力对劳动者收入具有正面促进作用。作为微观个体的劳动者，是否能觉察到这种积极影响呢？如果劳动者能够认识到这种影响，是否会逐渐提升自己的语言能力从而改善自身收入呢？此部分尝试回答这一问题。

上述问题的本质在于劳动者的语言能力是否具有同群效应。同群效应的存在，一方面为劳动者评估自身为企业工作的机会成本提供了一个契机，另一方面劳动者如果希望向同群发送自身才能的信号，这种同群效应又成为一种激励方式或传导渠道。借鉴 Dougal et al.（2015）的思路，通过（3）式检验劳动者语言能力是否具有同群效应。

$$Logword_{j,t}^{i,a} = \alpha + \beta_1 Logpeerword_{p,t-1}^{i,-a}$$

$$+ \sum \beta_m Controls_t^{i,a} + \phi_{j,t}^{i,a} + \varepsilon_{j,t}^{i,a} \tag{3}$$

其中等式左边是劳动者语言能力，右边第二项是上一期除个体外其他群体的语言能力，控制变量包括前述的个人特征、人力资本和市场环境，最后两项分别是地域效应和误差项。

就语言能力的同群效应而言，我们认为应区分两种同群效应：一是本地劳动力市场上其他劳动者对既定个体语言能力的同群效应，二是外地劳动者对本地劳动者语言能力的同群效应。这两种同群效应的划分，实际上是在地域范围内分析"人以群分"的选择过程。因此，本文将按照上述两种思路分别构建语言能力同群效应的测度指标。

需要说明的是，CGSS 问卷中仅有劳动者当年的语言能力，而劳动者前一年或者前几年的语言能力并未涉及。为了在一定程度上克服此问题，不失一般性，假设劳动者在相邻两期内的语言能力基本稳定。换言之，即便是存在同群效应，劳动者也难以在一期内显著改善自身的语言能力，这种转换过程往往需要较长的时间。

无论是否是来自于本地的影响，劳动者语言能力的同群效应都是显著存在的，本地的影响显著高于外地的影响（见表7）。劳动者语言能力同群效应的出现，说明劳动者在劳动力市场上会注意类似群体的语言能力，并在此基础上逐渐改善自己的语言能力，从而为提升自身收入奠定基础。在此意义上，同群效应也衡量了一种潜在的学习效应。

表7 语言能力的外部性分析

	(1)	(2)	(3)	(4)
langpeer	0.601*** (0.055)			
langpeer2		0.471*** (0.057)		
langpeercity			0.001** (0.001)	
langpeercity2				0.002** (0.001)
控制变量	Y	Y	Y	Y
R^2	0.215	0.211	0.205	0.205
样本量	8442	8442	8442	8442

注：langpeer 和 langpeercity 分别代表第一种语言能力，即同一语种会听或会说的同群水平，分别按照下面两种方式构造：一是市级层面除个体外的语言能力，二是除自己所处市以外其他市劳动者语言能力。langpeer2 和 langpeercity2 则代表第二种语言能力，即同一语种会听且会说，构建方式和上述一致。这里的控制变量包括个人特征、人力资本、市场环境的变量共12个，以及省级单位和市级单位的虚拟变量。*表示 $p < 0.1$，** 表示 $p < 0.05$，*** 表示 $p < 0.01$。

六、结论和政策建议

劳动者语言能力是其技能的重要体现之一，对收入具有一定影响。使用 CGSS2010 的实证分析，发现劳动者语言能力对其收入的影响在 11.62%~15.60% 之间。在中国劳动力市场上，劳动者较好的语言能力对职业收入和总收入都具有显著的正面提升作用。本文引入两个工具变量克服内生性，尽量减少遗漏变量并使用 2SLS 克服潜在选择性偏差后，也使用 PSM 样本对结论的有效性进行验证，发现结论稳健。中国劳动力市场上的这种现象并不是孤立存在的，在其他国家也都存在劳动者语言能力对工资收入的促进作用（Chiswick & Miller 1995）。

将语言能力细分为英语的听力和表达，以及普通话的听力和表达后，发现如下两个结论：一是英语能力的工资溢价高于普通话的工资溢价，说明劳动力市场的发展对劳动者自身能力提出了更高的要求。二是普通话表达能力对工资的促进作用高于普通话听力对工资的促进作用，说明善于表达的劳动者更有机会增加其工资收入。我们也分析了语言能力对劳动者收入影响的地域效应和收入组别效应，发现中东部地区和平均收入组以上更为明显。

就语言能力对劳动者收入的影响机理而言，主要是通过劳动者就业机会、提高劳动者就业机会成本实现的。这种情形的出现，说明如果劳动者具有较高的语言能力，就能够有效配置周围的人力和信息资源，实现自身收入的逐级提升。此外，劳动者语言能力还具有显著的同群效应，即如果同一区域内其他劳动者的语言能力较高，那么也会对该劳动者形成正面促进作用，从而使其不断提升自己的语言能力。

因此，劳动者在通过提高自身专业技能的同时，也需要重视作为劳动技能重要方面之一的劳动者语言能力的提升。随着经济的发展，分工将不断深化，劳动者语言能力的提升将能够在较大程度上缩短就业市场上的搜寻时间，通过积极发出显示自身才能的信号，减少市场信息不对称带来的负面影响，最终提升自身的收入水平。

注释

① 这九大任务分别是语言、劳动力收入与社会经济地位，基于语言不平等的理论模型，语言与民族主义，双语学习与美国移民的社会经济地位，语言扩散、保护和转移，语言与经济活动，种族或社会团体间的交流，语言政策的选择、设计和评价，以及其他。

② 同群效应和外部性的区别在于：同群效应具有更明确的指向性，即仅仅影响具有相似特征的群体。而外部性则是对个体以外的其他主体都具有影响的可能，并不仅限于特征类似的群体。在此意义上，同群效应是外部性的子集。

③ 劳动总收入中职业收入比重的最小值和中位数分别为 62.97% 和 99.41%。

④ 囿于版面，结果汇总备索。

⑤ 当然，本文使用了工具变量的基本方法进行检验，如过度识别检验等。这里调整工具变量的定义方式，主要为了提供一种稳健性检验。

⑥ 在匹配方式上，本文使用非替代性的 1:1 匹配技术。本文 PSM 匹配质量是较好的，主要是因为如下两方面原因：首先，标准偏差的绝对值在 5% 以下；其次，匹配后的数据应该不存在显著性偏差，具体体现为匹配后 t 值的伴随概率不显著。需要说明的是，本文仅在表 3 中使用了 PSM 样本进行分析，文中其余地方若非特别说明，使用的均是非 PSM 样本。

⑦ 本文对英语听力、英语表达、普通话听力和普通话表达四个变量与其他控制变量进行了相关性分析，排除了多重共线性导致这种不显著的可能。

参考文献

刘国辉　2013　中国的外语教育：基于语言能力回报率的实证研究，山东大学博士学位论文。

陆铭，张爽　2007　"人以群分"：非市场互动和群分效应的文献评论，《经济学（季刊）》第 3 期。

汪丁丁　2001　语言的经济学分析,《社会学研究》第 6 期。

韦　森　2004　《经济学与哲学》,上海：世纪出版集团。

刘毓芸,徐现祥,肖泽凯　2015　劳动力跨方言流动的倒 U 型模式,《经济研究》第 10 期。

张卫国　2008　作为人力资本、公共产品和制度的语言：语言经济学的一个基本分析框架,《经济研究》第 2 期。

Aghion, P. & P. Howitt. 2009. *The Economics of Growth*. Cambridge MA: MIT Press.

Aldashev, A., J. Gernandt & S. L. Thomsen. 2009. Language usage, participation, employment and earnings: Evidence for foreigners in West Germany with multiple sources of selection. *Labour Economics* 16(3): 330–341.

Autor, D. H. & M. J. Handel. 2013. Putting tasks to the test: Human capital, job tasks and wages. *Journal of Labor Economics* 31: S59–S96.

Berman, E., K. Lang E. Siniver. 2003. Language-skill complementarity: Returns to immigrant language acquisition. *Labour Economics* 10(3): 265–290.

Bleakley, H. & A. Chin. 2004. Language Skills and Earnings: Evidence from Childhood Immigrants. *Review of Economics & Statistics* 86(2): 481–496.

Chiswick, B. R. & P. W. Miller. 2015. International migration and the economics of language. In B. R. Chiswick & P. W. Miller (eds.) *Handbook of the Economics of Immigration*. Elsevier.

Chiswick, B. R. & P. W. Miller. 2010. Occupational language requirements and the value of English in the US labor market. *Journal of Population Economics* 23(1): 353–372.

Chiswick, B. R. & P. W. Miller. 1995. The endogeneity between language and earnings: International analyses. *Journal of Labor Economics* 13(2): 246–288.

Constant, A. & D. S. Massey. 2003. Self-selection, earnings, and out-migration: A longitudinal study of immigrants to Germany. *Journal of Population Economics* 16(4): 631–653.

Dougal, C., C. A. Parsons & S. Titman. 2015. Urban vibrancy and corporate growth. *Journal of Finance* 70(1): 163–210.

Dustmann, C. & F. Fabbri. 2003. Language proficiency and labour market performance of immigrants in the UK. *Economic Journal* 113(489): 695−717.

Farrell, J. 1995. Talk is cheap. *American Economic Review* 85(2): 186−190.

Gao, W. & R. Smyth. 2011. Economic returns to speaking "standard mandarin" among migrants in China's urban labour market. *Economics of Education* 30(2): 342−352.

Gao, X. & C. X. Long. 2014. Cultural border, administrative border, and regional economic development: Evidence from Chinese cities. *China Economic Review* 31: 247−264.

Gonzalez, L. 2005. Nonparametric bounds on the returns to language skills. *Journal of Applied Economics* 2(6): 771−795.

Grin, F. 1996. The economics of language: Survey, assessment, and prospects. *International Journal of the Sociology of Language* 121(1): 17−44.

Guo, Q. & W. Sun. 2014. Economic returns to English proficiency for college graduates in mainland China. *China Economic Review* 30: 290−300.

Lazear, E. P. 1999. Culture and Language. *Journal of Political Economy* 107(S6): S95−S126.

Melitz, J. 2008. Language and foreign trade. *European Economic Review* 52(4): 667−699.

Parrotta, P., D. Pozzoli & M. Pytlikova. 2014. Labor diversity and firm productivity. *European Economic Review* 66: 144−179.

Rubin, D. B. & P. R. Rosenbaum. 1985. Constructing a control group using multivariate matched sampling methods that incorporate the propensity score. *The American Statistician* 39(1): 33−38.

Stöhr, T. 2015. The returns to occupational foreign language use: Evidence from Germany. *Labour Economics* 32: 86−98.

Toomet, O. 2011. Learn English, not the local language! Ethnic Russians in the Baltic States. *American Economic Review* 101(3): 526−531.

Yao, Y. & J. C. van Ours. 2015. Language skills and labor market performance of immigrants in the Netherlands. *Labour Economics* 34: 76−85.

（本文发表于《经济学动态》2016 年第 1 期，第 32~43 页）

中国少数民族劳动力普通话能力的语言收入效应

王兆萍　马小雪

一、引言

习近平总书记在十九大报告中提出，从现在到 2020 年是全面建成小康社会决胜期，要坚决实施精准脱贫攻坚工程。国家民委的报告表明，2015 年民族八省区贫困人口数为 1813 万，占中国贫困人口总数的 32.5%；2015 年中国共 592 个国家级贫困县，其中 232 个都属于民族八省区。在中国的少数民族群体中，贫困问题严峻，脱贫任务艰巨。研究指出，在少数民族地区扶贫工作的满意度和效率都有待提升（刘小珉 2016），在推进民族地区脱贫工作时更应突出重点，精准施策，切实提高扶贫实效。

带领少数民族地区脱贫，提高少数民族劳动力群体的收入是其中的重要一环。教育投资是主要的政策方向，但学者的研究表明，在经济转型期中国劳动力的教育收入效应主要体现在义务教育阶段，从而出现次级人力资本过剩（方超，黄斌 2017），同时教育可能扩大不同学历之间劳动力的收入差距（薛进军，高晓淳 2011），持续投资的效果有限，因此需要探索其他的突破方向。

语言经济学理论说明，普通话也是一种人力资本，与人们的决策等行为以及收入、就业、收入分配等都存在相关关系（黄少安，苏剑 2011）。同时普通话也是少数民族劳动力的安身立命之本：在中国的劳动力市场上，普通话是进行搜寻与交易的一项必备技能；在少数民族劳动力日常生活中，也需要用普通话与其他民族进行交流；高普通话水平会减少语言障碍，促进劳动力的流动（李秦，孟岭生 2014）；

同时在少数民族产业转移过程中，需要进行中国范围的交流谈判，流利的普通话会降低谈判过程中的交易成本。中国的民族语言种类丰富并且在民族地区广泛使用，但大量针对少数民族地区的推普调查表明，在中国的少数民族地区普通话普及程度较差，尤其在农牧区几乎无法用普通话进行交流，由此可见普通话并没有得到足够的重视。

教育人力资本存在收入效应，而普通话能力也可成为提高少数民族劳动力收入的一个重点。研究少数民族劳动力的普通话水平与其收入的关系是对人力资本理论和语言经济学理论重要的丰富与补充，宏观上，对缩小少数民族劳动力收入差距，促进少数民族地区经济社会发展有政策指示作用；微观上，对少数民族劳动力提高收入，改善自身的生活质量有重要意义。

二、国内外语言收入效应文献综述

语言的收入效应应从实证的角度进行研究，结合经济学与语言学的方法解释语言的本质（孙梁 2012）。已有的语言收入效应的国内外相关研究可分为以下几类：外语的收入效应、方言的收入效应、国家通用语的收入效应以及普通话的收入效应。

（一）外语的语言收入效应

Ginsburgh & Prieto-Rodriguez（2013）认为学习一门外语会对收入产生积极影响。Isphording（2013）指出英、德、法语水平对西班牙劳动力收入有促进作用。陈石磊（2012）得出对越南语的投入会带来积极的收益。熊毅（2016）认为外语能力对高校毕业生收入有积极作用，刘泉（2014）、赵颖（2016）通过 PSM 检验更证实外语能力可以提高工人收入。刘国辉（2016）指出收入越高的人英语能力的收入溢价越高。

（二）方言的语言收入效应

Chiswick（1998）认为希伯来语在以色列有促进收入的作用。Rendon（2007）指出加泰罗尼亚语的水平会明显提高劳动力的收入，高语言能力会带来更高的就业概率。程名望（2016）指出上海话除了提高当地农民工收入之外，还会增强农民工的城市归属感与心理平衡。

（三）国家通用语的语言收入效应

Carliner（1981）指出加拿大劳动力的英语水平有积极的收入效应。Chiswick & Miller（1993，1999，2002）对澳大利亚、美国的研究发现，英语能力在澳大利亚和美国均存在正向的收入效应，且对移民人口的收入溢出更大。Dustmann（1994）、Leslie（2001）及 Bleakley & Chin（2004）证明了英语能力对收入的正向影响，且种族、移民时间、年龄、性别、教育水平会影响语言熟练度。Hayfron 指出挪威语水平仅影响劳动力工作搜寻的过程与结果，并不影响移民的收入。Lindley（2002）与 Budría et al.（2017）指出在英国与西班牙的外来移民，国家通用语有明显的收入效应。

（四）普通话的语言收入效应

陈媛媛（2016）指出对中国范围内的劳动力，普通话的听力和口语能力均会提高收入。秦广强（2014）证明普通话会给普通话熟练的工人21%~40%的工资溢价。丁塞等（2015）发现汉语水平会影响西部民族地区少数民族的人均纯收入。姜杉、汪雯（2017）指出在甘肃省普通话能力会明显提高非农收入。

国内文献多是分析外语能力对劳动力的收入溢出，对普通话的研究较少，针对少数民族劳动力的普通话收入效应的研究更是寥寥无几。已有文献说明个体语言水平差异会造成劳动力的收入差别；教育是人力资本研究的重点，教育质量的不同会影响劳动力的收入。语言影响收入的中介路径与教育并不相同，它们各自的收入效应大小也有所不同。在提高少数民族贫困地区收入的过程中，除了加强教育投入，提升普通话水平是否也能够成为一条路径？这条路径带来的效果如何？

这是本研究想要探讨和回答的问题。

三、普通话对少数民族劳动力收入的影响机理

劳动力的职业收入直接来源于他们的市场劳动，普通话则主要通过以下四条路径影响少数民族劳动力就业，最终影响其收入。

（一）普通话是一种人力资本，具有人力资本的收入效应

普通话能力是一种人力资本（张卫国 2008），其水平高低会直接影响劳动力收入。普通话的学习是一种个人选择，劳动力对自身的资源分配不均会导致人力资本的分配差别，最终造成工资高低的差别。劳动力市场上存在"语言歧视"现象，普通话群体的规模越大，语言交流就越会成为少数民族劳动力获取工作的障碍。同时普通话本身也作为部分职业如旅游、服务业的门槛要求，只有高普通话水平的劳动力可以获得。

（二）普通话可以促进人们社会资本的形成与积累，进而影响劳动力收入

社会资本是一种群体性资源，可分为结合性社会资本、沟通性社会资本、联系性社会资本（赵雪雁 2012），是为劳动力提供更多机会的"桥梁"（张文宏，张莉 2012），它通过影响劳动力的流动、职业获取与发展影响就业（朱志胜 2015），最终造成劳动力收入的差别。普通话会通过劳动力的社会交往影响社会资本，进而影响劳动力收入：首先，劳动力市场上浓重的个体语言色彩会造成表达不标准，语言交流上的困难会导致交易失败从而减少社会资本的积累，增加劳动力搜寻工作的成本。其次，普通话会带来更多的交际可能，增加劳动力的社会资本存量；同时普通话水平高的个体能接收到更高质量的教育培训，提高知识与技能水平。

（三）普通话与教育及其他人力资本因素如工作经验、劳动力流动等形成互补而影响劳动力收入

普通话水平与受教育程度存在相互的影响：普通话学习是对教育进行投资的一部分技能收益，同时更高的普通话水平意味着更高质量的受教育机会，从而对劳动力的收入有提高作用。同时，在工作经验方面，高普通话水平可减小工作搜寻过程中的阻力，获得更多就业选择；在劳动力流动方面，高普通话水平可以促进劳动力从贫困少数民族聚集地流向发达城市，拥有更多就业机会。

（四）普通话在人力资本与社会资本相互作用过程中具有中介作用，进而对劳动力收入产生影响

人力资本与社会资本之间，人力资本对劳动力的社会融入至关重要（杨菊华，张娇娇 2016）。劳动力可以在经验、知识、技能等的交流中提升人力资本，普通话技能则可以增加劳动力之间的信任与亲切感，促进协作达成，稳固现有社会资本及形成新社会资本。同时，社会资本为人力资本的积累学习提供了可靠的途径与支持，普通话在其中有着信息收集、社会交流、技术使用等关键作用。

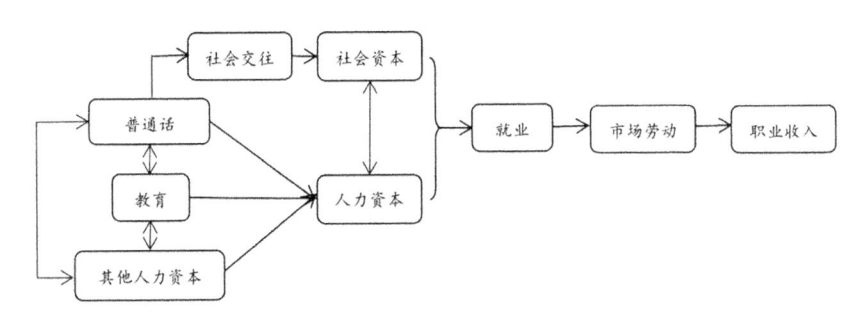

图 1　语言对职业收入的影响机理

综上，普通话作为一种人力资本，与其他人力资本共同发挥效应，与劳动力的就业选择、职业生活及教育发生联系；同时普通话影响社会资本的形成与积累。普通话的人力资本效应及影响的社会资本共

同作用，影响劳动力的市场劳动活动及其职业收入。普通话对收入的影响机理如图1所示。

四、少数民族劳动力普通话的语言收入效应实证分析

（一）数据及变量的选择

研究数据来源于2012年CGSS问卷调查数据库，研究对象限于中国18~65周岁的少数民族劳动力，主要探究普通话水平对少数民族劳动力收入的作用大小并将语言人力资本与教育人力资本的收入效应进行对比。中国55个少数民族中回族与满族已经基本使用汉语，其他53个少数民族都有自己的语言。在调查数据共11 765个样本中，剔除不符合要求的数据，剔除数据缺失的样本以及样本收入低于1000元/年与高于100 000元/年异常值，最终筛选出401个样本，包括壮族、藏族、蒙古族、维吾尔族、苗族、彝族、布依族、朝鲜族、侗族、瑶族、白族、土家族、达斡尔族、仫佬族、仡佬族、水族、傣族共17个民族。在中国少数民族人口总数中，这17个民族的总人口占比达到了72.4%，因此对该样本研究具有说服力。

1. 被解释变量

少数民族劳动力职业收入是研究的被解释变量，指现期的、绝对的、实际的可用于消费的收入，数据来自于样本的年职业收入。被解释变量少数民族劳动力职业收入表示为 inc，其统计分析情况如表1所示。

表1 被解释变量统计分析

被解释变量	平均值	标准差	最大值	最小值
inc	14 259.24	19 700.62	250 000	350

少数民族劳动力的平均年职业收入为14 259.24元；收入的最大值与最小值之间的差距悬殊，且标准差为19 700.62，说明收入的分布情况较分散。

2. 核心解释变量

核心解释变量为普通话水平与受教育程度。普通话水平解释变量包

括"听普通话的能力"与"说普通话的能力",问卷中对普通话的听说能力由"完全不能说"或"完全听不懂","比较差","一般","比较好","很好"分为五个等级,由被访问者从1~5分进行评分,其中mlisten为普通话听力水平,mspeak为普通话口语水平。受教育程度解释变量edus在问卷中从"没有受过任何教育"到"研究生及以上"共分为13个层次。核心解释变量的统计分析如表2所示。

表2 核心解释变量统计分析

核心解释变量	平均值	标准差	最大值	最小值
mlisten	3.174941	1.049774	5	1
mspeak	2.702128	1.04685	5	1
edus	4.460993	2.666763	13	1

统计分析表明少数民族的普通话平均口语水平为2.70,小于普通话的平均听力水平,即少数民族劳动力普通话的口语表达能力相对较差。受教育程度均值为4.46,即样本的平均受教育程度在初中或高中。

3.控制变量

加入合理的控制变量可以更好地说明核心解释变量与被解释变量的关系。控制变量的选择包括个人特征控制变量、社会资本控制变量、行业控制变量三个方面。个人特征控制变量包括少数民族劳动力的民族距离、性别、年龄、政治面貌、宗教信仰、户籍状况以及健康状况。民族距离指少数民族的语言与普通话之间的语言距离,刘毓芸等(2015)衡量两个地区间的方言距离时采用两地区的人口占比的乘积再乘以他们之间的方言片区距离来衡量,因此研究采用少数民族占中国人口数占比作为控制语言距离的变量。社会资本控制变量包括双亲的受教育程度及政治面貌。行业控制变量包括职业性质与单位类型。

(二)模型建立

1.模型选择

明瑟方程模型具有简便性与可控性的优点,是重要的人力资本模型,一般用于研究教育与工作经验对收入的影响。研究主要关注普通话能

力与教育对收入的影响,因此拟采用变形的明瑟方程模型:

$$lincs = \alpha_0 + \alpha_1 mlisten + \alpha_2 mspeak + \alpha_3 edus + \Sigma \alpha_i X + \varepsilon$$

其中,X是包括个人特征控制变量、社会资本控制变量以及行业控制变量的所有控制变量。考虑到由于民族距离不同而导致学习普通话的难度有差异,收入会在民族距离的边际上产生一个额外的边际量,因此在个人特征控制变量中添加与民族距离相关的控制变量 nml 与 nms。其中控制变量 nml 是民族距离与普通话听力能力的交叉项,nms 是民族距离与普通话口语能力的交叉项;被解释变量中将职业收入进行取对数处理,记为 linc,从而克服模型由于单位差距过大而存在的异方差性。

2. 模型适用性检验

在截面数据的回归分析中,可能会出现共线性、内生性以及异质性问题,导致估计结果有偏。因此需要在回归之前对模型中可能存在的共线性、内生性进行检验,确定模型的适用性;在回归模型之后进行异质性检验,以此确定模型的稳健性。

(1)共线性检验

共线性检验主要通过计算模型的方差膨胀因子(Variance Inflation Factor,VIF)值来判断。方差膨胀因子是指解释变量之间存在多重共线性时的方差与不存在多重共线性时的方差之比。其判断方法是:当 $0<VIF<10$,不存在多重共线性;当 $10 \leq VIF<100$,存在较强的多重共线性;当 $VIF \geq 100$,存在严重多重共线性。

模型的 VIF 检验结果显示,核心解释变量的 VIF 值分别为 VIF(mspeak)=8.34,VIF(mlisten)=7.18,VIF(edus)=3.15,控制变量中的政治面貌、宗教信仰以及行业控制变量出现了较高的 VIF 值,但是并不是与核心解释变量相关;民族距离交叉项本身是由少数民族人口占比与普通话水平计算得来的,因此存在较高的共线性,但这并不影响模型的有效性,因此可以认为模型中不存在多重共线性。

(2)内生性检验

内生性检验主要通过 Hausman 检验判断。Hausman 检验是对同一参数的两个估计量差异的显著性检验,对 IV 估计与 OLS 估计的有效性进行一个权衡。如果模型存在内生性,则 IV 估计方法更有效,反之则应该选择 OLS 方法。

模型的 Hausman 检验结果显示，在原假设为随机效应模型的条件下，P 值为 1，则不拒绝原假设，即认为模型不存在内生性问题。

综上，可以采用 OLS 方法对上述模型进行回归。

（三）实证分析

1. 少数民族劳动力普通话能力的语言收入效应

（1）实证分析

职业收入 *lins* 的回归的结果如表 3 所示。

表 3　少数民族劳动力普通话能力的语言收入效应（OLS 估计）

变量		(1)	(2)	(3)	(4)	(5)
常数项	*C*	8.00471(***)	8.8304(***)	8.7520(***)	9.71854(***)	9.67223(***)
核心解释变量	*mlisten*	−0.02287	−0.11035	−0.11147	−0.17331	−0.17355
	mspeak	0.12357(*)	0.20096(*)	0.19687(*)	0.242182(**)	0.23428(**)
	edus	0.16335(***)	0.043025(*)	0.04178(*)	−0.01116	−0.136852
个人特征控制变量	*age*	−	−0.00945(**)	−0.00904(*)	−0.00963(**)	−0.00901(*)
	gender	−	0.49705(***)	0.49416(***)	0.51530(***)	0.51253(***)
	health	−	0.19202(***)	0.19236(***)	0.16306(***)	0.16249(***)
	nml	N	Y	Y	Y	Y
	nms	N	Y	Y	Y	Y
	register	N	Y	Y	Y	Y
	political	N	Y	Y	Y	Y
	belief	N	Y	Y	Y	Y
社会资本控制变量	*eduf*	N	N	Y	N	Y
	edum	N	N	Y	N	Y
行业控制变量	*work*	N	N	N	Y	Y
	company	N	N	N	Y	Y
可决系数	R^2	0.2014	0.3687	0.3697	0.4361	0.4381
	$AdjustR^2$	0.1957	0.3390	0.3367	0.3897	0.3886
F 值		0.0000	0.0000	0.0000	0.0000	0.0000

（1）~（5）列回归中，普通话口语水平的系数分别为 0.123、0.201、

0.197、0.242、0.234，说明普通话的口语水平对少数民族劳动力的收入有明显的提高作用。受教育程度在（1）~（3）列回归中正向显著，系数分别为0.163、0.043、0.042，在存在合理的控制变量时其系数明显小于普通话口语水平，说明普通话口语水平相比受教育程度对少数民族劳动力收入有更重要的促进作用。普通话听力水平系数为负向不显著，且绝对值小于口语水平的系数，说明少数民族劳动力普通话听力能力对其收入存在不利影响，但可以忽略。由于语言是一个由"听"到"思"再到"说"的过程，仅能听懂但无法理解或表达，会影响语言反馈，从而造成语言对交际最终到收入的消极影响。

第（1）列回归中，普通话的表达水平的收入效应为12%，受教育程度的收入效应为16%，普通话的听力水平没有明显影响。由于未添加任何的控制变量，仅对职业收入、普通话水平与受教育程度进行简单回归，回归的解释力度不足。

第（2）列回归中加入个人特征控制变量，普通话口语水平的收入效应为20%，教育收入效应则为4.3%，语言的收入效应远大于教育的收入效应。两个变量系数与（1）相比有大幅度的变动，并且回归的解释度有明显提高，因此有必要保持控制该变量。在个人特征控制变量方面，年龄与职业收入负相关，男性比女性的收入效应更高，健康水平与收入正相关。

第（3）列回归中再加入社会资本控制变量，普通话口语水平的收入效应为19%，受教育程度的收入效应为4%。说明相比较于受教育水平，普通话水平对提高少数民族劳动力收入更重要和明显的作用。

第（4）列回归中不加入社会资本控制变量，而加入行业控制变量，普通话口语水平的收入效应为24%，但是受教育水平此时没有明显的影响，说明行业因素在受教育程度对收入的影响中有着中介作用。

第（5）列回归中加入个人控制变量、社会资本控制变量、行业控制变量，普通话口语水平的收入效应为23%，受教育程度则没有明显的影响，回归结果基本与（4）的结果相同。模型的可决系数为0.4381，但事实上在截面数据中，高拟合度的可决系数并不是追求的目标，只要关注变量的影响确实存在，那么就可以认为回归是有效的。

（2）实证结果分析

①对于少数民族劳动力，普通话语言水平与受教育水平都有显著的

收入效应。

少数民族劳动力的普通话能力关键的作用在于可以减少在劳动力市场上的交易成本，使其在搜寻并获取工作机会方面拥有更大优势，从而获得较高收入；并且，普通话作为中国各民族通用语言，少数民族劳动力普通话的水平的提高可以扩展其在中国范围的交流面，使自身更好地融入大社会，积累社会资本，促进其职业收入的增加。

②普通话水平对少数民族劳动力的职业收入的促进作用大于受教育水平对职业收入的作用。

由于语言人力资本与其他形式人力资本之间存在互补关系，受教育程度提高会伴随着普通话水平的提高，从而提高劳动力的收入。而除了由于教育带来的这一部分语言收入溢出外，普通话水平作为一种语言人力资本，可以加快经济信息的发送速度，同时在商品的生产、消费、交换中也会起到作用，因此在提高收入时有比受教育程度更加丰富的路径。

③少数民族劳动力的教育水平会通过影响他们的就业选择，从而影响职业收入水平。

在实证中，不仅说明教育对职业收入水平的促进作用，还发现工作及单位性质这类行业控制变量在教育对收入的影响关系中存在中介作用。

（3）少数民族劳动力普通话收入效应的稳健性检验

截面数据中不同的少数民族劳动者的素质差异不仅仅体现在普通话水平上，这种个体不一致性可能会造成收入变化，即存在异质性。为确定我们所关注的自变量是否确实对因变量有影响，我们采用PSM（倾向匹配得分）方法，对普通话水平与收入之间影响关系的稳健性进行检验。

明瑟方程回归的结果表明，只有少数民族劳动力的普通话口语能力对收入有显著的作用，因此只检验普通话口语水平收入效应的稳健性。进行PSM分析需要将普通话水平分为两个等级，因此定义新变量 *slevel*，由于人们倾向于高估自己的水平，其中将 *mspeak* 值为4、5的样本定义为普通话口语水平高，将 *mspeak* 值为1、2、3的定义为普通话口语水平低。PSM分析的结果如表4所示。

表4 PSM方法稳健性检验结果

(linc)	系数	AI Robust 标准误	P 值
ATE mlevel	0.482 01(***)	0.120 533 4	0.00

PSM 分析的结果中，ATE 系数为 0.482，P 值显示其系数正向显著，说明少数民族劳动力的普通话水平确实对其职业收入有促进作用，由此证明了模型的稳健性。

2.少数民族劳动力普通话语言收入效应的收入层次差别

（1）实证分析

最小二乘估计给出的是一个平均结果，而分位数回归可以更全面地显示不同部分的因变量受自变量的影响效果。大量研究运用分位数回归时，多采用10%、25%、50%、75%、90%分位点，考虑到本研究的样本数量适中，因此在这一部分通过分位数回归，将少数民族劳动力样本的职业收入按25%、50%、75%三个收入分位点划分，剔除不显著的控制变量及影响教育的中介变量行业控制变量，以此重点考察样本中不同职业收入层次的劳动力的收入水平受普通话水平的影响程度。分位数回归的结果如表5所示。

表5 普通话语言收入效应的分位数回归结果

变量		0.25	0.5	0.75
核心解释变量	mlisten	−0.203 290	−0.141 299 7	−0.078 637 2
	mspeak	0.310 509	0.290 791(**)	0.207 135
	edus	0.077 870(**)	0.064 486(**)	0.047 755(*)
控制变量	age	0.003 35	−0.001 753	−0.006
	gender	0.4811(***)	0.375 83(***)	0.268 25(***)
	health	0.134 12(***)	0.207 75(***)	0.233 97(***)
	nml	Y	Y	Y
	nms	Y	Y	Y
	register	Y	Y	Y
	edum	Y	Y	Y
	eduf	Y	Y	Y
常数项	C	8.051 04(***)	7.9591(***)	8.031 06(***)

分位数回归结果说明：收入的层次越高，普通话能力的变动与受教育程度对少数民族劳动力收入水平的影响变得越小。普通话口语水平在中低收入层次有重要的溢出收入效应，受教育程度则在所有收入层次都有明显的促进作用。

随着分位数的提高，普通话能力变量的系数为 0.31、0.29、0.21 依次减小，受教育程度也表现出相同的趋势，但系数小于普通话水平，即普通话水平与受教育程度在中低收入层次有更重要的影响作用。在 25% 分位数的低收入层次，普通话口语能力在 10% 显著性水平上不显著，受教育程度影响显著，会带来 7% 的提高；在 50% 分位数的中等收入层次，普通话的表达能力会给职业收入带来 29% 的提高，而教育程度只会带来 6% 的提高，普通话水平的收入效应远大于教育程度；在 75% 分位数的高收入层次，普通话能力对职业收入没有明显的影响，教育程度的收入效应为 4.8%。

（2）实证结果分析

①在低收入层次，劳动力普通话能力的收入效应显著性不足。

收入较低的较为简单的劳动所需要的人力资本投资从面与点上都较少，但是投资的效率很高，即人力资本质量的提高可以带来收入明显的提高。但低收入劳动力基于人力资本投资弹性，认为对语言技能进行投资对其劳动的效率较低，而教育水平的投资弹性较大，因此出现普通话水平的显著性不足的情况。

②在中等收入层次普通话水平有明显的收入效应，并且影响程度大于受教育程度。

普通话是中国范围的族际共同语，会提高少数民族劳动力由村到镇到市，甚至跨地区的流动度；普通话水平的提升会提高少数民族劳动力的交际能力，缩小其就业成本，使其拥有更多就业机会，因此普通话水平的高低会使收入产生差异。而受教育水平主要通过就业的行业职业方面来影响收入水平，其路径不如语言的传导路径丰富，因此受教育程度的系数小于语言的影响系数。

③在高收入层次，普通话水平对收入无明显影响，受教育程度则存在收入效应。

在高收入层次，普通话能力是一种必要的个人素质而不再是影响收入的因素。高额收入意味着更专业的知识与技能，而这一类知识技能只有在更高等的教育中才能习得，受教育程度越高，获得的专业能力越精准，才更能够胜任复杂劳动。

3.少数民族劳动力普通话语言收入效应的行业差别

（1）实证分析

为了研究少数民族劳动力在不同的行业的组别效应，我们将样本对行业类别进行分组回归。由于问卷数据具有一定的主观性，因此将行业缺失值与回答为"其他"的样本进行合并，将少数民族劳动力样本分为事业单位、企业单位、党政机关、自雇或自办企业以及其他五个组别（军队及社会团体组别由于分组回归匹配度较低，故将其舍去）。为了使分组数据的匹配程度更高，在回归时剔除不显著的虚拟控制变量。回归结果如表6所示。

表6 普通话语言收入效应的分组回归结果

	C	事业单位	企业	党政机关	自雇或自办企业	其他
常数项		8.045(***)	7.918(***)	12.003(***)	7.9759(***)	8.585(***)
核心解释变量	mlisten	−0.2015	−0.1728	−1.532(**)	0.4308	−0.3084(**)
	mspeak	0.4989	0.4989	2.119(**)	−0.2814	0.4312(***)
	edus	0.0938(***)	0.0896(**)	0.3842(***)	−0.0469	−0.056
个人特征控制变量	age	0.020(***)	0.0109	−0.0258	8.62e−06	−.0160(***)
	gender	−0.098(***)	0.3127(*)	0.935(**)	0.6733(***)	0.575(***)
	health	0.0426	−0.0150	−0.555	0.1250	0.1063(**)
社会资本控制变量	nml	Y	Y	Y	Y	Y
	nms	Y	Y	Y	Y	Y
	eduf	Y	Y	Y	Y	Y
	edum	Y	Y	Y	Y	Y
	F值	0.0000	0.0000	0.0000	0.0000	0.0000

从回归结果可以得出：少数民族劳动力的普通话综合水平在党政机关与其他类行业有明显的收入溢出效应（党政机关组别中普通话口语能力系数为2.119，其他类组别中普通话口语能力系数为0.4312）；受教育程度在事业单位、企业与党政机关都有促进收入的作用（系数分别为0.0938、0.0896、0.3842）；在党政机关组别中普通话水平的收入

效应综合远高于受教育程度；在自雇或自办企业中的少数民族劳动力无论是普通话水平还是受教育水平都对其收入没有显著的影响。

（2）实证结果分析

①相比受教育程度，党政机关从业人员的普通话水平对其收入有更为重要的影响。

人事部、教育部和国家语委在1999年《关于开展国家公务员普通话培训的通知》中，要求在1954年之后出生的公务员的普通话水平原则上必须达到三级甲等以上。在少数民族地区的党政机关中，公务员的普通话水平具有重要的示范作用，对普通话的推广以及为全社会的公众服务都很关键。同时，高校毕业生大量涌入公务员行列也使得受教育水平成为影响收入的因素之一，但是普通话水平作为党政机关为公众服务的需要，仍然有着比受教育水平更重要的作用。

②在事业单位与企业中从事工作的少数民族劳动力，相比普通话能力而言，受教育水平对其职业收入的影响更为显著。

行业与职业的差别造成在商业、行政服务业等行业工作的人们工资较高。少数民族劳动力的收入水平在事业单位与企业中也属于较高层次，普通话水平对在事业单位与企业中的少数民族劳动力来说，与其说是一项人力资本，更应当是一项基本技能。这一结果也证明了高收入层次少数民族劳动力收入主要受教育影响，普通话水平的收入效应不显著的结论。

③在"其他"组别中的少数民族劳动力，普通话水平对其收入有明显的促进作用，但教育的影响不显著。

受问卷调查数据限制，诸如旅游服务业、交通运输业、文化娱乐业等行业未能在回归时进行分组而合并为"其他"，但是仍然可以得出，普通话水平对一系列特殊职业，例如导游、教师及广播电视等，对从业者提高工作水平及服务质量有着重要作用。较高普通话水平使其可以与各地区、层次社会成员更顺利地进行交流与交易，对促进少数民族劳动力顺利就业，提高其就业水平，以及促进与外界交流，提升其生活水平有重要的影响。因此，在少数民族劳动力群体中普及普通话，无论是对其自身还是少数民族地区发展水平都有着关键性的作用。

④自雇型的少数民族劳动力，普通话水平与受教育程度均对其收入无明显影响。

少数民族劳动力自我雇佣更多地是一个自我选择的结果，或是被现实所迫，或是基于自身优势从而开辟新的就业机会，具有较高的主观因素，因此回归中出现的这一结果也符合现实情况。

五、结论

普通话水平与教育都是人力资本的一个组成部分，具有重要的收入效应。通过对 CGSS2012 的明瑟方程 OLS 回归及 PSM 检验、对收入层次的分位数回归及对行业差别的分组回归分析发现：

（一）相比受教育程度，少数民族劳动力的普通话能力尤其是口语能力，能够更加有效地提高其职业收入。普通话水平的语言收入效应有着更为丰富的传导路径，而受教育程度的收入效应主要通过造成少数民族劳动力的行业差别影响收入。

（二）普通话能力对少数民族劳动力收入的提高作用，在中等收入层次更加显著。普通话能力在低收入层次对职业收入的贡献更大，但在低收入层次劳动力中并没有得到重视，这可以从回归系数的显著性不足中得到。在中等收入层次普通话水平相对于受教育程度对收入有着更重要的促进作用。在高收入层次，受教育程度则是影响收入的主要因素。

（三）虽然受教育水平对在企业、事业单位、党政机关工作的少数民族劳动力的收入均有显著的作用，但普通话能力对党政机关及服务业从业劳动力的收入有更明显的促进作用。服务业从业人员的收入水平约位于中等层次，这与分位数回归中得到的结论一致。

六、对策与建议

研究发现普通话对少数民族劳动力收入有重要的作用，因此在少数民族地区的经济发展规划中需要重视普通话语言政策的实施。基于研究的分析结论及对现有政策的了解，提出以下建议：

（一）在认知层面，应将发展少数民族普通话事业上升到国家战略层面

1. 制定并实施少数民族双语能力发展战略。国家制定国家语言能

力发展战略时，应以服务少数民族的发展需求为核心，强调少数民族地区的双语能力发展战略。组织专门力量，在科学保护各民族语言文字的前提下，对少数民族地区的普通话需求、普通话问题以及普通话薄弱点进行深入调研，尽快制定符合少数民族各地区发展现状的少数民族双语能力发展战略与实施计划，营造规范且健康的少数民族双语环境。

2.结合国家发展战略，发展少数民族地区普通话普及攻坚工程。将提高少数民族普通话水平贯穿全面建成小康社会决胜阶段，开展适应少数民族劳动力就业与经济社会发展需求的普通话推广工作，并结合国家的精准扶贫战略，提升少数民族青壮年劳动力、基层干部及推普教育工作者的双语尤其是普通话应用能力，加强普通话的服务能力。同时，应对少数民族分地区、行业领域和人群进行普通话能力国情调查，将汉语使用情况列为国家人口普查与其他相关的调查统计工作中的重要部分。

（二）在制度层面，建立健全普通话教育的法律支撑体系与保障措施

1.完善少数民族语言规划法律体系，推进普通话教育法制建设。《国家通用语言文字法》规定了普通话在中国的法律地位，应精细化民族地区语言立法，保护少数民族地区因地制宜制定语言文字地方性法规的自主权，在各少数民族地区的《语言文字工作条例》中需强调民汉双语使用的必要性与重要性，不仅仅对普通话的规范使用与推广做出规定，同时要对普通话在少数民族双语教育中的地位与使用提出全面的规定，保证普通话政策的执行。

2.通过具体的法律规定保障普通话教育的过程与结果。少数民族地区可根据自身设置教学规划，制定恰当的双语课程标准，规范双语教材编写及教育过程评价，通过推迟外语教学加强对民汉双语的教学。同时规定各种现代媒体如网络、电视节目，及企业和公职单位处理文件或颁布规章时，必须使用标准普通话以起到示范作用。严格规定公务员、教育、旅游服务业、广播电视等行业少数民族劳动力入职前的

普通话水平等级要求。要求将普通话作为公务员的工作语言，传媒行业的宣传用语，服务业的服务用语。

（三）在具体操作层面，深入开展少数民族的普通话教育工作

1.继续巩固普通话教育成果，在少数民族地区全面实施普通话教育，让更多的少数民族人口享有普通话教育的机会。政府编写双语普通话宣传材料，由推普志愿者进行发放，并播放普通话推广宣传片宣传普通话规划的意义及具体目标、内容及规定；通过定向培养、高校实践优惠政策鼓励高校双语人才志愿者参与少数民族地区推普活动，在少数民族地区成立相应的普通话推广团体，以双语的形式面向少数民族劳动力举办免费民汉双语的系列讲座、普通话短期培训班等等，在农牧区可开展志愿者"一对一""一对多"的语言培训。同时通过提供资金及政策上的支持调动推普工作者的工作积极性，使得少数民族地区的推普人力资源满足需求。

2.在少数民族劳动力人口中，大力进行普通话培训。政府设立普通话推广专项资金，投入建设推广普通话工作站，对工作站管辖内的少数民族劳动力提供双语普通话学习材料；政府设立"扫盲夜校"专项资金，成立"扫盲夜校"为中低收入劳动力提供免费学习普通话的培训服务，使其自觉参与普通话培训；有条件的工作单位应组织普通话的在职培训，举办讲座与学习活动；并且设立政策激励机制，在政策上为少数民族劳动力提供依靠汉语向内地发展的机会，或在招工以及晋职时优先考虑民汉双语人才，鼓励少数民族劳动力参加普通话水平测试或其他相关的语言活动。

参考文献

陈石磊　2012　从语言经济学的视角看广西京族地区的"越南语热"现象，《广西民族研究》第1期。

陈媛媛　2016　普通话能力对中国劳动者收入的影响，《经济评论》第6期。

程名望，王　娜，史清华　2016　语言对外来农民工收入的影响——基于对上

海外来农民工情况的调查，《经济与管理研究》第 8 期。

丁　赛，李克强，别雍·古斯塔夫森　2015　西部民族地区农村不同民族间收入分配的差距及原因，《中央民族大学学报（哲学社会科学版）》第 4 期。

方　超，黄　斌　2017　教育人力资本投资能够缩小农村居民的工资性收入差距吗？《教育与经济》第 4 期。

黄少安，苏　剑　2011　语言经济学的几个基本命题，《学术月刊》第 9 期。

姜　杉，汪　雯　2017　普通话对农民工收入的影响分析——基于甘肃省 360 农户的调查，《人力资源管理》第 4 期。

李　秦，孟岭生　2014　方言、普通话与中国劳动力区域流动，《经济学报》第 4 期。

刘国辉，张卫国　2016　中国城市劳动力市场中的"语言经济学"：外语能力的工资效应研究，《山东大学学报（哲学社会科学版）》第 2 期。

刘　泉　2014　外语能力与收入——来自中国城市劳动力市场的证据，《南开经济研究》第 3 期。

刘小珉　2016　农户满意度视角的民族地区农村扶贫开发绩效评价研究——基于 2014 年民族地区大调查数据的分析，《民族研究》第 2 期。

刘毓芸，徐现祥，肖泽凯　2015　劳动力跨方言流动的倒 U 型模式，《经济研究》第 10 期。

秦广强　2014　进京农民工的语言能力与城市融入——基于适应性区群抽样数据的分析，《语言文字应用》第 3 期。

孙　梁　2012　语言经济学方法论的回顾与批判，《太原城市职业技术学院学报》第 6 期。

熊　毅　2016　外语学习能力与高校毕业生收入的经济效应分析，《当代职业教育》第 8 期。

薛进军，高晓淳　2011　再论教育对收入增长与分配的影响，《中国人口科学》第 2 期。

杨菊华，张娇娇　2016　人力资本与流动人口的社会融入，《人口研究》第 4 期。

张卫国　2008　作为人力资本、公共产品和制度的语言：语言经济学的一个基本分析框架，《经济研究》第 2 期。

张文宏，张　莉　2012　劳动力市场中的社会资本与市场化，《社会学研究》第 5 期。

赵雪雁　2012　社会资本测量研究综述，《中国人口·资源与环境》第 7 期。

赵　颖　2016　语言能力对劳动者收入贡献的测度分析，《经济学动态》第 1 期。

朱志胜　2015　社会资本的作用到底有多大？——基于农民工就业过程推进视角的实证检验，《人口与经济》第 5 期。

Bleakley, H. & A. Chin. 2004. Language skills and earnings: evidence from childhood immigrants. *Review of Economics & Statistics* 86(2): 481–496.

Budría, S., C. M. de Ibarreta & P. Swedberg. 2017. The impact of host language proficiency cross the immigrants' earning distribution in Spain. *Iza Journal of Development & Migration* 7(1): 12.

Carliner, G. 1981. Wage differences by language group and the market for language kills in Canada. *Journal of Human Resources* 16(3): 384–399.

Chiswick, B. R. 1998. Hebrew language usage: Determinants and effects on earnings among immigrants in Israel. *Journal of Population Economics* 11(2): 253–271.

Chiswick, B. R. & P. W. Miller. 1993. The endogeneity between language and earnings: An international analyses. *Economics Discussion* 13(2): 246–288.

Chiswick, B. R. & P. W. Miller. 1999. Language skills and earnings among legalized aliens. *Journal of Population Economics* 12(1): 63–89.

Chiswick, B. R. & P. W. Miller. 2002. Immigrant earnings: Language skills, linguistic concentrations and the business cycle. *Journal of Population Economics* 15(1): 31–57.

Dustmann, C. 1994. Speaking fluency, writing fluency and earnings of migrants. *Journal of Population Economics* 7(2): 133–156.

Ginsburgh, V. & J. Prieto-Rodriguez. 2013. Is there a gender bias in the use of foreign languages in Europe? *Kyklos* (4): 552–566.

Isphording, I. E. 2013. Returns to local and foreign language skills—causal evidence from Spain. *Ssrn Electronic Journal* 12.

Hayfron, J. E. 2001. Language training, language proficiency and earnings of immigrants in Norway. *Applied Economics* 33(15): 1971–1979.

Leslie, D. & J. Lindley. 2001. The impact of language ability on employment and earnings of Britain's ethnic communities. *Economica* 68(272): 587–606.

Lindley, J. 2002. The English language fluency and earnings of ethnic minorities in

Britain. *Scottish Journal of Political Economy* 49(4): 467–487.

Rendon, S. 2007. The Catalan premium: language and employment in Catalonia. *Journal of Population Economics* 20(3): 669–686.

（本文发表于《西北人口》2019年第1期，第71~82页）

普通话水平与就业关系的实证检验

金 江 尹菲菲 廉 洁

一、引言

以贝克尔（Becker 1971）为代表的歧视理论认为，性别、种族、宗教信仰以及文化等是劳动力市场上歧视产生的根源。作为文化的一个重要组成部分，从20世纪80年代开始，经济学家试图从语言的视角出发，对欧美一些国家的移民在劳动力市场上的表现进行解释。[①]理论上，在社会交往过程中，人们所使用的语言不仅能够增进个体间的文化认同和社会融入，还有利于社会资本的积累，从而得到更多的就业机会（Lazear 1999）。同时，作为人力资本的一种表现形式（Rubinstein 2000），语言技能也是反映个体能力禀赋的一个外在信号，具有生产性价值，当劳动力市场上使用某种语言的人口较多或者对某种语言技能的需求增加时，能够为个体带来更大的收益。

作为一个经济强省，广东在语言文化、社会风俗等方面均有其独特风格，以粤语为首的汉语方言在人们的日常生活和经济交往中扮演着重要的角色[②]，不少地处广东的企业在招聘过程中便明确指出，应聘者如果具备流利的粤语技能将优先录取，一些企业甚至将其作为一个必要条件。因此，外来人口对粤语方言的熟练使用将极大地改善其就业状况。但是，外来人口的不断涌入同样也正在改变着广东省本地居民的语言使用习惯和语言习得态度。从对待普通话的态度看，2010年中国（广东）家庭动态跟踪调查（China Family Panel Studies，CFPS）的调查结果显示，在外来人口最多的四个城市（广州、深圳、珠海和佛山），认为普通话非常重要的当地户籍居民所占比例为53.39%。如果说是对语言使用所产生的经济价值在改变广东省居民的普通话学习态度，并在逐渐改变他们的语言使用习惯，那么，反过来，普通话技能到底是如何影响着他们的劳动力参与呢？这正是本文所关心的问题。

基于不同的数据、模型以及估计方法，现有文献主要考察了国际移民和少数族裔的语言技能以及实施多种官方语言国家的居民多语技能对就业的影响（Dustmann & Fabbri 2003；Chiswick & Miller 2010；Imai et al. 2014）。大部分研究均证实了语言技能（包括具体的语言听、说能力）对个体就业状况的积极影响，与个体相关的异质性问题（包括性别、种族、职业、学历等）在这些文献中也有所体现（Lang & Siniver 2006；Aldashev et al. 2009；Chiswick & Miller 2010；Duncan & Mavisakalyan 2015）。

从国内的研究看，在有关劳动力参与状况的实证文献中，年龄、受教育水平以及健康等不同形式的人力资本被认为是影响个体就业状况的重要变量（王德文，等 2008；刘生龙 2008；赵海，彭代彦 2009），但鲜有文献考虑个体语言禀赋这一人力资本的作用。虽然近年来一些研究也基于中国的数据，对语言技能（包括外语、汉语方言以及普通话）与收入（Gao & Smyth 2011；刘国辉 2013；刘泉 2014；Chen et al. 2014）、人口流动（李秦，孟岭生 2014；刘毓芸，等 2015）的关系进行了研究，但这些文献均没有明确考察语言技能对个体就业状况的影响。

基于此，本文拟采用 2010 年 CFPS 的成人调查数据，以广东省居民作为研究对象，探讨普通话技能与就业的关系。从研究内容看，本文可能的贡献在于，以往关于中国城乡劳动力参与的微观实证文献较少明确考虑语言人力资本的作用，本文则将个体的普通话技能纳入到就业决定模型中，一方面对普通话技能与就业的关系进行了实证检验，另一方面又从行业和受教育水平两个要素出发，考察了普通话技能影响就业的群体差异。

总体而言，本文发现普通话技能对广东省居民的就业存在一种积极的影响效应，但是这一效应存在显著的性别差异。对于男性而言，普通话水平每提升一个等级，其就业概率平均将增加 0.021，而在女性群体中并不显著，基于工具变量的估计结果也同样证实了这一发现。从普通话技能在不同行业中的表现看，多元 Logit 模型的估计结果表明，在采矿、制造和建筑业以及贸易服务和通讯业两个行业中,普通话技能对劳动者的就业具有显著的影响。同时,本文的研究结果还表明,普通话技能与就业的关系在不同的受教育群体中也存在显著的差异。具体而言,在高中以下这一受教育群体中,普通话技能对就业存在显著的影响,而在大学本科以及本科以上两个群体中,两者间的关系并不显著。这说明基于广东省居民的样本,语言人力资本与教育人力资本间存在一种替代关系,也就是说,普通话技能能够弥补教育人力资本的不足对就业产生的不利影响。

本文接下来的结构安排如下:第二部分介绍本文采用的计量模型和数据,并对估计过程中所存在的内生性问题以及相关解决办法进行说明;第三部分分别采用 Probit 模型和工具变量法对普通话技能与就业的关系进行检验;第四部分从就业行业和受教育水平两个方面出发,对普通话技能影响就业可能存在的群体性差异进行检验;最后为全文总结。

二、模型和数据

(一) 计量模型

假定个体 i 的就业倾向 y_i^* 由如下模型所决定:

$$y_i^* = \alpha_0 + \alpha_1 mand_i + X_i\beta + \mu_i \tag{1}$$

其中,$mand_i$ 表示个体 i 的普通话水平,下文将对其衡量方式进行详细说明。X_i 是其他控制变量向量,主要包括一些人口统计学方面的变量,μ_i 是随机误差项。根据标准的离散选择模型,y_i^* 是影响个体就业状况 y_i 的潜变量,且当 $y_i^* \geq 0$ 时 $y_i=1$,即当 $y_i^* \geq 0$ 时个体 i 选择就业。如果假定(1)中的随机误差项 μ_i 服从正态分布,个体 i 的就业概率可以写为:

$$\Pr(y_i=1 | mand_i, X_i) = \Phi(\alpha_1 mand_i + X_i\beta) \tag{2}$$

以此为基础,个体 i 的普通话技能对就业影响的边际效应为:

$$\frac{\partial \Pr(y_i=1 | mand, X)}{\partial mand_i} = \alpha_1 \phi(\alpha_1 mand_i + X_i\beta) \tag{3}$$

其中，$\Phi(*)$ 和 $\phi(*)$ 分别表示标准正态分布的累积分布函数和密度函数。此外，由于我们假定 μ_i 服从正态分布，这意味着接下来的实证研究是以 Probit 模型为基础。

（二）数据和变量

本文使用的数据来源于 2010 年中国（广东）家庭动态跟踪调查，该项调查由北京大学社会科学调查中心和中山大学社会科学调查中心联合组织实施。本文采用的是该次调查的 3061 份成人问卷，调查内容包括个体家庭婚姻生活、职业经历、教育经历等方面的信息。剔除仍在上学的个体后，本文所使用的样本包含 2839 个观测值。

对就业的衡量来源于如下问题："您现在有工作吗？"我们将其设置为一个 0~1 变量，1 表示"有工作（包括务农和自雇）"，0 表示"没有工作"。整个样本中，处于就业状态的个体所占比例为 54.48%。与现有文献采用自评的方式对语言进行评价不同，该项调查基于受访者在面谈过程中表现出的普通话水平，由访问员进行评价，对应一个 7 分量表，其中 1 表示"很差"，7 表示"很好"。这一评价方式因为更加客观，从而能够有效地降低语言技能的测量误差。劳动力个体普通话水平的分布如表 1 所示。在整个样本中，普通话水平评分在 4 以上的个体占比 55.45%，而根据就业状况的统计结果看，就业群体中评分在 4 以上的个体占比 50.29%，在其他群体中该比例为 60.78%。

表 1　劳动力个体的普通话技能分布　　　　单位：%

普通话技能	1	2	3	4	5	6	7
全样本	3.39	12.63	14.92	13.62	16.01	18.77	20.67
就业群体	3.63	13.38	16.88	15.82	18.19	15.62	16.48
其他群体	3.15	12.05	12.76	11.26	13.62	22.28	24.88

模型（1）中所包含的控制变量主要包括：（1）性别；（2）婚姻状况；（3）学历；（4）年龄；（5）人际关系；（6）健康状况；（7）对前途的信心。各变量的定义及相关的描述性统计结果如表 2 所示。

表2 变量定义及描述性统计结果

变量	定义	全样本 均值	全样本 标准差	男性 均值	男性 标准差	女性 均值	女性 标准差
male	性别虚拟变量（男性=1）	0.484	0.500	—	—	—	—
marr	婚姻状况（已婚=1）	0.875	0.331	0.856	0.351	0.917	0.275
age	受访者年龄	42.840	12.490	47.235	15.868	46.624	15.831
educ	受教育年限	9.210	6.112	9.812	5.775	7.351	6.710
relation	受访者人际关系（1=很难相处，5=很好相处）	3.934	0.803	3.887	0.835	3.955	0.791
health	健康状况（1=很差，7=很好）	5.227	1.113	5.245	1.174	4.999	1.189
optim	对前途的信心（1=很没信心，5=很有信心）	3.480	1.044	3.453	1.093	3.398	1.054

三、实证结果

（一）相关计量问题

在对模型（2）进行估计时，为了准确识别出普通话水平对个体就业状况的影响，要求变量 mand 是外生决定的，但这一要求往往不能满足。第一，由于一些不可观测的因素（例如个人能力）不仅会对就业产生影响，同时也会影响个体的普通话水平，由此将导致模型存在遗漏变量问题（Chiswick & Miller 1995）。第二，联立性偏差的存在也会导致内生性问题的产生。从个体语言习得的决定因素看，经济激励也是其中一个重要的变量（Chiswick 2008），这意味着，不仅存在从语言到就业的影响，同时就业对语言技能也会产生影响。第三，测量误差的存在，也会导致对语言技能与就业关系的有偏估计（Dustmann & Soaest 2001）。

针对以上问题，现有研究主要从如下三个方面来加以解决。第一是采用不同的数据，例如以面板数据为基础对语言技能与就业的关系进行考察。因为在面板数据中能够对模型中不可观测的异质效应加以控制，从而能够更加准确地识别出语言技能对就业的影响（Dustmann

& Soaest 2002）。第二是建立联立方程模型对语言与就业的关系进行研究（Dustmann & Soaest 2001）。第三是采用不同的估计方法，主要包括工具变量法（Chiswick & Milller 1995）、倾向得分匹配法（Dustmann & Fabbri 2003；Duncan & Mavisakalyan 2015）等。

由于本文采用的是横截面数据，与个体不可观测效应相关的遗漏变量（例如个人能力）问题便难以避免。另外，测量误差和联立性偏差的存在，也导致难以准确识别出个体普通话水平对就业的影响。因此，在接下来的估计过程中，笔者除了基于 Probit 模型对个体普通话技能与就业的关系进行考察之外，同时也将采用工具变量法对模型（2）进行估计。

（二）估计结果分析

以模型（2）为基础，我们共做了三组回归，估计结果如表3所示，该表同时报告了变量系数和边际效应的估计结果。其中，第（1）组回归对应整个样本的估计结果，第（2）组和第（3）组回归则是男性和女性样本的估计结果。从整个样本看，个人的普通话水平对就业概率有显著的正向影响，平均而言，普通话水平每提升一个等级，其就业概率将增加 0.016。但是，从不同性别的估计结果看，普通话技能与就业的关系却具有不同的表现形式。对于男性而言，普通话水平每提升一个等级，其就业概率平均将增加 0.021，而在女性样本中，普通话水平对就业的影响效应并不显著。

表3 普通话技能与就业：Probit 估计结果

	(1) 全样本		(2) 男性样本		(3) 女性样本	
	系数	边际效应	系数	边际效应	系数	边际效应
mand	0.040**	0.016**	0.054**	0.021*	0.036	0.014
	(0.016)	(0.007)	(0.029)	(0.011)	(0.024)	(0.009)
age	0.097***	0.039***	0.113***	0.043***	0.082***	0.033***
	(0.016)	(0.006)	(0.020)	(0.007)	(0.017)	(0.008)
age2	−0.130***	−0.052***	−0.151***	−0.058***	−0.110***	−0.044***
	(0.017)	(0.006)	(0.019)	(0.007)	(0.018)	(0.008)

（续表）

	(1) 全样本		(2) 男性样本		(3) 女性样本	
	系数	边际效应	系数	边际效应	系数	边际效应
male	0.410***	0.162***				
	(0.054)	(0.021)				
marr	−0.136	−0.054	0.093	0.036	−0.499***	−0.196***
	(0.096)	(0.043)	(0.153)	(0.053)	(0.118)	(0.063)
educ	0.013***	0.005***	−0.001	−0.000	0.025***	0.010***
	(0.004)	(0.002)	(0.007)	(0.002)	(0.005)	(0.002)
relation	−0.036	−0.014	0.025	0.010	−0.105*	−0.042**
	(0.035)	(0.012)	(0.052)	(0.018)	(0.055)	(0.019)
health	0.054**	0.022**	0.131***	0.050***	−0.024	−0.010
	(0.023)	(0.010)	(0.038)	(0.016)	(0.035)	(0.016)
optim	0.065**	0.026**	0.115***	0.044***	0.029	0.011
	(0.029)	(0.011)	(0.036)	(0.016)	(0.046)	(0.014)
constant	−2.047***		−2.808***		−0.765	
	(0.382)		(0.555)		(0.425)	
Pseudo R^2	0.139		0.172		0.107	
观测值	2734		1344		1390	

注：（1）***、**、*分别表示在1%、5%和10%水平上显著；（2）括号中为White稳健标准误，下同；（3）该表中虚拟变量的边际效应是与参照组相比的就业概率变化；（4）age2=age^2/100，下同。

我们可以从两个方面对普通话技能影响就业的内在机制进行解释。首先，作为人力资本的一种表现形式，良好的普通话技能成为个体能力的一种外在表征，间接反映了其劳动生产率，企业或雇主能够据此判断其能力水平，从而使其获得更多的就业机会。其次，不同群体间的语言差异会导致交流成本的产生，形成劳动力市场分割的局面，对非主体语言群体的就业产生不利影响（Lang 1986）。拉齐尔（Lazear 1999）也指出，语言技能使个体能够获得更多的交际可能并拓宽其社会网络，从而获得更多的就业机会。现实中，尽管岭南已经成为中国一个具有鲜明地域特色的文化区域，但是，一方面广东省内部不同的方言差异较大，另一方面作为人口跨区域流动的主要目的地，外来人口的增加也使得普通话作为沟通交际语言能够发挥作用的空间变得越来越大。因此，结合本文的结论，可以推断，良好的普通话技能不仅能够作为劳动力的外在能力表征，从而使其获得更多的就业机会，还能提升个人在劳动力市场上工作搜寻的沟通交流效率，突破劳动力市场上的文化壁垒，从而对就业产生积极影响。

一些研究指出，性别差异决定了女性更加适合对沟通交流技能要求较高的职业[③]，因而，良好的语言水平成为女性就业的一个必要条件（Bloemen 2013）。但是，从本文的结果看，普通话水平对女性就业的影响效应并不显著，这可能说明不同地区以及不同行业的语言回报模式存在差异。事实上，针对不同国家的实证研究也证实了这一点。例如冈萨雷斯（Gonzalez 2010）和杜坎和马维萨考里安（Duncan & Mavisakalyan 2015）针对西班牙和前苏联的部分国家的研究均发现，良好的语言技能（西班牙语和俄语）能够显著提升这些国家女性移民的就业概率，但是，达斯特曼和法布里（Dustmann & Fabbri 2003）以及姚和冯·阿沃斯（Yao & Ours 2015）针对英国和荷兰移民的研究却表明，语言技能（英语和荷兰语）对女性移民的影响效应并不显著。

年龄对就业的影响与现有研究保持一致，即个体的就业概率先随着年龄的增长而逐步增高，而后又随着年龄的增加而递减，这一点在三个不同样本中均得到了证实。从整个样本看，年龄影响就业的拐点出现在37岁左右。研究结果还表明，男性的平均就业概率要高于女性，且对于已婚女性而言，其就业概率比未婚女性要低0.196。受教育水平对就业的积极影响也得到了证实。需要注意的是，尽管整个样本证实了健康人力资本对就业的积极影响，但是，这种影响也存在显著的性别差异，在女性群体中健康对就业的影响并不显著。

（三）内生性问题

为了控制内生性问题导致的估计偏差，接下来我们将基于工具变量法对模型（2）进行估计。奇西克（Chiswick 2008）曾指出，影响个体语言技能的因素可以归为三类：语言接触（exposure）、语言学习效率（efficiency）以及经济激励（economic incentive）。其中，语言接触主要指在人们的日常生活和工作环境中，语言环境对其语言使用习惯所产生的影响，可以从语言的使用强度、使用时间等维度进行衡量。

结合本文的数据，我们将从语言接触这一角度出发确定普通话技能的工具变量。在 2010 年 CFPS 的调查问卷中，针对个体的语言使用情况设定了以下问题："请问，您平时与家人交谈主要使用什么语言？"分别对应普通话、汉语方言以及少数民族语言三个选项。很显然，从语言接触的角度看，如果个体在与家人交谈时主要使用普通话，则其普通话水平也会更好，说明与家人交谈使用的语言与个体普通话水平高度相关。因此，本文将采用与家人交谈所使用的语言作为个体普通话水平的工具变量。具体而言，根据受访者的答案，本文将其转化成一个虚拟变量 mand_iv，如果受访者主要使用普通话则记为 1，否则为 0。与此同时，与家人交谈主要使用的语言也具有较强的外生性。第一，由于对 mand_iv 的衡量从家庭层面展开，反映了个体在家庭生活中的语言使用习惯，因而可以认为该变量并不会影响个体的就业状况。第二，与就业之间不存在联立性问题，即个体的就业状况并不会影响其与家人交流所使用的语言。

此外，对 Probit 模型实施工具变量估计，在 Stata 中一般采用 ivprobit 命令，但该命令只适合于内生变量为连续型变量的情况，因而我们使用鲁得曼（Roodman 2011）所开发的条件混合过程估计（Conditional Mixed-Process estimator，CMP）命令对模型进行估计。该命令可以根据需要设置第一阶段回归模型的形式，在本文中第一阶段的工具变量回归对应一个 Oprobit 模型。与上文一致，我们仍做了三组回归，相应的估计结果如表 4 所示。该表同时也报告了普通话技能对就业影响的边际效应，对应 mand 这一变量方括号中的数字。

由于在受限因变量模型中，对弱工具问题的检验并没有一个有效的方法，因此，本文将主要结合第一阶段的回归结果对此做一个粗略的判断。从第一阶段的估计结果看，在三种情形下，工具变量均在 1% 的水平上显著，说明弱工具问题在本文中可能并不严重。

表4 普通话技能与就业：IV 估计结果

	(4) 全样本 估计值	标准误	(5) 男性样本 估计值	标准误	(6) 女性样本 估计值	标准误
第一阶段			被解释变量：*mand*			
mand_iv	0.664***	0.035	0.929***	0.067	0.881***	0.058
第二阶段			被解释变量：*employ*			
mand	0.035***[0.011]	0.013	0.047**[0.015]	0.020	0.027[0.009]	0.021
age	0.107***	0.015	0.131***	0.017	0.077***	0.024
age2	−0.139***	0.015	−0.159***	0.017	−0.106***	0.023
male	0.393***	0.057				
marr	−0.151	0.103	0.014	0.144	−0.502***	0.160
educ	0.009	0.006	−0.013	0.009	0.027***	0.007
relation	−0.056	0.038	−0.034	0.055	−0.097*	0.052
health	0.009	0.051	−0.004	0.083	−0.005	0.059
optim	0.051*	0.030	0.066	0.049	0.034	0.039
constant	−1.470**	0.681	−0.930	1.172	−0.979	0.689
观测值	2734		1344		1390	

注：（1）该表采用的是基于 Probit 模型的工具变量回归，其中第一阶段对应 Oprobit 回归，第二阶段对应 Probit 回归；（2）本表没有报告第一阶段控制变量的估计结果，但相关变量均已控制。

从第二阶段的估计结果看，在整个样本与男性样本中，普通话水平对个体就业状况仍存在显著的影响。但是，与 Probit 模型的估计结果相比，表4的系数估计值以及边际效应均有一定程度的降低。根据达斯特曼和法布里（Dustmann & Fabbri 2003），遗漏变量会高估语言技能对就业的影响，而测量误差会低估这一影响效应，因此，由遗漏变量和测量误差共同决定的估计偏差既可能为正也可能为负。由于采用客观的方法对个体语言技能进行评价，能够有效地缓和测量误差问题（Bleakley & Chin 2004），而在本文中受访者的普通话水平是通过访问员基于调查过程中与其交流而做出的评价，类似于对受访者的普通话技能做了一个听说测试，因而可以认为，测量误差对估计结果产生的影响并不严重。综合以上分析，Probit 模型所产生的向上的估计偏误可能主要是因为遗漏变量而导致的。

四、进一步的分析

（一）普通话技能对就业行业的影响

由于不同行业对语言技能的要求存在差异，导致语言技能对就业的影响在不同行业间可能也不一致。例如，政府公共部门一般要求相关职位的工作人员能够使用标准的官方语言进行交流，因而那些具有较强语言技能的劳动者更有机会进入这一类工作单位（Antonio 2011）。奎拉和雷顿（Quella & Rendon 2012）也指出，在贸易、商业服务、教育等语言使用密集的行业部门，出于沟通交流的需要和工作效率的提升，对劳动者的语言技能也要求更高。

广东省居民的调查数据为我们提供了分析这一问题的一个代表性样本。第一，作为外来人口的主要流入地，广东省各类公共服务机构的服务对象不仅包括本省居民，同时也包括来自全国各地的外省居民；第二，多种所有制并存的企业构成在广东省表现极为突出，特别是民营企业规模庞大，劳动力的就业呈现出较高的多元化趋势，语言的差异性使用习惯在不同行业表现明显。因此，接下来我们从就业行业出发，对广东省居民普通话水平影响就业的异质性差异进行分析。

结合本文的数据，我们将劳动者的就业行业划分为四类：（1）农林牧渔业；（2）采矿、制造和建筑业；（3）贸易服务和通讯业；（4）政府、教育和医疗服务业。需要指出的是，本文对行业的划分主要是以 CFPS 的数据为基础，同时考虑了就业单位的所有制性质和劳动力个体所从事的具体职业。

图 1 基于行业的划分对不同群体的普通话水平进行了比较。我们根据调查数据将语言技能划分为两组，普通话水平大于 3 的视为高水平组，而小于等于 3 的视为低水平组。从不同行业的统计结果来看，高水平组占比在采矿、制造和建筑业以及贸易服务和通讯业中均高于50%，而在农林牧渔业中高水平组占比为 33.80%，政府、教育和医疗服务业中高水平组占比则最低，仅为 31.31%。

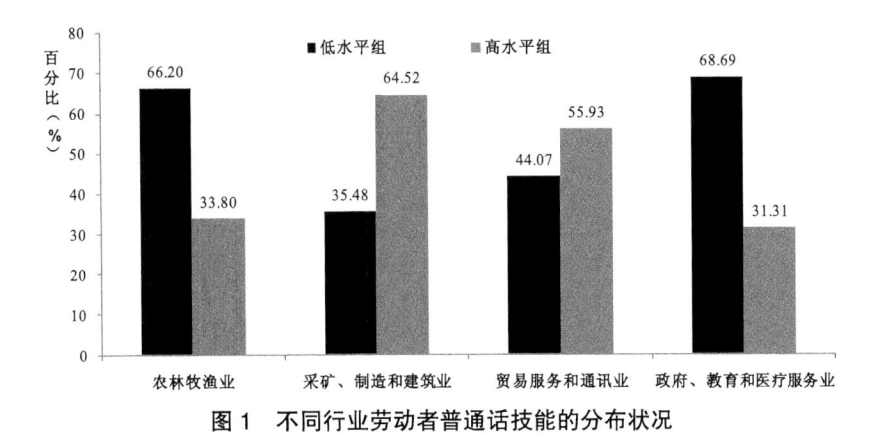

图1 不同行业劳动者普通话技能的分布状况

由于这一部分的模型所要解释的是广东省居民的普通话技能对其就业行业的影响,因而我们将采用多元Logit模型(Mlogit模型)对相关参数进行估计,并以行业"农林牧渔业"作为参照组,估计结果如表5所示。

表5 普通话技能对就业行业的影响:Mlogit模型

	(7) 全样本		(8) 男性样本		(9) 女性样本	
	系数	边际效应	系数	边际效应	系数	边际效应
采矿、制造和建筑业	0.343*** (0.049)	0.034*** (0.007)	0.332*** (0.071)	0.030*** (0.010)	0.357*** (0.069)	0.040*** (0.010)
贸易服务和通讯业	0.319*** (0.049)	0.033*** (0.008)	0.352*** (0.069)	0.039*** (0.011)	0.285*** (0.070)	0.027** (0.011)
政府、教育和医疗服务业	0.123 (0.089)	−0.003 (0.005)	0.247 (0.117)	0.003 (0.006)	−0.025 (0.142)	−0.011 (0.008)
Pseudo R^2	0.090		0.094		0.107	
观测值	1.413		690		723	

注:该表只报告普通话水平对就业的估计系数及边际效应,但各组回归中其他解释变量均已控制。

表5的结论可以总结为三点。首先,从不同行业的估计结果看,在采矿、制造和建筑业以及贸易服务和通讯业两个行业中,普通话水平对劳动力的就业具有显著的影响。如果以农林牧渔业作为参照组,上述估计结果说明普通话水平更高的劳动者更倾向于选择在这两个行业中就业。其次,普通话水平对劳动力进入政府、教育和医疗服务业

就业的影响效应并不显著，这一结论在一定程度上与图 1 的统计结果形成呼应。威利斯和罗森（Willis & Rosen 1979）曾指出，劳动力个体的职业选择是基于比较优势而做出的决策，即个体倾向于选择那些能够充分发挥自身才能且具有更高收入的行业。因此，上述两个发现可能说明，在影响个体就业倾向的因素中，可能是受教育水平、工作经验甚至是价值观等因素在发挥着更为重要的作用（Bernian et al. 2003）。最后，尽管前文的估计结果未能证实普通话水平对女性就业的积极作用，但是，从表 5 来看，在采矿、制造和建筑业以及贸易服务和通讯业两个行业中，普通话水平对女性的就业选择却存在显著的影响。

（二）普通话技能影响就业的受教育水平差异

语言技能同时也会影响劳动者其他人力资本在劳动力市场上的表现，国外的实证研究从收入的角度出发对这一问题进行了分析。例如，奇西克和米尔（Chiswick & Millers 2002）利用加拿大 1991 年 3% 的人口普查数据发现，移民的教育水平对语言技能更强的个体带来的收入回报更大，而在迁入地的居住时间对收入的影响效应在语言技能更差的群体中表现得更加强烈。

理论上，语言技能和受教育水平对个体就业状况的影响，既可能表现为一种互补关系，也可能是一种替代关系。一方面，在信息不对称的情形下，教育水平是劳动力市场上雇主甄别个体能力的一个重要信号（Spence 1973），良好的语言技能会进一步强化教育水平的信号功能及其对就业的影响，因而两者间表现出一种互补关系。但另一方面，在教育人力资本不足的情形下，对语言技能的熟练掌握在某种程度上也可以作为反映个体能力禀赋的一个信号，不仅能够增强沟通交流效率，还能够促进劳动生产率的提升，特别是在一些对语言技能要求高、语言水平成为选聘的一个先决条件的情形下，良好的语言技能将会弥补教育人力资本的不足对就业产生的不利影响，从这一层面看，两者对就业的影响又表现为一种替代关系。

为了检验广东省居民普通话技能对就业的影响是否在不同受教育水平群体中存在差异，我们根据受访者的学历将样本划分为高中以下、高中—本科（含大专）、本科以上三个组，对普通话技能与就业的关系进行考察，在每一个组内又根据性别分别进行了估计，基于工具变量法的估计结果如表6所示。

表6 普通话技能影响就业的学历差异：IV 估计结果

	(10) 全样本		(11) 男性样本		(12) 女性样本	
	系数	边际效应	系数	边际效应	系数	边际效应
高中以下	0.076** (0.036)	0.025** (0.012)	0.096* (0.050)	0.028* (0.015)	0.062 (0.056)	0.022 (0.020)
高中—本科（含大专）	0.043 (0.051)	0.014 (0.016)	0.137** (0.063)	0.042** (0.019)	−0.151 (0.095)	−0.047 (0.029)
本科以上	0.006 (0.030)	0.002 (0.011)	−0.0001 (0.044)	−0.000 05 (0.014)	0.033 (0.044)	0.012 (0.016)

注：该表只报告普通话技能对就业的估计系数及边际效应，但各组回归中其他解释变量均已控制，同时也未报告工具变量估计第一阶段的结果。同时，该表也没有报告相应的观测值。

表6的估计结果说明普通话水平对就业的影响在不同受教育水平的群体间存在较为显著的差异。从整个样本看，在高中以下这一群体中，普通话水平对就业存在显著的影响，而在其他两个群体中两者间的关系并不显著。这一结果说明，基于广东省居民的样本，个体的普通话水平与其他人力资本形式间存在一种替代关系，也就是说，普通话能够弥补教育人力资本的不足对就业产生的不利影响。与此同时，表6的估计结果也再一次印证了普通话水平对就业的影响存在性别差异。在高中以下群体中，个体普通话技能对男性就业的影响效应在10%的水平上显著，但是，对女性就业的影响并不显著。

五、结语

理论上，作为一种文化载体，语言会影响不同群体间的身份认同和社会融合，进而影响其就业状况。同时，作为人力资本的一种表现形式，语言所具有的经济价值也会对劳动力的就业状况产生影响。本文以2010年CFPS的3061份成人问卷为基础，对广东省居民普通话技能与就业的关系进行了实证分析。研究结果表明，普通话水平对就业有显著的积极影响，平均而言，个体的普通话水平每提升一个等级，就业概率将增加 0.016，但是这种效应在女性群体中并不显著。本文还考虑了计量模型可能存在的内生性问题，工具变量估计结果表明普通话技能对就业仍然存在积极的影响，但忽略内生性问题会高估这一影响效应。进一步，从就业行业和受教育水平两个方面出发，本文还对普通话技能影响就业的群体差异进行了检验。

本文的结果不仅为我们理解普通话技能与就业的关系提供了实证证据，还间接地揭示了政府推广普通话的社会经济意义。我国《宪法》规定国家要"推广全国通用的普通话"，党的十八大也提出要"推广和规范使用国家通用语言文字"。结合本文的研究结论，推广普通话不仅有利于消除地方隔阂，打破地区之间的语言障碍，由于语言人力资本同时也是补偿劳动力其他人力资本不足的一个有效途径，因而普通话的极大普及还能间接地改善劳动力的就业状况。

需要指出的是，本文的研究仍存在一些不足的地方。正如郎和西尼沃（Lang & Siniver 2006）指出，在模型中控制多个语言变量是我们识别语言技能对就业影响的一种有效手段。特别是结合本文引言部分的论述，方言的使用及其在劳动力市场上的作用在广东省表现得极为明显，那么，方言对就业的影响效应如何？是否会削弱普通话技能对就业的影响？但由于 2010 年 CFPS 并没有关于劳动力汉语方言技能的调查数据，导致我们不能对方言技能与就业的关系进行分析，因此，这些问题仍有待未来结合更详细的数据做进一步的研究。

注释

① 奇西克（Chiswick 2008）、奇西克和米尔（Chiswick & Miller 2014）以及艾斯奥丁（Isphording 2014）对相关研究内容进行了全面的介绍和评述。

② 广东省的汉语方言主要包括粤方言、客家方言和闽方言三类，其中粤方言主要分布在珠三角、粤西西江流域、粤北北江流域以及粤东部分地区，客家方言分布在粤东北、粤北以及粤西部分地区，闽方言则主要分布在粤东南和粤西南的沿海区域，参见甘于恩和简倩敏（2010）。

③ 例如，心理学的研究成果表明，女性往往比男性具有更大的公关优势，

原因在于女性的表达能力、交际能力、协调能力都比男性强而且更富于情感性（袁睿 2004）。

参考文献

甘于恩，简倩敏　2010　广东方言的分布，《学术研究》第 9 期。

李　秦，孟岭生　2014　方言、普通话与中国劳动力区域流动，《经济学报》第 4 期。

刘国辉　2013　中国的外语教育：基于语言能力回报率的实证研究，山东大学博士学位论文。

刘　泉　2014　外语能力与收入——来自中国城市劳动力市场的证据，《南开经济研究》第 3 期。

刘生龙　2008　教育和经验对中国居民收入的影响——基于分位数回归和审查分位数回归的实证研究，《数量经济技术经济研究》第 4 期。

刘毓芸，徐现祥，肖泽凯　2015　劳动力跨方言流动的倒 U 型模式，《经济研究》第 10 期。

王德文，蔡　昉，张国庆　2008　农村迁移劳动力就业与工资决定：教育与培训的重要性，《经济学（季刊）》第 4 期。

袁　睿　2004　女性易获高薪的行业，《劳动保障世界》第 9 期。

赵　海，彭代彦　2009　农村劳动力非农劳动参与的影响因素分析——基于 231 户的调查，《中南财经政法大学学报》第 2 期。

Aldashev, A., J. Gernandt & S. L. Thomsen. 2009. Language usage, participation, employment and earnings: Evidence for foreigners in West Germany with multiple sources of selection. *Labour Economics* 16(3): 330–341.

Antonio, D. P. 2011. Knowledge of catalan, public/private sector choice and earnings: Evidence from a double sample selection model. *Revista de Economía Pública* 197(2): 9–35.

Becker, G. S. 1971. *The Economics of Discrimination* (2nd Edition). Chicago: University of Chicago Press.

Berman, E., K. Lang & E. Siniver. 2003. Language-skill complementarity: Returns to immigrant language acquisition. *Labour Economics* 10(3): 265–290.

Bleakley, H. & A. Chin. 2004. Language skills and earnings: Evidence from childhood immigrants. *Review of Economics & Statistics* 86(2): 481–496.

Bloemen, H. G. 2013. Language proficiency of migrants: The relation with job satisfaction and matching. IZA Discussion Paper, No.7366.

Chen, Z., M. Lu & L. Xu. 2014. Returns to dialect identity exposure through language in the Chinese labor market. *China Economic Review* 30(1): 27–43.

Chiswick, B. R. & P. W. Miller. 1995. The endogeneity between language and earnings: International analyses. *Journal of Labor Economics* 13(2): 246–288.

Chiswick, B. R. & P. W. Miller. 2002. Immigrant earnings: Language skills, linguistic concentrations and the business cycle. *Journal of Population Economics* 15(1): 31–57.

Chiswick, B. R. & P. W. Miller. 2010. Occupational language requirements and the value of English in the US labor market. *Journal of Population Economics* 23(1): 353–372.

Chiswick, B. R. & P. W. Miller. 2014. International Migration and the Economics of Language. IZA Discussion Paper, No. 7880.

Chiswick, B. R. 2008. The economics of language for immigrants: An introduction and overview. IZA Discussion Paper, No. 3568.

Duncan, A. S. & A. Mavisakalyan. 2015. Russian Language Skills and Employment in the Former Soviet Union. *Economics of Transition* 23(3): 625–656.

Dustmann, C. & A. van Soaest. 2001. Language fluency and earnings estimation with misclassified language indicators. *The Review of Economics and Statistics* 83(4): 663–674.

Dustmann, C. & A. van Soaest. 2002. Language and the Earnings of Immigrants. *Industrial and Labor Relations Review* 55(3): 473–492.

Dustmann, C. & F. Fabbri. 2003. Language proficiency and labour market performance of immigrants in the UK. *Economic Journal* 113(489): 695–717.

Gao, W. & R. Smyth. 2011. Economic returns to speaking "standard mandarin" among migrants in China's urban labour market. *Economics of Education* 30(2): 342–352.

Gonzalez, P. S. 2010. The impact of education and host language skills on the labor market outcomes of immigrants in Spain. *Investigaciones de Economía de la*

Educación 5: 798−824.

Imai, S., D. Stacey & C. Warman. 2014. From engineer to taxi driver? Occupational skills and the economic outcomes of immigrants. Economics Department of Queen's University Working Paper, No.1275.

Isphording, I. E. 2014. Language and labor market success. IZA Discussion Paper, No.8572.

Lang, K. & E. Siniver. 2006. The return to English in a non-English speaking country: Russian immigrants and native Israelis in Israel. NBER Working Paper, No. 12464.

Lang, K. 1986. A language theory of discrimination. *The Quarterly Journal of Economics* 101(2): 363−382.

Lazear, E. P. 1999. Culture and language. *Journal of Political Economy* 107(S6): S95−S126.

Quella, N. & S. Rendon. 2012. Occupational selection in multilingual labor markets: The case of Catalonia. *International Journal of Manpower* 33(8): 918−937.

Roodman, D. 2011. Fitting fully observed recursive mixed-process models with CMP. *Stata Journal* 11(2): 159−206.

Rubinstein, A. 2000. *Economics and Language*. Cambridge: Cambridge University Press.

Spence, M. 1973. Job market signaling. *The Quarterly Journal of Economics* 87(3): 355−374.

Willis, R. J. & S. Rosen. 1979. Education and self-selection. *Journal of Political Economy* 87(5): 7−36.

Yao, Y. & J. C. van Ours. 2015. Language skills and labor market performance of immigrants in the Netherlands. *Labour Economics* 34: 76−85.

（本文发表于《制度经济学研究》2017年第1期，第202~218页）

藏族青年语言能力与社会经济地位关系调查研究：以天祝县为例

王浩宇

语言是人类经济活动中的基础性工具。伴随着现代民族国家的出现及社会分工的专业化、精细化，个体的语言能力与经济收入、社会地位、职业声望等已联系得更为紧密。在广大民族地区精准扶贫的背景下，解决好语言问题不仅是推动少数民族个体实现社会流动、参与社会建设的重要基础，同时也是扶智和扶志的有效工具，对推动各少数民族群体实现共同繁荣具有重大意义。本文以甘肃省天祝藏族自治县（以下简称天祝县）为例，结合当地语言环境，从家庭背景、教育经历、经济收入、职业发展等视角呈现藏族青年一代语言能力与社会经济地位的关系，并借此讨论加强国家通用语教育资源的投入和保护民族语言的发展对全面提升个人素质、增强就业竞争力的重大意义。

一、天祝县藏族语言使用情况

天祝县位于甘肃省武威地区南部，是中华人民共和国成立后第一个实行民族区域自治的地方，素有"河西走廊门户"之称。天祝县现有藏族、汉族、土族、回族、蒙古族等22个民族，自古以来就是多民族交流、交融的典型区域。语言转用和语言兼用是近些年天祝县社会变迁最突出的特征之一。从语言使用能力来看，无论是生活在县城的藏族居民，还是以畜牧业为主要生计方式的牧民，大多数都能使用国家通用语进行社会交际；但已有部分藏族受访者不会藏语或藏语使用不熟练（具体数据见表1[①]）。从语言使用范围和频率来看，藏语在天祝县使用范围较小，使用频率较低；国家通用语使用范围广，使用频率较高。在当地整体语言环境中,国家通用语是强势语言[2],藏语仅在寺院、牧区的藏族家庭等特殊语域中被经常使用。

表1 不同时期天祝县牧民语言使用能力对比

语言	时间/年	懂/%	略懂/%	不懂/%	合计/%
藏语	1988	100.0	0.0	0.0	100.0
	2015	64.2	24.5	11.3	100.0
国家通用语	1988	59.3	29.6	11.1	100.0
	2015	94.3	5.7	0.0	100.0

语言态度是影响语言使用的重要因素。从使用价值来看,多数天祝藏族受访者认为在学习、工作和日常生活中,国家通用语的使用价值更高,而藏语则在节庆活动、传统仪式方面具有更多的使用价值。从语言威望评价来看,多数受访者认为藏语更具威望。但需要注意的是,此类人群主要由藏族中老年构成,已有相当数量的藏族青少年认为使用国家通用语会"显得更有身份"。从情感价值来看,大多数藏族成员依然具有较强的"母语情结",并对当前的语言转用现象感到惋惜和遗憾。不过,也有一些藏族受访者对语言转用持支持态度,认为学习与使用国家通用语是社会发展的必然要求。具体调查数据见表2[3]。

表2 天祝县藏族居民语言态度调查　　　单位:%

语言	使用价值评价	威望评价	情感价值评价
藏语	22.4	52.8	66.3
国家通用语	70.7	38.6	32.3
其他	6.9	8.6	1.4
合计	100.0	100.0	100.0

注:"其他"包括"说不清"、土语、英语等。

另外,与其他民族地区类似,天祝县藏族的语言使用也呈现出明显的代际差异现象。整体而言,人口流动、族际通婚、民族交融和市场经济的不断发展,都会在一定程度上继续强化当地藏族转用或兼用国家通用语。未来,藏语在天祝县的传承与发展将面临诸多考验,在语言使用"马太效应"的影响下,如何维系多语并存并用的发展局面是需要人们深入思考的重要议题。

二、语言教育分化与家庭背景的结构性差异

当前,语言环境的变化和社会经济的发展已经深刻影响了天祝县藏族语言使用和语言态度。比起本族语,当地大多数藏族青年更加倾向国家通用语的学习和使用。虽然藏民族成员非常支持本民族语言的发展,但受到升学、就业等社会客观环境的影响,多数人认为首先学习好国家通用语才是未来实现向上流动的基础性条件。

(一)天祝县民族中学与天祝一中[④]藏族学生生源情况对比

天祝县民族中学在校学生总数523人,少数民族学生占在校学生总数的99%(主要为藏族),教学方式主要以国家通用语授课为主,加授藏语文和英语。研究人员从民族中学高二年级和高三年级抽取了部分藏族学生,与天祝一中藏族学生的家庭情况进行对比。[⑤]

1. 生源地

民族中学多数被调查的藏族学生来自天祝县牧区,还有的来自农区,生源地为天祝县县城的学生数量极少,与天祝一中形成鲜明对比。民族中学受访者共88人,家庭住址为牧区、农区和县城的分别有78人、7人和3人;天祝一中受访者共38人,家庭住址为牧区、农区和县城的分别有1人、9人和28人。

2. 父亲职业

从被调查学生父亲的职业来看,民族中学与天祝一中两所学校的情况也有较大的差异。在88名民族中学的受访者中,父亲职业为牧民、农民和从事运输、建筑、餐饮等行业的务工人员分别有49人、16人和19人,个体户和公务员各2人;在38名天祝一中的受访者中,父亲职业为牧民、农民和从事运输、建筑、餐饮等行业的务工人员仅有1人、6人和8人,剩余分别为公务员10人、教师5人、医生2人、个体户6人。

(二)天祝藏族学生教育模式的类型分析

从民族中学藏族学生的教育背景来看,其升学模式普遍具有相似

性。在小学阶段，牧区或者农区的藏族学生就读于当地的双语小学，毕业之后大部分学生进入县城的民族中学读书，包括初中和高中两个阶段。牧区双语小学的藏族学生考入天祝一中的难度较高，仅有极个别学生能够依靠特殊关系进入天祝一中或天祝二中等普通中学读书。初中毕业后，绝大多数学生升入民族中学的高中部。结合相关调查资料，可以将民族中学和天祝一中藏族学生的教育模式划分为3种类型。

1. 教育分化的3类模式

场域和惯习与文化资本的获得和积累密切相关。场域界定社会背景的结构，而惯习则是在这一背景中进行运作的。惯习首先是一种组织化行为的结构，同时也是一种习惯性的状态，来自早期的社会化经验，外在的结构被此种经验所内化（Bourdieu 1977a）。同一阶层的个体在惯习上具有结构上的"亲和性"，表现为实践活动的一致或相似。惯习一方面限定了行为的方式或倾向，另一方面也产生出与早期社会化特征对应的洞察力、抱负以及实践（Swartz 1977）。借用布迪厄社会学理论分析，天祝县牧区的藏族学生受到惯习和场域的影响，其父母所处社会阶层、生长地域及家庭收入等都会对文化资本的获取产生影响。而文化资本的存在又使得不同阶层之间存在文化界限，下层社会的个体缺少上层社会所拥有的教育资本，从而促使下层社会的个体在特定场域中进一步强化其固有的惯习特征（Bourdieu 1977b）。语言作为文化资本的一种形式，与个人的教育和成长轨迹密切相关，并由此再生产出一种结构性的关系。天祝县藏族学生教育分化的具体模式见表3。

表3 天祝县藏族学生教育分化模式

	Ⅰ类	Ⅱ类	Ⅲ类
生活地域	县城	部分乡镇或农区	牧区或部分农区
父亲职业	公务员、教师、医生等	村干部、个体户等	牧民、农民
就读中学	天祝一中、天祝二中	天祝二中、新华中学	民族中学
就读大学	重点或二本院校	专科或二本院校	专科院校或没读大学（高中毕业或辍学）
个人发展	上升渠道多元化	上升渠道较为单一	外出打工、本地待业

注：该表格只做类型学上的划分以说明相关问题，并不适用于所有个案。

关于天祝县牧区藏族学生的升学问题，一位藏族家长在受访时是这样描述的：

> 民中学生的家长都是牧民，他过去也不懂，就知道娃娃要学藏语，学好藏语将来升学不费劲。现在很多家长也知道了，要学好汉语⑥才好找工作，出去以后都是汉语，天祝这地方也是一样。但是牧民家的孩子也考不上（天祝）一中，娃娃藏语学出来，只能去上民中。（受访者：男，藏族，48岁）

2. 近年来民族中学学生、教师数量及重点院校录取率变化情况

伴随着天祝县语言环境的变化，近些年民族中学的发展受到了较大的冲击，导致优秀教师离职及教育质量下滑：

> 过去我们在乡上（受访者来自抓喜秀龙乡）给民中输送（学生）的时候，全县（第）一、（第）二名的学生都有，现在"民考汉"干脆一个（都）考不上，"民考民"也不行，考藏文（"民考民"）连500分的学生都没有，他（们）的数学、汉语各方面都不行。学校发展不好，好的老师都走了。（受访者：男，藏族，51岁）

实际上，自2010年起，民族中学的学生与教师数量就已经开始减少，重点院校的录取率也基本呈逐年下降的趋势。具体数据见表4。

表4 民族中学学生数量、教师数量与重点院校录取率

时间/年	学生数量/人	教师数量/人	重点院校录取率/%
2010	1030	141	0.0
2011	802	140	0.0
2012	740	139	2.3
2013	647	135	0.5
2014	591	130	1.0
2015	532	129	0.0
2016	523	126	0.4

凭借地理位置优势，天祝藏区的现代化进程启动较早，语言环境和人们的教育观念随之发生改变。与此同时，追求语言工具价值的倾向也已成为影响人们思考语言使用与传承问题的重要因素之一。部分藏族学生将更多精力放在国家通用语的学习上，主要是因为社

会就业环境不断发生变化，人们基于未来的个人发展与社会流动而做出的考量：

> 天祝这个地方和兰州、武威这些城市接近，很早这个地方的高速就通了，那我们看到人家的孩子都考清华和北大，我们也想让自己的孩子去念呀，那怎么办，考这些学校要学英语的，那就去上普通高中。现在都一个娃娃，娃娃学（藏语）出来没办法，民中也不是一朝一夕变成这个样子的。（受访者：男，藏族，36岁）

三、语言能力与社会经济分层

语言能力不仅在语言交换中养成，也依靠学校教育的培养。掌握不同经济资本的人，可以有不同的受教育机会，因而也产生出不同的语言能力（高宣扬 2005：304）。在现代社会中，个体语言能力与经济收入、职业声望、社会资本的获取等密切相关，是考察社会经济分层的重要指标。

（一）民族中学藏族学生语言能力和语言态度

对于民族中学藏族学生而言，其国家通用语和英语水平不及普通中学的汉族学生和藏族学生，在劳动力市场中缺乏语言优势；多年的藏语学习效果似乎也并不理想，藏语使用能力较差，在很大程度上又影响着藏族学生的语言态度。

1. 语言能力

研究人员在民族中学高中部采用整群抽样的方式调查校内藏族学生关于国家通用语和藏语的使用能力，见表5。

表5　民族中学藏族学生语言使用能力（N=260）　　单位：%

语言	能熟练交谈	能交谈，不熟练	能听懂，但不会说	听不懂
藏语	11.1	17.7	66.1	5.1
国家通用语	96.9	2.3	0.8	0.0

表 5 样本数据显示，几乎所有藏族学生都能比较熟练地使用国家通用语，但能够熟练使用藏语的人数仅占样本量的 11.1%，大多数藏族学生属于"会听不会说"的类型。调查发现，藏族学生在校园生活中基本使用国家通用语进行交流，部分声称自己"会藏语"的学生在交际中仅能讲一些简单的日常用语。

2. 语言态度

语言是一种集体化的公共产品，为人们提供沟通的渠道，因而其生命在于使用。从经济学的观点来说，选择一种标准、网络或语言就是一种投资，一种语言越有价值，它的寿命就越长，它的使用者就越多（博纳德·斯波斯基 2011：102）。所以，语言与其他大多数商品所表现出的物以稀为贵的价值特性不同——"网络效应"促使语言的工具价值随着使用人数、规模、范围等增多或增大而不断获得提升。在这样一种背景下，民族中学藏族学生的语言态度也在逐渐发生变化，见表 6。

表 6　民族中学藏族学生语言态度（N=260）　　　　单位：%

语言	藏语	国家通用语	英语	其他
在日常生活中，哪种语言对你来说最有用？			
比例	36.9	54.6	5.4	3.1

表 6 数据显示，民族中学仅有 36.9% 的藏族学生认同本族语的使用价值。实际上，调查数据并没有客观反映当前藏族学生真实的语言态度。由于藏语在当地社会使用范围小，使用频率低，加上媒体和市场经济快速发展的影响，部分学生对藏语学习持排斥态度。从整体上看，民族中学藏族学生本族语的使用能力不强，转用国家通用语趋势明显，其语言态度不利于藏语的习得和传承。

（二）民族中学与天祝一中藏族毕业生社会经济分层的个案呈现

语言作为一种文化资本，在现代社会中可以转化为经济资本和社会资本，因而文化资本的差异能够影响社会经济的分层体系。教育分化及语言教育资源的配置差异,导致民族中学与天祝一中藏族学生语言使用能力,特别是国家通用语使用能力具有较大差异。[7]语言能力差异未来又在很大程度上影响着藏族青年一代的职业发展、经济收入和社会地位等。

1.个案调查情况

本研究对当地 20 位从民族中学和天祝一中毕业 5~10 年的藏族学生进行个案调查,主要采用实地访谈或电话访谈的方式,其语言能力、升学与就业、经济收入情况见表 7。

表 7 天祝县民族中学与天祝一中毕业生个案调查

编号	国家通用语/藏语水平	毕业学校	职业	年收入	备注
1	一般/弱	民族中学	个体户	约5万	在天祝县天堂寺附近开小卖铺
2	强/弱	民族中学	教师	约5万	天祝县大西滩乡小学
3	强/强	民族中学	学生	无	澳大利亚药学专业在读研究生
4	强/弱	民族中学	文员	不详	在天祝县县城某打印店工作
5	强/一般	民族中学	公务员	约6万	天祝县县政府
6	强/强	民族中学	教师	约10万	成都市某高校
7	强/强	民族中学	编辑	约12万	拉萨某出版社
8	一般/弱	民族中学	待业	无	在天祝县西大滩乡家中待业
9	一般/弱	民族中学	保安	约2万	天祝县某小区
10	强/弱	民族中学	服务员	约3万	武威市某火锅店
11	一般/弱	民族中学	文员	约3万	天祝县某传媒公司
12	强/一般	民族中学	技术员	约5万	武威市电视台
13	一般/弱	民族中学	司机	约5万	长途车司机
14	一般/一般	民族中学	个体户	约4万	在天堂寺附近经营小旅馆
15	强/不会	天祝一中	歌手	不详	主要在青海、甘肃等地表演
16	强/不会	天祝一中	创业	不详	在兰州从事药材生意
17	强/弱	天祝一中	学生	无	武汉某高校在读博士生
18	强/不会	天祝一中	公务员	不详	广州市某区政府
19	强/弱	天祝一中	教师	约10万	在兰州市从事音乐培训工作
20	强/强	天祝一中	公务员	约10万	上海市某政府机关

2. 个案信息呈现

表 7 在一定程度上可以说明，语言使用能力、教育背景的差异与职业地位、经济收入等关系密切。例如：多数天祝一中毕业的藏族学生在省会城市就业，平均年收入与职业地位相对较高；多数民族中学毕业的藏族学生在天祝县或中小城市工作，平均年收入与职业地位相对较低。在天祝县藏族群体内部，家庭背景较好的学生拥有更好的教育条件，从而获得良好的语言能力（这里主要指国家通用语的使用能力），甚至是获得更强的学习自信，进而在未来的职业选择和经济收入方面更具优势。

值得指出的是，表 7 数据还显示，3 号、6 号、7 号受访者虽然毕业于民族中学，但经济收入和职业地位相对较高，在社会分层体系中处于中上层。调查得知，3 号受访者目前是澳大利亚某高校药学专业在读研究生，主要从事藏药方面的研究；6 号、7 号受访者是姐妹关系，分别在某大学获得博士和硕士学位，目前从事藏族社会研究和藏语编辑工作。另外，20 号受访者在上海某政府机关工作，平日所处理的主要事务与少数民族事务关系密切。上述受访者从事的工作都与传统藏文化和藏语文密切相关，从另一角度理解，正因为具备了较强的藏语文使用能力，在一定程度上也促使其获得了较高的社会经济地位。

（三）藏族青年一代语言能力与社会经济地位关系的类型分析

基于上述田野材料，可将藏族青年一代的语言能力与社会经济地位的关系划分为国家通用语单语、民族语单语和国家通用语—民族语双语 3 种模式进行考察。

1. 国家通用语单语模式

由于语言是高度集体化商品，所以有可能会出现这样的蜂拥现象：有些人为了获取这些商品挤进去，有些人则为了摆脱这些商品要冲出来。而当大家都蜂拥去学习一门中心语言时，其使用者越多，想要学习这门语言的人也就越多（博纳德·斯波斯基 2011：102）。受天祝县整体语言环境影响，与本族语相比，当地大多数藏族青年更加倾向国家通用语的学习和使用。然而，掌握经济资本或社会资本的差异与教育资源的获得密切相关，与教育相关的文化资本差异又会对社会分层的再生产发挥作用。在藏族青年内部，由于获得的语言教育资源不同，国家通用语使用能力强的藏族青年在升学、就业中更具优势，社会经济地位也更高；国家通用语使用能力较弱的藏族青年在升学、就业中均不占优势，社会经济地位一般或较低。

2.民族语单语模式

除在牧区生活的个别藏族老人之外，目前天祝县并不存在藏语单语人的情况。当地藏民族成员普遍认为，拥有一定或较强的国家通用语使用能力不仅是劳动力市场的准入条件，也是与他人交流、更好地融入社会生活的必要条件。就全国整体情况而言，仅能使用少数民族语言的个体已经无法适应当前中国社会的发展趋势。

3.国家通用语—民族语双语模式

国家通用语—民族语双语模式是提升少数民族青年一代社会经济地位的最有效模式。如表7个案信息所示，在具备良好的国家通用语使用能力基础上，熟练或比较熟练使用本族语也是促使少数民族青年能够在科学研究、文艺文化、行政管理等领域不断发展的关键因素。正是从这个意义上看，即使在语言使用"马太效应"的影响下，民族语言所能发挥的也不仅是基本的身份认同功能，同时还伴有一定的社会经济效益。另外，在贫困地区精准扶贫、旅游开发和特色产业升级的背景下，民族语言发展的"长尾效应"值得人们关注。一方面，在现代社会中，语言作为一种任何人都有机会使用、存量却不会减少的社会财富，是促进社会流动的基础性要素；另一方面，部分藏族青少年对于民族语言的忽视，也可能使其失去获得民族语言本身能够带来的特殊经济文化价值的机会。

四、结语

在布迪厄看来，教育体系通过自己本身逻辑的简单运作就能确保永久的特权（鲁思·华莱士，艾莉森·沃尔夫 2008：94）。天祝县的个案研究表明，藏族青年一代的家庭背景与教育背景的差异对其语言能力强弱的影响较大，而语言能力本身又在某种程度上维系与再生产了一种社会分层。语言知识和技能具有"元知识""元技能"的属性，是个体获得其他知识和技能的重要基础，对大部分知识和技能，个体都必须通过其所掌握的语言技能来获得（王海兰 2018）。藏族精英家庭的子女拥有较多的社会资本，能够获得优质的语言教育资源，从而在就业环境中更具优势；但普通牧民家庭子女由于无法获得优质语言教育资源，致使其在未来的升学就业、职业发展和经济收入等方面均不占优势。

加大国家通用语教育资源的投入、促进少数民族青年一代学好国家通用语，是推动其实现社会流动的基础性条件。即使在保护多元文化的社会体系中，少数民族实现社会流动仍然需要学习某种强势语言（Bourhis 2001：36）。今天的汉语文作为中国国家通用语已经成为世界现代知识体系的重要新载体，在中国国内的知识交流和知识创新过程中扮演着不可替代的工具作用（马戎 2016）。少数民族学好国家通用语是提升个人素质、增强竞争力、全面参与现代化进程的语言基础。对于少数民族青少年而言，获取参与社会、经济和政治活动所需的教育的权利，特别是优势语言的教育权利，也是基于能在广大社会中获得机会并主动参与的需要（詹姆斯·托尔夫森 2014：68~70）。在当前精准扶贫的背景下，帮助贫困地区的少数民族群众获得良好的国家通用语使用能力更是推动脱贫攻坚从"输血"走向"造血"之路的必要条件。

语言扶贫工作也要保护好民族语言的传承与发展。在语言工具主义看来，保持多语或双语是重要的，特别需要重视强势语言之外的其他语言的经济价值（詹姆斯·托尔夫森 2014：175）。从事实上看，民族语言能够为少数民族青年一代的职业发展提供智力支持，增强其在创新创业、组织管理，甚至是国际交流方面的能力。"双语"对于少数民族学生的个人发展具有正面影响。同时，任何一种民族语言都是宝贵的文化资源，从语言与文化、社会发展的角度来看，语言多样化程度的降低会减少我们可以汲取的知识源泉，从而降低人类的适应能力（苏·赖特 2012：214）。当前，营造少数民族青少年积极学习本族语的氛围，是实现各民族共同繁荣和提升国家软实力的关键举措。

注释

① 表1中1988年调查数据来自中国社会科学院民族研究所语言室的科研人员1986—1988年对当时全国5个自治区、30个自治州、113个自治县（旗）和15个少数民族居住的省所进行的语言使用情况调查，其中天祝县所选调查点为牧区，调查对象为牧民，样本量不详。2015年数据源于笔者在天祝县的田野调查，调查点分别为西大滩乡、天堂乡和抓喜秀龙乡。调查对象为当地的藏族。调查采用分层抽样的方式收集数据（主要参考年龄因素进行分层），有效样本量N=466。本文选择天祝县抓喜秀龙乡（天祝县藏族聚居区之一，当地最大的牧区）的语言数据（N=97）与1988年数据进行比较。需要说明的是，由于指标设置与抽样方式的不同，这一资料对比难免会在一定程度上产生误差。参见王浩宇、何俊芳《天祝县藏族居民语言使用现状调查与思考》，《中央民族大学学报（哲学社会科学版）》2015年第5期。

② 戴庆厦曾指出，使用"强势语言"与"弱势语言"的名称，是为了区分语言功能的大小，这是属于语言社会学的概念，与语言结构特点的差异无关，因而丝毫不含轻视弱势语言的意味。不同语言的内部结构，各有自己的特点，也各有自己的演变规律，这是由各自语言机制系统的特点决定的，不存在"弱势"和"强势"的差异。

③ 表2中语言态度调查有效样本量N=369，由于抓喜秀龙乡属于牧区，语言使用情况较为特殊，故语言态度的分析仅采用西大滩乡和天堂乡的调查数据。数据采集方式与表1数据一致。其中，语言使用价值评价、语言威望评价、语言情感价值评价的测量问题分别为"在日常生活中，哪种语言对你来说最有用？""使用哪种语言让你感觉自己最有身份？""平时听到哪种语言让你感到最亲切？"。

④ 天祝一中是当地教育质量最好的普通中学。

⑤ 民族中学样本采用整群抽样的方式在高二年级和高三年级各抽取一个班级而获得；由于天祝一中藏族学生数量较少，样本通过偶遇抽样、滚雪球抽样，以及学校教师推荐访谈等方式而获得。

⑥ 马戎等国内学者提出，"汉语"一词的提法并不准确，容易引起误读，建议使用"国家通用语"之称。

⑦ 需要说明的是，由于天祝县藏族兼用或转用国家通用语的时间较早，相比于其他藏区，当地藏族青少年的国家通用语水平整体较高（就国家通用语而言，民族中学和天祝一中的藏族毕业生都声称自己具有较强的使用能力）。但

是，根据当地中学教师的介绍，实际上民族中学与天祝一中的语文教学质量差距较大，两校藏族学生的语文成绩，特别是写作能力与口语表达能力也存在着较大的差距。

参考文献

博纳德·斯波斯基　2011　《语言政策——社会语言学中的重要论题》，张治国译，北京：商务印书馆。

高宣扬　2005　《当代社会理论（上）》，北京：中国人民大学出版社。

鲁思·华莱士，艾莉森·沃尔夫　2008　《当代社会学理论——对古典理论的扩展（第六版）》，刘少杰等译，北京：中国人民大学出版社。

马　戎　2016　汉语的功能转型、语言学习与内地办学，《中南民族大学学报（人文社会科学版）》第 5 期。

苏·赖特　2012　《语言政策与语言规划——从民族主义到全球化》，陈新仁译，北京：商务印书馆。

王海兰　2018　语言人力资本推动经济增长的作用机制研究，《语言战略研究》第 2 期。

詹姆斯·托尔夫森　2014　《语言教育政策：关键问题（第二版）》，俞玮奇译，北京：外语教学与研究出版社。

Bourdieu, P. 1977a. *Outline of a Theory of Practice*. Cambridge: Cambridge University Press.

Bourdieu, P. 1977b. Cultural reproduction and social reproduction. In J. Karabel & A. H. Halsey (eds.) *Power and Ideology in Education*. New York: Oxford University Press.

Bourhis, R. 2001. Acculturation, language maintenance, and language shift. In J. Klatter Folmer & P. Avermaet (ed.) *Theories on Maintenance and Loss of Minority Languages*. Münster New York, München, Berlin: Waxmann.

Swartz, D. 1997. *Culture and Power: The Sociology of Pierre Bourdieu*. Chicago: University of Chicago Press.

（本文发表于《语言战略研究》2019 年第 1 期，第 67~75 页）

语言经济学视角下藏族大学毕业生藏汉双语水平与收入的相关性研究：以青海省T县藏族大学毕业生为例

英吉卓玛　张俊豪

一、引言

　　少数民族人才培养是我国少数民族教育的根本任务，少数民族大学生作为民族地区的高素质人才，在民族地区的经济发展和社会稳定中发挥着不可替代的重要作用。从国家与社会层面来看，这是促进少数民族群体融入主流社会，实现民族地区经济文化发展的重要举措；从个人层面来讲，对第二语言或第三语言的学习是期望将来更好地适应现代社会，提高自身的就业竞争力，在未来进入社会产生经济收益。语言经济学强调语言的经济属性，认为语言作为人类经济活动中基础性工具，具有与其他资源一样的经济特性，即价值、效用、费用和收益，个人和社会可以通过对语言进行投资来获得相应的资源回报（Marschak 1965）。本研究从语言经济学的视角出发，关注接受藏汉双语教育的藏族大学生在完成学业、进入就业市场后是否因其所持的双语技能而得到相应的经济回报，不同语言的经济价值是否存在差异等问题。笔者采用量化检验与质性访谈相结合的研究方法，对藏族大学毕业生藏汉双语水平与收入的相关性做一探讨，并从语言经济学的视角对这一关系做出阐释。

二、研究对象与研究方法

（一）研究对象

本研究将青海省 T 县 M 中学 2008 届 2 个班级（共 102 名）的学生作为跟踪研究对象，主要有三方面原因：首先，青海省是多民族共同聚居、多元文化相互交融的省份，其辖区内有 5 个以藏民族为主体、多民族交错杂居的藏族自治州，各个自治州以其独特的双语教学办学方式为安多藏区培养了大量双语双文化人才。青海省 H 藏族自治州 T 县为典型的以藏民族为主、多民族杂居的藏族聚居区，该地区历来重视教育和文化发展，主要经济生产类型有农业、牧业、林业、手工业及工业等。近年来，随着西部大开发战略的实施，T 县政府将第三产业即服务业和旅游业作为主要发展方向。T 县以藏汉双语教学一类模式（即以藏语为主要教学语言，加授一门汉语课程）为主要的办学模式。研究对象所在的学校 M 中学为该县历史最为悠久的民族学校，从 1988 年至今一直采用一类模式进行双语教学，多年来，取得了良好的教学成果，为各高校输送了众多优秀的双语学生。该校学生的藏汉双语水平大致可代表该地区藏族学生的整体双语水平。其次，在调研中获悉，M 学校 2008 届 2 个班级 102 名学生高中毕业后大部分考入了不同层次的大学。其中考上本科的学生占 20%，考上预科的学生占 10%，考上大专的学生占 65%。这一数据比例与在该县教育局获悉的该县藏族学生整体的毕业、升学比例相吻合。因此，这一群体的毕业、升学情况可大致说明该地区藏族大学毕业生的大致走向。再次，因笔者是当地人，了解家乡的文化环境，熟悉当地的社会资源，这使笔者较容易进入现场，获得相关资料。

（二）研究方法

国际通用的 SPSS 20.0 软件中的相关分析和回归分析是分析客观事物之间统计关系的数据分析方法。其中，相关分析用来揭示两个变量之间关系的密切程度，回归分析进一步揭示两个变量之间的因果关系和数量变化规律。本研究在检测藏汉双语水平与收入两个变量间相关系数时选择了皮尔逊相关系数来度量，在进行相关关系的显著性检验时采用了双尾检验法。同时，除了对这一主题进行量化检验外，笔者在这102位毕业生中依据个体掌握藏汉双语或藏、汉语情况不同，选择了13位个案人做深入访谈，目的是从他们自身求职、就业经历来了解藏汉双语水平对就业的影响，尤其关注藏汉双语水平与收入在量化数据中呈现出来的相关性背后的原因。

三、藏族大学毕业生藏汉双语水平与收入的相关性

（一）数据来源

笔者将目标群体的高考语文成绩作为藏汉双语水平主要的衡量指标。这一界定主要出于两个方面的考虑：第一，截至目前，国内还没有专门测评藏族学生藏汉语言水平的考核方案，少数民族地区的高考作为考查学生听、说、读、写能力的考核制度，各科成绩基本能代表其语言水平；第二，通过分析笔者在该校档案室所获得的目标群体高中三年藏、汉语科目期终考试成绩和高考中藏、汉语科目成绩，发现目标群体高中期间藏语与汉语成绩的上下波动基本呈一致性，这说明这些学生藏、汉语言水平基本呈稳定状态或向上提升趋势。这一结论在笔者的访谈中也得到证实，那些在基础教育阶段汉语或藏语水平较高的人，在大学阶段或参加工作以后，其汉语或藏语水平一直会保持相应高水平或得到更大进步。因此，出于藏汉双语水平测量工具的欠缺和个体语言水平在中学阶段呈稳定状态的考虑，笔者将目标群体高考中藏、汉语科目成绩作为衡量他们藏汉双语水平的重要指标。

关于目标群体的就业情况和收入数据资料的获得主要有三条途径：首先，笔者走访学校的档案室查询这一群体的毕业去向与联系信息，联系到了部分学生；其次，由于这些学生都是本地居民或来自周边的村庄，同学之间的联系常在，利用"滚雪球"的方式很快就掌握了大多数学生的情况；除此之外，当年教授这两个班级的班主任或其他老

师与一些学生一直保持着联系,他们也提供了有益的帮助。据了解,这些学生中,已获得稳定工作(公务员或事业单位)的占 20% 左右,继续读研究生的占 8%,大约有 50% 的学生是在做临时性工作(如代课老师),这部分人的最终目标还是为了考上公务员或事业单位,其余(22%)处于待业状态,但是抱着继续考公务员或进入事业单位的心态。

(二)数据分析

笔者通过田野调查发现,熟练掌握藏汉双语的藏族大学毕业生月均工资收入为 2000~3000 元;而藏语水平偏高、汉语水平偏低的毕业生月均收入约为前者的 1/2。根据调查数据,笔者对目标群体藏汉双语水平与收入的关系做了量化考核。经检验,目标群体的藏汉双语水平与收入之间呈现两种关系,分别是:藏汉双语水平高,则收入高;汉语水平高则收入高,汉语水平低则收入低。具体如表 1 所示:

表 1 藏汉双语水平与收入的关系

变量	1	2	3
汉语水平	1		
藏语水平		1	
收入	0.537***	0.297*	1

由表 1 可以看出,除去藏语水平的干扰,汉语水平与收入呈显著正相关($p < 0.001$);除去汉语水平的干扰,藏语水平与收入呈正相关($p < 0.05$)。汉语水平与收入的相关系数 0.537 大于藏语水平与收入的相关系数 0.297。因此,藏汉双语水平与收入呈正相关性,并且汉语水平与收入的关系更为密切。

为了进一步揭示藏汉双语水平与收入变量之间的因果关系和数量变化规律,笔者进一步做了回归数据分析。

将收入作为因变量(Y),汉语水平为第一个自变量(X_1),藏语水平作为第二个自变量(X_2),得出回归方程:$Y=a+b_1X_1+b_2X_2$。计算出 b_1 与 b_2,经检验均显著,则表明这两个变量均对收入有影响,并且可以知道其影响的大小。

表2 藏、汉语水平与收入之间的回归分析

来源	SS	df	MS	F*	PRE(R^2)	P
SSR	5 460 714.057	2	2 730 357.029	24.771	0.456	0.000*
SSA	6 503 156.910	59	110 222.998			
SSC	1.196E7	61				

在定性研究的访谈部分，笔者主要围绕研究对象的就业意向、藏汉双语和藏、汉语言分别在就业过程中发挥的作用等主题展开。首先，从就业地意向来看，这些藏族大学生大多有"恋乡情结"，都愿意回到本民族地区就业。其次，从就业工作意向来看，藏族大学毕业生能够选择的工作范围有限，主要有公务员、事业单位工作人员，还有特岗教师、代课老师、大学生村干部等。据L同学说："我身边的所有同学几乎都会参加公务员或者事业单位的考试。因为我们在大学里学的都是藏学，很少有岗位提供给这个专业。"因此，他们在面临就业时，或者选择考取教师资格证，从事教师职业；或者报考专业不限类的公务员或事业单位。再次，保守的就业观和对稳定、有保障的工作与生活的追求也使他们对其他就业途径持观望心态。因此，公务员再难考，他们也会选择一次又一次、一年又一年地考下去。

当提及藏汉双语水平在求职、就业中发挥的作用时，被访对象以自身的求职、就业经历对这一问题进行了回答。汉语水平比较好的Z同学说："我认为在找工作的时候，无论你到哪里，想做什么工作，目前来说汉语都是最重要的。因为所有的公务员考试、事业单位考试形式大部分都是汉语出卷子，汉语不好的人是很难考上的。如果汉语好，复习考试时相对容易一点，我的朋友中考上公务员或事业单位的都是汉语比较好的。"汉语水平比较差的K同学回答："我非常想去基层偏远的山区学校当老师，因为我就是从那里出来的，我知道那里很需要老师，尤其是我可以用藏语和汉语互补教学。但就是因为汉语不好，考了好多次教师资格证都没有考过，所以我很苦恼。"藏汉双语水平都比较优秀的M同学则说："我所经历的两个考试，一个是村官，一个是事业编制的单位。乡镇事业编的单位需要一个人，报名了70多个，我考上了泽库乡政府的经济发展研究中心。我觉得我能顺利考上，主要是因为我的汉语还不错，让我顺利通过了求职考试。工作后，我发现藏语也有很重要的作用，因为我的工作地居民都是藏族，周围都是藏族文化圈，在办事时都需要藏语来进行交流，所以这让工作进展得更顺利。"笔者在与其他研究对象的访谈中也获得了相似的信息内容。

通过对这些藏族大学生的访谈了解到，汉语水平高低决定了你在求职时能否在政府部门或事业单位找到一份稳定的工作，而藏语水平决定着你能否在当地顺利地开展工作。

四、藏汉双语水平与收入关系的成因分析

（一）藏区社会经济与文化的发展决定了对具有较高藏汉双语水平人才的需求

当前，随着世界范围的经济一体化与全球现代化进程的加快，藏区社会也面临着重大变革，传统的社会生存模式逐渐开放，向现代化社会转型，经济生产方式也逐渐由传统的自然经济向开放的市场经济转型。在这一过程中，经济的快速流通、文化的传播交往使得藏族与其他各民族的交往更加频繁。汉语作为全国通用语言，在各民族之间的彼此交流中起到了桥梁作用。同时，青海省T县是藏族聚居区，藏族人口占当地总人口的69.44%，本地区社会经济文化生活的主体还是藏民族，藏语是当地民众生活交流中的首选语言。在本研究中，黄南藏族自治州籍藏族大学毕业生完成学业后，大多返回本地区工作，虽然不同工作对汉语有一定的要求，但他们在工作中接触最多的是本民族同胞，这就使得藏语在实际的工作交流中起到非常重要的作用。

因此，藏族大学毕业生想要获得一份理想的工作，一方面，需要具备较高的汉语水平来学习和引进先进的科学文化知识和创新的理念，同时将本地区的实际情况以更为准确的文字做上传工作；另一方面，也需要具备较高的藏语水平来普及外来的科技文化成果，将先进的创意更好地让本民族同胞理解，同时也将国家的政策方针更好地向基层民众传达。在现代藏区经济社会发展中，只有藏汉兼通的双语人才，才能做好上传下达的工作，才能真正致力于藏区的发展，真正造福当

地百姓。持较高藏汉双语水平的大学毕业生在当地更容易获得就业机会，获得相应较高的经济回报，在调查分析数据上表现为：藏汉双语水平高者，其收入就高。

（二）汉语在求职考试中的作用决定了汉语水平与收入的相关性更加显著

从本研究的田野调查可知，大多数藏族大学毕业生愿意回到本民族地区工作，并且90%都会尝试着参加公务员或者事业单位的考试，因为他们想获得稳定、有保障的工作。然而，要得到这份稳定的工作，就要看能否通过相应的考试了，在这些选拔考试中，汉语是主要的考试语言。因此，与汉族学生相比，藏族学生处于弱势，与汉语好的藏族学生相比，汉语差的藏族学生处于弱势。这就会使汉语水平高的大学毕业生更容易找到相对稳定、有保障的工作，从而获得相应的经济回报，这也呼应了量化检验中汉语水平与收入呈显著正相关的检验结果。

（三）藏语水平在实际工作中起到的"增值"作用

在藏汉双语水平与收入的量化考察中，藏语水平与收入的相关性并不明显。但是笔者通过质性的研究与访谈了解到，藏语在当地实际工作中有着不可忽视的作用。在本研究中，这些藏族大学毕业生在完成学业后，大多返回本地区参加工作，工作中接触最多的是本民族同胞，这就使得藏语在实际的工作生活交流中起到非常重要的作用。一者在民族地区还有部分藏族群众不懂汉语，这就需要藏族大学毕业生使用藏语与其交流；二者如果藏族毕业生在工作过程中不懂藏文、不说藏语，就很难受到藏族同胞的欢迎，工作难以顺利开展。相比之下，汉语水平在藏族大学生工作之后并没有发挥比藏语更重要的作用。因此，藏语在藏族大学毕业生就业之初，尤其是在就业招考中没有体现其价值，在藏语水平与收入的数据分析中也未能呈现出来，但在藏族大学毕业生返回本民族地区参加工作后，其重要性明显上升，母语的不可替代性逐渐凸显出来。

五、藏汉双语水平与收入关系形成的语言经济学分析

语言经济学（Language Economics）由美国经济学家雅各布·马萨克（Jacob Marschak）于1965年提出，他在《语言的经济学》一文中指出：语言经济学的目的是在信息经济学的研究中揭示出语言的经济学性质。其核心观点是：语言作为人类经济活动中的基础性工具，具有与其他资源一样的经济特性，即价值、效用、费用和收益，研究这四个方面及其相互关系成为语言经济学探讨的重要内容；并认为一种语言的某些特征随着时间的推移被保留下来或被抛弃，主要取决于该语言在最短的时间内传递最大信息量的能力（Marschak 1965）。语言经济学对语言与收入的关系这一主题的关注，很大程度上是受当时历史环境的影响，尤其是在20世纪40年代及第二次世界大战之后，一些国家民族主义情绪高涨，有关殖民等历史遗留问题纷纷凸显，语言经济学从官方语言与多语言政策、双语教育及语言与收入关系等方面展开了大量的实证研究（张卫国 2008）。如加拿大学者（Breton）率先从民族主义的角度开启了经济学对双语及多语现象的研究（Breton 1972）。此后，研究者开始把目光更多地投向语言交际功能和语言的人力资本属性上，特别强调主动获取语言技能是人们经济优势的一种来源。随着语言学习这种人力资本投资对个体经济活动的影响日益明显（特别体现在移民的劳动收入上），并且围绕着语言认同和语言能力共同决定劳动力收入这一话题展开了大量的实证研究。

在本研究中，青海省T县返乡工作的藏族大学毕业生藏汉双语水平与收入的相关性检验结果可以说明两点：

首先，论证了语言的经济价值属性，即语言技能和其他技能一样，具有资本的性质和价值取向，个人和社会可以通过对语言进行货币投入和时间投入来获得相应的资源回报。体现为个体增加对藏汉双语习得的投入，其在就业市场就会获得相应较高的收入回报。同时，通过访谈，笔者发现持较高藏汉双语水平的藏族大学毕业生因双语优势所获得的价值效益不仅表现在其高收入上，还体现在他们的工作职位、工作部门等方面。

其次，藏、汉两种语言的经济地位有高低之分。在青海省 T 县，相对于藏语，汉语与收入的相关性更加显著，持较高汉语水平的藏族大学毕业生在就业市场所获得的经济回报（收入）高于汉语水平较低者，这一现象主要是因为汉语为国家通用语言，并在就业招考中是主要的考试语言，在就业之初有着较高的经济价值。因此，汉语水平在就职之初发挥着显性价值属性。关于主流语言水平与收入相关性，贝利·R·奇西克（Barry R. Chiswick）和保罗·W·米勒（Paul W. Miller）做了相关研究，他们通过《语言与收入之间的内生性：国际分析》一文（Chiswick & Miller 1995），分析了主流语言的流利度对收入的影响，以澳大利亚为案例证实了假设：相比其他变量，收入与主流语言技能有最高的相关度。

然而，在本研究的访谈部分，笔者了解到，藏族大学毕业生的藏语水平在具体工作中的使用价值更高，发挥着隐性的价值属性。语言经济学虽然强调某一种语言所带来的经济价值，但是青海省 T 县属于以藏族为主的多民族聚居区，藏语作为当地民众的主体语言，也是这些藏族大学毕业生的母语，如果只关注语言与收入数据上的相关性，而忽视了具体社会情境中的现实需求，将有可能会导致一系列社会问题。西方学者安德烈·莫林斯基（Andrew Molinsky）也有相关论述，他在《语言的流利和文化失礼的评价——俄罗斯人在美国的面试工作》（Molinsky 2005）一文中，通过对俄罗斯人在美国就业时所遇到的问题进行分析研究得出结论：由于受到工作环境语言是非母语的限制，在第二语言或第三语言的工作环境中工作，语言不熟练影响工作的发挥，并且通常会伴随行为表现的消极和不恰当性。不通藏语的求职者虽然在用汉语考试的公务员和事业单位招考中被录用，但是在被分配到藏区乡镇一带工作后，由于不通民族语言，在实际工作中的困难逐渐凸显。

六、结语

接受藏汉双语教育的藏族大学毕业生从小学习两种或三种语言，对于第二或第三语言学习的投入（包括时间、精力、经济）比普通学校的学生多。通过双语学习这种知识资本的积累而获得的双语能力作为一种价值资源,是期望在将来得到相应的回报,这一关系假设在本研究中的研究对象身上得到证实。通过对青海省 T 县的田野调查,笔者发现:藏汉双语水平均高的藏族大学毕业生就业最顺利,他们在将来更容易获得理想的社会地位与经济地位。同时,本研究也认为,须认清汉语水平在就职之初发挥的显性价值属性和藏语水平在工作中发挥的隐性价值属性。因此,提高藏族学生的汉语水平固然必要,但藏语水平也同样重要,不论从语言保护与传承的视角还是其具有的隐性价值来看,藏语的习得和提高藏族大学毕业生的藏语水平都不容忽视。这一结论为思考我国少数民族地区的双语教育发展路径提供了理论视角,也为反思我国少数民族地区高校毕业生就业政策中的考试用语制度改革提供了现实的依据。

参考文献

张卫国　2008　语言的经济学分析:一个初步框架,山东大学博士学位论文。

Breton. 1972. Economics of nationalism. *Journal of Political Economy* (4).

Chiswick, B. R. & P. W. Miller. 1995. The endogeneity between language and earnings: International analyses. *Journal of Labor Economics* 13(2): 246–288.

Marschak, J. 1965. Economics of language. *Behavioral Science* (10).

Molinsky, A. 2005. Language fluency and the evaluation of cultural faux pas: Russians interviewing for jobs in the United States. *Social Psychology Quarterly* (6).

(本文发表于《民族教育研究》2016 年第 3 期,第 24~29 页)

中越边境居民语言能力与经济收入关系研究：以广西东兴市为例

卞成林　刘金林　阳柳艳

国内外理论与实证研究成果均表明，作为一种人力资本，语言技能的投资有利于提高个人收入和社会地位。作为一种交易制度和交际媒介，推广通用语是促进各族人民交流、交融，增进世界各国经贸合作，提升开放合作水平的必要之举。位于中国西南边陲的广西壮族自治区，与越南接壤，是中国唯一与东盟陆海相连的省区，在长度超过1000公里的陆地边境线上，分布着8个边境县（市、区），因而在深化与东盟开放合作、维护国家安全和西南边境稳定方面具有重要的战略地位。同时，广西是中国少数民族人口最多的自治区，也是革命老区、民族地区、边疆地区，有29个国家级贫困县和20个国际深度贫困县，因此是全国精准扶贫工作的重点地区，国家脱贫攻坚的主战场之一。但由于地处深山、交通闭塞、长期与外界隔绝，基础设施与社会事业发展滞后；且教育资源匮乏，广西边境山区大多数贫困户受教育程度低，不学汉语、不识汉字、不懂普通话，语言之基缺失，语言障碍凸显，日益成为这些地区精准脱贫的基础性制约因素之一。扶贫先扶智，扶智先通语，语言的精准扶贫成为国家精准扶贫基本方略在这些地区成功贯彻的前提和保障。

对广西边境居民语言生活状况进行广泛调研，基于语言经济学视角深入分析语言技能的习得对当地家庭收入、劳动力外出流动、务工经商等的影响，进而从普通话推广等语言政策的角度提出促进广西边境地区居民全面脱贫及提升国家开放合作水平的政策建议，无论是对广西边境地区深度融入"一带一路"建设，还是保障其脱贫攻坚任务的完成，乃至对国家全面建成小康社会目标的实现都具有积极意义。

一、调研设计

（一）调研对象

广西边境地区共涉及 8 个县（市、区），分别为东兴市、防城港市防城区、崇左市宁明县、凭祥市、崇左市龙州县、崇左市大新县、靖西市、百色市那坡县。本文调研对象为东兴市。东兴市地处广西壮族自治区南部，既沿边、沿江又沿海，是中国陆地边境线起点、海岸线终点的交会城市，中国与东盟唯一海陆相连的口岸城市，也是中国—东盟自由贸易区和"两廊一圈""泛北合作""一轴两翼"的核心地带，与越南北部最大、最开放的芒街口岸经济特区仅一河之隔。

东兴市陆地边境线 39 公里，包括 8 个社区，18 个自然村，共 14 863 户，69 820 人①。边境线上所有居民均为本次调研的调研对象，为全样本调研。

（二）调研内容和方法

调研内容包括姓名、性别、年龄、语言能力、职业、年均收入、当地特色产业、当地民族文化、少数民族语言使用与民族文化传承等内容。语言能力是指掌握语言的能力，表现为人能够说出或理解前所未有的、合乎语法的语句，能够辨析有歧义的语句，能够判别表面形式相同而实际语义不同或表面形式不同而实际语义相似的语句，以及听说读写译等语言技能的运用能力。参考汉语水平考试（HSK）、商务汉语考试（BCT）、大学英语四、六级考试口语考试（CET-SET）等关于汉语、商务汉语、英语水平等级的描述以及 Alderson et al.（2014）②关于语言能力等级的分类标准，着重从语言作为交际工具的角度，调研组将居民语言能力（包括普通话）分为熟练、一般、略懂、不会 4 个等级。熟练指在生活中可以比较熟练运用某一种或多种语言进行交流；一般指在生活中可以比较有效地运用某一种或多种语言进行交流；略懂指在生活中能够听懂基本的词汇，可以运用某一种或多种语言进行基本交流；不会指在生活中尚未具备运用某一种或多种语言进行交流的能力。调研组将被调研居民的职业分为7类：务工、务农、经商、公职人员、学生、其他工作[③]、无业。调研组根据边境居民的收入水平，将年均收入水平分为4个等级：0~20 000元、20 001~36 000元、36 001~72 000元、72 001元及以上。

调研主要采用实地调研和问卷调研相结合的方式，通过入户访谈和座谈交流，对东兴市边境全体居民开展结构性访谈（标准化访谈、封闭式访谈）、半结构性访谈与无结构性访谈（开放式访谈），实地调研东兴市边境居民的生产生活、少数民族文化特色、中越人文交流、中越产业合作、边境劳动力流动等现状，全面收集真实可靠的第一手资料。问卷包括主观题和客观题两个部分：主观题包括对当地特色产业发展的建议、少数民族文化是否应该加强保护[④]、推普是否会影响少数民族语言的使用等，客观题目包括被访者的姓名、性别、年龄、语言能力、职业、年均收入等。

（三）调研的组织与实施

考虑到调研内容主要涉及经济学、语言学、社会学3个学科，课题组充分吸收这3个学科的专家形成调研队伍，共计17人。其中，语言学教授2人，讲师3人，在读硕士生8人；从事制度经济学、区域经济学等经济学学科领域研究的教授1人，讲师1人，在读硕士生2人。调研组对东兴市开展了为期8天的调研，具体日期为2018年2月26日至3月5日。其中，2018年2月26日为前期准备阶段，主要工作包括调研问卷的打印、与政府部门和村委的沟通、调研方案的制订等。2018年2月27日至3月3日为正式调查阶段，课题组成员按照调研任务分工，对各自负责的村、屯的居民开展入户访谈和座谈交流，获取第一手调研信息。2018年3月4日为实地调查阶段，课题组有针对性地选择部分镇、村、屯开展实地调研，搜集少数民族特色文化的保护和传承、特色小城镇的建设、精准扶贫的成效、优势产业的发展等材料。2018年3月5日为调研数据统计阶段，课题组对调研问卷及收集的资料进行系统的整理、统计、分析、研究，撰写调研报告。调研过程中，对学龄前儿童以及在外务工、在外经商的居民，调研组主要通过访谈他们的父母、兄弟姐妹等亲人或村委会干部获取他们的相关信息。

二、东兴市边境居民语言能力分析

（一）多语能力分析

东兴市边境居民所操语言[⑤]有普通话、白话（粤方言）、客家话、京语[⑥]、壮语、越南语。调研结果表明，东兴边境居民多语言使用现象普遍：使用单一语言的有15 672人，包括使用白话的15 646人、使用客家话的26人；使用2种语言的有40 851人；使用3种语言的有13 227人；使用4种语言的有70人（详见图1）。

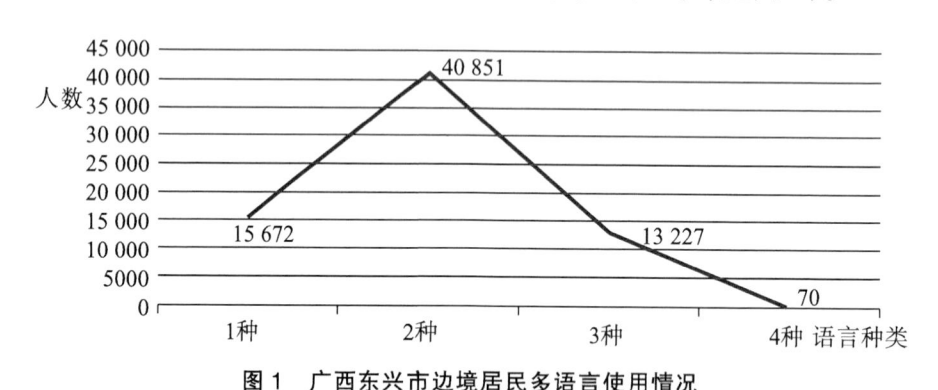

图1　广西东兴市边境居民多语言使用情况

在双语使用过程中，主要表现为当地母语与普通话，如京语与普通话、白话与普通话、客家话与普通话，掌握[⑦]当地母语与普通话的人数较多，占双语使用总人数的99.19%，其中使用白话与普通话的人最多，占双语使用总人数的94.97%；而掌握当地母语与邻近社区、村等常接触地区居民母语的人数不多，仅占双语使用总人数的0.79%，如白话与京语、京语与客家话、白话与客家话、白话与越南语；掌握白话与壮语的仅有10人，均为入赘或嫁入。使用3种及以上语言的居民中掌握普通话的人数占88.23%。东兴市边境居民掌握2种及以上语言的情况如表1所示。

表1 东兴市边境居民多语言使用情况　　　　单位：人

2种语言		3种语言		4种语言	
种类	人数	种类	人数	种类	人数
京、白	81	京、白、普	4988	京、白、普、客	37
京、普	452	京、白、客	1565	白、普、壮、客	1
京、客	8	京、普、客	1675	白、普、客、越	30
白、普	38796	白、普、客	4937	普、壮、客、越	2
白、壮	10	白、普、越	60		
白、客	101	普、客、越	2		
白、越	132				
普、客	1271				
合计	40851		13227		70

从多语言运用和职业的匹对情况来看，所有职业（包括无业）的大部分居民均使用2种及以上语言（详见表2）。其中，务工居民使用2种语言的有17357人，使用3种语言的有7144人，使用4种语言的有36人。这部分人在务工过程中，需要与不同地区、使用不同语言的人接触、沟通与交流，语言能力较强。其次为务农人员及学生，务农人员在完成农活之余，常常外出打零工，需要使用母语以外的其他语言；而学生除了能熟练使用母语以外，在学校多使用普通话。同样，由于工作需要，公职人员多为双语或3种语言使用者（详见表2）。

表2 东兴市边境居民多语使用与就业匹对情况

语种/种	各职业人数及占从事同一职业人数比例												
	务工		务农		经商		公职人员		学生		其他工作		无业	
	人数/人	占比/%	人数/人	占比/%	人数/人	占比/%	人数/人	占比/%	人数/人	占比/%	人数/人	占比/%	人数/人	占比/%
1	5359	17.93	1847	23.72	699	25.76	25	10.55	3539	17.78	865	48.27	3338	44.57
2	17357	58.06	4595	59.02	1603	59.06	166	70.04	13118	65.90	622	34.71	3390	45.26
3	7144	23.90	1329	17.07	404	14.89	46	19.41	3239	16.27	304	16.96	761	10.16
4	36	0.12	15	0.19	8	0.29	0	0.00	9	0.05	1	0.06	1	0.01

(二)普通话能力分析

从普通话能力来看,被调研居民中 46 134 人等级为熟练,占比 66.08%;17 569 人等级为不会,占比 25.16%(详见表 3)。

表 3　东兴市边境居民普通话能力情况

语言	各语言能力人数及占比							
	熟练		一般		略懂		不会	
	人数/人	占比/%	人数/人	占比/%	人数/人	占比/%	人数/人	占比/%
普通话	46 134	66.08	6005	8.60	112	0.16	17 569	25.16

从普通话能力与职业的匹对情况来看,绝大多数务工、务农、经商、公职人员、学生、其他工作等职业的居民等级达到略懂、一般或者熟练程度,但无业居民中等级为不会的占 46.32%,仅 53.68% 的居民普通话等级达到略懂及以上(详见表 4)。

表 4　东兴市边境居民普通话能力与职业匹对情况

语言能力	各职业人数及占从事同一职业人数比例													
	务工		务农		经商		公职人员		学生		其他工作		无业	
	人数/人	占比/%	人数/人	占比/%	人数/人	占比/%	人数/人	占比/%	人数/人	占比/%	人数/人	占比/%	人数/人	占比/%
不会	6481	21.68	1922	24.69	783	28.86	26	10.97	4005	20.12	883	49.27	3469	46.32
掌握	23 415	78.32	5864	75.31	1931	71.14	211	89.03	15 900	79.88	909	50.73	4021	53.68

(三)跨境语言(京语)能力分析

除了普通话之外,东兴市边境居民所操的汉语方言和民族语言有白话(粤方言)、客家话、京语、壮语。其中,白话为东兴市边境地区绝大多数居民的母语;客家话又称客家语,是汉族客家民系的母语,为东兴市客家人常用语言;壮语,即壮族的语言,为东兴市壮族居民主要使用语言;京语为东兴市京族居民常用的民族语言。京族为越南的主体民族，人口约占越南总人口的90%。因此，京语可以看作是东兴市边境居民的跨境语言。从调研结果来看，掌握京语的居民为8806人，占被调研人数的12.61%，全部为东兴市江坪镇的巫头、万尾、山心3个海岛的居民。其中8766人京语等级为熟练，39人等级为一般，1人等级为略懂，61014人等级为不会，分别占比12.56%、0.06%、0.01%和87.39%（详见表5）。东兴市边境居民跨境语言（京语）能力和职业匹对情况如表6所示。

表5 东兴市边境居民京语能力情况

语言	各语言能力人数及占比							
	熟练		一般		略懂		不会	
	人数/人	占比/%	人数/人	占比/%	人数/人	占比/%	人数/人	占比/%
京语	8766	12.56	39	0.06	1	0.01	61014	87.39

表6 东兴市边境居民京语能力和职业匹对情况

语言	各职业京语使用人数及其在总人数中的占比											
	务工		务农		经商		公职人员		学生		其他		无业	
	人数/人	占比/%	人数/人	占比/%	人数/人	占比/%	人数/人	占比/%	人数/人	占比/%	人数/人	占比/%	人数/人	占比/%
京语	5228	59.37	236	2.68	361	4.10	33	0.37	2258	25.64	281	3.19	409	4.64

（四）外语（越南语）能力分析

越南语为越南的官方语言，东兴市跨境居民掌握越南语，有利于强化两国居民的交流、交融。因此，课题组主要对居民的越南语这一外语能力展开了调研。调研对象中，居民越南语的能力较差，等级达到略懂及以上的仅有227人，占比0.33%（详见表7）。其中务工人员86人，务农人员23人，经商人员70人，公职人员1人，学生22人，其他职业人员22人，无业人员3人[8]，分别占37.89%、10.13%、30.84%、0.44%、9.69%、9.69%、1.32%。

表 7　东兴市边境居民外语（越南语）能力情况

语言	各层次语言能力人数及占比							
	熟练		一般		略懂		不会	
	人数 / 人	占比 /%	人数 / 人	占比 /%	人数 / 人	占比 /%	人数 / 人	占比 /%
越南语	67	0.10	132	0.19	28	0.04	69 593	99.67

三、东兴市边境居民收入分析

（一）收入层级分析

根据边境居民的收入水平，调研组将边境居民年均收入水平分为 4 个等级，即 0~20 000 元、20 001~36 000 元、36 001~72 000 元、72 001 元及以上。所调研居民中，收入等级较低的占比较高，收入等级较高的占比较低。具体数据见表 8。

表 8　东兴市边境居民收入情况

0~20 000 元		20 001~36 000 元		36 001~72 000 元		72 001 元及以上	
人数 / 人	占比 / %	人数 / 人	占比 / %	人数 / 人	占比 / %	人数 / 人	占比 / %
45 933	65.79	22 606	32.38	997	1.43	284	0.40

（二）不同职业居民收入情况

调研结果显示，不同职业居民收入差距较大。其中，务工、务农、经商、公职人员、学生、其他工作、无业居民年均收入分别为 29 093 元、20 792 元、77 844 元、32 510 元、5000 元[9]、16 613 元、10 184 元[10]，经商居民最高，学生最低。东兴市边境居民职业与年收入分布的具体数据见表 9。

表 9　东兴市边境居民职业和年均收入分布情况

收入段 / 元	各职业不同收入段年均收入人数 / 人							人数合计 / 人
	务工	务农	经商	公职人员	学生	其他	无业	
0~20 000	9166	7649	153	35	19 904	1612	7413	45 933
20 001~36 000	20 256	85	1870	190	1	147	57	22 606

（续表）

收入段/元	各职业不同收入段年均收入人数/人							人数合计/人
	务工	务农	经商	公职人员	学生	其他	无业	
36 001~72 000	433	42	465	11	0	29	18	997
72 001元及以上	41	10	226	1	0	4	2	284
所有收入段	29 896	7786	2714	237	19 905	1792	7490	69 820

四、东兴市边境居民语言能力和收入之相关性分析

（一）多语能力和收入之相关性分析

调查发现，单一语言使用者15 672人中，年均收入为0~20 000元的占71.93%，20 001~36 000元的占26.91%，36 001~72 000元的占0.96%，72 001元及以上的占0.20%；掌握2种语言的40 851人中，年均收入为0~20 000元的占70.38%，20 001~36 000元的占27.82%，36 001~72 000元的占1.32%，72 001元及以上的占0.47%；掌握3种语言的13 227人中，年均收入为0~20 000元的占53.87%，20 001~36 000元的占43.42%，36 001~72 000元的占2.27%，72 001元及以上的占0.44%；掌握4种语言的70人中，年均收入为0~20 000元的占51.43%，20 001~36 000元的占41.43%，36 001~72 000元的占5.71%，72 001元及以上的占1.43%。其中，3种及以上语言的使用者高收入段居民占比较高，收入处于36 001~72 000元和72 001元及以上的居民占比分别比单一语言使用者高4.75和1.23个百分点（详见表10）。

表10 东兴市边境居民多语能力与年均收入情况

多语能力/种	各收入段居民人数占比/%				年均收入/元
	0~20 000元	20 001~36 000元	36 001~72 000元	72 001元及以上	
1	71.93	26.91	0.96	0.20	23 435
2	70.38	27.82	1.32	0.47	34 154
3	53.87	43.42	2.27	0.44	36 042
4	51.43	41.43	5.71	1.43	49 001

上述分析可以初步⑪得出结论：东兴市边境居民多语能力和平均收入之间存在一定的正相关性，即居民多语能力越强，高收入的可能性越大。

（二）普通话能力和收入相关性分析

调研发现，在多语言使用现象中，普通话是大多数人掌握兼用的语言。特别是在对外交流时，普通话已经成为大多数人使用的语言。表11显示，掌握普通话的人群获得较高收入的可能性较大，收入在20 001元以上的居民中，等级为不会的占比达38.49%，而等级为熟练、一般、略懂的居民比例达42.34%，高出3.85个百分点。从年均收入来看，不会普通话人群年均收入比掌握普通话的少17 034元，月均低了近1500元。进一步研究表明，普通话推广有利于东兴市边境居民外出务工或者经商，对推动中越边境地区农村剩余劳动力转移就业具有积极作用。在务工和经商居民中，掌握普通话的人数分别占96.47%和95.73%。这也和国内外语言经济学的理论和实证研究结论一致。⑫

表11　东兴市边境居民普通话能力与年均收入情况

普通话能力	各收入段居民人数及占比								年均收入/元
	0~20 000元		20 001~36 000元		36 001~72 000元		72 001元及以上		
	人数/人	占比/%	人数/人	占比/%	人数/人	占比/%	人数/人	占比/%	
不会	10 806	61.51	6496	36.97	214	1.22	53	0.30	23 728
掌握	30 127	57.66	21 110	40.40	783	1.50	231	0.44	40 762

课题组研究表明，普通话普及率对经济增长的影响存在最小规模，在普通话推广开始的一定阶段，由于普通话推广成本大于带来的经济收益，从而导致其对经济增长的影响为负效应，但是普通话普及率超过一定规模之后，其对经济增长的影响效应转化为正。同时，课题组量化研究结果显示，普通话普及率的最小规模为60%~63.8%，也就是说，要使得普通话推广对经济发展产生正面效应，就必须保证普通话普及率大于60%（卞成林，等 2017）。东兴市

边境居民语言生活状况调查显示，东兴市边境居民总人数为 69 820 人，掌握普通话的人数有 52 251 人，占总人数的 74.84%，普通话普及率已超过 60%~63.8% 的最小规模，这一语言要素将会对东兴市经济发展、扶贫攻坚战略的实施产生持续的正向效应。

同时，在我们调研访谈过程中，大部分居民认为保护和传承当地语言与文化是非常必要的，如京族地区一直保持着自己的传统节日，语言保留较好，族内交流几乎均为京语，当地小孩儿最先学京语，第二语言为白话，上学后开始使用普通话交流。在希望能长期保持母语与传统文化的同时，他们也希望子孙后代学好普通话，与外界有更好的交流，获得更多的工作机会。在深沟社区，儿童最先学普通话，说普通话的儿童、青少年数量呈逐年上升的趋势，但家庭内部、社区内部交流均为白话。他们认为，学习普通话很重要，学习普通话不会影响当地语言的使用，反而对他们外出务工、学习、经商都有很大帮助；普通话的推广对本民族语言的使用影响不明显，不存在推广普通话会导致该地区民族语言衰亡的状况。但据课题组实地调查，东兴市边境地区的少数民族传统文化（除了京族文化）出现逐步削弱甚至消亡的现象。因此，基于东兴市边境地区居民普通话普及率较高而当地少数民族文化趋向衰亡这一矛盾，东兴市政府应该在着重推广普通话、充分发挥推普经济效益和社会效益的同时，优化和完善当地产业政策，努力挖掘当地少数民族文化特色资源，着力推动少数民族特色文化产业做强做大，在培育经济新动力的同时，实现对少数民族传统文化的弘扬和保护。

（三）跨境语言（京语）能力和收入之相关性分析

京语的使用者全部为东兴市江坪镇的巫头、万尾、山心 3 个海岛的居民。在实地调研中，课题组发现京族拥有各级非物质文化遗产保护项目 13 项，其中京族哈节[13]、京族独弦琴两项被列入国家级非物质文化遗产名录，京族鱼露、京族服饰、京族民歌 3 项被列入自治区级非物质文化遗产名录，京族喃字被列入防城港市级非物质文化遗产名录，京族传统叙事歌、京族哈歌等 8 项被列为东兴市级保护项目。京族传统文化得到了较好的传承和保护。"京族三岛"居民充分利用沿海、沿边的优势，大力发展海上捕捞、海水养殖、海产品加工、旅游、边贸等产业，尤其是海上观光旅游、餐饮服务、海产品加工销售三大产业，走出了一条"养捕并举、农商结合、三产融合"的经济发展之路。20世纪80年代，许多京族群众过着朝不保夕、入不敷出的生活，仅靠海产品换取米、油、盐。改革开放后，京族群众吃上了"开放饭"，家家户户搞边贸，生活发生大变化。如今，"京族三岛"人均纯收入超过2万元，"家家住楼房、户户有小车"是"京族三岛"居民生活的真实写照，京族已成为我国经济社会发展进步最快的少数民族之一，也是我国最富裕的少数民族之一。课题组调查结果显示，掌握京语的居民人均年均收入为90 586元，远高于掌握普通话和其他语言（越南语除外）的居民收入。从职业类型来看，基于沿边、沿海以及与越南居民习俗和语言相近的优势，就地务工、务农、经商是京族居民从事的主要职业，这三类人群占了京语使用者（学生除外）的88.96%，边境贸易、海洋捕捞、水产养殖、旅游餐饮服务是当地居民的主要收入来源渠道。务工主要以在当地旅游业、海产品加工和销售企业、旅游餐饮业、水产养殖业打工为主，人均年均收入为87 425元；务农着重以海洋捕捞为主，人均年均收入为63 520元；边境贸易是经商的主要方式，人均年均收入为247 820元，远高于务工和务农的居民，和王仲黎（2012）关于老挝"云南人"的调查结果一致。[14]

（四）外语（越南语）能力和收入之相关性分析

课题组实地调查显示，尽管掌握越南语的居民较少，仅有227人，其中大多从事中越经贸、经商，甚至部分居民为中越贸易公司的董事长和总经理，收入远远高于边境的其他居民。从越南语能力来看，等级为熟练和一般的199人。经过对比分析，发现这199人收入远远超过东兴市其他居民的年均收入。表12显示，等级达到略懂及以上的越南语居民年均收入比等级为不会的居民高出94 500元，月均高出近8000元。如此看来，充分发挥东兴市地缘优势，提升越南语这一外语能力有利于东兴市边民与越南商人的沟通交流，降低中越贸易的交际成本，对推动中越边境贸易业务的繁荣，提高中越边境居民收入具有积极的意义。该结论和国内外关于"语言距离与国际贸易关系"文献研究结论一致，[⑮]也对东兴市近年来出现"越南语热"做出了合理阐释。

表12 东兴市边境居民越南语能力与年均收入情况

越南语能力	各收入段居民人数/人				年均收入/元
	0~20 000元	20 001~36 000元	36 001~72 000元	72 001元及以上	
不会	45 828	22 511	977	277	35 940
掌握	124	22	16	65	130 440

五、结语

本论文基于课题组对广西东兴市边境居民的全样本调研结果，运用语言经济学理论，着重对东兴市边境居民语言能力与收入关系进行了初步分析，主要结论如下：

第一，多语能力与居民年均收入之间呈正相关关系，即居民多语能力越强，获得高收入的可能性越大。这和王春辉（2018）、王浩宇（2019）的研究结论一致。他们研究认为，单语（特别是少数民族语言）的使用（只会本地方言）对经济收入具有消极影响，学会通用语进而成为双语双言使用者对经济收入具有积极作用。因而，尽管东兴市边民多语现象使用较为普遍，2种及以上语言使用者达到77.55%，但依然还有15 672居民仅仅会使用当地方言或者民族语言，大大限制了自身可选择的就业地域和职业范围。因此，这部分边境居民除了掌握本地方言外，还要强化普通话、越南语、京语等语言的学习，增强自身就业能力，获得更多的就业机会和稳定的收入来源。

第二，推广普通话是推进中越边境居民脱贫的有效举措。李宇明、王春辉（2019）分析认为，一国优势语言（往往也是国语或官方语言）具有功能上的优势，提升贫困地区的优势语言能力，构建居民的双语能力，能够使他们有更多机会享受到更多的公共资源以及语言功能上的各种优势。推广普通话有利于边境居民外出务工或者经商，对推动中越边境地区农村剩余劳动力转移就业，提高其收入具有积极的作用。目前，东兴边境地区普通话能力等级达到略懂及以上的居民占比为74.84%，已超过60%~63.8%的最小规模，这一语言要素必将对东兴市区域经济的持续、稳定发展及全面建成小康社会目标的实现提供基础而又关键的保障。但基于东兴市边境地区居民普通话普及率较高而当地少数民族文化趋向衰亡的这一矛盾，政府部门应在积极推广普通话、筑牢脱贫攻坚的语言之基的同时，深入挖掘、整合当地的特色和优势民族文化资源，以完善特色文化产业链、打造特色文化产业集群作为乡村振兴战略的重要抓手，推动"少数民族文化产业"，实现少数民族文化与产业发展的深度融合，达到民族文化传承与保护和培育经济发展新动能的双赢。

第三，跨境语言（京语）不仅是重要的区域性国际交流工具和文化载体，而且是重要的经济资源。"京族三岛"居民充分发挥京语这一跨境语言与越南语相近、风俗习惯接近而地理位置又相邻等方面的优势，打造了"海洋捕捞——渔业养殖——海产品加工和销售——海产品边贸"的"农商结合"以及"海产品捕捞与养殖——海产品生产与销售——海洋旅游"的"三产融合"经济发展模式，实现了居民在当地的充分就业，大大拓宽了居民的收入渠道，提高了居民的收入水平。因而，东兴市政府应制定语言产业政策，大力开发跨境语言产品，发展跨境语言产业，以进一步推动跨境商贸业的发展，充分挖掘京语这一跨境语言的经济资源价值。

第四，掌握越南语有利于边民参与和经营边境贸易业务，获得较高水平的工资和经营收入。提升越南语这一外语能力有利于东兴市边民与越南商人的沟通交流，降低中越贸易的交际成本，无论是对推动中越边境贸易业务的繁荣，还是提高中越边境居民收入均具有重要意义。分析表明，等级达到略懂以上的越南语居民年均收入比等级为不会的居民高出94 500元。因此，随着中越边境贸易的不断发展，东兴市边境居民在提升自身多语能力的同时，应重点强化越南语的学习，以充分发挥东兴市的地缘优势，提升与越南商人的沟通交流能力，为从事、参与和经营中越边贸业务提供保障。

注释

① 考虑到6岁以下的学龄前儿童尚未达到入学受教育的年龄，而且也没有就业能力。因此，不包括在本次调研范围内。

② Alderson et al.（2014）认为语言能力等级量表可以分为面向用户、面向评价者、面向教学与测试设计者3种，且相对应的语言能力描述存在差别。面向用户的量表主要描述各水平等级上的语言学习者的典型语言行为，描述居民能够用语言完成怎样的交际任务，侧重对居民语言能力的综合性描述。

③ 其他工作是指居民无固定职业，只是利用闲暇时间做一些零工，获得一定收入，比如从事边民互市贸易、出租房屋、农村建房子的建筑工等。东兴市边贸形式包括边民互市贸易、边境小额贸易、一般贸易。相应的边贸通道也包括两个：一是东兴口岸，主要是一般贸易和边境小额贸易进出口通道；二是东兴边民互市贸易区，主要是边民互市进出口通道。近年来，东兴边民互市贸易区出台了"8000元以下的免税政策"，即在互市贸易区，每位边民每天按互市贸易方式购买8000元以下商品可免税。由于边民生活需求有限，8000元额度基本用不完，因此一些边民开始利用边民证为有需求的非边民购买商品，每天从中赚取30元左右的边民证"过路钱"。同时，一些边民通过互市贸易方式带进商品，销售给东兴市加工企业来赚取一定的收入。估计每年有3000多边民为互市商品加工企业提供服务，有力地推动了东兴市互市商品加工企业的发展。

④ 固定的地理和社会网络会导致生活习惯（包括语言使用）以及思维模式的固化，排斥外来因素的进入（王春辉 2018）。为了深入分析居民语言能力与当地招商引资、特色产业发展之间的相关性，以及普通话推广对当地少数民族语言文化保护和传承的影响，调研组增加了对当地特色产业发展现状及少数民族特色文化保护和传承等问题的考察。

⑤ 本文居民语言能力分析中"语言"涉及普通话、民族语言、方言和外语（越南语）。

⑥ 京语为京族居民主要使用的语言，中国大陆境内的京族主要分布于广西东兴市江平镇的巫头、万尾、山心3个海岛，俗称"京族三岛"。尽管京语与越南语本是同源，但在与中国东兴其他民族语言的接触和融合中，京语和越南语的发音出现了一些差异。

⑦ 从语言能力来看，"掌握"是指语言能力达到熟练、一般、略懂3个等级。

⑧ 其他工作和无业人员中使用越南语的居民均为嫁到东兴的越南人。

⑨ 学生群体收入主要来自18岁以上的大专生、本科生、研究生在校读书期间的社会兼职。

⑩ 无业居民群体中 90% 以上是 60 岁以上的老人，其收入主要来源于边民补助金、养老金及高龄津贴等。

⑪ 之所以是"初步"结论，是因为这里的分析是通过调研问卷的调研数据做双边变量回归得出的结论，并没有构建多元回归模型、Likert-scale 等开展深入探讨。

⑫ 国内外语言经济学理论和实证研究表明，语言交流障碍是劳动力在市场上和农民工跨越流动的重要制约因素，通用语技能的缺乏会导致少数民族劳动力在市场上被"语言歧视"（Chiswick 1991；Carnevale et al. 2001；刘毓芸，等 2015；刘国辉，张卫国 2016）。

⑬ "哈节"是京族的传统节日，"哈"即京语"唱歌"之意，哈节是为了纪念海神公的诞辰。

⑭ 王仲黎（2012）曾对老挝"云南人"（指操云南汉语方言的华人华侨）做过调查，发现复杂多样的语言生活使他们获得了丰富的语言资源和很强的多语交际能力，因此很多人凭借这一优势在边境商贸中获得了成功。

⑮ 自 Tinbergen（1962）、Linnemann（1966）等学者将引力模型应用到国家间贸易流量的计量研究以来，作为对外贸易交易成本的一种重要表现形式，语言对国际贸易流量的影响也越来越受到学者们的关注，涌现了一批关于语言与贸易流量关系实证研究的文献（Hutchinson 2002；Melitz 2008；Ku & Zussman 2010；苏剑，葛加国 2013）。上述文献研究结论表明，语言距离与国际贸易流量成反比，降低国家之间的语言文化差异，有利于促进贸易往来。

参考文献

卞成林，刘金林，阳柳艳，等　2017　少数民族地区普通话推广的经济发展效应分析：来自广西市际面板数据的证据，《制度经济学研究》第 3 期。

李宇明，王春辉　2019　论语言的功能分类，《当代语言学》第 1 期。

刘国辉，张卫国　2016　中国城市劳动力市场中的"语言经济学"：外语能力的工资效应研究，《山东大学学报（哲学社会科学版）》第 2 期。

刘毓芸，徐现祥，肖泽凯　2015　劳动力跨方言流动的倒 U 型模式，《经济研究》第 10 期。

苏　剑，葛加国　2013　基于引力模型的语言距离对贸易流量的实证分析：

来自中美两国的数据,《经济与管理评论》第 4 期。

王春辉　2018　论语言因素在脱贫攻坚中的作用,《江汉学术》第 5 期。

王浩宇　2019　藏区青年语言能力与社会经济地位关系调查研究:以天祝县为例,《语言战略研究》第 1 期。

王仲黎　2012　老挝跨境"云南人"语言生活调查,《西南边疆民族研究》第 1 期。

Alderson, J. C., T. Brunfaut & L. Harding. 2014. Issues in language testing revisited. *Language Assessment Quarterly* 11(2):125–128.

Carnevale, A. P., R. A. Fry & B. L. Lowell. 2001. Understanding, speaking, reading, writing, and earnings in the immigrant labor market. *American Economic Review* 91(2): 159–163.

Chiswick, B. R. 1991. Speaking, reading, and earnings among low-skilled immigrants. *Journal of Labor Economics* 9 (2): 149–170.

Hutchinson, W. K. 2002. Does ease of communication increase trade? Commonality of language and bilateral trade. *Scottish Journal of Political Economy* 49(5): 554–556.

Ku, H. & A. Zussman. 2010. Lingua Franca: The role of English in international trade. *Journal of Economic Behavior & Organization* 75(2): 250–260.

Linnemann, H. 1966. *An Econometric Study of International Trade Flows*. Amsterdam: North Holland.

Melitz, J. 2008. Language and foreign trade. *European Economic Review* 52: 667–699.

Tinbergen, J. 1962. *Shaping the World Economy*. New York: Twentieth Century Fund.

(本文发表于《语言战略研究》2019 年第 1 期,第 56~66 页)

方言与经济增长

徐现祥　刘毓芸　肖泽凯

引言

中国具有统一的汉语书写语言，但发音"南腔北调"，颇具多样性。按照《汉语方言大词典》（许宝华，宫田一郎 1999，以下简称《大词典》）的统计，中国形成了北京官话、东北官话、冀鲁官话、江淮官话、胶辽官话、中原官话、兰银官话、西南官话、赣语、晋语、徽语、吴语、闽语、湘语、粤语、客话以及平话 17 种方言和 105 种次方言。[①]多样的方言代表了多样的文化，但这是否有利于经济增长呢？这是一个有趣的问题，经济增长文献最近的一个进展就是考察文化对经济增长的影响（Aghion & Howitt 2009；Doepke & Zilibotti 2014）。Aghion & Howitt（2009）把经济增长理论的进展划分为三个阶段：第一阶段强调技术创新和资本积累；第二阶段强调制度和结构调整；第三阶段也是目前的最新进展，认为经济增长更加根本的原因是文化与信仰。一方面从纵向来看，文化的代际传递使得当前的经济增长受到历史上流传下来的文化的影响（Doepke & Zilibotti 2014）；另一方面从横向来看，区域内不同文化间的交流碰撞和文化多样性带来的壁垒也会影响当前的经济发展。现有研究更多倾向于前者，而本文的研究则属于后者，从方言的视角来看，多样的文化对经济增长到底有怎样的影响呢？

中国推广普通话的实践，似乎给出了否定的答案。自新中国成立以来，中国一直很重视语言融合的工作，大力推广普通话。1949 年 10 月，中国文字改革协会成立，首先进行汉语拼音方案的研究。1952 年 2 月，中国文字改革研究委员会成立，下设拼音方案组，在郭沫若、吴玉章和胡愈之等人的带领下着手制定《汉语拼音方案》。1958 年 2 月，第一届全国人大正式批准《汉语拼音方案》。在汉语拼音的基础上，1982年将"国家推广全国通用的普通话"写入宪法。1986年国家把推广普通话列为新时期语言文字工作的首要任务。普通话的推广成效显著，国家语委2010年的"普通话普及情况调查"显示，2010年，河北、江苏和广西三省区的普通话普及率已达70%以上（谢俊英，等2011：2~10）；但普及普通话并没有消除方言，而是形成了普通话与方言并行使用的双语现象。国家语委2010年的"普通话普及情况调查"同时发现，尽管河北、江苏和广西三省区的普通话普及率均已达70%以上，但是分别只有24.5%、16.5%和8.5%的受访者在家中使用普通话，大部分受访者小时候最先说的语言是方言，方言仍是家庭的首要交际用语（谢俊英，等2011：2~10）。

方言不仅带来语言交流上的障碍，更代表着不同的文化。方言是身份认同的重要维度（Pendakur & Pendakur 2002），影响人际交往中的心理距离，进而影响信任与沟通。从现实看，人们通常更愿意与具有共同文化喜好的人交往，因为共同文化拉近了心理距离，使得沟通更容易。社会互动文献也强调，不同行为人在文化、规范和社会结构等方面相互影响，因为人与人的互动影响经常产生于同一空间（群），如居住在同一社区、具有相同的身份认同、讲同一种语言或方言等。这种群内互动在微观上会提高群内个体和企业的社会网络和社会资本，进而影响其收入和流动（陆铭，张爽2007），在宏观上作为非正式制度影响参与人的激励、预期和行为，进而影响经济增长（陆铭，李爽2008）。

本文尝试在标准的经济增长框架内实证分析方言多样性对经济增长的影响。首先，本文根据《大词典》所报告的中国2113个县或县级以上观测单元所使用的具体汉语方言，构建了中国278个地级及以上城市[②]的方言多样性指数，贡献了一个方言多样性的数据库。需要强调的是，本文所构建的方言多样性指数是以地域为观测单元，直接测度该地域上的汉语方言种类，而不是运用这些语言的听、说、读、写能力，从而在指标度量上把语言从人力资本中分离出来。接着，本文实证分析方言多样性对城市经济增长的影响，结果发现，中国城市的方言多样性对城市经济增长具有显著的负面影响。具体而言，从发展的角度看，如果消除城市中的方言多样性，当其他因素不变时，平均而言，人均产出水平最多将提高30%左右。最后，本文实证分析方言多样性阻碍中国经济增长的背后机制。采用Hall & Jones（1999）的策略，本文进行水平增长核算发现，中国城市经济差距主要取决于以农业生产率（Total Factor Productivity，以下简称TFP）度量的技术水平，进一步实证分析发现，方言多样性是通过影响技术水平进而阻碍城市经济增长。

本文的发现是稳健的。在方言多样性指标的度量上，本文考虑了方言分类、统计口径和权重设定等方面可能带来的测量误差。在内生性的处理上，本文利用新中国成立前的铁路交通不便程度作为方言多样性的工具变量（Instrumental Variable，以下简称IV），IV估计的结果依然支持本文的发现。在进一步控制了地理、宗教和产权保护等因素后，本文的结论依然成立。为了克服方言多样性受到普通话普及的影响，本文进一步控制了当地居民的普通话水平以及当地方言与普通话的相似程度，结论依然成立。

本文的工作属于多样性文献。Alesina et al.（2013）认为，多样性是政治经济学中非常重要的话题，是政治经济学研究中必不可少的组成部分。现有的多样性文献一般认为，多样性是利弊兼备。一方面，民族语言分化（ethno-linguistic fractionalization）阻碍经济增长（Easterly & Levine 1997；Alesina & Ferrara 2005）。一系列学者发现多样性通过这些渠道阻碍经济增长：人力资本积累（Easterly & Levine 1997）、信任（Alesina & Ferrara 2000，2002）、冲突（Alesina et al. 2012）、企业生产能力（Parrotta et al. 2012）、团队合作（Milliken & Martins 1996）。另一方面，多样性带来互补，从而有利于经济增长。Brunow et al.（2012）和Boeheim et al.（2012）等发现，外国工人的多样性和工人出生地的多样性，对企业的表现有显著的正向作用；Alesina et al.（2013）发现出生地多样性能够显著地促进经济增长。

本文与Chen et al.（2013）的工作接近。Chen et al.（2013）利用移民的户籍所在地与工作地是否属于同一汉语方言，来构造方言差异的二元变量，进而检验它对劳动力就业的行业和职位的影响。显然，

Chen et al.（2013）是从微观上考察方言的差异对劳动力就业的影响，而本文从宏观上考察方言多样性对城市经济增长的影响。具体而言，在方言指标的构建上，本文将 Chen et al.（2013）中的二元变量扩展成了多元甚至是连续的变量；同时，本文将 Chen et al.（2013）中方言差异对微观个体的负面影响，扩展到了方言多样性对宏观经济绩效的负面影响。

本文以下部分的安排：第一部分是文献综述和理论假说，第二部分是讨论方言多样性指数的度量，第三、四、五部分实证分析方言多样性对经济增长的影响及机制，最后是结论性评述。

一、文献综述与理论假说

（一）文献综述

1. 多样性及其影响

多样性（diversity）主要表现为种族多样性、语言多样性、宗教多样性、基因多样性和出生地多样性。实证分析多样性对产出的影响及其机制的文献始于 20 世纪 90 年代，最基本的发现是多样性对经济的发展有利有弊。

一方面，大量文献发现多样性不利于经济增长。Easterly & Levine（1997）采用跨国数据实证分析发现，民族语言分化（ethno-linguistic fractionalization）阻碍了经济体的经济增长，并据此认为，种族多样性是非洲增长悲剧（Africa's growth tragedy）的主要原因。Alesina & Ferrara（2005）使用美国城市和县级样本探索种族多样性对美国城市和县域经济增长的影响，也有相似的发现。

现有文献已识别出多样性影响经济增长的机制或渠道。Easterly & Levine（1997）发现，种族多样性降低了人力资本（入学率），导致了政治上的不稳定、扭曲的外汇市场、较多的政府赤字、不完备的财政体系以及不充足的基础设施，从而阻碍经济体的经济增长。Alesina & Ferrara（2000，2002）发现，在种族多元化的城市中，个人会更少地参加社会活动，对其邻居的信任度也比较低。这表明语言、种族多样性影响人的信任，提高经济体的沟通成本。Alesina et al.（2012）强调了种族多样性的不平等维度，并认为是种族分化与种族不平等之间的互相作用导致了冲突，并造成了多样性对经济体的负面影响。此外，现有文献还从企业层面上分析多样性的微观影响，发现多样性降低了团队的凝聚力、提高了合作成本（Milliken & Martins 1996）。Parrotta et al.（2012）采用企业样本发现年龄和种族多样性阻碍企业的生产能力，为 Alesina 等学者在宏观层面上的发现提供了微观证据。

另一方面，也有文献强调多样性有利于经济增长。这类文献主要强调多样性能够形成技术互补（skill complementarities），不同文化、不同种群、不同教育背景的人拥有着不同的信息集，可以从不同的角度理解、解决各种难题，从而形成互补并带来更高的产出。在理论上，Hong & Page（2001）证明，在不存在不确定性的条件下，一组具有认知多样性并且只拥有有限技术水平的工人将比一组同质的具有高超技术的工人更加优秀。在实证上，Hambrick et al.（1996）发现，异质的管理团队的反应能力比同质的竞争对手慢，却能够获得更高的市场份额和利润。Brunow et al.（2012）采用德国企业样本发现，外国人的比重对企业生产能力并没有影响，外国工人的出生地多样性水平却对企业的表现有显著的正向作用。Boeheim et al.（2012）采用澳大利亚的企业及其工人 1994~2005 年的样本，采用 IV 估计也发现，工人出生地多样性提高了他们的工资水平。最近 Alesina et al.（2013）使用 195 个国家的移民数据系统地分析了出生地多样性对经济表现的影响。结果发现，出生地多样性与种族多样性以及语言多样性并不相关，出生地多样性能够显著地促进经济增长。

总之，不同层面的多样性所体现出的净效应不尽相同：语言多样性和种族多样性等大多体现为负的净效应，影响的渠道主要是人力资本、信任和沟通；出生地多样性、技术多样性、教育背景多样性等则体现为正的净效应，影响的渠道主要是技术互补。

2. 语言的经济影响

大量文献研究了语言的经济影响。在微观上，劳动力的语言能力会影响其收入。Chiswick & Miller（1995）使用工具变量检验了移民的语言能力对其收入的影响，发现移民的目的地语言能力对其收入有正面影响。Chiswick & Repetto（2000）发现，在以色列，移民的目的地语言能力对其经济收入有正面影响，移民对希伯来语的熟练程度和读写能力直接影响其在以色列的收入。McManus et al.（1983）、Grenier（1984）、Kossoudji（1988）、Bleakley & Chin（2004）使用美国普查数据（US Census）和其他数据库，检验了移民讲英语的能力与其收入之间的关系，发现英语讲得越差的人收入越低。在宏观上，语言会影响生产效率和技术水平。Marschak（1965）指出，语言通过降低生产过程人际互动中的不确定性来提高生产效率。McManus（1985）认为学习技术先进团体的语言是通往高技术的通道。

在语言影响的渠道上，现有文献至少识别出两个渠道：人力资本和心理距离。语言作为一种人力资本，其影响在听、说、读、写能力上各不相同。Chiswick & Miller（1995）将移民的英语能力看成表现其人力资本的最基本的形式。Chiswick（1991）发现阅读能力对工资的重要性远高于表达的流利性。Dustmann（1994）使用德国的数据，区分了语言的表达能力和书写能力，发现是后者提高了移民的收入水平。Funkhouser（1996）发现男性移民英语表达能力的提高可以解释其收入大约50%的变化。Carnevale et al.（2001）发现移民对英语单词的理解能力是其在劳动力市场上获得成功的一项重要能力。

语言作为民族和文化的代表，会影响人际交往中的心理距离，体现着语言本身的影响。Huston & Levinger（1978）提出，心理学的文献已经从实验上证明，感知相似性（perceived imilarities）会影响人与人的吸引力。McPherson et al.（2001）指出，与不相似个体间相比，相似个体间更容易发生互动。人们更愿意与相似的个体交往，是因为相似的个体有共同的文化喜好，沟通更容易。Pendakur & Pendakur（2002）认为语言是民族认同和民族身份的一个重要维度，他们研究了加拿大三大城市区中13种少数语言的经济回报，发现当控制了主体语言后，掌握少数语言的个体往往是低收入的，这显示了不常用语言的负面影响。他们将这一现象归因于种族划分，也许是因为移民主动选择在相应种族语言的劳动力市场上工作，也许是因为劳动力市场对少数语言群体有歧视。

总之，现有文献把经济活动主体所拥有的语言视为人力资本以及人际交往中的心理距离，从而影响经济绩效。但问题是，既然反映微观个体语言能力的听、说、读、写能力就是其人力资本的一个重要组成部分，那么如何确定现有文献所识别的就是语言本身的经济绩效而不是人力资本的经济绩效呢？

（二）理论假说

中国具有统一的汉语书写语言，但发音呈现多样性，形成了众多的方言。即使到了2010年，国家语委在河北、江苏、广西的调查显示，普通话普及率均已达70%以上，但是只有不到25%的受访者在家中使用普通话，方言仍是家庭的首要交际用语（谢俊英，等 2011：2~10）。《大词典》显示，中国有17种方言系属和105种次方言；在本文统计的278个地级及以上城市中，23%的城市同时使用两种及以上的汉语方言，55%的城市同时使用两种及以上的汉语次方言。正如多样性文献所强调的，中国城市的方言多样性也会对中国城市经济增长产生负面影响。

理论假说：当经济处于稳态时，方言越多样，发展水平越低。

对于这个理论假说，本文还有三点说明：

一是采用中国城市样本为分析单元是有意义的。分析语言多样性的文献所采用的分析单元目前更多的是国家或地区，语言文化往往与制度等因素交织在一起，在实证分析中，很难把语言多样性的影响单独分离出来。采用一个经济体内部的样本，比如中国城市样本，由于不同样本采用的是同样的制度安排，至少能够控制制度变量的影响。当然，这种做法的损失是只能够考察统一官方语言之下的方言多样性的影响。

二是我们度量城市属地本身的方言多样性，可以更干净地识别语言本身的影响。语言的听说读写是人力资本的重要组成部分，如果以经济活动主体为观测单元度量语言或语言多样性，那么则很难把语言与人力资本区别开来，进而无法干净地识别语言的影响到底是人力资本带来的，还是语言本身带来的。我们采用城市所在地域为观测单元，直接测度该地域上的汉语方言种类，而不是运用这些语言的听、说、读、写能力，从而在指标度量上把语言从人力资本中分离出来，更利于实证分析语言本身的影响。

三是理论假说强调方言多样性是影响经济增长的更深层的决定因素。Aghion & Howitt（2009）在其《增长经济学》一书中明确指出，看待经济增长过程及其政策可以分为三个层次：第一个层次就是要素积累和创新；第二个层次是制度和结构改革；第三个层次，也是更加深层次的是文化和信念。Aghion & Howitt（2009）同时明确强调考察文化对经济增长的影响是近年来才兴起的一支文献。[③]方言显然是文化的一个重要维度。目前，中国还没有处于世界技术的前沿，技术进步主要是靠学习而不是靠创新。方言多样性难免会通过影响沟通、信任等阻碍技术和知识的传播，从而对中国城市经济体的技术水平带来负面影响。

二、方言多样性的度量

（一）数据来源

度量方言多样性的原始数据来自《大词典》。《大词典》由中国复旦大学许宝华和日本京都外国语大学宫田一郎主编，"是一部编纂得比较成功的汉语方言方面的大型词典"（谢自立 2000）。《大词典》报告了中国各县市汉语方言系属简表[④]（以下简称"简表"），罗列了中国县及县级以上城市所使用的汉语方言系属[⑤]，共 2113 个观测单元[⑥]。这个"简表"是根据中国社会科学院和澳大利亚人文科学院（1987）合编的《中国语言地图集》的汉语方言部分以及有关的论文编制而成。对于这个"简表"，以下三点值得强调：

一是"简表"共涉及 17 种方言、105 种次方言。17 种方言分别是北京官话、东北官话、冀鲁官话、江淮官话、胶辽官话、中原官话、兰银官话、西南官话、赣语、晋语、徽语、吴语、闽语、湘语、粤语、客话以及平话。方言下面分次方言，共 105 种。

二是"简表"所采用的基本地域单元是县，包括县、县级市以及城市辖区，但城市辖区并没有一一列出，而是统一列出其所属地级市的方言系属情况。县、市名以中国 1986 年 6 月的行政区划为准。县和县级以上的市，如果名称相同，而且方言系属也完全相同，"简表"只列市名，并在市名后的括号内标注"县"字，该县的方言系属不再另列，比如河北省邯郸市和邯郸县同属晋语的邯新片，就写为邯郸市（县）；县和县以上的市，一律使用简称而不用全称，比如云南省孟连傣族拉祜族佤族自治县，则写为孟连县。

三是"简表"报告了县内的方言情况。具体而言，分两种情况报告：对于所用方言单一的县、市，"简表"采用统一的格式展示其方言系属，比如安徽省凤台县，属中原官话的信蚌片，就写为"安徽。中原官话。信蚌片。"；对于所用方言比较复杂或存在特殊情况的县、市，则根据具体情况进行说明。本文把后者统称为"方言复杂县"，后文将作详细说明。

（二）方言多样性指数

本文以地级及以上城市为分析单元，构建城市内部的方言多样性指数。本文将基本的方言多样性指数定义为城市中所使用的汉语次方言数量，用 Div 表示。这一指标统计了一个城市所使用的汉语方言片的个数。比如北京市，其辖区和辖县所使用的汉语次方言共有京师片、保唐片以及承怀片 3 个，则北京市的方言多样性指数为 3。显然，Div 的最小值是 1，值越大城市的方言越多样。Div 只关注城市中所使用的次方言的种类，对数据的要求不高，且相对稳定。

由于《大词典》中的县、市名以中国 1986 年 6 月的行政区划为准，在度量 Div 之前，本文要按照 2000 年的行政区划再现中国汉语方言在现市区上的空间分布。之所以选择 2000 年是因为这本《大词典》是 1999 年出版的，考察随后的经济绩效，从方法论的角度讲，能够避免在实证分析中常见的反向因果关系。另外，2000 年后中国行政区划比较稳定，如图 1 所示。

1. 匹配分析单元

在 1986~2000 年，中国县级行政区划变化主要涉及更名、撤县设区、撤县设市、撤销县市、县并入其他县、成立新县等。为了准确按照 2000 年的行政区划再现《大词典》"简表"中的汉语方言的空间分布，本文严格按照以下4个步骤进行匹配。

第一步,直接匹配。对于县名称完全相同且所属省区特征一致的县,本文进行直接匹配。在这一个步骤中,成功匹配了1271个观测单元,约占全部样本的60%。其中并不包含地级市,对于地级市我们放入第二步中进行匹配。

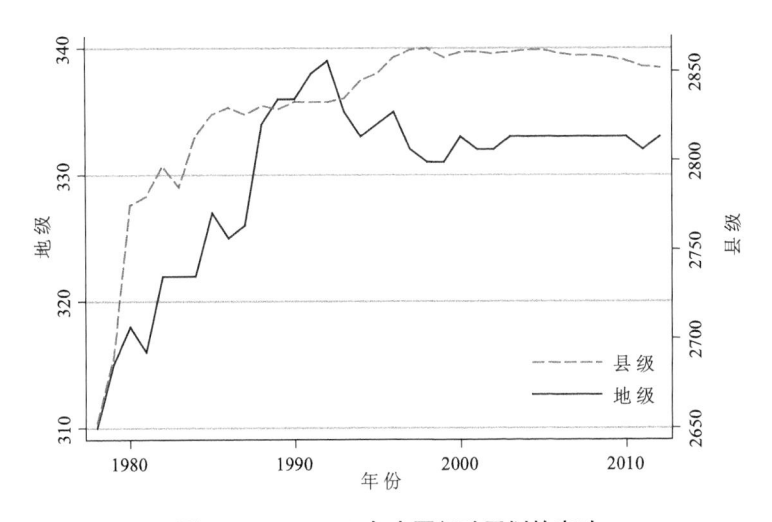

图1 1978~2012年中国行政区划的变动

注:来源于《中国统计摘要2013》。

第二步,人工校对匹配。本文采用人工校对的方法匹配剩下的842个观测单元,约占全部样本的40%。这842个观测单元可以分为以下四类:一是"简表"中的地级市;二是由于"简表"中的县、市的名称省略而无法直接匹配的县(市);三是撤县设区、撤县设市或者县升级为地级市而无法直接匹配的县(市);四是更名后无法直接匹配的县(市)。

经过直接匹配和人工匹配之后,本文成功匹配了"简表"中的2097个观测单元,占全部观测单元的99.2%。剩余的16个观测单元(均为县级行政区)由于撤销并入其他县、市等原因无法匹配。[7]

第三步,为新设立的县级行政区赋值方言数据。对于1986~2000年新设立的县级行政区(可能是原地级市辖区或辖区的一部分、原某个县的一部分、原来几个县部分乡镇合并等),本文以保证方言系属能够被准确且唯一被确定为原则，为其匹配方言数据。具体而言，本文采用人工匹配的办法为 21 个县级行政区匹配了方言数据。[⑧]

第四步，为市辖行政区赋值方言数据。根据市辖行政区的类型，本文分两种情况进行赋值：一是对市辖县的赋值。对于邯郸市（县）这一类观测单元，本文将市方言数据复制到其下辖县。比如"简表"中邯郸市（县）的方言系属为晋语邯新片，赋值后，地级邯郸市和邯郸县的方言系属均为晋语邯新片。二是对市辖区的赋值。"简表"仅列出了地级市（或直辖市）的方言系属，并没有细分到其辖区，我们也无法将每一个地级市新设立的辖区与 1986 年已经存在的辖区区分开来，即使我们能把这些新设立的辖区区分开来，也无法为这些辖区科学地界定方言的系属。因此，我们将地级市（或直辖市）[⑨] 中除了期间撤县设区外的辖区（包括郊区）统一界定为"简表"中该地级市（或直辖市）的方言系属[⑩]，而不考虑城市辖区的变化。比如，浙江省温州市在 2000 年有 3 个辖区，即鹿城区、龙湾区和瓯海区，其中瓯海区由原瓯海县撤县设区而来，因此鹿城区和龙湾区界定为"简表"中温州市的方言系属，而瓯海区则依然界定为"简表"中瓯海县的方言系属，保持不变。

经过上述四步的匹配、赋值后，本文得到按照 2000 年行政区划再现的方言数据完整的 2356 个县市区，以及县级方言数据完整的 278 个地级及以上行政区。[⑪] 根据第五次人口普查数据（2000），样本覆盖了全国 89.5% 的人口。

2. 方言多样性指数的度量

本小节度量中国 278 个地级及以上城市所使用的次方言数量 Div。在 278 个城市中，93 个城市下辖"方言复杂县"，约占全部样本的 1/3；[⑫] 剩余的 185 个城市无"方言复杂县"。"方言复杂县"主要存在两种情况：一种"方言复杂县"存在一个主要的次方言，而且其他方言能够确定使用人群很小；另外一种"方言复杂县"无法通过"简表"中的描述来判断出一个主要的次方言或者无法确定除了主要方言外其他方言的使用人群的大小。表 1 为方言多样性的简单描述性统计。

在度量 Div 时，本文对"方言复杂县"的方言进行如下处理：对于第一种情况，本文只统计该"方言复杂县"中主要的次方言。比如安徽省宿州市泗县，"简表"描述为"安徽。中原官话，信蚌片。东部少数乡村说江淮官话，属江淮官话洪巢片"，本文则把泗县的方言确定为中原官话、信蚌片，忽略东部少数乡村所用方言。对于第二种情况，本文实际统计该县所使用的方言种类，但忽略其中使用人群确实很少的方言。比如河北省邯郸市曲周县，"简表"描述为"河北。东里町以西说晋语，属晋语邯新片磁漳小片，以东说冀鲁官话，属冀鲁官话石济片聊泰小片"，本文则把曲周县的方言确定为晋、邯新片以及冀鲁官话石济片。

表1 方言多样性的简单描述性统计

	均值	最小值	25%分位数	50%分位数	75%分位数	最大值	标准差	样本数
Div	1.92	1	1	2	2	5	0.953	278

本文报告了278个地级及以上城市 Div 的空间分布情况[13]，颜色越深，方言多样性的程度就越高。如表1所示，Div 的均值是1.92，最大值是5，即在中国地级及以上城市内部，最多同时使用5种汉语次方言。按照 Div 度量，方言最多样的城市是安徽省池州市、广西壮族自治区桂林市等，最不多样的城市是广东省广州市等。本文报告了对应城市2010年人均实际产出（2001年为基期）的空间分布情况[14]，颜色越深，经济越不发达。

三、方言多样性与经济增长水平

（一）实证方法

Hall & Jones（1999）强调，当经济体处于稳态时，标准的新古典经济增长文献和内生经济增长文献已经证明，经济体的人均产出增长速度等于技术进步的速度，建议把经济体的生产函数 $Y=K^\alpha(ALh)^{1-\alpha}$ 整理为：

$$\frac{Y}{L} = \left(\frac{K}{Y}\right)^{\alpha/(1-\alpha)} hA \quad (1)$$

其中，Y、L、K、h 和 A 分别为总产出、人口、物质资本、人均人力资本和技术水平。本文首先识别方言多样性对城市人均产出水平的影响，然后采用式（1）将中国各个地级及以上城市的人均产出水平分解为资本产出比、人力资本和技术水平的贡献水平，并识别方言多样性对各生产要素贡献水平的影响，从而检验本文的理论假说。

具体而言，本文将实证分析中国地级及以上城市的方言多样性对这些城市 2010 年的发展绩效及其各要素贡献部分的影响。

$$\ln y_i = \alpha_1 + \alpha_2 \text{Div}_i + X_i \Psi_i + \varepsilon_1 \quad (2)$$

其中，y 代表人均产出和各要素的贡献部分；Div 和 X 分别为方言多样性指数和一系列不随时间变化的地理因素，包括省虚拟变量、省会城市、到省会的距离等；ε 为扰动项；α_2 度量方言多样性影响发展水平的程度，当本文的理论假说成立时，$\alpha_2 < 0$。

（二）基本结果

表 2 报告了采用式（2）的回归结果，与理论假说预期的一致，方言多样性的回归系数显著为负号。

表 2 方言多样性与城市发展水平

变量	(1)	(2)	(3)	(4)	(5)
	\multicolumn{5}{c}{ln$y$}				
Div	−0.082**	−0.093***	−0.083***	−0.080***	−0.070**
	(0.034)	(0.027)	(0.030)	(0.028)	(0.030)
Pro_city				0.535***	0.335***
				(0.067)	(0.100)
Dis_sh					−0.975**
					(0.392)
常数项	10.100***	10.548***	10.793***	10.251***	10.420***
	(0.081)	(0.073)	(0.090)	(0.115)	(0.121)
东中西变量	无	有	有	有	有
省区变量	无	无	有	有	有
R^2	0.018	0.324	0.467	0.536	0.567
观测值	259	259	259	259	259

注：所有回归结果都用 OLS 估计；括号内为标准误，*** 表示 $p<0.01$，** 表示 $p<0.05$，* 表示 $p<0.1$；R^2 为未经调整的值；估计系数的标准差采用 White 异方差修正。$\ln y$ 为 2010 年的人均实际产出的对数值，以 2001 年为基期；多样性指数 Div 从 1 至 5，数值越大方言越多样；Pro_city 为省会城市的虚拟变量；Dis_sh 表示一个城市距其省会城市的距离，用经纬度计算，单位为百万米，数据来自 Google Earth，http://earth.google.com。下同。由于部分城市人均产出数据缺失，有效样本是 259，而不是 278 个。

表 2 第 1 列报告了只引入方言多样性 Div 的一元回归结果，这时 Div 的回归系数为 –0.082，能够通过显著水平为 5% 的检验。这表明，方言多样性每下降一个单位，人均产出将会增加 8.2%。具体而言，由表 1 中的描述性统计可知，Div 最大、最小值分别为 5 和 1，如果消除城市的方言多样性，其他条件不变时，城市的人均产出最大可以增加约 33%。

表 2 中的第 2~5 列报告了逐步引入相关控制变量后的回归结果，具体而言，第 2~5 列逐步引入了东中西部虚拟变量、省区虚拟变量、省会城市虚拟变量以及城市距其省会的距离。表 2 第 5 列报告了同时引入这些控制变量的回归结果，这时，Div 的回归系数仍然为负号，能够通过显著水平为 5% 的统计检验，绝对值大小略微变小，从 0.080 左右下降为 0.070，表明如果消除城市的方言多样性，其他条件不变时，城市的人均产出最大可以增加约 28%。就控制变量而言，省会城市虚拟变量的回归系数约为 1/3，能够通过显著水平为 1% 的检验，即省会城市的人均收入水平，平均而言，比省内其他城市高了约 1/3。距省会的距离 Dis_sh 的回归系数约为 –0.975，能够通过显著水平为 5% 的检验，其单位为百万米，即距离省会越近的城市，平均而言人均收入越高，其他条件不变时，距离每减少 100 公里，人均收入提高 9.75%。

总之，以上回归结果表明，与理论假说预期的一致，城市中的方言多样性对城市的人均收入水平具有显著的负面影响。如果消除城市的方言多样性，那么城市的人均收入水平最多可以增加约 30%。

（三）进一步讨论

本文对方言多样性的度量基于《大词典》。从方言多样性的度量过程来看，方言多样性的测量误差可能来自以下3个方面：《大词典》对方言的分类不均、统计口径和方言权重的设定。在分类不均的问题上，具体来讲，方言在官话地区、北方地区及内陆地区分类可能更加详细，而在非官话地区、南方地区和沿海地区则相对粗糙，因此，在官话区、北方地区及内陆地区方言多样性可能被相对高估，而在非官话区、南方地区及沿海地区，方言多样性可能被相对低估。对此，本文进一步做了如下3个稳健性检验。

第一个稳健性检验是考察官话与非官话的影响。本文将城市样本分为以官话为主的城市和非官话为主的城市，引入官话城市为1、非官话城市为0的虚拟变量，重现表2中的回归结果，本文的理论假说依然成立。

表3 进一步检验：方言多样性指数的分类不均问题

变量	(1)	(2)	(3)	(4)	(5)	(6)
	\multicolumn{6}{c}{ln$y$}
Div	−0.071**	−0.114***	−0.072**	−0.067**	−0.070**	−0.030
	(0.030)	(0.042)	(0.029)	(0.032)	(0.030)	(0.034)
Guan	−0.131	−0.301**				
	(0.083)	(0.148)				
Div×Guan		0.075				
		(0.054)				
North			−0.301**	−0.277		
			(0.144)	(0.186)		
Div×North				−0.013		
				(0.064)		
Yanhai					0.254***	0.705***
					(0.059)	(0.248)
Div×Yanhai						−0.106*
						(0.061)
R^2	0.570	0.573	0.575	0.575	0.567	0.572
观测值	259	259	259	259	259	259

注：Guan为官话城市的虚拟变量，1表示以官话为主的城市，0表示以非官话为主的城市；North为北方城市的虚拟变量，1表示北方城市，0表示南方城市；Yanhai为

沿海地区虚拟变量，1为沿海省区城市，0为内陆省区城市；Div×Guan、Div×North、Div×Yanhai 分别为对应的交乘项；均控制了省区和东中西虚拟变量、Pro_city、Dis_sh 及常数项，但没有报告；其他同表2。

表3第1、2列报告了引入官话城市虚拟变量Guan后的回归结果。其中，第1列加入了官话城市虚拟变量Guan，第2列同时加入了虚拟变量Guan及其与方言多样性的交乘项。与表2中的相应回归结果相比，区分官话与非官话后，Div的回归系数显著性基本没有发生变化，符号仍然是负号，只是系数绝对值略微变大；而且交乘项的回归系数都不显著。这表明，方言多样性在官话与非官话城市之间也许存在差异，但是方言多样性对城市经济增长的影响不因官话或非官话而异。

第二个稳健性检验是考察南北方言的影响。以北纬33°（秦岭淮河一线[15]）作为分界线将城市样本分成北方城市与南方城市，引入北方城市为1、南方城市为0的虚拟变量，重现表2中的回归结果，本文的理论假说依然成立。

表3第3、4列报告了引入北方城市虚拟变量North后的回归结果。其中，第3列加入了北方城市虚拟变量North；第4列同时加入了虚拟变量North及其与方言多样性的交乘项。与表2中的相应回归结果相比，区分南方与北方后，Div的回归系数显著性没有发生变化，符号仍然是负号，只是系数绝对值略微变化；而且交乘项的回归系数都不显著。这表明，方言多样性在南北地区之间也许存在差异，但是方言多样性对城市经济增长的影响不因南北而异。

第三个稳健性检验是考察沿海与内陆的影响。[16]本文将城市样本分为沿海省区的城市和内陆省区的城市，引入前者为1、后者为0的虚拟变量，重现表2中的回归结果，本文的理论假说依然成立。

表3第5、6列报告了引入沿海地区虚拟变量Yanhai后的回归结果。其中，第1列加入了沿海地区虚拟变量Yanhai，第2列同时加入了虚拟变量Yanhai及其与方言多样性的交乘项。与表2中的相应回归结果相比，区分沿海内陆后，Div的回归系数大小及显著性基本没有变化，沿海虚拟变量显著为正，进一步引入交乘项后，Div回归系数为负但不显著，交乘项的回归系数则显著为负。这表明，在沿海地区和内陆地区，

方言多样性的影响确实存在差异，尽管如此，无论在沿海地区还是内陆地区方言多样性对经济发展都表现出阻碍作用，在沿海地区这一作用更加显著。

总之，以上回归结果表明，尽管中国方言在官话非官话地区、在南北地区及沿海内陆地区之间可能存在某些差异，但是方言多样性对城市经济增长的阻碍作用依然稳健。可能的解释是本文度量的是某个地域内的方言种类，尽管方言在南北方之间等可能存在数量上的差异，但是并不存在质的差异，都存在多样的方言。

接下来的稳健性检验是考察统计口径与方言权重的设定问题。在统计口径的设定上，Div 对"方言复杂县"的处理，可以保证信息损失较小，但可能存在口径过宽导致高估城市方言多样性的问题。基于此，本文采用窄口径的度量做法，对每一个"方言复杂县"只确定一种次方言，重新度量中国 278 个地级及以上城市所使用的次方言数量，计为 Div_n。Div_n 避免了高估方言多样性的可能，但方言信息损失较大。

另一方面，在权重的设定上，以 Div 度量的方言多样性，实际上假定城市中的每个汉语次方言都是等权重的，并不考虑方言使用人群的差异。这样处理的好处是对数据的要求不高，且比较稳定，但也可能造成一定的误差。基于此，本文采用式（3）重新构造方言多样性指数，记为 Div_w。Div_w 能够反映每种次方言的使用情况，但需要使用每种语言的确切人口规模，对数据的要求相对较高。

$$\text{Div}\_w_i = 1 - \sum_{j=1}^{N} S_{ji}^2 \quad (3)$$

其中，S_{ji} 表示在城市 i 使用方言 j 的人口比重；N 其实就等于 Div_n；Div_w 的取值在 0~1，值越大则表示方言越多样。

该多样性指数是多样性文献中最常见的度量指标（Easterly & Levine 1997；Alesina et al. 2003；Alesina & Ferrara 2005；Fearon & Laitin 2003；Alesina et al. 2013），其经济学含义是对城市内随机选取的任意两个个体，他们讲不同方言的概率大小。这个指数的值越大，他们讲不同方言概率就越大，那么讲相同方言的概率就越小，也就是一样性就越低。因此它反映了当地方言的多样性程度。Div_w 对 S 的赋值进行简化处理，每一个县市区只确定一种汉语次方言，同时假定该县市区的所有人群都讲这种汉语次方言。比如，广州市海珠区的方言系属为粤语广府片，则假定广州市海珠区的所有人都属于粤语广府片这一语言群体，相应的人口数据来自第五次人口普查数据。

表 4 报告了采用方言多样性指数 Div_n 和 Div_w 的回归结果。表 4 第 1、4 列分别采用方言多样性指数 Div_n 和 Div_w 重现表 2 第 5 列的回归结果，此时，Div_n、Div_w 的回归系数分别为 –0.079、–0.267，符号均为负号且都能够通过显著性水平为 5% 的检验。表 4 第 2、5 列报告了引入虚拟变量 Guan 后的回归结果，第 3、6 列报告了引入虚拟变量 North 后的回归结果，分别对比第 1、4 列可以发现，区分官话非官话地区或者南北地区之后，以 Div_n 和 Div_w 度量的方言多样性的回归系数仍然显著为负号。

表 4　进一步检验：方言多样性指数的统计口径与权重问题

变量	(1)	(2)	(3)	(4)	(5)	(6)
	\multicolumn{6}{c}{lny}					
Div_n	–0.079**	–0.081**	–0.079**			
	(0.036)	(0.036)	(0.035)			
Div_w				–0.267**	–0.268**	–0.257**
				(0.132)	(0.132)	(0.130)
Guan		–0.134*			–0.127	
		(0.081)			(0.080)	
North			–0.292**			–0.279**
			(0.141)			(0.139)
控制变量	有	有	有	有	有	有
东中西变量	有	有	有	有	有	有
省区变量	有	有	有	有	有	有
R^2	0.566	0.570	0.574	0.565	0.568	0.572
观测值	259	259	259	259	259	259

注：Guan 为官话城市的虚拟变量，1 表示以官话为主的城市，0 表示以非官话为主的城市；North 为北方城市的虚拟变量，1 表示北方城市，0 表示南方城市；控制变量 Pro_city、Dis_sh 均有控制，但没有具体报告；常数没有报告；Div_n 1~5，Div_w 0~0.72。其他同表 2。

综上讨论，考虑可能存在的测量误差之后，方言多样性对经济增长仍然具有显著的阻碍作用，本文的理论假说依然成立。

（四）内生性问题

正如生态语言学文献所强调的，经济发展会导致某些语言的消亡。联合国教科文组织濒危语言问题特别专家组（2006）认为，语言消亡的主要原因是当今社会政治、经济及文化的不平衡发展，强势语言的扩散使大量的少数民族语言成为濒危语言，因而提倡应保护语言的多样性。范俊军（2006）认为语言生态危机的重要表现之一就是语言多样性减少和语言的单极化，而某一种语言的消亡意味着该民族特有文化智慧的消亡，因而提倡应该从语言人权的角度保护语言的多样性。显然，这支文献隐含着经济发展会减少语言多样性。因此，当这种机制存在时，本文所观察到的方言多样性与经济绩效负相关，也可能是经济发展减少方言多样性的表现，而不是方言多样性阻碍了经济增长的表现。

为了克服这种可能存在的反向因果关系，本文将引入交通便利程度，并以此作为工具变量采用两阶段最小二乘法重新考察方言多样性对辖区经济发展的影响。把交通便利程度作为工具变量，主要是基于生态语言学文献所揭示的逻辑。这支文献强调，随着经济发展某些语言成为强势语言，强势语言的扩散使其他语言成为濒危语言甚至消失。因此，一个地区交通越不便利，强势语言对该地区语言多样性的影响就越小，即一个地区的方言多样性与其外界的交通便利性负相关。

本文根据中国1878~1948年铁路分布情况[17]，计算出新中国成立前各个城市铁路交通的便利程度并作为语言多样性的工具变量，解决语言多样性的内生性问题。具体而言，本文把铁路交通便利度定义为各个城市与离它最接近的3个或4个通铁路城市的平均距离。[18]之所以选择新中国成立前的铁路交通便利度是因为：一方面，在新中国成立前中国的铁路建设更多的是基于战争或掠夺资源的需要，并非用来发展经济；另一方面，这一平均距离也在一定程度上反映了该城市通往四面八方的交通便利程度。可以预测，这一平均距离越大表明城市越偏远，交通越不便利，那么其语言越多样。如表5中的第一阶段回归结果所示，平均而言，中国各个城市在新中国成立前的铁路交通不便程度与其当今的语言多样性显著正相关。

表5 内生性讨论

变量	(1)	(2)	(3)	(4)	(5)	(6)
	第二阶段的回归结果，被解释变量 lny					
Div	−0.497**			−0.550**		
	(0.219)			(0.242)		
Div_n		−0.816*			−0.988*	
		(0.449)			(0.593)	
Div_w			−3.477			−4.128
			(2.179)			(2.808)
控制变量	有	有	有	有	有	有
省区变量	有	有	有	有	有	有
东中西变量	有	有	有	有	有	有
	第一阶段的回归结果					
	Div	Div_n	Div_w	Div	Div_n	Div_w
IV_min 3	0.436***	0.266*	0.062			
	(0.162)	(0.140)	(0.039)			
IV_min 4				0.520**	0.290*	0.069
				(0.201)	(0.174)	(0.048)
Anderson canon. corr. LM statistic[#]	8.101***	4.092**	2.950*	7.463***	3.150*	2.361
	(0.004)	(0.043)	(0.086)	(0.006)	(0.076)	(0.124)
观测值	259	259	259	259	259	259

注：在第一阶段中，IV_min 3 表示在 1949 年各个城市与离它最接近的 3 个铁路城市的平均距离（对数值），IV_min 4 表示在 1949 年各个城市与离它最接近的 4 个铁路城市的平均距离（对数值）；Pro_city、Dis_sh、省区虚拟变量、东中西部虚拟变量均有控制，但由于表大小限制没有报告；# 该行括号内为 p-value；其他同表 2。

表 5 报告了采用两阶段最小二乘法的回归结果。第 1~3 列和第 4~6 列分别用各个城市与离它最接近的 3 个和 4 个铁路城市的平均距离（对数值）作为工具变量。我们发现：采用工具变量后，除了 Div_w 外，语言多样性的回归符号依然显著为负号，且回归系数绝对值变大。其中，Div 的系数绝对值从 0.070 提高到 0.5 左右；Div_n 的系数绝对值从 0.079

提高到 0.8 左右。这意味着，克服了语言多样性可能存在的内生性问题后，语言多样性对经济增长的阻碍作用更大，本文的理论假说依然成立。

（五）引入其他控制变量[19]

为了更干净地识别方言多样性本身的影响，我们考虑引入以下三个方面的控制变量：一是地理地形因素；二是宗教多样性因素；三是产权保护程度。

首先，地理地形因素很可能同时影响了方言的多样性和经济的发展，是更深层次的因素，因而需要进一步加以控制。这是因为复杂的地形会带来地理上的隔离，会同时阻碍人们的沟通与贸易，于是既影响方言的多样性也影响经济发展水平。这种地理隔离几乎不随时间变化，因而这两种效应会一直伴随着当地的发展历史。例如：当一个地方的平均坡度越高或者平均地形起伏度越高时，越容易形成地理上的隔离。这一方面在方言的形成历史过程中，阻碍了讲不同方言的人们之间的沟通，使不同的方言无法融合，因而表现出更高的方言多样性；另一方面在人类的经济发展过程中，这种地理上的隔离也阻碍了知识和技术的传播，因而不利于该地的经济发展。因此，我们在表 2 中看到的方言多样性与经济发展水平的负相关，很有可能都是地理隔离导致的，而不是方言多样性本身的影响。为了排除这一可能，我们在表 2 的回归中，进一步加入各地的平均坡度和平均地形起伏度，来控制地理地形的影响。

表 6 的第 1~3 列报告了控制地理地形因素的结果。第 1 列控制了平均坡度，第 2 列控制了平均地形起伏度，第 3 列将二者同时控制了，数据来自封志明等（2007，2014）的测算。[20] 与表 2 的结果相比，方言多样性 Div 的系数大小几乎不变，仍然显著为负，平均坡度和平均地形起伏度系数为负但不显著。这说明坡度和地形起伏度等因素很可能影响了方言在过去的形成，导致了多样的方言，但并未显著影响现在的经济发展，而方言多样性对经济发展的影响则显著为负，因此这一影响并非地理隔离导致的，而是方言本身导致的。

表 6　其他控制变量：地理、宗教、产权保护

变量	(1)	(2)	(3)	(4)	(5)	(6)	(7)
				$\ln y$			
Div	−0.068**	−0.069**	−0.071**	−0.064**	−0.053*	−0.134***	−0.137***
	(0.030)	(0.030)	(0.030)	(0.029)	(0.030)	(0.042)	(0.044)
坡度	−0.004		0.006				
	(0.008)		(0.018)				
地形起伏度		−0.058	−0.093				
		(0.077)	(0.154)				
宗教多样性				−0.058**	−0.329**		
				(0.024)	(0.166)		
产权保护指数							−0.131
							(0.278)
Pro_city	0.337***	0.349***	0.355***	0.395***	0.430***	0.353***	0.356***
	(0.100)	(0.096)	(0.093)	(0.102)	(0.093)	(0.115)	(0.114)
Dis_sh	−0.945**	−0.901**	−0.900**	−1.036**	−0.869**	−0.182	−0.145
	(0.400)	(0.367)	(0.362)	(0.404)	(0.360)	(0.521)	(0.508)
R^2	0.567	0.568	0.569	0.577	0.621	0.671	0.672
观测值	259	259	259	259	240	112	112

注：第1~3列分别控制该市的平均坡度和平均地形起伏度，数据来自封志明等（2007，2014）的测算。第4、5列控制宗教多样性程度，数值越高表示越多样，数据来自中山大学"2012年中国劳动力动态调查数据（试用版）"。第4列中用当地被调查的居民所信仰的宗教数量来度量，第5列中用与式（3）中方言多样性类似的指标来度量，考虑了人口加权。宗教多样性的计算过程中部分城市数据有缺失，因而样本量有所减小。第6、7列考察产权保护程度，产权保护指数来自世界银行（2006）。由于该指标只涉及120个城市，与方言多样性匹配后只剩余112个样本，为了防止样本减小带来的偏差，第6列基于该指标所在的子样本再现了表2的回归结果，第7列中控制了该指标。回归中都控制了常数项、东中西虚拟变量和省区变量，但未报告。其他说明同表2。

其次，是宗教多样性的影响。地理隔离在形成方言多样性的同时，也很有可能形成多样的宗教，不同宗教之间由于信仰和文化不同，知识和技术也难以共享和传播，因而宗教越多样的地方越不利于经济发展。因此，我们在表2中看到的结果很有可能反映的是宗教多样性与经济发展的负相关关系，只是由于方言多样性与宗教多样性相关，所以我们也观测到了方言多样性与经济发展的负相关，但这并未反映方言本身的影响，而是宗教的影响。为了排除这一机制，我们控制当地居民宗教的多样性程度，再进行表2的回归。

表6第4、5列报告了控制当地居民宗教多样性之后的回归结果。第4列中的宗教多样性用当地被调查的居民所信仰的宗教数量来度量，第5列中宗教多样性的度量与式（3）中方言多样性的度量类似，考虑了人口加权，数值越高表示越多样，数据来自中山大学"2012年中国劳动力动态调查数据（试用版）"。与表2的结果相比，方言多样性Div的系数大小有所下降，但仍然显著为负，宗教多样性的系数显著为负。这表明，尽管宗教多样性不利于经济发展，且与方言多样性相关，使得我们在表2中高估了方言多样性的影响。但是当我们控制了宗教多样性后方言多样性的影响依然显著，完全消除方言多样性，其他条件不变时，依然至少可以使经济增长水平提高21%。

最后，我们讨论产权保护以考察制度对经济发展的影响。基于现有文献，多样性可以通过降低不同群体间的信任，阻碍知识与技术的传播和贸易的发生，进而阻碍经济发展。尽管如此，可以通过建立制度与契约来消除不信任带来的阻碍。因此，方言多样性越高的地方产权保护制度可能越健全，有利于经济发展。为了排除方言多样性通过产权保护这一机制来影响经济，我们控制各地的产权保护程度。

表6第6、7列报告了控制产权保护程度后的回归结果。产权保护程度数据来自世界银行（2006），由于该指标只涉及120个城市，与方言多样性匹配后只剩余112个样本，为了防止样本减小带来的偏差，第6列基于该指标所在的子样本再现了表2的回归结果，第7列中控制了该指标。第7列与第6列相比，方言多样性系数几乎不变，依然显著为负，产权保护程度不显著。这表明，尽管方言多样性越高的地方，产权保护程度也可能越高，越有利于经济发展，但这种促进作用并不能完全消除方言多样性的阻碍作用。

以上分析表明，当我们进一步控制了地理因素、宗教多样性和产权保护程度等可能的遗漏变量后，方言多样性对经济发展的影响依然显著，若方言多样性完全消除，其他条件不变时，至少可以使经济增长水平提高21%。

四、当方言遇见普通话

中国拥有统一的官方语言，即普通话。普通话的普及，消除了人们在听、说、读、写上的分歧与障碍，在人际沟通中起着重要作用。然而，不同方言往往还代表着不同的文化与认同，影响着人际交往中的心理距离。普通话能否消除不同方言带来的心理距离，进而抵消方言的阻碍作用？本节将通过实证分析回答这一问题。

（一）普通话水平

一方面，居民的普通话水平本身，可能可以消除不同方言带来的心理距离，因此我们引入居民的普通话水平变量。本文利用"2012年中国劳动力动态调查数据（试用版）"中，访问员对被访者普通话流利水平的打分，构造了各城市居民的平均普通话水平，记为Puth。具体而言，该调查覆盖了我国29个省区（不含西藏和海南）、256个地级市、2282个区县单元，共调查了16 253个个体。在访问结束后，访问员会对每个个体的普通话流利程度进行打分，1~5分普通话流利程度依次升高。1表示既听不懂又不会讲，2表示听得懂但不会讲，3表示不太流利，4表示流利、略带地方口音，5表示非常流利。各地被调查个体在权重设计上与2010年人口普查的人口分布保持一致，这样我们对各地级市中被调查者的普通话流利程度取平均，近似该城市居民的平均普通话水平。需要明确的是在匹配数据过程中，东营市等19个城市平均普通话水平数据缺失。[21]因此，在本小节，有效样本减少至240个。

本文所构建的普通话水平变量与国家语委2010年的调查结果类似。国家语委2010年的"普通话普及情况调查"中，普通话普及率是指被调查者中能用普通话交流的比例。从总体上看，被抽查的河北、江苏、广西三省区的普及率为70%~80%；本文所构建的普通话水平变量Puth在全样本上的均值为4.00，在这三省的均值为3.96，也接近最高值5的80%。这意味着，至少与国家语委所报告的河北、江苏、广西三省区普通话水平相比，平均而言，本文采用"2012年中国劳动力动态调查数据（试用版）"度量各地普通话水平大致是可行的。

表 7 第 1~3 列报告了引入城市居民平均普通话水平 Puth 后的回归结果，方言多样性的回归系数显著为负号，本文理论假说依然成立。表 7 第 1 列重现了当不引用普通话水平、只采用 240 个样本时的回归结果，对比表 2 第 5 列的回归结果可以发现，样本从 259 个城市下降到 240 个城市后，方言多样性 Div 的回归系数符号、大小和显著水平都没有发生任何实质性的变化。这意味着，240 个城市样本仍然具有代表性。表 7 第 2 列单独考察城市平均普通话水平 Puth 对其经济绩效的影响，发现 Puth 的回归系数并不显著，表明城市的平均普通话水平对其经济增长并没有显著的影响。表 7 第 3 列报告了同时引入方言多样性 Div 以及普通话水平 Puth 后的回归结果，与第 1、2 列对比可以看出，这时，方言多样性的回归系数符号、绝对值和显著水平几乎没有发生变化，仍然显著为负号；普通话水平 Puth 仍不显著。这意味着，控制了各地普通话水平后，方言多样性对经济增长仍然具有显著的负面影响，本文的理论假说仍然成立。

之所以如此，一个可能的解释是普通话水平是后天的人力资本投资的结果，并不能够消除方言所代表的文化认同及其所带来的心理距离。正如国家语委普通话普及情况调查项目组所发现的，大部分受访者小时候最先说的语言是方言，普通话主要是通过学校学习所掌握的，是一种人力资本，它能够消除在听、说、读、写上的交流障碍距离，却无法消除不同方言所造成的心理距离（谢俊英，等 2011）。表 7 第 4、5 列报告了采用普通话水平 Puth 对人力资本进行回归的结果，人力资本的系数显著为正号。这也表明人力资本与普通话水平正相关，人力资本高的城市平均而言普通话水平也较高。

表 7　当方言遇见普通话

变量	(1)	(2)	(3)	(4)	(5)	(6)	(7)	(8)
	ln$y$			Puth		ln$y$		
Div	−0.054*		−0.053*			−0.079***	−0.079***	−0.075**
	(0.030)		(0.030)			(0.029)	(0.029)	(0.029)
Puth		0.041	0.038					
		(0.053)	(0.052)					

（续表）

变量	(1)	(2)	(3)	(4)	(5)	(6)	(7)	(8)
	\multicolumn{3}{c}{lny}	\multicolumn{2}{c}{Puth}	\multicolumn{3}{c}{lny}
与普通话的相似度						0.525***	0.342***	1.106*
						(0.191)	(0.131)	(0.618)
ln*h*				0.930**	1.577*			
				(0.417)	(0.818)			
Pro_city	0.420***	0.414***	0.420***		−0.253	0.352***	0.349***	0.347***
	(0.092)	(0.092)	(0.092)		(0.193)	(0.101)	(0.101)	(0.102)
Dis_sh	−0.829**	−0.876**	−0.819**		−0.193	−0.905**	−0.927**	−0.913**
	(0.361)	(0.356)	(0.361)		(0.448)	(0.401)	(0.397)	(0.404)
东中西变量	有	有	有	无	有	有	有	有
省区变量	有	有	有	无	有	有	有	有
R^2	0.613	0.608	0.615	0.018	0.292	0.576	0.575	0.572
观测值	240	240	240	240	240	259	259	259

注：第1~3、6~8列回归的被解释变量为人均实际产出lny；第4、5列回归的被解释变量为城市居民平均普通话水平Puth；第1~3列控制城市居民平均普通话水平Puth，1~5分普通话流利程度依次升高，数据来自"2012年中国劳动力动态调查数据（试用版）"；第4、5列控制人力资本的对数值ln*h*；第6~8列控制各地方言与普通话的相似程度，分别按Fearon & Laitin（2003）、Melitz & Toubal（2014）和Spolaore & Wacziarg（2009）的方法计算而得，数据来自《大词典》和《中国语言地图集》。回归时都控制了常数项但没有报告；由于部分城市普通话水平数据缺失，有效样本降为240个。其他说明同表2。

（二）方言与普通话的相似程度

另一方面，当方言与普通话越相似时，也越可能消除这种心理距离，因此我们进一步引入各方言与普通话的相似程度。由于该指标在方言学上并没有直接的和系统的测量，我们用它们与北京市所讲方言的相似程度来替代。在相似程度的度量上，稳健起见，我们依据《中国语言地图集》和《大词典》中划分的方言树图，分别按照Fearon & Laitin（2003）、Melitz & Toubal（2014）和Spolaore & Wacziarg（2009）的3种方法，计算了各地方言与北京方言的相似性。这3种度量分别侧重两种方言在系属分类上的亲疏、共同使用人群的多寡和共同祖先的远近。[22]

表7第6~8列的结果中控制了各地方言与普通话的相似程度。其中，第6~8列控制的相似程度分别按照Fearon & Laitin（2003）、Melitz & Toubal（2014）和Spolaore & Wacziarg（2009）的方法计算而得。与表2中的相应回归结果相比，控制了与普通话的相似程度后，Div的回归系数显著性没有降低，符号仍然是负号，只是系数绝对值略有增大，与普通话的相似程度在3种度量方式下都显著为正。这表明一个城市的方言与普通话越接近越有利于其经济发展，但并未消除方言多样性带来的阻碍作用。这也进一步说明，方言多样性不是通过其在听、说、读、写上的障碍来阻碍经济发展，而是通过其带来的心理距离。

总之，本文所构建的方言多样性指数度量城市属地本身的方言多样性，更干净地识别了语言本身的影响。进一步引入普通话水平和方言与普通话的相似程度后，方言多样性对经济增长仍然具有显著的阻碍作用，本文理论假说仍然成立。

五、影响渠道

本节将采用式（1）分解中国259个地级及以上城市的发展水平。首先，把Y、L、K、h和α带入式（1）[23]，求出各地级及以上城市的技术水平A；接着以北京为一个标准化单位把全国其他258个地级及以上城市进行标准化处理。表8报告了中国部分城市的分解结果。

表8揭示了中国地级及以上城市的发展差距主要取决于其技术水平A。表8第1行报告了北京的情况，由于本文选择北京作为标准化单位，所以其产出水平、资本产出比、人力资本和技术水平都是1。第2行报告了上海发展水平情况。在2010年，上海的人均实际GDP是北京的1.5倍，其中资本产出比、人力资本和技术水平所贡献的发展水平分别是北京的0.8、0.9和2.0倍。这表明，上海的发展水平比北京高，主要因为上海的技术水平高。显然，如果上海和北京的技术水平一样，那么上海的发展水平可能将会只有北京的70%左右。表8还报告了其他地区的分解结果，比如天水。在2010年，天水的实际人均GDP不

到北京的 20%，但其资本产出比、人力资本所贡献的发展水平则高达北京的 70% 左右，只是技术水平所贡献的发展水平只有北京的 37%。如果天水的技术水平和北京的一样，那么天水的发展水平将会提高约 2.6 倍，占北京的比重也会从现在的 18.5% 提高到 49.5%。表 8 的倒数第 2 行则报告了 259 个城市发展水平的差距情况。发展水平的标准差是 0.4，而资本产出比、人力资本和技术水平所贡献的发展水平之间的标准差则分别为 0.117、0.074 和 0.779。这意味着，在全国 259 个地级及以上城市之间，技术水平所带来的发展差距最大，而资本产出比和人力资本所贡献的发展差距并不大。

中国地级及以上城市的发展水平与其技术水平 A 高度正相关。如表 8 中的最后一行所示，资本产出比与劳均产出的简单相关系数只有 -0.046；而人力资本和技术水平与劳均产出的简单相关系数则分别高达 0.619 和 0.929。

表 8　水平分解的部分结果

城市	Y/L	$(K/Y)^{\alpha/(1-\alpha)}$	h/L	A
北京市	1.000	1.000	1.000	1.000
上海市	1.483	0.794	0.916	2.038
广州市	1.765	0.716	0.926	2.661
深圳市	1.713	0.697	0.933	2.634
大庆市	2.410	0.582	0.833	4.973
克拉玛依市	2.360	0.977	0.932	2.594
东营市	2.291	0.712	0.825	3.901
成都市	0.894	0.749	0.848	1.407
西安市	0.685	0.803	0.935	0.911
天水市	0.185	0.756	0.656	0.373
259 个城市：标准差	0.417	0.117	0.074	0.779
与 Y/L 的相关系数	1.000	-0.046	0.619	0.929

表 9 报告了被解释变量分别为资本产出比（$\ln K/Y$）、人均人力资本（$\ln h$）和技术水平（$\ln A$）的回归结果。回归结果显示了技术和人力资本与方言多样性的负相关关系，资本产出比与方言多样性不相

关。表9第1列用资本产出比的对数值 $\ln K/Y$ 对 Div 回归，回归结果表明两者之间不存在显著的相关关系；第2列用人均人力资本的对数值 $\ln h$ 分别对 Div 回归，回归结果显示两者存在显著的负相关关系，Div 每下降一个单位，人均人力资本将会提高1%，Div 的最大、最小值分别为5和1，如果消除城市的方言多样性，那么城市的人均人力资本最大可以提高约4%；第3列用技术水平的对数值 $\ln A$ 对 Div 回归，回归结果显示两者存在显著的负相关关系，Div 下降1个单位可以使技术水平上升5.8%，消除城市的方言多样性可以使技术水平最多增加约23%。

在采用式（1）进行水平分解时，技术水平 A 是资本产出比和人力资本所不能够解释的残差部分，难免会包括技术水平之外的其他因素，比如石油、铁矿以及其他有色金属等自然资源。[24] 因此，考察方言多样性对技术水平的影响不应忽视由本文所采用的方法论本身带来的这种偏差。国家计委宏观经济研究院课题组（2002）划分5种资源，把47个地级及以上城市确定为资源型城市。[25] 本文采用各城市的技术水平 A 对各类型资源型城市的虚拟变量进行回归发现[26]，5种类型中的石油城市、黑色冶金城市和其他资源类型城市的 A 显著高于其他城市，对应的城市分别为大庆、东营、濮阳、克拉玛依、本溪、马鞍山、郴州、攀枝花和云浮9个资源城市。为了消除资源禀赋带来的影响，本文剔除这些资源型城市再进行检验，表9第4列报告了剔除高技术资源型城市后的回归结果，与第3列的回归结果相比，回归结果并没有发生实质性变化。[27]

表9 方言多样性与城市发展水平：影响渠道

变量	(1)	(2)	(3)	(4)
	$\ln K/Y$	$\ln h$	$\ln A$	$\ln A$
Div	−0.007	−0.009**	−0.058**	−0.047*
	(0.015)	(0.004)	(0.028)	(0.028)
控制变量	有	有	有	有
省区变量	有	有	有	有
东中西变量	有	有	有	有
R^2	0.632	0.713	0.582	0.615
观测值	259	259	259	250

注：$\ln K/Y$、$\ln h$ 和 $\ln A$ 分别是 2010 年的资本产出比、人均人力资本和技术水平的对数值；Pro_city、Dis_sh 均有控制但没有具体报告；常数没有报告；第 4 列剔除了大庆、东营、濮阳、克拉玛依、本溪、马鞍山、郴州、攀枝花和云浮等 9 个高技术资源型城市，样本量为 250；其他同表 2。

六、结论性评述

经济增长文献的一个新进展就是考察文化对经济增长的影响（Aghion & Howitt 2009；Doepke & Zilibotti 2014）。方言是文化的重要方面。中国方言是南腔北调，颇具多样性，本文构建了中国各个地级及以上城市方言多样性指数。根据《大词典》所报告的中国 2113 个县或县级以上观测单元所使用的具体汉语方言，本文构建了中国 278 个地级及以上城市的方言多样性指数。方言多样性指数直接测度各个地级及以上城市辖区内的汉语方言种类，而不是运用这些方言的听、说、读、写能力，从而在指标度量上把方言从人力资本中分离出来。

本文考察了方言多样性对经济增长的影响。具体而言，本文把各地级及以上城市 2010 年的经济绩效与其方言多样性指数相匹配。实证分析发现，方言多样性对经济增长具有显著的负向影响。如果消除城市的方言多样性，当其他因素不变时，平均而言，人均产出水平最多将提高 30% 左右。考察了可能的测量问题、内生性问题及地形、宗教和产权保护等可能的遗漏变量问题，本文的发现稳健存在。

本文还实证分析了方言多样性阻碍中国经济增长的背后机制。采用 Hall & Jones（1999）的策略，本文对中国 278 个地级及以上城市 2010 年的发展水平进行增长核算，结果发现，中国城市间的经济差距主要取决于以 TFP 度量的技术水平，方言多样性是通过影响技术水平和人力资本阻碍城市经济增长。

本文的发现是稳健的，揭示了方言等文化因素是影响经济增长的深层次因素。当然，本文并不否认，方言多样性在其他维度上可能会促进社会发展，这还需要进一步研究。

附录

附表1　无法匹配的观测单元

县（市）名称	所属省区	无法匹配的原因	方言系属	影响[28]
宿县	安徽	属宿州市埇桥区	中原官话、郑曹片	无
金门县	福建	台湾地区管辖	闽语、泉漳片	无
交河县	河北	撤销，并入沧州市泊头市	冀鲁官话、沧惠片	无
德都县	黑龙江	撤销，并入黑河市五大连池市	东北官话、黑松片	无
零陵县	湖南	属永州市市区	西南官话、湘南片	无
黔阳县	湖南	撤销，其辖区归入洪江市、中方县与鹤城区	湘语、长益片	与鹤城区方言不同
鄡县	湖南	属衡阳市市区	方言复杂县	与衡阳市区方言不同
海龙县	吉林	并入通化市梅河口市	东北官话、吉沈片	无
宁冈县	江西	并入吉安市井冈山市	赣语、吉茶片	无
临川县	江西	属抚州市临川区	赣语、抚广片	无
新汶市	山东	并入泰安市新泰市	冀鲁官话、石济片	无
滨县	山东	并入滨州市	冀鲁官话、沧惠片	无
宝山县	上海	并入上海市宝石区	吴语、太湖片	无
碧江县	云南	撤销，并入福贡县、泸水县	西南官话、滇西片	无
畹町市	云南	撤销，并入德宏傣族景颇族自治州瑞丽市	西南官话、滇西片	无
普陀县	浙江	并入舟山市定海区	吴语、太湖片	无

附表2　新设立县级行政区方言系属一览

省区	地级市	名称	方言系属	填充依据
山西	太原市	古交市	晋语、并州片	原为太原市的辖区
山西	晋城市	泽州县	晋语、邯新片	原为晋城市郊区
辽宁	铁岭市	铁法市	东北官话、吉沈片	原为铁岭县和法库县的一部分，方言均一致
吉林	松原市	宁江区	东北官话、哈阜片	原为扶余县的一部分
黑龙江	双鸭山市	友谊县	东北官话、黑松片	原为聚贤县的一部分
江苏	盐城市	盐都县	江淮官话、洪巢片	原为盐城市郊区

（续表）

省区	地级市	名称	方言系属	填充依据
江苏	宿迁市	宿豫县	中原官话、郑曹片	原为宿迁县
浙江	台州市	路桥区	吴语、台州片	原属于黄县区
福建	泉州市	石狮市	闽语、泉漳片	原为靖晋江县的一部分
河南	平顶山市	舞钢市	中原官话、郑曹片	舞钢市原为舞阳县的一部分
河南	濮阳市	濮阳县	中原官话、郑曹片	原为濮阳市郊区
湖北	荆门市	沙洋县	西南官话、成渝片	原为荆门市辖区
湖北	荆州市	荆州区	西南官话、成渝片	原为江陵县的一部分
湖北	黄冈市	团风县	江淮官话、黄孝片	原为黄冈市辖区
湖南	湘潭市	韶山市	湘语、长益片	原为湘潭市韶山区
广东	揭阳市	揭东县	闽语、潮汕片	原为揭阳县中15各镇
广东	云浮市	云安县	粤语、广府片	原云城区六都
广西	河池地区	大化瑶族自治县	西南官话、桂柳片	原为都安县、巴马县、马山县的乡镇，方言一致
四川	遂宁市	大英县	西南官话、成渝片	原为蓬溪县的一部分
云南	曲靖市	沾益县	西南官话、昆贵片	原为县级曲靖市的一部分
甘肃	庆阳地区	西峰市	中原官话、秦陇片	原属庆安县

附表3　"方言复杂县"的城市分布情况

"方言复杂县"个数	城市列表（括号内为个数小计）
1	石家庄市、晋城市、齐齐哈尔市、伊春市、佳木斯市、无锡市、苏州市、连云港市、镇江市、泰州市、宁波市、台州市、马鞍山市、安庆市、宿州市、福州市、龙岩市、赣州市、抚州市、长沙市、常德市、益阳市、郴州市、汕头市、惠州市、东莞市、中山市、三亚市、自贡市、眉山市、广安市、陇南地区（32）
2	南京市、常州市、宿迁市、杭州市、潮州市、丽水市、九江市、上饶市、珠海市、梧州市、泸州市、巴中市（12）
3	邯郸市、邢台市、南通市、芜湖市、邵阳市、岳阳市、湘西土家族苗族自治州、广州市、佛山市、肇庆市、潮州市、海口市、广元市、遂宁市、南充市、达州市、资阳市（17）
4	铜陵市、黄山市、池州市、宁德市、潍坊市、临沂市、江门市、揭阳市、北海市、钦州市、贵港市、柳州地区、贺州地区、白色地区、重庆市（15）
5	茂名市、云浮市、内江市（3）
6	温州市、宣城市、宜春市、深圳市、河池地区、德阳市、绵阳市（7）
7	吉安市、韶关市、南宁市、柳州市（4）
9	湛江市、桂林市（2）
13	成都市（1）

注释

① 《汉语方言大词典》中还有 1 种方言系属"官话",指福建南平等未分区的官话方言岛。本文未计入乡话、土话、儋州话等方言岛或未分类方言。

② 本文"城市"包括自治州。

③ 最近出版的经济增长手册,第一篇论文就是考察文化对经济增长的影响(Deopke & Zilibotti 2014)。

④ 我们使用的"全国各县市汉语方言系属简表"来自 CNKI 中国工具书网络出版总库。

⑤ 部分地区并不使用汉语或者属于未分区方言,"简表"并没有列出这些地方所使用的语言。

⑥ 2113 个观测单元并不意味着只有 2113 个县、市的数据,因为有的观测单元可以包含一个地级市和一个县的数据,比如邯郸市(县)。

⑦ 附表 1 详细报告了这 16 个县级行政区的具体情况及其可能的影响。

⑧ 附表 2 详细报告了这 21 个县级行政区的具体情况。

⑨ 其中包括从县(或县级市)升级而来的地级市;但不包括由某几个县(或县级市)合并而成、我们无法确认其辖区原(1986 年)属于哪个县(或县级市)的地级市。

⑩ 对于撤县设区而来的辖区,其方言数据与撤县设区前县的方言数据保持一致。

⑪ 数据缺失的原因包括:部分地区并不使用汉语或者属于未分区方言,"简表"未列出其方言系属,如西藏大部分地区;匹配过程中无法确定其方言系属而遗漏。

⑫ 附表 3 详细报告了这些城市的"方言复杂县"情况。

⑬ 参见《经济学报》2015 年第 2 期图 2。

⑭ 参见《经济学报》2015 年第 2 期图 3。

⑮ 秦岭淮河一线在 32° N~34° N,本文取 33° N 作为分界线,城市纬度数据统一来自 Google Earth。

⑯ 感谢匿名审稿人宝贵的建设性意见。

⑰ 数据来源于中国百科网中文章《中国近代铁路建设》中的"1878~1948 年的中国铁路分布图"。参见 http://www.chinabaike.com/。

⑱ 如果该城市为铁路城市，那么最接近的3个城市中就有它本身，它与自身的距离为0；选择3个城市是因为3个或以上的城市数量才能形成平面，这一平均距离才能更好反映一个城市通往四面八方的便利程度。基于稳健性的考虑，我们也选择了4个城市计算平均距离，结果是一致的。距离为地理距离，通过经纬度计算，数据来源于Google Earth。

⑲ 感谢匿名审稿人宝贵的建设性意见。

⑳ 中国科学院地理科学与资源研究所的封志明老师及其合作者游珍老师，慷慨地共享了他们所测算的平均坡度与平均地形起伏度的数据，在此表示特别感谢。

㉑ 这19个城市分别是：东营市、和田地区、铜陵市、朔州市、金昌市、鹤壁市、阿勒泰地区、辽源市、迪庆藏族自治州、乌海市、克拉玛依市、怒江傈僳族自治州、三门峡市、莱芜市、马鞍山市、嘉峪关市、延边朝鲜族自治州、阳泉市、池州市。

㉒ 感谢匿名审稿人宝贵的建设性意见。

㉓ 采用式（1）分解中国城市的发展水平，需要对Y、L、K、h和α等进行赋值。α为1/3。Y、L和h分别采用各地级及以上城市2010年的实际GDP、常住人口和平均受教育年限，数据来自《区域经济统计年鉴》和第六次人口普查数据（2010）。K是物质资本存量，现有统计部门并不提供中国各个地级及以上城市的物质资本存量数据，本文将采用永续盘存法模拟出2001~2010年全国259个地级及以上城市的资本存量。在采用式（1）水平分解时，本文只采用2010年资本存量数据。采用永续盘存法模拟资本存在需要解决3个度量问题，即如何度量2001年的初始资本存量，以及2010~2010年的折旧率和实际物资资本投资。本文按照文献通常的做法，取折旧率为0.06；实际物资资本投资采用各自的GDP缩减指数进行平减后的固定资本投资；在计算2001年的基期资本存量时，本文假定各个地级及以上城市的资本产出比等于其所在省的资本产出比，采用各省的实际物质资本存量、GDP和各地级及以上城市的实际GDP就可以估计出各地级及以上城市的初始的实际资本存量。各省2001年的实际资本存量数据来自徐现祥等（2007）。

㉔ 比如，表7中报告了大庆、克拉玛依和东营这3个石油城的情况。从分解结果看，这3个城市的人均实际GDP大致都是北京的2.3倍，其中资本

产出比和人力资本所贡献的产出水平都没有北京的高，但 Div 所贡献的产出水平则分别是北京的 5、2.6 和 4 倍。显然，如此高的倍数，是式（1）这种方法本身遗漏了自然资源等因素所致，而非真实的技术水平差距。

㉕ 这 47 个城市分别是大庆、盘锦、东营、濮阳、克拉玛依、唐山、邯郸、邢台、大同、阳泉、长治、晋城、朔州、乌海、赤峰、抚顺、阜新、辽源、鸡西、鹤岗、双鸭山、七台河、淮南、淮北、萍乡、枣庄、平顶山、鹤壁、焦作、广元、达州、六盘水、铜川、石嘴山、葫芦岛、铜陵、白银、金昌、本溪、马鞍山、郴州、攀枝花、白山、松原、伊春、黑河和云浮。

㉖ 为了节省篇幅，回归结果本文没有给出报告。感兴趣的读者可以索要。

㉗ 另外，在实证分析过程中，我们改变折旧率和 Div 的取值，实证结果并没有发生任何实质性改变。为了节省篇幅，未予报告。

㉘ 除金门县外，"无"则说明该县（市）的方言系属与其合入的地区保持一致。

参考文献

范俊军 2006 少数民族语言危机与语言人权问题，《贵州民族研究》第 2 期。

封志明，唐焰，杨艳昭，等 2007 中国地形起伏度及其与人口分布的相关性，《地理学报》第 10 期。

封志明，杨艳昭，游珍，等 2014 基于分县尺度的中国人口分布适宜度研究，《地理学报》第 6 期。

国家计委宏观经济研究院课题组 2002 我国资源型城市的界定与分类，《宏观经济研究》第 11 期。

联合国教科文组织濒危语言问题特别专家组 2006 语言活力与语言濒危，范俊军，宫齐，胡鸿雁译，《民族语文》第 3 期。

陆铭，李爽 2008 社会资本、非正式制度与经济发展，《管理世界》第 9 期。

陆铭，张爽 2007 "人以群分"：非市场互动和群分效应的文献评论，《经济学》第 3 期。

谢俊英，李卫红，姚喜双，等 2011 普通话普及情况调查分析，《语言文字应用》第 3 期。

谢自立　2000　《汉语方言大词典》简评，《复旦学报（社会科学版）》第3期。

徐现祥，周吉梅，舒　元　2007　中国省区三次产业资本存量估计，《统计研究》第5期。

许宝华，宫田一郎（主编）　1999　《汉语方言大词典》，北京：中华书局。

中国社会科学院，澳大利亚人文科学院　1987　《中国语言地图集》，香港：香港朗文（远东）有限公司。

Aghion, P. & P. Howitt. 2009. *The Economics of Growth*. London: The MIT Press.

Alesina, A. & E. L. Ferrara. 2000. Participation in heterogeneous communities. *The Quarterly Journal of Economics* 115(3): 847−904.

Alesina, A. & E. L. Ferrara. 2002. Who trusts others? *Journal of Public Economics* 85(2): 207−234.

Alesina, A. & E. L. Ferrara. 2005. Ethnic diversity and economic performance. *Journal of Economic Literature* 43: 762−800.

Alesina, A., A. D. Leeschauwer, W. Easterly, et al. 2003. Fractionalization. *Journal of Economic Growth* 8(2): 155−194.

Alesina, A., J. Harnoss & H. Rapoport. 2013. Birthplace diversity and economic prosperity. *Journal of Economic Growth* 21(2): 101−138.

Alesina, A., S. Michalopoulos & E. Papaioannou. 2012. Ethnic inequality. NBER Working Paper, No.18512.

Bleakley, H. & A. Chin. 2004. Language skills and earnings: Evidence from childhood immigrants. *Review of Economics and Statistics* 86(2): 481−496.

Boeheim, R., G. T. Horvath & K. Mayr-Dorn. 2012. Birthplace diversity of the workforce and productivity spill-over in firms. WIFO Working Paper, No.438.

Brunow S., M. Trax & J. Suedekum. 2012. Cultural diversity and plant-level productivity. Institute for the Study of Labor(IZA), IZA Working Papers, No.6845/2012.

Carnevale, A. P., R. A. Fry & B. L. Lowell. 2001. Understanding, speaking, reading, writing, and earnings in the immigrant labor market. *The American Economic Review* 91(2): 159−163.

Chen, B., C. Zhao, F. Richard, et al. 2013. Language as a bridge: The effects of dialect on labor market performance in urban China. Working paper, accessed at http://www.lepp.zju.edu.cn/upload/2013-05/13053119194133.pdf.

Chiswick, B. R. 1991. Speaking, reading, and earnings among low-skilled immigrants. *Journal of Labor Economics* 9(2): 149–170.

Chiswick, B. R. & P. W. Miller. 1995. The endogeneity between language and earnings: International analyses. *Journal of Labor Economics* 13(2): 246–288.

Chiswick, B. R. & G. Repetto. 2000. Immigrant adjustment in Israel: Literacy and fluency in Hebrew and earnings. IZA Discussion Paper, No.177.

Doepke, M. & F. Zilibotti. 2014. Culture, entrepreneurship, and growth. IZA Discussion Paper, No.7459.

Dustmann, C. 1994. Speaking fluency, writing fluency and earnings of migrants. *Journal of Population Economics* 7(2): 133–156.

Easterly, W. & R. Levine. 1997. Africa's growth tragedy: Policies and ethnic divisions. *The Quarterly Journal of Economics* 112(4): 1203–1250.

Fearon, J. D. & D. D. Laitin. 2003. Ethnicity, insurgency, and civil war. *The American Political Science Review* 97(1): 75–90.

Funkhouser, E. 1996. How much of immigrant wage assimilation is related to English language acquisition. Unpublished Manuscript. Santa Barbara, CA: University of California.

Grenier, G. 1984. The effect of language characteristics on the wages of Hispanic-American males. *The Journal of Human Resources* 19(1): 35–52.

Hall, R. & C. J. Jones. 1999. Why do some countries produce so much more output per worker than others? *The Quarterly Journal of Economics* 114(1): 83–116.

Hambrick, D. C., T. S. Cho & M. Chen. 1996. The influence of top management team heterogeneity on firms' competitive moves. *Administrative Science Quarterly* 41(4): 659–684.

Hong, L. & S. E. Page. 2001. Problem solving by heterogeneous agents. *Journal of Economic Theory* 97(1): 123–163.

Huston, T. L. & G. Levinger. 1978. Interpersonal attraction and relationships. *Annual Review of Psychology* 29(1): 115–156.

Kossoudji, S. A. 1988. English language ability and the labor market opportunities of Hispanic and East Asian immigrant men. *Journal of Labor Economics* 6(2):

205−228.

Marschak, J. 1965. Economics of language. *Behavioral Science* 10(2): 135−140.

McManus, W. S. 1985. Labor market costs of language disparity: An interpretation of Hispanic earnings differences. *The American Economic Review* 75(4): 818−827.

McManus, W. S., W. Gould & F. Welch. 1983. Earnings of Hispanic men: The role of English language proficiency. *Journal of Labor Economics* 1(2): 101−130.

McPherson, M., L. Smith-Lovin & J. M. Cook. 2001. Birds of a feather: Homophily in social networks. *Annual Review of Sociology* 27(1): 415−444.

Melitz, J. & F. Toubal. 2014. Native language, spoken language, translation and trade. *Journal of International Economics* 93(2): 351−363.

Milliken, F. J. & L. L. Martins. 1996. Searching for common threads: Understanding the multiple effects of diversity in organizational groups. *The Academy of Management Review* 21(2): 402−433.

Parrotta, P., D. Pozzoli & M. Pytlikova. 2012. Does labor diversity affect firm productivity? IZA Discussion Paper, No. 6973.

Pendakur, K. & R. Pendakur. 2002. Language as both human capital and ethnicity. *The International Migration Review* 36(1): 147−177.

Spolaore, E. & R. Wacziarg. 2009. The diffusion of development. *Quarterly Journal of Economics* 124(2): 469−529.

Trax, M. S., S. Brunow & J. Suedekum. 2012. Cultural diversity and plant-level productivity. IZA Discussion Paper, No. 6845.

（本文发表于《经济学报》2015年第2期，第1~32页）

方言、普通话与中国劳动力区域流动

李 秦 孟岭生

引言

语言与经济现象息息相关。一方面语言是经济交流的载体，人们不仅用语言来沟通，同时用语言记录经济合同和交易契约。当两个经济主体使用的语言不一致时可能会带来非常高的交易成本，这些交易成本不仅包括翻译人员的工资等直接成本，还包括由于翻译不准确而导致交易双方误解产生的交易成本，第三方的参与而可能造成的泄密风险，以及因为语言不通而可能遭到不公正的待遇等间接成本。另一方面对于劳动力来说语言也是重要的人力资本（Rubinstein 2000）。熟悉当地的语言能够提高其生产效率，更加容易找到工作、更方便生活和积累社会关系。有很多企业在招聘的时候会把员工的语言技能作为一项重要考核指标，有时候甚至会把语种细分到方言。例如在高盛集团（Goldman Sachs）的职位申请页面上，就把中文分为客家话（Chinese Haka）、粤语（Chinese Cantonese）、普通话（Chinese Mandarin）和其他方言（Chinese other）。语言也是地方文化的重要组成部分，能够反映语言使用者的特质，比如中国人使用的汉语和西方使用的英语反映两种截然不同的文化和习惯。即使在一个国家内部，各个地区也有不同的方言。拥有共同方言常常是地域归属感和认同感的重要部分。在现实生活中，如果一名外来者会使用当地的语言，那么他就更容易被当地居民所认同。

在经济学文献中，语言经济学（Economics of Language）的研究开始于20世纪80年代，当时出现在美国的大量非英语母语的移民引起了经济学家的兴趣，经济学学者开始把语言纳入到人力资本进行分析。早期的研究包括语言对降低交易成本的影响（Carliner 1981；McManus et al. 1983；Tainer 1988）；语言对工作机会的影响（Kossoudji 1988）以及语言能力对收入的影响（Chiswick 等人的工作）等。近些年关注点从语言对个人的影响转向了语言对地区经济的影响。有一大批文献是考察语言对贸易的影响，例如 Rauch（1999）和 Rauch & Trindade（2002）发现移民的社会关系能够帮助他们克服迁入地和迁出地贸易时的语言交流障碍，从而促进贸易；Melitz（2008）用引力模型分析了使用同种语言对国家间贸易流量的影响。Falck et al.（2012）用一个世纪前的方言作为区域文化的代理变量考察语言和文化对移民的影响。

以上这些文献都说明了语言其实是劳动力转移或者移民的影响因素之一，但是在研究中国劳动力转移的研究中，并没有把语言纳入考虑范畴。虽然我国在新中国成立初期就已经开始推广普通话，但是我国是一个方言大国，全国超过 100 万人口使用的方言就有上千种。《中国语言文字调查（2000）》的资料显示，截至 2000 年全国仍然有 86.38% 的人使用汉语方言，并且这一比例超过使用普通话交流的比例（53.06%）。虽然有部分方言与普通话较为接近，不影响理解和交流，但是还有部分方言与普通话差距很大，会说方言成为工作的必要条件。例如很多到广州工作的外地人都认为，在广州不会粤语很难找工作[①]；上海的部分外地公务员被要求参加上海话培训班。[②]

之前研究中国劳动力转移的文献大多集中在经济因素对劳动力转移影响的问题上。例如田新民等（2009）建立了二元理论模型解释了城乡收入差波动对劳动力转移和城市经济效率的影响。蔡昉等（2003）以及孙文凯等（2011）关注了户籍制度改革对中国农村劳动力流动的影响。邓曲恒和古斯塔夫森（2007）发现与留在农村的农民相比，成为城市的永久移民的劳动力使自身经济条件得到很大改善。王德文等（2008）发现教育能提高农村迁移劳动力的就业和工资。

但是除了经济因素外，文化和语言因素对中国劳动力流动是否有影响呢？例如当北京和广州提供相差不大的就业机会、工资待遇等经济回报的时候，劳动力是否会因为语言、文化等非经济原因而产生特定的偏好？本文试图回答这一问题。

我们用普通话的普及水平作为语言沟通障碍的代理变量，用是否在同一方言区作为地方文化的代理变量，结果发现在控制了地理距离、经济因素（人均收入、基础建设、社会保障、政府教育投入等）后，语言障碍和地方文化仍然对劳动力移民有显著的影响：语言障碍越小（迁入地的普通话水平越高，迁出地普通话水平越低），移民数量越多；地方文化越接近（迁入地和迁出地属于共同方言区），移民数量越多。这说明除了经济因素外，语言障碍和地方文化是劳动力选择移民时的重要考虑因素。进一步的研究表明地方文化因素对男性移民的影响较大，而语言因素对女性移民的影响更大。相较于第一和第二产业而言，第三产业的从业者受到这两种非经济因素的影响更大。随着教育程度的提高，地方文化和语言沟通对移民的影响逐渐增大，但这两种因素的影响随着年龄的提高却是降低的，即受到语言沟通和地方文化影响最大的人群是从事第三产业工作具有相对较高教育水平的年轻人。对此我们的解释是高教育水平的人从事第三产业的更多（样本中本科及以上教育水平的从业人员占三大产业就业人员比例分别为：农业0.72%，工业2.67%，服务业7.13%），服务业的特点是"以人为本"——涉及与人沟通的工作非常多，因此语言和文化因素对从业更为重要。

  本文的一个贡献在于突破现有的关于中国劳动力区域流动的研究，把语言和文化纳入人力资本考虑的范畴，地域广阔、文化多元和人情社会是中国很重要的社会特色，在劳动力市场上的体现一个是供给方面，即劳动力的具有不同的禀赋——普通话水平和风土人情；一个是需求方面，即企业的人才需求不同——语言沟通和与本地的融合。当劳动力择业时，除了收入等经济因素外，非经济因素同样重要，有时甚至更为重要。本文第二个贡献是从劳动力自由流动的角度间接论证了推广普通话这一政策具有重要的经济意义。中国早在新中国成立初期就推广普通话并卓有成效，普通话已经相当普及并已成为中国的官方语言，但是由于数据的限制，很难直接衡量推广普通话带来的经济效益。通过本文的研究发现，普通话普及率高的地方移民的数量也相对较多，说明普通话的推广促进了中国区域间劳动力的自由流动，具有重大的经济意义。

  本文的结构安排如下：第二部分介绍中国的汉语方言使用情况和推广普通话的相关背景。第三部分详细介绍数据特征并给出一个简单的引力模型作为实证分析的框架。第四部分估计普通话普及水平和方言所代表的地区文化对劳动力转移的影响，并探讨了对不同性别、年龄、教育程度和行业的劳动力转移的影响。第五部分总结全文。

一、背景介绍

中国的劳动力流动开始于20世纪80年代农村家庭承包责任制的实行，随着城市改革和对外开放的进程而达到高潮，流动方向上主要是从不发达地区流向发达地区，利益驱动是中国劳动力流动的主要原因。除此以外，中国的一大特色是人情社会，除了考虑经济因素外，文化融合和语言互通也是重要考虑因素。

广阔的国土面积和悠久的文明历史造就了中国方言众多，文化多样。全国超过100万人口使用的方言就有上千种。按照《中国语言地图集》[3]的分类，中国汉语方言分为十大方言区：官话区、晋语区、赣语区、徽语区、吴语区、湘语区、客家话区、粤语区、闽语区、平话区。官话区可细分为：东北官话区、北方官话区、胶辽官话区、北京官话区、中原官话区、兰银官话区、江淮官话区、西南官话区以及西南官话和土话并用区。方言区的划分与省份划分并不完全重合，而是长时期的山川阻隔、社会分化和历史积淀而成，因此往往存在一个省份存有不同的方言、不同省拥有共同方言的现象。可以说方言是地区文化的重要代表。

方言的存在对语言沟通也造成了影响，不同方言的语音、语汇和语法差异会非常大，会出现不同方言区的人互相听不懂的现象。新中国成立以后，为了统一语言，便于交流，从1956年开始推广普通话，1982年12月把"国家推广全国通用的普通话"写入了宪法。现在中国书面语统一为普通话（部分少数民族地区除外），口语方面是普通话为主，方言并用。《中国语言文字调查（2000）》的资料显示，截至2000年全国仍然有86.38%的人使用汉语方言，并且这一比例超过使用普通话交流的比例（53.06%）。各个方言区能够用普通话交谈的比例平均仅为57.79%，这一比例最低为40.15%，在西南官话区，最高85.73%，在北京官话区。

二、模型和数据

（一）引力模型

在这一部分里我们引入一个引力模型来说明为什么语言沟通与地方文化会影响劳动力的区域转移，然后再在理论模型的基础上发展实证计量模型。

与 Anderson & Wincoop（2003）和 Falck et al.（2012）一致，我们引入一个离散区域选择模型。假设国家内部有 $r=1, 2, \cdots, R$ 个地区和许多不同的个体 h，个体 h 在地区 r 的效用函数为：

$$V_r^h = u_r + \varepsilon_r^h \tag{1}$$

其中，u_r 代表地区 r 具有的给生活在该地区的个体带来效用的因素，包括该地区的教育、医疗、卫生、住房、就业、基础设施建设等宏观经济因素，也包括该地区特有的历史习俗等文化因素。这些因素对每个生活在该地区的个体影响是相同的。ε_r^h 表明的是该地区对每个个体不同的影响，比如该地区的产业构成对不同专业和不同技术水平的个体的影响，还包括该个体对这个地区的评价。同时我们假设不同个体的 ε_r^h 独立同分布，并服从二重指数分布 $F(x)= \Pr(\varepsilon_r^h \leq x)=\exp[-\exp(-x/\beta-\gamma)]$。其中 γ（≈ 0.5772）是欧拉常数，参数 $\beta>0$。该分布的均值为零，方差为 $(\pi^2/6)\beta^2=1.6449\beta^2$。$\beta$ 表明个体之间异质性的程度。如果区域性流动没有成本，那么个体 h 移民到地区 r 的概率是：

$$P_r = \Pr\left[V_r^h > \max_{j \neq r}\{V_j^h\}\right] = \frac{\exp(u_r/\beta)}{\sum_{j=1}^{R}\exp(u_j/\beta)} \tag{2}$$

当 β 趋向于 0 时，地区对个体的影响只取决于地区的平均福利水平，即只和 u_r 有关，而当 β 趋向于无穷大时，个体差异非常大，这时候个体到任意一个地区的可能性相同，概率为 $1/R$。下面我们把该模型扩展到两期并引入流动成本。

在第一期，不同地区对不同个体的随机影响 ε_r^h 得到实现。第二期，个体在观察到自己的 ε_r^h 和不同地区的平均福利水平 u_r 以后选择他们愿意移民的地区。任意一个个体 h 从现在的居住地 r 移民到另一个地区 s（包括现在居住地 r）的条件是他获得的效用增加要超过他付出的成本 c_{rs}（当选择不移民时，$c_{rs}=0$），即

$$\begin{cases} V_s^h - c_{rs} > \max\{V_j^h - c_{rj}\} \\ c_{rr} = 0, c_{rj} \geq 0 \end{cases} \quad (3)$$

加总个体数据后，我们可以得到从地区 r 到地区 s 的移民比例为 $P_{rs}=M_{rs}/L_r$，其中 L_r 是迁出地的人口数量，M_{rs} 为从 r 到 s 的移民的流量（gross migration flow）。两边取对数后得到引力方程：

$$\ln(M_{rs}/L_r) = (u_s - c_{rs})/\beta - \ln\left[\sum_{j=1}^{R} \exp(u_j - C_{rj})/\beta\right] \quad (4)$$

即：$\ln(M_{rs}/L_r) = u_s/\beta - \ln\left[\sum_{j=1}^{R} \exp(u_j - C_{rj})/\beta\right] - C_{rs}/\beta \quad (5)$

令 $D_s = u_s/\beta; D_r = \ln\left[\sum_{j=1}^{R} \exp(u_j - c_{rj})/\beta\right]; C_{rs} = -C_{rs}/\beta$，则

$$\ln(M_{rs}/L_r) = D_s - D_r + C_{rs} \quad (6)$$

在地区水平上，D_s 包含了所有迁入地 s 的影响，D_r 包含了所有迁出地 r 的影响。在计量模型中我们用地区固定效应来控制，下面我们定义移民成本 C_{rs}。

方言可以通过两个渠道影响劳动力移民，第一是语言上的沟通，第二是文化习俗的相容性，分别定义为沟通成本 $C_{rs\_cummunicate}$ 和文化成本 $C_{rs\_culture}$。除此以外，移民成本还包括物理上的交通成本 C_{rs_travel}，因此，$C_{rs}=C_{rs\_cummunicate}*C_{rs\_culture}*C_{rs\_travel}$。将该式子代入方程（6），我们可以得到如下方程：

$\ln(M_{rs}/L_r)$
$= D_s - D_r + \alpha_1 \ln(C_{rs\_cummunicate}) + \alpha_1 \ln(C_{rs\_culture}) + \alpha_1 \ln(C_{rs\_travel}) + e_{rs} \quad (7)$

其中，e_{rs} 是误差项。地区控制变量 D_s 和 D_r 分别控制了所有与迁出地和迁入地相关的因素，包括工资水平、失业率、地区发展水平和福利情况等，两者的差值是地区间的差异。如果人们更愿意移民到那些语言障碍更小、文化更为近似、地理上离家更近的地方工作，那么

α_1、α_2 和 α_3 的符号均应为负。

(二) 数据

迁出地和迁入地的地区控制变量 D_s 和 D_r 来源于《中国城市统计年鉴（2000年）》，包括各县级地区的经济数据，如 GDP、人口数量、人均工资、地方、政府基本建设支出、教育事业费和社会保障辅助支出。

语言沟通成本 $C_{rs\_cummunicate}$ 是用迁入地和迁出地方言区的普通话普及率做代理变量，普通话普及率越高，说明方言的沟通作用越少，沟通成本越低。数据来自于2000年《中国语言文字调查》。正如前文所述，不同性别、年龄和方言的地区普通话水平不同，因此在文章第三部分的回归中，针对每一类特定的子样本使用了不同的普通话普及率。

文化成本 $C_{rs\_culture}$ 是一个 0 和 1 的哑变量，如果迁出地和迁入地使用的是同一种方言则为 1，否则为 0。地区的方言数据来源于《中国语言地图集》的 A2"中国汉语方言图"。方言地图宏观地展示了汉语方言的分布。借助于地理信息系统（GIS），我们把该地图与2000年的中国行政区划匹配，得到2000年各县级行政区划的方言情况。

地理距离 C_{rs_travel} 是按照迁出地和迁入地所在省的省会城市间铁路距离作为两地间距离。当二站有两条以上径路时，选择最短的路径或直通快车运行的路径计算，本省之内的迁移距离设为该省会城市到最近省会城市铁路距离的 1/4。[④]

被解释变量各地区的移民比例是 $P_{rs}=M_{rs}/L_r$，用2000年中国第五次人口普查全国 1% 个体抽样数据构造的。移民的迁入地是指劳动力现在的居住地，迁出地是指五年前的居住地[⑤]，把现在的居住地作为迁入地，如果迁出地和迁入地不是同一地点，就认为该劳动力为"移民"。由于我们研究的对象是劳动力的区域转移，我们把年龄低于16周岁的样本去除。在这里我们不设置年龄的上限是因为有些特殊职业例如中医，存在退休后返聘的现象，从而可能仍然在劳动力市场。我们剔除了移民原因为非工作原因（包括学习培训、拆迁搬家、婚姻迁入、随迁家属、投靠亲友和其他）的样本点；没有迁出地记录，迁出地在国外以及户籍注册地与现在居住地一样的样本点；无法与上述方言地区数据匹配[⑥]

的样本点。然后把迁入地和迁出地两两配对，得到了 49 326 对县级地区之间的移民流量数据 M_{rs}（大约占理论值的 2%）和迁出地的总样本数量 L_r，即可得到 $P_{rs}=M_{rs}/L_r$。表 1 给出了描述性统计。

表 1 描述性统计

个体数据

变量	分类	样本量	比例	比例
性别分布	男性	70 488	59.09	59.09
	女性	48 801	40.91	40.91
年龄分布	16–20 岁	17 906	15.01	15.01
	20–30 岁	58 080	48.69	48.69
	30–40 岁	25 022	20.98	20.98
	40–50 岁	7975	6.69	6.69
	50 岁以上	10 306	8.64	8.64
户籍分布	农村户口	86 459	72.87	72.87
	城市户口	32 165	27.11	27.11
教育水平分布	未上过学	1799	1.51	1.51
	扫盲班	292	0.24	0.24
	小学	18 601	15.59	15.59
	初中	70 060	58.73	58.73
	高中	11 536	9.67	9.67
	中专	6961	5.84	5.84
	大学专科	5428	4.55	4.55
	大学本科	4185	3.51	3.51
	研究生	427	0.36	0.36
产业分布	第一产业	4152	3.82	3.82
	第二产业	63 057	57.96	57.96
	第三产业	41 585	38.22	38.22

地区数据

变量	分类	样本数量	平均值	标准差	最小值	最大值
普通话普及率 /百分比	迁入地	41 313	0.651 294 6	0.13551	0.4015	0.8573
	迁出地	41 758	0.562 901 6	0.14077	0.4015	0.8573
人均工资 /(元/人·年)	迁入地	40 788	12 055.11	4292.004	0.641 336	19 674.78
	迁出地	40 920	8462.474	2920.208	0.641 336	19 674.78
GDP /万元	迁入地	40 914	717 687.4	729.018	7120	3 783 100
	迁出地	40 837	588 277.8	1 338 866	5700	23 830 700
固定资产投资额 /万元	迁入地	40 788	3 615 793	4 899 673	104 815	18 696 749
	迁出地	40 920	1 424 922	2 567 160	75 418	18 696 749
人口 /万人	迁入地	41 240	58.81437	36.04575	2	249
	迁出地	41 207	83.84583	109.432	2	1057

(续表)

地区数据					
变量	分类	样本数量	平均值	标准差	最小值	最大值
政府教育支出/万元	迁入地	41 516	11 554.22	13 749.74	189	95 644
	迁出地	41 435	8176.152	14 528.74	21	251 923
政府社会保障支出/万元	迁入地	41 521	4342.853	5569.614	81	27 566
	迁出地	41 441	2771.467	8470.647	81	243 408

移民流数据					
变量	样本数量	平均值	标准差	最小值	最大值
移民数量	41 758	2.856 674	50.789 57	1	7315
移民比例	41 758	0.04107	0.066 321 9	0.000 132	1
是否共同方言	42 048	0.309 622	0.462 343 4	0	1
地理距离/千米	42 048	866.0211	809.95	34.25	6313
是否同省	42 048	0.307 506	0.461 466 2	0	1
是否邻省	42 048	0.591 705	0.491 524 2	0	1

注：数据来源：表1的数据根据第五次人口普查1%抽样和《2000年中国城市统计年鉴》整理。

三、计量结果

基于方程（7）的理论模型我们进行计量回归。表2是基本回归结果，表2中第1到第5列是OLS估计结果，第6列是泊松回归结果。在第1列的回归结果中，解释变量只有共同方言、迁入地和迁出地的普通话水平和地理距离，第2列控制了是否属于同一省份以及是否邻省，第3列加入了迁入地和迁出地普通话与方言的交叉项，第4列加入了代表迁入地和迁出地的经济情况的控制变量，第5列控制了迁出地的固定效应和迁入地的经济控制变量。

基本回归结果表明即使在控制了地理距离、地区经济因素、迁出地固定效应以后，哑变量"共同方言"仍然十分显著。当迁入地和迁出地属于共同方言区时，两地区之间的移民数量占迁入地总人口的比例要正向变动近0.2个百分点。普通话普及率的影响较为复杂，迁入地的普通话水平越高，移民比例越高。但是迁出地的普通话水平则有两个影响，一方面普通话水平越高，该地区劳动力人力资本中语言沟通能力较高，有利于外出打工进而移民；另一方面普通话水平高也意味着本地区越开放，容易吸引外地区移民进来，使得本地区人口、工作机会更多，经济越发达，导致本地劳动力放弃到外地打工。因此迁出地普通话普及率对本地居民既有推力作用，又有拉力作用。从表2中可以看出，迁出地普通话普及率前面的系数变为负，说明迁出地普通话普及率的拉力作用更大。第3列中共同方言与迁入地和迁出地普通话水平的交叉项非常显著：如果迁入地和迁出地属于共同方言区，那么迁入地和迁出地的普通话水平对移民流都是负向影响；如果不属于共同方言区，迁入地和迁出地的普通话水平与移民流都是正向影响。可以看出，当无法用方言作为沟通语言时，普通话的普及促进了劳动力的流动。从这个意义上来看普通话的普及对中国劳动力的流动起到非常大的促进作用，在过去的劳动力转移的原因分析的文献中忽略了这一点。虽然从新中国成立初期就已经开始推广普通话，但是正如《中国语言文字调查（2000）》发现的那样，不同地区的普通话普及率差异很大，特别是某些贫困地区和少数民族地区，普通话普及率非常低，这不仅制约着劳动力本身的人力资本，也影响了劳动力的引入。表2中另一个发现是地理距离对劳动力流动的影响。一般来说地理距离越远，劳动力移民应该越少。但表2中发现，劳动力会倾向于流动到同省和邻省，在控制了同省和邻省因素后，地理距离越远，劳动力移民越多。这可能与中国东西部经济发展不平衡有关系。

表2 基本回归结果

变量	(1)移民比例（取对数）	(2)移民比例（取对数）	(3)移民比例（取对数）	(4)移民比例（取对数）	(5)移民比例（取对数）	(6)移民人数（POISSON）
共同方言	0.338***(0.0162)	0.261***(0.0166)	0.223***(0.0348)	0.222***(0.0164)	0.179***(0.0165)	0.343***(0.00957)
迁入地普通话	0.0840***(0.0257)	0.128***(0.0259)	0.152***(0.0309)	-0.0119(0.0272)	0.0345*(0.0207)	0.173***(0.0303)
迁出地普通话	-0.355***(0.0234)	-0.325***(0.0236)	-0.308***(0.0271)	-0.558***(0.0239)		-0.0952***(0.0286)
距离	-0.0712***(0.00585)	0.0522***(0.0113)	0.0520***(0.0113)	0.0415***(0.0119)	0.0196(0.0127)	8.99e-5***(7.96e-06)
是否同省		0.454***(0.0258)	0.453***(0.0258)	0.456***(0.0267)	0.247***(0.0274)	0.345***(0.0109)
是否邻省		-0.00408(0.0170)	-0.00391(0.0170)	0.0280(0.0177)	0.223***(0.0207)	0.475***(0.0119)

(续表)

变量	(1) 移民比例 （取对数）	(2) 移民比例 （取对数）	(3) 移民比例 （取对数）	(4) 移民比例 （取对数）	(5) 移民比例 （取对数）	(6) 移民人数 （POISSON）
共同方言与迁入地普通话交叉项			-1.700** (0.716)			
共同方言与迁出地普通话交叉项			1.631** (0.722)			
地区经济控制变量	否	否	否	是	是	是
迁出地固定效应	否	否	否	否	是	否
观测值个数	41 313	41 313	41 313	38 066	39 555	38 066
R^2	0.039	0.047	0.047	0.150	0.087	

注：①第（1）到（5）列是估计，第（6）列是泊松回归；②"迁出地和迁入地控制变量"包括平均工资、GDP、固定资产投资、社会保障政府投入、教育投入、地区人口数量；③括号内为稳健标准差。*、**、***分别表示10%、5%、1%显著水平。

表3~6是异质性回归的结果，回归计量模型与表2中的第（5）列一致。按照劳动力性别、从事的产业、教育水平、户口进行分类，比较不同特征的劳动力流动的特点。

表3 分性别回归结果

变量	男性	女性
共同方言	0.188***	0.109***
	-0.0167	-0.0213
迁入地普通话	-0.0297	0.409***
	-0.0298	-0.035
迁出地普通话	-0.786***	0.0601*
	-0.0262	-0.031
地理控制变量	是	是
地区经济控制变量	是	是
观测值个数	30 522	19 505
R^2	0.187	0.161

首先来看男性劳动力与女性劳动力的差异。《中国语言文字调查（2000）》发现在各方言区男性和女性的普通话水平并不相同，在所有方言区男性的普通话水平都比女性要高。我们分为男性样本组和女性样本组分别回归，表3给出了回归结果。我们发现方言所代表的文化因素对男性的影响比女性略大，但是普通话普及率的影响反差很大。

迁入地普通话的普及率对女性的影响要大得多，这可能是由于女性从事第三产业的居多（样本中，女性从事第三产业的比例是41.4%，男性的比例是36.8%），第三产业对语言沟通的要求更高一些，表4中的回归结果论证了这一点。迁出地的普通话普及率对迁入地男性移民比例的影响是负的，对女性是正的。可见迁出地的普通话水平对女性的人力资本积累作用更为明显，从而促进了移民。

从直觉上来说第三产业的从业者受到语言和文化的影响应该更为明显，我们分产业进行回归，发现结果和直觉一致。在表4中，"共同方言""迁入地普通话水平"和"迁出地普通话水平"前面的系数在第三产业的分组回归方程中绝对值较大，也最为显著。共同的文化背景和高水平的普通话都有利于劳动力的流动。

表4 分三次产业回归结果

变量	第一产业	第二产业	第三产业
共同方言	0.125***	0.146***	0.196***
	−0.048	−0.0218	−0.021
迁入地普通话	0.0213	−0.244***	0.219***
	−0.0878	−0.0386	−0.0368
迁出地普通话	−0.669***	−0.295***	−0.760***
	−0.0792	−0.0335	−0.0317
地理控制变量	是	是	是
地区经济控制变量	是	是	是
观测值个数	2514	23 081	17 101
R^2	0.129	0.173	0.167

语言和文化对不同教育水平的劳动力移民的影响有何不同呢？把样本分为初中及以下，高中、中专和大专，大学本科，以及研究生四组，分别考察语言和文化对劳动力转移的影响。表5汇报了结果。除了研究生学历的劳动力，方言和文化对不同教育水平的劳动力移民影响差不多。迁入地普通话对最低教育水平和最高教育水平的劳动力移民的影响都不显著，这可能是由于对于低技能劳动力来说，他们从事的职业要求的技能不高，流动性强，经济因素往往是流动的主要动因，体现在地区人均收入前的系数较大而且显著，语言沟通因素并不那么重要；对研究生以上学历的劳动力影响不显著的原因可能是由于样本量的限制，也有可能是由于高技能的劳动力本身普通话水平非常高，工作中使用的也多为普通话，因此语言不容易成为障碍。

表 5 分教育水平回归结果

变量	初中及以下	高中、中专和大专	本科	研究生
共同方言	0.174***	0.242***	0.191***	0.137
	−0.0207	−0.0198	−0.0498	−0.147
迁入地普通话	−0.018	0.119***	0.165*	0.234
	−0.0351	−0.0362	−0.0875	−0.261
迁出地普通话	−0.507***	−0.718***	−0.495***	−0.919***
	−0.0316	−0.0314	−0.0714	−0.182
地理控制变量	是	是	是	是
地区经济控制变量	是	是	是	是
观测值个数	27 844	14 572	3198	343
R^2	0.183	0.131	0.363	0.357

为了进一步研究对农民工流动的影响，我们又按照户籍进行分类，分为农村户口样本组和城市户口样本组，结果发现地方文化（方言）对城市劳动力影响较大，说明城市户口的劳动力可能更注重社会人文等非经济因素的影响。城市与农村劳动力流动的一个明显差异在于语言的影响。表 6 中迁入地普通话前的系数在农村样本组中为正而且绝对值较大，在城市样本组中为负且绝对值较小，迁出地普通话前的系数在城市组中更大，这些都表明普通话的普及对农民工的流动有更大的意义。普通话为他们外出务工提供了语言基础，内陆的农民工不用为了到广东打工而学习粤语，为了到福建打工学习闽南语，只要掌握了普通话便可以到任何地方工作和生活，节省了大量的时间和金钱成本。

表 6 分户籍回归结果

变量	农村	城市
共同方言	0.211***	0.308***
	(0.0212)	(0.0214)
迁入地普通话	0.132***	−0.0815**
	(0.0346)	(0.0361)
迁出地普通话	−0.312***	−0.773***
	(0.0313)	(0.0322)
地理控制变量	是	是
地区经济控制变量	是	是
观测值个数	28 066	14 748
R^2	0.139	0.151

四、结论与政策建议

地域广阔、方言众多和文化多元是中国很重要的社会特色，在劳动力市场上也有所体现：一方面体现在供给方面，即不同地区的劳动力具有不同的文化禀赋——拥有不同的方言和地方文化并且普通话水平差异较大；另一方面体现在需求方面，即企业的人才需求不同——语言沟通能力和与本地化融合程度。当劳动力择业和移民时，除了考虑收入等经济因素外，非经济因素同样重要，过去研究我国劳动力流动的文献往往忽略了这一点，本文试图弥补这方面的空白，把语言和地方文化纳入劳动力流动的分析。我们用普通话的普及水平作为语言沟通障碍的代理变量，用是否在同一方言区作为地方文化的代理变量，结果发现在控制了地理距离、经济因素（人均收入、基础建设、社会保障、政府教育投入等）后，语言障碍和地方文化仍然对劳动力移民有显著的影响：语言障碍越小（迁入地的普通话水平越高，迁出地普通话水平越低），地方文化越接近（迁入地和迁出地属于共同方言区），移民数量越多。这说明除了经济因素外，语言障碍和地方文化是劳动力选择移民时的重要考虑因素。进一步的研究还表明随着性别、教育水平、户口、产业分布的不同，语言和文化对劳动力流动的影响也会不同。

本文的研究不仅揭示中国劳动力市场的非经济特征，还间接地论证了推广普通话这一政策的经济意义。由于数据的限制，我们通常很难直接衡量推广普通话带来的经济效益，通过本文的研究发现，普通话普及率高的地方外来移民的数量也相对较多，同时本地居民稳定性更好（向外移民少），普通话的普及对农民工流动的促进作用更加明显，因此普通话的推广为中国区域间劳动力的自由流动打下了基础。普通话的普及的第二个意义在于促进中国第三产业的发展。较高水平的普通话水平不仅提升了服务业从业人员的服务质量（外地人不会因为口音问题而无法享受高质量服务），而且普通话普及率高的城市也更容易吸引更多的劳动力，相较于农业和制造业，从业于第三产业的劳动力的流动受到普通话普及率的影响更大。根据国家语言文字工作委员会的公开数据，截至 2010 年中国大陆普通话普及率达到 54% 以上，这说明很多地方普通话仍然没有完全普及,根据前面的研究结论,国家应该加大力度普及普通话,特别是农村地区的普通话,这将有利于农民工的流动,也有利于我国产业结构调整和升级。

附录

附录1 能用普通话与人交谈的比例(2000年)

		能够使用普通话与人交谈的比例/%
按性别分类	男性	61.41
	女性	53.30
按居住地分类	城镇	67.36
	乡村	49.38
按年龄分类	15~29岁	70.12
	30~44岁	52.74
	45~59岁	40.59
	60~69岁	30.97
按教育程度分类	没上过学	10.36
	扫盲班	14.67
	小学	25.49
	初中	56.08
	高中	75.76
	大专及以上	86.77
按方言地区分类	官话区	49.92
	晋语区	43.61
	吴语区	69.40
	闽语区	80.28
	粤语区	61.00
	客家话区	64.36
	赣语区	60.86
	湘语区	54.80
	徽语区	56.13
	平话区	51.66
	其他	46.19

数据来源:根据《中国语言文字调查(2000)》整理。

附录 2　变量解释及数据来源

变量名	变量解释	数据来源
移民比例	每一对迁出地和迁入地的配对样本中，迁出地移民占迁入地的人口比例。	根据第五次人口普查的微观样本计算
普通话水平	即迁出地和迁入地的"能使用普通话交流的比例"，不同性别、户籍、年龄、教育水平的样本组该值均不同，异质性回归时将做相应调整。	中国语言文字调查
共同方言	哑变量，移民迁出地和本地的方言如果相同则取值为 1，否则取 0。	中国语言地图集
距离	所在省省会间直线距离，其中省内城市间距离为本省省会城市到最近省会城市直线距离的 1/4，与 Wei（1996）等人方法一致。	作者自己测算
迁入地	根据普查问卷中"本户地址：__县（市、区）__乡（镇、街道）__普查区__调查小区"得到现居住地。	第五次人口普查样本
迁出地	根据普查问卷中"从何地来本乡镇街道居住？1.本县、市、区以内；2.本县、市、区以外：__省__地（市）__县（市、区）"得到迁出地。	第五次人口普查样本
地区经济情况	包括平均工资、地区 GDP、人口数量、基础设施建设投资、社会保障政府投入、教育投入等。	中国统计年鉴
年龄	样本中只保留 16 岁以上的观测值。	第五次人口普查样本
工作状态	样本中只保留正在工作以及未工作但正在找工作的观测值。	第五次人口普查样本
个人教育水平	普查问卷中"受教育程度"从低到高分为 1~9 档，分别代表未上过学、扫盲班、小学、初中、高中、中专、大学专科、大学本科、研究生。	第五次人口普查样本

注释

①搜狐网：《推广普通话有悖论：会粤语普遍占便宜》http://news.sohu.com/20040916/n222081437.shtml（2004 年 9 月 16 日）。

②东方网：《上海公务员进"沪语班"基层工作要过语言关》http://sh.eastday.com/m/20130601/ula7430339.html（2013 年 6 月 1 日）。

③这是中国社会科学院语言研究所和澳洲人文科学院组织方言研究人员

在方言调查、资料整理分析的基础上,于 1983 年开始编制,1987 年完成的中国各地区语言使用分布情况的地图集。该地图集是在全面的语言学调查的基础上,按古入声字、古浊声母字的演变规律对汉语方言进行分类,相比其他分类方法更为科学,已成为中国方言学界实际上的学科标准。

④这里我们采取了对两地距离的测度方法。事实上,我们尝试过使用迁出地和迁入地所在省省会间直线距离,省内城市间距离为本省省会城市到最近省会城市直线离的 1/4 的测度方法,以及省内城市距离为该省面积除以圆周率再开根号的方法(Poncet 2003)。回归结果相差不大。

⑤理想情况下最好使用劳动力的出生地作为迁出地,第一次外出的工作地点为迁入地,但由于数据的限制,只能把五年前居住地作为迁出地。

⑥第五次人口普查的编码和行政区划有一定的出入,我们做了相应调整,此外我们去掉了少数民族聚集区和同时讲多种方言的地区。

参考文献

蔡　昉,都　阳,王美艳　2003　劳动力流动的政治经济学,上海:上海三联书店。

邓曲恒,古斯塔夫森　2007　中国的永久移民,《经济研究》第 4 期。

都　阳,王美艳　2001　户籍制度与劳动力市场保护,《经济研究》第 12 期。

孙文凯,白重恩,谢沛初　2011　户籍制度改革对中国农村劳动力流动的影响,《经济研究》第 1 期。

王德文,蔡　昉,张国庆　2008　农村迁移劳动力就业与工资决定:教育与培训的重要性,《经济学(季刊)》第 4 期。

Anderson, J. E. & E. van Wincoop. 2003. Gravity with gravitas: A solution to the border puzzle. *American Economic Review* 93(1): 170–192.

Carliner, G. 1981. Wage differences by language group and the market for language skills in Canada. *Journal of Human Resources* 16(3): 384–399.

Chiswick, B. R. & P. W. Miller. 1995. The endogeneity between language and earnings: International analyses. *Journal of Labor Economics* 13(2): 246–288.

Chiswick, B. R. & P. W. Miller. 2003. The complementarity of language and other human capital: Immigrant earnings in Canada. *Economics of Education Review* 22(5):469–480.

Chiswick, B. R. & P. W. Miller. 2001. A model of destination language acquisition: Application to male immigrants in Canada. *Demography* 38(3):391–409.

Chiswick, B. R. 1991. Speaking, reading and earnings among low-skilled immigrants. *Journal of Labor Economics* 9(2): 149–170.

Chiswick, B. R. 1998. Hebrew language usage: Determinants and effects on earnings in Israel. *Journal of Population Economics* 11(2):253–271.

Chiswick, B. R., H. A. Patrinos & M. E. Hurst. 2000. Indigenous language skills and the labor market in a developing economy. *Economic Development and Cultural Change* 48(2):349–367.

Dustmann, C. & A. V. Soest. 2001. Language fluency and earnings estimation with misclassified language indicators. *Review of Economics and Statistics* 83(4): 663–674.

Dustmann, C. 1994. Speaking fluency, writing fluency and earnings of migrants. *Journal of Population Economics* 7(2): 133–156.

Falck, O., S. Heblich, A. Lameli, et al. 2012. Dialects, cultural identity, and economic exchange. *Journal of Urban Economics* 72(2): 225–239.

Kossoudji, S. A. 1988. English language ability and the labor market opportunities of Hispanic and East Asian immigrant men. *Journal of Labor Economics* 6(2): 205–228.

McManus, W., W. Gould & F. Welch. 1983. Earnings of Hispanic men: The role of English language proficiency. *Journal of Labor Economics* 1(2):101–130.

Melitz, J. 2008. Language and foreign trade. *European Economic Review* 52(4): 667–699.

Poncet, S. 2003. Measuring Chinese home and international integration. *China Economic Review* 14(1): 122.

Rauch J. E. & V. Trindade. 2002. Ethnic Chinese networks in international trade. *The Review of Economics and Statistics* 84(1): 116–130.

Rauch, J. E. 1999. Networks versus markets in international trade. *Journal of International Economics* 48(1): 7–35.

Rubinstein, A. 2000. *Economics and Language*. Cambridge: Cambridge

University Press.

Tainer, E. 1988. English language proficiency and the determination of earnings among foreign-born men. *The Journal of Human Resources* 23(1):108–122.

Wei, S. 1996. Intranational versus international trade: How stubborn are nations in global integration. National Bureau of Economic Research Working Paper No. 5531246.

（本文发表于《经济学报》2014 年第 4 期，第 68~84 页）

三、儿童语言教育与贫困代际阻断

不同社会经济地位家庭儿童的入学语言准备状况比较

陈敏倩　冯晓霞　肖树娟　苍　翠

一、问题提出

入学准备状况是对儿童能否顺利适应小学学习要求的一种预测性评估。语言准备是儿童入学准备的重要内容之一，语言准备状况即儿童入学时的语言发展状况直接影响入学后儿童的学习适应状况。

家庭是学前儿童生活和成长的主要场所，是影响儿童入学准备状况的重要环境因素之一。家庭社会经济地位（SES）是目前国内外研究中普遍采用的衡量家庭背景的一项指标。大量研究表明，家庭社会经济地位较低的儿童在入学时已处于准备不足的状况，其中，语言准备不足是一个主要方面。国外一些研究发现，社会经济地位较低家庭的儿童词汇积累的速度较慢，词汇相对贫乏，进入学校学习以后更容易出现学业不良的状况（Mcloyd 1998；Rescorla & Achenbach 2002）。霍夫（Hoff 2003a）的研究表明贫困家庭中的儿童处于劣势的语言学习环境，贫困会对儿童的语言发展产生持续的消极影响。国内近年也有研究发现，社会经济地位对儿童的词汇、言语表达和读写能力发展都有一定的影响（郝波，等 2004；刘志军，陈会昌 2005）。

为进一步了解家庭背景对儿童入学时语言准备的影响，我们拟在已有研究的基础上，对不同社会经济地位家庭儿童的语言准备状况进行全面的综合考察，从接受性语言（听）、表达性语言（说）、早期阅读（读）、写前准备（写）四方面深入了解家庭社会经济地位与学前儿童语言发展之间的关系。

二、研究方法

本研究采用分层随机取样的方式,在北京市六所生源不同的小学的一年级新生中抽取样本 150 名,最后获得有效被试 143 名,男生 85 名,女生 58 名;年龄在 5.8~8.2 岁之间,平均年龄 6.63 岁,标准差 0.43。

本研究采用自编的《学前儿童语言准备评估工具》对样本儿童进行测试,内容包括听、说、读、写四个部分,每部分由 2~4 项指标组成,共 12 项。评估指标主要参照《幼儿园与小学衔接的研究报告》(朱慕菊 1995)和《3~6 岁儿童发展指南》(教育部基教司与联合国儿童基金会合作项目,内部资料)的语言部分测试题编制,并在听取了专家的审议意见后进行了修改。以样本儿童入学后学习适应的状况为效标,计算出测试的效标效度为 0.604;同时,根据测查结果对试题进行项目分析,删除两道区分度不好的试题后,内部一致性信度为 0.805。样本儿童的家庭社会经济地位(SES)信息通过家长问卷方式获得,经过分析,143 名样本家庭的社会经济地位分布为:高层 37 个,中层 59 个,低层 47 个。[①]

研究采用个别施测的方式进行,测试时间约为 20 分钟。数据收集在儿童入学后的 3 周内完成,以减少小学教育对儿童的影响。语言准备测查结果中,无明显等级区分的项目分为通过、不通过,采用 0,1 记分,如同音辨别、写字笔顺等项目;而对于预测故事、讲述等项目则依据儿童的表现水平,采用等级记分。最后用 SPSS11.5 统计软件对全部数据进行处理。

三、研究结果与分析

(一)不同社会经济地位家庭儿童在语言准备上的整体差异

将儿童语言准备评估的各项得分相加并转化为 Z 分数,比较不同层次家庭儿童语言准备的差异。方差分析结果表明,不同社会经济地位家庭儿童在语言准备的总体状况上存在极显著的差异（P＜0.001），其中听、说、读三方面的差异均在0.001的水平上呈显著性，写前准备差异不显著（P＞0.5）。

两两比较发现，在听的准备方面，不同社会经济地位家庭两两之间均存在显著性差异。在说和读方面，高SES家庭的儿童与中、低SES家庭儿童差异显著。在写前准备方面，三个层次家庭的儿童均无显著性差异。详见表1。

表1 不同社会经济地位家庭儿童语言准备总体状况的差异

项目	低层(N=47) Mean	SD	中层(N=59) Mean	SD	高层(N=37) Mean	SD	Total(N=143) Mean	SD	方差分析 Sig	低层：中层	低层：高层	中层：高层
听	-0.42	0.76	0.02	0.86	0.61	1.21	0.03	1.01	0.000	0.019	0.000	0.003
说	-0.32	0.90	-0.04	1.04	0.60	0.78	0.03	0.99	0.000	0.128	0.000	0.001
读	-0.29	0.96	-0.65	0.59	0.73	0.03	0.98	0.000	0.214	0.000	0.001	
写	-0.24	1.10	0.11	0.94	0.10	0.94	-0.01	1.00	0.153	0.076	0.119	0.982
总分	-0.42	0.83	-0.002	0.99	0.66	0.88	0.03	1.00	0.000	0.019	0.000	0.001

（二）不同社会经济地位家庭儿童语言准备差异的具体表现

1. 听（接受性语言）。

本研究有关听的准备方面的测查主要包括同音辨别（同音不同义）、复句理解、作为听者的语用技能等项目。其中，对作为听者的语用技能的评价是通过提供缺乏条件的应用题，看儿童是否提出质疑或在面部表情上表现出困惑进行的。

方差分析的结果表明，不同SES家庭的儿童在同音辨别、听者的语用技能上存在极其显著的差异（P＜0.001），复句理解在0.05水平上差异显著。两两比较发现，在同音辨别、听者的语用技能任务中，高SES家庭儿童的表现显著好于其他两组儿童，中、低SES组间差异不显著；在复句理解任务中，高、中SES家庭的儿童均显著好于低SES家庭的儿童（P＜0.05），而高、中两组之间差异不显著（见表2）。

表 2　不同社会经济地位家庭儿童在听方面的差异

项目	低层 (N=47) Mean	SD	中层 (N=59) Mean	SD	高层 (N=37) Mean	SD	Total(N=143) Mean	SD	方差分析 Sig	低层：中层	低层：高层	中层：高层
同音辨别	2.34	2.14	3.02	2.06	4.62	2.42	3.21	2.34	0.000	0.115	0.000	0.001
复句理解	1.21	1.14	1.71	1.04	1.76	1.04	1.56	0.09	0.028	0.019	0.022	0.842
听的语用技能	0.04	0.204	0.12	0.33	0.32	0.48	0.15	0.36	0.001	0.254	0.000	0.005

2. 说（表达性语言）。

本研究通过考察儿童语言表达的清晰性、逻辑性、词汇的丰富性、作为说者的语用技能四方面的发展水平对其说的准备状况进行评价。说者语用技能的测查方式参考王海珊研究中采用的"编水果谜语给人猜"的方法进行（王海珊，冯晓霞2007）。

表 3 显示，不同社会经济地位家庭的儿童在表达性语言各项指标上都呈现出显著性差异。其中，语言表达的清晰性和词汇丰富性在 0.01 的水平上差异显著；语言表达的逻辑性在 0.05 的水平上有差异；在作为说者的语用技能方面，三组之间的差异极其显著（P < 0.001）。

表 3　不同社会经济地位家庭儿童在说方面的差异

项目	低层 (N=47) Mean	SD	中层 (N=59) Mean	SD	高层 (N=37) Mean	SD	Total (N=143) Mean	SD	方差分析 Sig	低层：中层	低层：高层	中层：高层
表达清晰性	8.4	1.65	8.88	1.7	9.51	1.45	8.89	1.67	0.009	0.135	0.002	0.065
表达逻辑性	1.6	0.712	1.71	0.767	2.03	0.687	1.76	0.743	0.025	0.417	0.008	0.041
词汇丰富性	2.94	1.85	3.34	1.84	4.27	1.31	3.45	1.79	0.002	0.234	0.001	0.011
说的语用技能	1.77	1.2	2	1.15	2.78	1.03	2.13	1.2	0.000	0.294	0.000	0.001

两两比较来看，高 SES 家庭儿童在语言表达的逻辑性、词汇的丰富性和作为说者的语用技能三方面均显著优于中、低层家庭的儿童。其中，较其他两组儿童而言，高 SES 家庭儿童的语用技能更是表现出发展的优势。在"编水果谜语给人猜"时，这组儿童往往更能够较准确地把握水果的特点并用语言表达出来，而且当听者表现出对儿童所

表征的不清晰之处有困惑或因此产生判断错误时，能够及时补充有用信息，做出较为适当的反应。而在语言表达的清晰性上，高 SES 家庭的儿童和低层家庭有显著差异，高与中、中与低 SES 家庭的差异均不显著（P＞0.05）。

3. 读（早期阅读）。

儿童的阅读准备水平在本研究中是通过图画理解（给四幅图排序，然后将其表述为一个完整的故事）和故事预测（给出故事图画，让儿童根据图画所提供的线索推测故事的发展）两项任务来考察的。结果显示，不同 SES 家庭儿童在图画理解和故事预测任务中的总分均呈现出显著差异，并且均为高 SES 家庭的儿童明显好于中、低层家庭的儿童（见表4）。

表4 不同社会经济地位家庭儿童在读方面的差异

项目	低层 (N=47)		中层 (N=59)		高层 (N=37)		Total (N=143)		方差分析	各组之间的两两比较 (P)		
	Mean	SD	Mean	SD	Mean	SD	Mean	SD	Sig	低层:中层	低层:高层	中层:高层
图画理解	5.02	3.07	5.65	3.2	7.15	2.58	5.83	3.1	0.006	0.285	0.002	0.019
故事预测	1.51	0.95	1.64	1.08	2.5	1.04	1.82	1.1	0.000	0.237	0.000	0.000

本研究中，图画理解任务具体包括对画面人物、背景、情节（内容）、关系（排序）和主题的理解等五个子任务。[②]分项分析的结果表明，各类家庭儿童在理解画面人物和画面关系两项子任务上不存在显著性差异，其他3项的差异均达到显著性水平（P＜0.01）。两两比较发现，低 SES 家庭儿童在理解画面人物、背景、情节（内容）和故事主题4项任务上均与高 SES 家庭的儿童呈现显著差异；与中 SES 家庭儿童的差异仅表现在理解故事主题上。而在理解画面背景、情节内容上，高、中 SES 儿童的差异也达到显著水平（见表5）。

儿童完成故事预测任务的情况主要从儿童利用画面线索发展出的故事是否与主题相符、故事中的想象是否合理和故事结构是否完整三方面进行分析。[③]方差分析结果表明，不同 SES 家庭的儿童在这三方面都存在显著性差异（P＜0.001）。高 SES 家庭儿童在三方面都显著高于中、低 SES 家庭，中、低 SES 家庭之间差异不显著。测验中，高 SES 家庭的儿童能根据图画提供的线索更加准确地把握故事主题，展开丰富的想象，讲述的故事情节相对复杂且合理，整体结构也更加完整（见表6）。

表 5　不同社会经济地位家庭儿童图画理解能力的差异

项目	低层 (N=47) Mean	SD	中层 (N=59) Mean	SD	高层 (N=37) Mean	SD	Total (N=143) Mean	SD	方差分析 Sig	各组之间的两两比较 (P) 低层∶中层	低层∶高层	中层∶高层
人物	2.14	1.57	2.29	1.54	2.86	1.35	2.39	1.52	0.075	0.611	0.029	0.069
背景	0.67	0.61	0.81	0.77	1.15	0.6	0.85	0.7	0.006	0.312	0.002	0.017
情节内容	1.6	0.9	1.54	0.99	2.08	0.55	1.7	0.89	0.009	0.753	0.012	0.004
画面关系	0.09	0.28	0.14	0.35	0.14	0.35	0.12	0.33	0.688	0.430	0.486	0.995
故事主题	0.53	0.584	0.88	0.697	0.92	0.682	0.78	0.676	0.009	0.007	0.008	0.786

表 6　不同社会经济地位家庭儿童故事预测能力的差异

项目	低层 (N=47) Mean	SD	中层 (N=59) Mean	SD	高层 (N=37) Mean	SD	Total (N=143) Mean	SD	方差分析 Sig	各组之间的两两比较 (P) 低层∶中层	低层∶高层	中层∶高层
主题	1.53	0.93	1.61	0.89	2.27	0.73	1.76	0.91	0.000	0.645	0.000	0.000
想象	1.06	0.92	1.39	1	1.97	0.76	1.43	0.98	0.000	0.071	0.000	0.003
结构	0.94	0.87	1.08	0.87	1.76	0.83	1.21	0.92	0.000	0.380	0.000	0.000

4. 写（写前准备）。

本研究中，写前准备测试是请儿童在田字格内写自己名字中的任意一个字，通过观察其写字时的握笔运笔动作、字体的空间布局和写字的笔顺三方面来评定其准备状况。方差分析的结果显示，家庭 SES 对儿童的握笔运笔动作和字体的空间布局没有明显影响，即不同组儿童之间差异不显著（P > 0.05），但在写字笔顺上存在显著性差异（P < 0.05）。高、中 SES 家庭儿童笔顺项目的得分明显高于低层家庭的儿童（见表 7）。

表 7　不同社会经济地位家庭儿童在写方面的差异

项目	低层 (N=47) Mean	SD	中层 (N=59) Mean	SD	高层 (N=37) Mean	SD	Total (N=143) Mean	SD	方差分析 Sig	各组之间的两两比较 (P) 低层∶中层	低层∶高层	中层∶高层
书写动作	0.96	0.2	0.2	0.18	0.95	0.23	0.96	0.2	0.893	0.827	0.796	0.636
空间布局	0.6	0.5	0.64	0.48	0.65	0.48	0.63	0.49	0.846	0.613	0.622	0.964
写字笔顺	0.36	0.49	0.61	0.49	0.65	0.48	0.54	0.5	0.011	0.010	0.008	0.707

四、讨论

（一）家庭社会经济地位对儿童语言准备的影响

本研究进一步证实了国内外关于家庭的社会经济地位对儿童语言发展具有显著影响的研究结论，并且证实这种影响是比较全面的，涉及听说读写四个方面，表现为不同社会经济地位家庭的儿童在12项指标中的10项语言任务上的得分率呈显著性差异。

然而，本研究也发现，在一些相对简单的知识技能类任务上如写前准备方面，家庭背景的影响相对较小，因为这类与动作和知觉发展关系较为密切的能力主要伴随着生理成熟而发展，不需要很多的学习经验。而在需要较多的学习经验和较高层次认知能力的语言任务上，家庭背景的作用就十分突出地显示出来，例如接受性语言中的同音辨别、复句理解；表达性语言中的词汇的丰富性、表达的清晰性和逻辑性；早期阅读中的图画理解和故事预测；作为听者和说者的语言运用技能等方面，三类家庭儿童的得分率均表现出显著性差异。其中，高社会经济地位家庭的儿童在同音辨别、词汇的丰富性、表达的逻辑性、图画理解、故事预测、作为听者和说者的语言运用技能7个项目中均显示出相对于其他两类家庭儿童的优势。这一结果与美国一项儿童早期发展的纵向研究（ECLS-K）结果一致。这项研究发现，不同家庭背景儿童在阅读能力上的差异比字母识别、语音知识上的差异更加显著（West et al. 2000）。也就是说，不同家庭儿童在语言发展方面的差异更多表现在复杂能力上。

（二）不同社会经济地位家庭儿童语言准备差异的原因

家庭中母亲是儿童的主要照料者，尤其是在婴幼儿阶段。国外大量研究发现，母亲从儿童出生之日开始对儿童语言输入的数量和质量在很大程度上决定了幼儿期语言能力的发展状况。母亲言语的数量、所用词汇的丰富性、问问题的比率、言语长度可以有效预测儿童的言语发展（Hoff & Naigles 2002）。母亲语言输入的质量是造成不同阶层家庭的儿童在词汇积累和运用方面存在显著差异的一个关键因素（Hoff 2003b）。在儿童3岁时，其接受性语言和表达性语言的发展水平与母亲的受教育程度之间已经显示出显著的相关（Dollaghan et al. 1999）。

父亲职业和家庭收入是家庭中两个紧密相关的因素，这两者往往直接决定了一个家庭的物质生活环境，继而影响到儿童早期成长的环境中是否有丰富的刺激和充足的学习材料。威廉斯（Williams）研究发现家庭中的学习资源（包括有教育价值的玩具、特定教育材料、书籍、买书与借书、家庭电脑）的数量和利用度与儿童入学准备能力呈显著的正相关（Williams 2002）。贫困家庭低质量的学习环境是造成其儿童发展落后以及学业失败的重要原因（Smith et al. 1997），国内学者郝波等的研究也发现，儿童的词汇量与家庭收入呈正相关（郝波，等2004）。家庭的社会经济地位还通过父母的教养行为和亲子互动模式对儿童语言发展产生影响。英国"开始读书"（BookStart）阅读研究中心2005年发布的研究数据表明，1~3岁婴儿期的语言习得机会有近50%出现在亲子共读中。在儿童发展的早期，亲子谈话、亲子阅读等对儿童的语言发展有着非常重要的影响（Zygouris-Coe 2001），如果父母能与儿童进行愉快而温暖的交流，那么就会刺激儿童表达和交谈的欲望，丰富和累积其语言经验（王蕾 2008）。母亲与儿童语言互动的模式是造成儿童语用技能差异的关键因素（Hoff 2003a）。高SES家庭的父母往往较多与子女展开高质量的互动活动，如对话、交谈、分享阅读，有目的地指导儿童的图画观察和故事讲述，从而提高了儿童的语言能力。

不少研究揭示，社会经济地位不利的家庭不仅自身不能为儿童提供丰富的学习环境，而且也没有条件保障儿童接受高质量的学前机构教育（Meyers et al. in press）。而相关研究表明，优质幼儿园教育对儿童的数学和阅读能力有明显的促进作用（Magnuson et al. 2005），能促进儿童认知、言语、识字、数学技能的发展，为儿童提供更好的入学准备（Gorey 2001）。

本研究以母亲的学历、父亲的职业和家庭收入综合评定家庭的SES水平，发现母亲的文化程度较高，家庭经济收入较好的家庭儿童的语言能力更强，语言准备的状况更加充分。而那些母亲学历较低的低收入家庭，其儿童语言准备的各方面都存在明显不足。这种不足一方面与家庭及其社区为幼儿所提供的语言发展环境质量较差（如课题组深入家庭的个案研究发现，低SES家庭往往缺乏图书，鲜有亲子共读活动；较多使用指示性语言而较少使用解释性语言等[④]）有关，另一方面也与其无法为儿童选择优质的幼儿教育机构有关。

综上所述，我们可以说是多重因素造成了社会经济地位较低家庭儿童在语言准备方面出现诸多问题。

（三）为缩小差距，建议政府推行补偿性早期教育政策

语言既是交往的工具，又是思维的工具。作为交往的工具，语言的发展水平可能直接影响儿童的信息交流与沟通；作为思维的工具，则可能直接影响其高级心理机能的发展。本研究考察了儿童语言准备状况与数学准备状况之间的关系，发现儿童的语言总分与数学总分之间呈显著相关[⑤]，这一结果在一定程度上客观地证明了上述观点。

有研究表明，早期语言能力的不足会对儿童入学以后乃至成人以后产生持续的消极影响，包括学习适应和工作生活诸方面。低SES儿童由于早期家庭环境的不利而落后于其他儿童，而没有机会接受早期机构教育会再次加大这种差距，使得这部分儿童今后更有可能处于学业失败、适应不良的困境之中（Magnuson et al. 2004）。

从20世纪60年代开始，西方国家陆续启动了一系列早期干预项目，以为处境不利儿童提供补偿教育，包括美国政府推行的提前开端计划（Head Start Program）、卡罗来纳初学者项目（Carolina Abecedarian Project）；英国政府实施的确保开端计划（Sure Start）等。近年来，英美等国家又相继增加了针对父母、父母和儿童两代人的干预和促进家庭之外的社区生态系统发展等项目。所有这些项目都有一个共同目标，即改善社会经济地位不利家庭的状况，促进儿童的平等发展，真正实现教育公平。

为了推动教育公平的实现，我们必须借鉴国外的相关经验，本着

补偿性原则,努力改善低社会经济地位家庭的不利处境,缩小由家庭经济地位而造成的儿童发展起点上的差距,让所有儿童都能站在同一起跑线上。政府的相关部门应当在致力于提高义务教育质量、促进义务教育均衡发展的同时,充分重视学前教育作为义务教育之基础的作用,将"起点公平"纳入政策决议的范畴,尽早启动补偿性早期教育项目,以维护和保障每一位儿童生存和发展的平等权利。

注释

① 家庭社会经济地位的划分方式参见肖树娟等人《不同社会经济地位家庭儿童的入学数学准备状况比较》,见《学前教育研究》2009年第3期。

② 画面关系子任务指的是儿童能否给若干张图片正确排序。如果儿童所排顺序与原定顺序不一致,但能够作出合理解释,仍将作为正确完成处理。主题子任务指的是儿童能否给故事起一个恰当的名字。

③ 根据戈德曼(Goodman)1967年提出的"阅读是一种文字猜测游戏"的观点,我们认为儿童在完成故事预测任务时,能否理解线索的重要性并加以利用,讲述主题与原故事是否相符,讲述中的想象是否合理,讲述的故事结构是否完整等方面应当能够反映儿童的阅读理解能力和一般图书知识,故将这些方面作为了解儿童阅读准备状况的重要指标。

④ 有关研究将另文报告。

⑤ 相关系数为0.597。

参考文献

郝 波,梁卫兰,王 爽,等 2004 影响正常幼儿词汇发育的个体和家庭因素研究,《中华儿科杂志》第12期。

教育部基教司与联合国儿童基金会合作项目 《中国3~6岁儿童学习与发展指南》(内部资料)。

刘志军,陈会昌 2005 7岁儿童语言表达的影响因素分析,《心理科学》第5期。

王海珊,冯晓霞 2007 3~6岁幼儿言语目的性的发展特点,《学前教育研究》第7~8期。

王蕾 2008 图画书与学前儿童语言教育，《学前教育研究》第 7 期。

朱慕菊（主编） 1995 《"幼儿园与小学衔接的研究"研究报告》，北京：中国少年儿童出版社。

Dollaghan, C. A., T. F. Campbell, J. L. Paradise, et al. 1999. Maternal education and measures of early speech and language. *Journal of Speech, Language, and Hearing Research* 42: 1432–1443.

Gorey, K. M. 2001. Early childhood education: A meta-analytic affirmation of the short- and long-term benefits of educational opportunity. *School Psychology Quarterly* 16(1): 9–30.

Hoff, E. 2003a. Causes and consequences of SES-related differences in parent-to-child speech. In M. H. Bornstein (ed.) *Socioeconomic Status, Parenting, and Child Development*. Mahwah, NJ: Erlbaum.

Hoff, E. 2003b. The specificity of environmental influence: Socioeconomic status affects early vocabulary development via maternal speech. *Child development* 74(5): 1368–1378.

Hoff, E. & L. Naigles. 2002. How children use input in acquiring a lexicon. *Child Development* 73(2): 418–433.

Magnuson, K. A., M. K. Meyers, C. J. Ruhm, et al. 2004. Inequality in Preschool Education and School Readiness. *American Educational Research Journal* 41(1): 115–157.

Magnuson, K. A., M. K. Meyers, C. J. Ruhm, et al. 2005. Inequality in children's school readiness and public funding. *Focus* 24(1):12–18.

Mcloyd, V. C. 1998. Socioeconomic disadvantage and child development. *American Psychologist*, 53:185–204.

Meyers, M. K., D. Rosenbaum, C. J. Ruhm, et al. (in press). Inequality in early childhood education and care: What do we know? In K. Neckerman (ed.) *Social Inequality*. New York: Russell Sage Foundation.

Rescorla, L. & T. M. Achenbach. 2002. Use of the language development survey (LDS) in a national probability sample of children 18 to 35 months old. *Journal of Speech Language and Hearing Research* 45(4):733–743.

Smith, J., J. Brooks-Gunn & P. Klebanov. 1997. The consequences of living in poverty on young children's cognitive development. In G. J. Duncan & J. Brooks-Gunn (eds.) *Consequences of Growing Up Poor*. New York: Russell Sage Foundation.

West, J., K. Denton & M. R. Lizabeth. 2000. The kindergarten year: Findings from the early childhood longitudinal study, kindergarten class of 1998-99. *Education Statistics Quarterly* Vol 2, Issue 4.

Williams, N. C. 2002. *The Relationship of Home Environment and Kindergarten Readiness*. A doctor dissertation at East Tennessee State University.

Zygouris-Coe, V. 2001. *Family Literacy*. A doctor dissertation at University of Central Florida Literacy and Reading Excellence (FLaRE) Center, College of Education.

（本文发表于《学前教育研究》2009 年第 4 期，第 3~8 页）

7岁儿童语言表达的影响因素分析

刘志军　陈会昌

一、问题的提出

语言是人类心理活动的重要内容。儿童语言的发展是儿童早期发展较为迅速的心理现象，语言的发展成为了儿童发展正常与否的一个重要标准。目前普遍赞同的是主客体相互作用的语言获得学说，它强调个体的内部与外部环境的相互作用，认为生物因素、环境因素、认知因素和社会经验在语言发展中密不可分。

本研究中我们主要从两方面考虑语言的影响因素：个体内因素和个体外因素。个体内在的气质在儿童早期是相对较稳定的，斯特里劳曾提出气质特点会在包括智力活动在内的各种心理活动中表现出来。一些研究也发现气质影响儿童的认知表现和社会行为，有研究者甚至提出"气质优势"（张岩，刘文2001），可见早期气质在儿童早期生活中的作用。这方面目前国内研究比较深入，但在语言方面涉及较少。语言是在社会活动中习得和发展的，具有不同气质类型的儿童将会经历不同的社会活动，如高度活跃的学龄前儿童就特别善于和别的小朋友交往，害羞、内向的孩子更多地是看着他们同伴玩，很少同他们说话，从而影响儿童的语言获得。国外有研究指出气质在7岁时区分着语言结巴和语言流利的儿童（Peter et al. 2004），Fruentes（1996）也发现一些气质维度与词汇量和语言风格在语言发展的第一阶段有关，为此我们提出"儿童的气质与该时期儿童的语言表达发展间存在密切联系，不同气质类型的儿童表现出来的语言表达发展将会有差异"的假设。

个体外因素主要指个体自身以外的并对他有影响的因素，如家庭、学校和社区等。家庭是儿童早期的最重要的活动场所，研究中我们简单地将家庭系统分为物质环境和人文环境，物质环境我们考虑家庭的收入、居住面积等标志家庭社会经济地位的指标。Mcloyd（1998）发现家里贫乏的物质环境与较差的语言能力和其他智力方面的成就相关，Rescorla & Achenbach（2002）也指出儿童的词汇与社会经济地位等相关。国内这方面的研究不多，主要的研究集中于婴儿期的认知领域。这里我们要考虑家庭的物质环境在儿童学龄早期是否还有作用，为此提出一个假设：家庭收入、住房面积与7岁儿童的语言表达发展有密切的关系。

人文环境因素选用父母教养方式。Cusson（2003）就发现母亲教养的敏感性与提高婴儿的语言能力有正相关。自Belsky（1984）提出父母教养方式的生态模型后，研究者常将父母的教养方式与儿童的气质联合起来考虑，Thomas & Chess等发现儿童气质与父母教养方式之间存在相互作用，一定的教养方式在一定的气质背景下发生作用。Fish & Pinkerman（2003）研究得出，在儿童早期交流技能上得高分的婴儿可由较积极的母亲和儿童的气质所辨认，儿童和母亲的相互作用变量在学前期要比在婴儿期可解释更多的儿童心理变化。但也有研究指出父母教养方式的某些因子要通过中介变量起作用。而国内研究者邹佩霞（1997）、万国斌（1997）等人研究了两者对儿童心理发展的单独或交互的相互作用，但这些研究主要集中在认知领域。况且曾琦等（1997）指出我国的教养方式有不同于西方的特点。基于这种研究的不一致性和文化差异的情况，本研究想进一步验证父母教养方式在中国文化背景下对儿童的语言能力是否有直接影响，同时研究儿童的气质与父母的教养方式间是否有相互影响，以及这种影响对儿童语言表达发展的影响。

二、研究方法

（一）被试

被试为北京西城区和海淀区的202名儿童。从中随机抽取64名7岁儿童，其中男孩25名，女孩39名。实验前邀请家长按约定时间带自己的孩子来实验室参加实验。

（二）实验室观察资料

儿童气质的观察：由一名实验员每次把应邀而来的四名同性别同年龄的但彼此不熟悉的儿童安排为一组，把他们带进玩具活动室，然后说"你们自己玩吧，阿姨出去有点事"，儿童整个自由活动持续15分钟，该活动用以测查儿童的气质。另一名实验员则在隔壁进行录像（随后的言语观察相同）。儿童的气质根据儿童在陌生情境中的行为反应进行编码，以行为抑制性表现出来。其编码原则或者抑制性的具体行为指标包括：主动与陌生同伴说话的潜伏期、主动参加陌生同伴游戏的潜伏期、主动与陌生同伴说话的持续时间、主动参加陌生同伴游戏的时间和次数等7个指标。两位编码者的Kappas的一致性系数为0.82（侯静2003）。

儿童语言表达的观察：活动中儿童介绍他们的周末活动。实验员先招呼上述的儿童并排坐下来，然后她坐在儿童中间说："下面我们玩一个游戏，每个人讲一下上周星期六、星期天自己的活动，比如到哪儿玩了，和谁玩了，每个人讲的时候都站到前面来，面对大家，使每个人都能看得清。"活动大约持续15分钟。

语言表达发展观察资料的编码：先对录像资料进行初步察看，结合Muñoz et al.（2003）关于儿童语言发展状况的编码标准，并同时结合语言学有关专家提出的汉语表达能力的有关指标，最后确定本研究儿童语言表达发展衡量的五个标准：含字量（标志个体所说事情的长度）、不同含字量（标志个体在运用词上的变化性和灵活性）、句子含量（用来衡量个体所说事情长度的总标准，以下列要求作为判断标准：以单句为基准，含主谓、动宾、谓宾、同位和连动式）、每个语句的平均长度（作为语言总量在语句水平上的标准，通过计算每个语句的平均含字量来衡量）和语法上能够接受的语句总个数（没有下列错误即可作为可接受的语句：词序错误、用词不当、主谓不一致、缺少主语或谓语宾语并引起误解或歧义、不可理解的词并干扰它的语法方面）。两名评分者在这五个标准上的Kappas的一致性系数分别为1、0.78、0.89、0.78、0.89。

（三）问卷材料

儿童家庭社会经济地位：由一名实验员陪同父母在另一房间填写材料，其中包括家庭月均收入、人均住房面积。本研究中我们将这两项作为家庭社会经济地位的指标。

父母教养方式 Q 分类卡片（Child Rearing Practices Q Sort，简称 CRPR）：在父母与孩子来实验室时，请他们遵照指导语填写。该卡片包括 91 张描述儿童抚养态度、观念和价值的卡片。按照从 7 到 1 的顺序把从最符合自己情况到最不符合自己情况的卡片分为 7 类，请父母根据自己实际的情况来分。该父母教养方式包括六个维度：接受性、拒绝、惩罚、过度保护、鼓励成就和鼓励独立。这套 Q 分类卡片已在国外多种文化中建立了信度和效度系数，研究也证实它适用于中国文化下的被试（Chen et al. 2000）。

（四）数据处理

运用 SPSS 统计软件处理和分析数据。

三、结果与分析

（一）儿童气质和家庭变量与其语言表达发展的相关分析

将家庭因素（家庭月均收入、家庭住房面积和父母教养方式）、儿童气质和儿童语言表达的五个指标同时进行 Spearman 相关分析，其中一些结果见表 1。结果显示父亲教养方式、儿童气质与语言表达有显著关系。母亲教养方式与儿童的语言表达的相关没有达到显著性水平。家庭住房面积与儿童气质有消极的关系，$r=-0.281$，$p<0.05$；母亲鼓励成就维度与儿童气质的正相关达到显著水平，$r=0.261$，$p<0.05$。另外分析没有发现家庭的社会经济地位与儿童的语言表达有显著的相关。

（二）7岁不同气质类型儿童的语言表达发展研究

根据气质类型，可将儿童分为三类：非抑制型、中间型和抑制型，具体划分依据见陈会昌、张越波（1998）提出的标准。64名儿童中极端非抑制型18人，中间型31人、极端抑制型15人。先对儿童语言表达发展的方差是否齐性进行检验，在此基础上再对不同气质类型儿童的语言表达发展进行单因素方差分析。结果发现不同气质类型儿童的语言表达没有显著差异。

表1 儿童气质、家庭因素与儿童语言表达发展的相关分析

	含字量	不同含字量	句子含量	句中字均数	可接受句数
父亲过度保护	−0.026	−0.079	0.027	−0.266*	−0.312*
父亲拒绝	0.150	0.205	0.301*	−0.174	−0.317*
父亲惩罚	0.267*	0.260*	0.199	0.025	−0.195
父亲鼓励独立	−0.057	−0.258*	0.301*	0.259*	0.259*
气质	−0.061	−0.069	−0.135	0.189	0.293*

注：* 表示 <.05，** 表示 <.01，以下同。

（三）7岁不同气质类型儿童的家庭环境的比较

为了解儿童气质和家庭环境的相互作用的关系，首先在家庭刺激变量方差相等的检验基础上，对这三种气质类型儿童的家庭刺激特征进行单因素方差分析。结果发现只在母亲拒绝维度上三种不同气质类型的儿童之间才有显著的差异，进一步的LSD分析表明：母亲拒绝在中间型与极端非抑制型间的差异显著，其平均数差异为3.480，标准误为1.356，p为0.013；住房面积在中间型和极端抑制型间的差异显著，其平均数差异为6.624，标准误为2.975，p为0.030。

(四)7岁不同气质类型儿童的家庭变量与其语言表达发展的回归分析

以儿童语言表达的各指标作为因变量,以家庭刺激的各变量作为自变量,对不同气质类型的儿童分别进行多元逐步回归分析,结果见表2。结果显示家庭变量只对中间型和极端抑制型的儿童有预测力,在这两类气质儿童所建立的回归方程中父母亲的教养方式的贡献比较大,其中父亲拒绝、惩罚和鼓励独立及母亲鼓励独立有积极的预测力,父亲保护和母亲接受则有消极的影响作用,家庭收入对字均数有积极影响。

(五)7岁儿童的气质和家庭变量与儿童的语言表达发展的逐步回归分析

表2 7岁不同气质类型儿童的家庭刺激变量与其语言表达发展的回归分析

		家庭收入	父亲过度保护	母亲接受	父亲拒绝	父亲惩罚	父亲鼓励独立	母亲鼓励独立	R	R^2	F
中间型	含字量					0.394*			0.394	0.155	5.132*
	不同含字量					0.481**		0.347*	0.578	0.334	6.759**
	句子数					0.427*			0.427	0.182	6.228*
	句中字均量	0.384*	-0.450**						0.598	0.357	7.499**
极端抑制型	含字量			-0.610*					0.610	0.373	7.724*
	不同含字量			-0.534*	0.432*				0.749	0.561	7.682*
	句子数			-0.597**	0.431*				0.802	0.643	10.807**
	句中字均量						0.519*		0.519	0.269	4.784*

注:表中的数值为标准的 β 系数。

为了进一步考察儿童气质和家庭因素对儿童在实验室情境下语言表达的作用,下面将儿童气质和家庭因素作为自变量,儿童言语表达的各指标作因变量，按照自变量进入的先后顺序不同进行多元逐步回归分析，结果见表3。表中结果显示，父亲教养方式对儿童语言表达的各方面都有显著的预测力。儿童气质与家庭因素同时作自变量进入时，对儿童的语言表达发展有影响。气质对语言表达虽有作用，但它的贡献率比较小。这说明了家庭中父亲教养方式对儿童语言表达发展的影响要比气质大。

表3 7岁儿童气质和家庭刺激因素与其语言表达发展的回归分析

		R	R^2	F	p	$\triangle R^2$
含字量	1/家庭因素（父亲惩罚）	.248	.062	4.003	=.05	.046
	2/儿童气质（父亲惩罚）	.248	.062	4.003	=.05	.046
不同含字量	1/家庭因素（父亲惩罚）	.301	.090	6.067	<.05	.076
	2/儿童气质（父亲惩罚）	.301	.090	6.067	<.05	.076
句子含量	1/家庭因素（父亲拒绝）	.311	.097	6.519	<.05	.082
	2/儿童气质（父亲拒绝）	.311	.097	6.519	<.05	.082
句中字均量	1/家庭因素（父亲鼓励独立）	.332	.110	7.568	<.01	.096
	2/儿童气质（父亲鼓励独立、气质）	.410	.168	6.054	<.01	.140
可接受句数	1/家庭因素（父亲过度保护）	.322	.104	7.064	<.05	.089
	（父亲过度保护、父亲拒绝）	.400	.160	5.723	<.01	.132
	2/儿童气质（父亲过度保护）	.322	.104	7.064	<.05	.089
	（父亲过度保护、儿童气质）	.448	.201	7.536	<.01	.174

四、讨论

（一）儿童语言表达发展与家庭因素和儿童气质的关系

7岁儿童的气质与其语言表达发展关系的分析结果没有充分支持本研究提出的假设和其他的研究（Fruentes 1996；Peter et al. 2004）。我们只发现儿童气质与语言表达中的可接受的句子数量有密切关系；在不同气质基础上儿童的语言表达发展并没有出现显著的差异。这可能说明儿童气质对某些心理活动影响是间接的，逐步回归分析就显示了儿童的气质与父亲的教养结合时就能更好地影响儿童的语言能力。

以往的研究发现家庭收入等社会经济地位指标与儿童的语言发展有关，本研究在一定程度上支持该观点。虽然在相关分析中没有发现两者的关系，但在逐步回归分析中家庭收入对中间型的儿童语言有预测力，这说明社会经济地位对语言有一定影响。这种状况可能是极端抑制型的儿童与外界接触相对较少，那外界提供的刺激多寡对他们没有多大影响，而非抑制型的儿童喜欢主动地探索环境，与外界接触相对较多，虽然家里不足，但户外环境的丰富作了弥补，因此它的影响没有显现，而中间型刚好介于两者之间。

父母教育方式与儿童的语言能力间的结果与其他研究者的结论一致的方面是父母的教养方式与儿童的语言表达发展有显著的相关，并且对语言能力存在显著的预测力；该结论同时支持中国父母的严格教养方式对儿童的心理发展有积极作用的观点，这进一步证实了曾琦等（1997）的研究。不一致的地方是少量的母亲教养因子与儿童语言能力有关，而且它还不具备良好的预测力；父亲教养方式的大部分严格因子与儿童语言能力关系密切，且有显著的预测力。这可能正如Amato & Gilbreth（1999）元分析指出的，当父亲为儿童提供支持时，儿童有更多的学业成功。而中国父亲表达支持时，一般是通过采取严格的措施和要求，如拒绝和惩罚来进行的。在中国传统观念中父亲是权力和权威的象征，父亲的拒绝和惩罚就是对他们的否定，儿童为逃避这种消极体验就必须不断前进，父亲过度的保护反而会使他们安于现状，不思进取。还有就是这时儿童进入了学校，教师这个权威人物的出现在很大程度上削弱了母亲的影响。

（二）7岁儿童气质与家庭环境的交互影响与儿童的语言表达发展

根据语言的主客观相互作用学说，我们对儿童气质与家庭环境作了一系列分析：相关分析中气质与母亲教养的鼓励和住房面积呈显著相关；不同类型气质的影响因素的方差分析和LSD检验显示了在母亲的拒绝和住房面积上存在差异，而回归分析表明不同气质类型的儿童中影响其语言表达发展的家庭环境因素只有父母教养方式，而没有了住房面积，家庭收入进入了回归方程。在中间型儿童中，父亲越多采用惩罚，较少使用过度保护儿童的方式，儿童的语言能力越高；在极端抑制型儿童中，母亲较多地使用接受方式反而不利于儿童语言能力的发展，父亲运用拒绝和鼓励独立的方法则利于儿童语言的发展。进一步的分析表明气质在语言表达发展中的影响比较弱。这些结果虽然说明儿童气质与家庭环境间存在联系，但两者间的相互影响不是很密切。按照语言的相互作用来理解，父母的教养方式影响着儿童本身和行为表现，而这些反过来又影响父母教养方式的调整，在这种协调中儿童的心理会获得发展。但研究结果并不完全支持以往的研究。原因可能是在中国传统文化影响下，以父母的严格型教养方式为主导的社会中，中国的父母们可能并不十分关注儿童的反应，大多从自己的观念和想法出发教育孩子、鞭策孩子，儿童语言发展的过程就可能是一个单向的过程。值得注意的是，虽然父母教养对儿童的语言发展起重要作用，但我们不能完全忽视儿童的气质，儿童气质与教养方式的有机结合还是能产生更大的效用，这要求我们父母要多注意儿童的行为反应，并适时调整自己的教育方式。

五、结论

家庭的收入对儿童的语言表达发展有一定的影响。

父母的教养方式，尤其是父亲的严格教养方式，与儿童的语言表达发展有显著正相关，预测效果也显著。

儿童的气质与其语言表达发展关系在个别维度上显著。

儿童的气质与其父母的教养方式间的相互作用对语言表达发展存在着影响。

参考文献

陈会昌，张越波　1998　两岁儿童的抑制–非抑制特征，《心理学报》第 3 期。

侯　静　2003　儿童 2~7 岁的行为抑制性及与家庭教育、学校适应的关系，北京师范大学博士学位论文。

万国斌，龚颖萍，李雪荣　1997　气质和家庭刺激量对 6~8 个月婴儿智力发展的交互影响，《中国临床心理学杂志》第 3 期。

邹佩霞，陶　沙，曾　琦，等　1997　2~6 岁儿童的气质特点与父母教养困难的关系，《心理发展与教育》第 3 期。

曾　琦，芦咏莉，邹　泓，等　1997　父母教养方式与儿童的学校适应，《心理发展与教育》第 2 期。

张　岩，刘　文　2001　气质与儿童同伴关系研究评价，《辽宁师范大学学报（社会科学版）》第 3 期。

Amato, P. & J. Gilbreth. 1999. Nonresident fathers and children's well-being: A meta-analysis. *Journal of Marriage and the Family* 61: 557–573.

Belsky, J. 1984. The determinants of parenting: A process model. *Child Development* 55(1): 83–96.

Chen, X., M. Liu, B. Li, et al. 2000. Maternal authoritative and authoritarian attitudes and mother child interactions and relationships in Urban China. *International Journal of Behavioral Development* 24: 119–126.

Cusson, M. 2003. Objective: To examine factors influencing preterm infant language development. *Journal of Applied Developmental Psychology* 32: 402–409.

Fish, M. & B. Pinkerman. 2003. Language skills in low-SES rural Appalachian children: Normative development and individual differences, infancy to preschool. *Journal of Applied Development Psychology* 23: 539–565.

Fruentes. 1996. EI papel del temperamento en la adquisicion del lenguaje. *Anales de Psicologia* 112(2):185–186.

Mcloyd, V. C. 1998. Socioeconomic disadvantage and child development. *American Psychologist* 53: 185–204.

Muñoz, M. L., R. B. Gillam, E. D. Peña, et al. 2003. Measures of language development in fictional narratives of Latino children. *Language, Speech, and Hearing Services in Schools* 34: 334–342.

Peter, H. et al. 2004. Fluence development and temperament in fluent children and children who. www.speech.psycholucl.ac.uk/papers/PDF/ifa03temp.pdf.

Rescorla, L. & T. M. Achenbach. 2002. Use of the language development survey(LDS) in a national probability sample of children 18 to 25 months old. *Journal of Speech Language and Hearing Research* 45: 733–743.

（本文发表于《心理科学》2005 年第 5 期，第 1126~1130 页）

家庭收入对儿童早期语言能力的影响作用及机制：家庭学习环境的中介作用

李艳玮　李燕芳　刘丽莎

一、前言

家庭收入（Family Income）作为家庭社会经济地位的核心因素之一，对儿童认知、学业（Dahl 2005）以及社会功能（Mistry 2002：935~951）的发展十分重要。目前，国内已开展了一些有关家庭收入与儿童发展的相关研究，如考察家庭收入与儿童社会功能（张晓，等 2009：613~623）、语言表达能力（刘志军，陈会昌 2005：1126~1130）等之间的关系。但是，Bradley & Corwyn（2002：371~399）认为，家庭收入与儿童发展之间的关系存在着文化的一致性和特异性。所以，在我国贫富差距日益严重的国情下，从文化特异性角度来揭示家庭收入与儿童早期发展之间的关系具有独特意义。

（一）家庭收入是影响儿童早期发展的重要背景因素

研究表明，家庭收入可能从个体出生前就开始起作用，其对儿童早期认知、读写和计算能力、社会/情绪行为的发展至关重要。比如，来自美国 Panel Study of Income Dynamics（PSID）项目的一项研究表明，家庭收入对3~5岁儿童的学业技能具有显著的正向预测作用，且与儿童的问题行为显著相关（Yeung et al. 2002：1861~1879）。基于家庭收入对儿童发展的重要作用，研究者提出了著名的家庭投资模型（The Family Investment Model）和家庭压力模型（The Family Stress Model），用于解释家庭收入对儿童发展的作用机制。其中，家庭投资模型是指较高收入的家庭会拥有更多利于儿童发展的材料、经验和设备，从而帮助父母为儿童提供更多的人力资本（Human Capital），并进一步促进儿童的发展；而家庭压力模型则是指低家庭收入或工作丧失会对父母心理健康产生影响，进而影响其教养行为，从而最终导致儿童发展的劣势（Conger & Donnellan 2007：175~199）。由此可见，家庭收入既可以直接作用于儿童发展，也可以通过家庭过程因素或其他环境因素间接作用于儿童发展。

（二）家庭收入与儿童早期语言能力发展

儿童早期语言能力是个体未来阅读和学业成就发展的显著预测指标（Duncan et al. 2007：1428~1446）。与其他心理特征一样，儿童早期语言能力也会受到家庭收入的影响。总结前人的研究发现，家庭收入对儿童字母-单词识别（Letter-word Identity）（Yeung et al. 2002：1861~1879）、接受性词汇（Receptive Vocabulary）（Qi et al. 2006）、语言表达（Language Expression）（刘志军，陈会昌 2005：1126~1130）、早期读写能力（Early Literacy）及入学后的阅读成就（Reading Achievement）（Melhuish 2008a）都有显著的正向预测作用。

此外，发展心理学家还探索了其他各种因素在家庭收入影响儿童发展过程中所发挥的中介作用（Linver et al. 2002）。其中，家庭学习环境作为情感和资源的有效结合，在儿童早期发展中的重要作用已受到极大的关注。

（三）家庭学习环境在家庭收入影响儿童早期语言能力发展中的作用机制

1.家庭学习环境是影响儿童早期语言能力的重要过程因素

家庭学习环境（Home Learning Environment，HLE）概念最早由Bradley & Caldwell（1995：38~85）提出，他们认为家庭学习环境既包括父母提供的一系列近端养育行为，比如提供教育交流和活动，也涵盖一些远端的实践活动，比如给孩子提供家庭学习资料。所以，家庭学习环境主要涉及家庭学习活动、丰富生活经验和文化资料等方面的内容。

研究表明，家庭学习环境的质量对儿童语言能力的发展具有独立的预测作用，比如 Melhuish et al.（2008a：95~114）发现，控制母亲生育年龄、产后工作状态、父母受教育水平等因素以后，家庭学习环境对 5 岁儿童语言能力变异的解释率增加了 5%。此外，研究者还进一步探讨了家庭学习环境的具体方面与个体早期语言能力发展的关系。比如 Foster et al.（2005：13~36）发现，父母给孩子读书的时间与儿童的词语接受能力显著相关，与语音意识相关不大；家庭学习活动则与儿童语音意识、词语接受能力均不存在显著的相关性；而家庭丰富生活经验与儿童语音意识存在显著相关，与其词语接受能力不存在相关。可见，家庭环境的不同方面对个体语言能力发展的影响作用不同。

2. 家庭学习环境在家庭收入影响儿童早期语言能力发展过程中的中介作用

如上所述，家庭学习环境作为重要的过程因素，在家庭收入对儿童早期语言能力发展的影响中发挥着一定的作用，因而研究者尝试进一步探讨学习环境在儿童早期发展过程中的中介效应。Foster et al.（2005：13~36）采用多水平模型研究了儿童的家庭社会经济地位、家庭学习环境、家庭社会风险因素与其读写能力和社会功能的关系，结果发现：家庭学习环境在家庭社会经济地位与儿童读写能力和社会功能（包括问题行为）的关系中均存在显著的中介作用，并且，当家庭学习环境进入模型以后，家庭社会经济地位对儿童发展的直接预测作用将不再显著，这意味着家庭学习环境发挥了完全中介效应。

综上所述，家庭收入不仅可以直接作用于儿童早期语言能力，还可以通过家庭学习环境产生间接效应。本研究将从文化特异性角度验证家庭收入对儿童早期语言能力发展的重要影响作用和机制，以进一步丰富布朗芬布伦纳的生态系统理论和儿童早期生活经验对其自身发展影响的相关理论，并为研究者、教育工作者和父母提供教育指导建议。

二、研究方法

（一）被试

被试来自北京市6所公立幼儿园共188名中班儿童及其主要抚养人。本研究选取具有完整数据信息的有效样本185人进行分析，其中男95人，女90人，平均年龄为60.90±4.25个月。

（二）研究工具

1. 家庭背景信息问卷

家庭背景信息主要包括孩子的性别、出生日期和家庭人均月收入等。在幼儿园协调下，以集体施测方式为主，由儿童的主要抚养人完成。

2. 家庭学习环境量表

参考美国Head Start项目、欧洲学前教育和小学教育的有效性研究项目（Effective Preschool and Primary Education，EPPE）中对于家庭学习环境的测查，结合我国儿童家庭学习环境特点，编制了家庭学习环境问卷，并进行了预试和修订。

问卷共包括15道题目，涉及三个方面，分别是家庭学习活动、丰富生活经验和文化资料。其中，家庭学习活动是指抚养人在家里为孩子提供明显学习机会的活动，包括4个项目，比如给孩子讲故事、教孩子学数字等，内部一致性系数为0.74；丰富生活经验是指抚养人同孩子在户外进行的一些主要的日常活动，包括7个项目，比如带孩子去公园玩耍、看电影、外出旅游等，内部一致性系数为0.85；文化资料是指家里具备的提供给孩子学习的资料，由4道题目构成，比如中文或其他语言类的儿童读物或CD等，内部一致性系数为0.52。以上家庭学习活动和丰富生活经验采取5点计分的形式，1表示"从不进行这项活动"，5表示"总是进行这项活动"；文化资料采用是否计分的形式，1表示具有这种文化资料，0表示没有这种文化资料。

3. 儿童早期语言能力测验

语音意识和词汇量是儿童早期语言能力的两个重要成分（Li et al. 2010；Melhuish et al. 2008b）。其中，语音意识是考察儿童对口语中语音单元的分辨和操纵能力，通过韵母识别测验来测查；词汇量是考察儿童的表达性词语能力，通过图片命名测验来测查。

韵母识别：选自 Li et al.（2010）编制的韵母识别测验，采取个体施测方式，由主试一一读出每个项目，并让儿童辨识出韵母相同的两个字，例如，辨别"包（bao）""山（shan）"与"猫（mao）"相比，哪个字的发音和"猫（mao）"相似。正式测试前有 2 个练习，保证孩子正确理解测验内容。测验共包含 16 个项目，内部一致性系数为 0.61。答对 1 题计 1 分，总分为 16 分。

图片命名：选自 Liu et al.（2011）建立的图片库，采用个体施测方式，让儿童说出图片的名字，例如给孩子呈现一张图片（帽子），然后问他"图片上是什么呀"。共包含 50 个题目，测验内部一致性系数为 0.87。答对 1 题计 1 分，总分为 50 分。

语言能力：由韵母识别测验和图片命名测验的 Z 分数相加获得。

（三）研究程序

由经过严格培训和考核的心理学和学前教育专业研究生担任主试，分别对儿童语言能力进行个体施测，并对主要抚养人进行集体施测。对于不能独立完成抚养人问卷的家长，由研究人员通过访谈的形式协助完成。运用 SPSS17.0 软件对数据进行管理和分析。

三、结　果

（一）家庭收入、儿童早期语言能力、家庭学习环境的描述统计结果

被试在家庭收入、儿童早期语言能力、家庭学习环境及其各方面的描述统计结果（均值、标准差）见表 1。参考张晓等（2009）的研究，以 2010 年北京城镇居民人均月收入为界（2780 元／月）（中华人民共

和国国家统计局 2010），将被试划分为家庭人均月收入较高和较低两个亚群体，其中高收入群体的人均月收入不低于 2780 元/月，低收入群体的人均月收入低于 2780 元/月。

为了考察高、低收入家庭在儿童早期语言能力和家庭学习环境上的差异，对高、低收入家庭的儿童早期语言能力和家庭学习环境进行了独立样本 t 检验。结果显示，高、低收入家庭的儿童在早期语言能力（$t_{(183)}$=5.433, $p<0.001$）、家庭学习活动（$t_{(183)}$=2.563, $p<0.05$）、丰富生活经验（$t_{(183)}$=4.082, $p<0.001$）、文化资料（$t_{(183)}$=2.041, $p<0.05$）上都存在显著差异，均表现为高收入家庭儿童的得分显著高于低收入家庭儿童的得分。

表 1 家庭收入、儿童早期语言能力和家庭学习环境的均值、标准差

	总体 M	总体 SD	高收入家庭（N=70） M	高收入家庭（N=70） SD	低收入家庭（N=115） M	低收入家庭（N=115） SD
家庭收入	2768.48	2161.20	4814.29	2241.07	1523.20	603.90
语言能力	0.00	1.57	0.75	1.41	-0.45	1.49
韵母识别	7.12	5.38	8.29	5.85	6.42	4.96
图片命名	31.74	7.60	35.80	6.14	29.27	7.35
家庭学习环境						
家庭学习生活	13.59	3.02	14.36	3.45	13.12	2.62
丰富生活经验	18.31	4.97	20.24	5.40	17.14	4.30
文化资料	3.43	0.86	3.59	0.69	3.34	0.95

（二）家庭收入对儿童早期语言能力的预测作用

家庭收入、儿童早期语言能力、家庭学习环境的相关系数矩阵见表 2。

表 2 显示，家庭学习环境各方面与儿童早期语言能力也都呈现显著的正相关；人均月收入与儿童早期语言能力及其中的韵母识别和图片命名、家庭学习环境三个方面都有显著的正相关。

进一步运用分层回归分析，在控制儿童的年龄和性别之后，考察人均月收入对儿童早期语言能力和家庭学习环境的预测作用，结果见表 3。

表 2 家庭收入、儿童早期语言能力和家庭学习环境的相关系数

	1	2	3	4	5	6	7
家庭收入	—						
语言能力	.372***	—					
韵母识别	.219**	.790***	—				
图片命名	.367***	.787***	.242***	—			
家庭学习环境							
家庭学习生活	.278***	.226***	.116^a	.241**	—		
丰富生活经验	.451***	.278***	.132^a	.307***	.568***	—	
文化资料	.173*	.215**	.138^a	.201**	.280***	.288***	—

注：*<0.05，**<0.01，***<0.001；0.05<a<0.1。下同。

表 3 儿童早期语言能力、家庭学习环境对家庭人均月收入的回归分析

变量及步骤	早期语言能力		家庭学习活动		丰富生活经验		文化资料	
	β	△R^2	β	△R^2	β	△R^2	β	△R^2
第一步（enter）								
年龄	.238***	.057	.072	.008	.111	.012	.082	.008
性别^b	-.082		.039		-.013		.023	
第二步（enter）								
家庭收入	.338***	.110	.277***	.074	.447***	.192	.166*	.026
总计 R^2		.166***		.081***		.204***		.034^a

注：b 表示性别，1 表示男，0 表示女。下同。

由表 3 可以看出，控制了儿童的年龄、性别之后，家庭收入对儿童早期语言能力（β=0.338，p < 0.001，△R^2=0.110）仍有显著的独立作用。同样，家庭收入对家庭学习活动（β=0.277，p < 0.001，△R^2=0.074）、丰富生活经验（β=0.447，p < 0.001，△R^2=0.192）和文化资料（β=0.166，p < 0.05，△R^2=0.026）也具有显著的预测作用。

（三）家庭学习环境对家庭收入作用的中介效应

基于家庭收入与家庭学习环境和儿童早期语言能力的相关关系和

预测作用，参考温忠麟等（2005：268~274）有关显变量中介效应检验的程序和步骤，建构了图1所示的中介路径，考察家庭学习环境对家庭收入作用的中介效应（见表4）。

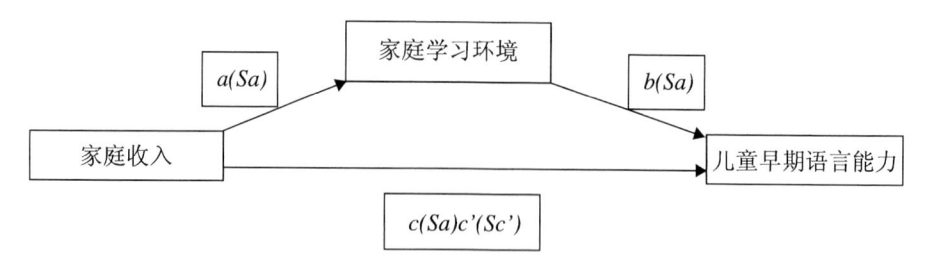

图1 家庭学习环境在家庭收入预测儿童早期语言能力中的中介路径

注：a、c 分别为家庭收入单独预测家庭学习环境、儿童早期语言能力的未标准化回归系数，b、c' 为家庭学习环境与家庭收入共同预测儿童早期语言能力时各自的未标准化回归系数，Sa、Sb、Sc、Sc' 分别为对应的标准误差（所有路径均控制了儿童年龄和性别的影响）。

表4 家庭学习环境在家庭收入预测儿童早期语言能力中的中介效应检验路径

路径	家庭学习活动 B	SE	丰富生活经验 B	SE	文化资料 B	SE
c(Sc)	.338***	.069	.338***	.069	.338***	.069
a(Sa)	.277***	.073	.447***	.068	.166*	.074
b(Sb)	.132^a	.070	.135^a	.076	.149*	.068
c'(Sc')	.301***	.071	.278***	.077	.313***	.069

根据温忠麟等（2005：268~274）的中介效应分析原理，由表3可知，文化资料的中介作用显著，并且为部分中介，中介效应占总效应的比例为 0.149×0.166/0.338=7.3%；由于家庭学习活动和丰富生活经验作为中介变量时，路径系数b边缘显著，进一步进行Sobel检验，结果发现，Sobel(Z)$_{家庭学习活动}$=1.689（p=0.091），Sobel(Z)$_{丰富生活经验}$=1.715（p=0.086），其中介效应均为边缘显著。

四、讨论

本研究考察了家庭收入对儿童早期语言能力的重要作用及家庭学

习环境在其中的中介作用。结果表明,家庭收入对儿童早期语言能力有显著的正向预测作用。在家庭收入预测儿童早期语言能力的过程中,文化资料发挥了部分中介作用。

(一)家庭收入对儿童早期语言能力的预测作用

本研究验证了家庭收入与儿童早期语言能力的关系,证明了家庭收入对儿童早期语言能力有显著的正向预测作用,即家庭收入越高,儿童早期语言能力发展得越好,而较低家庭收入可能会在一定程度上损害儿童早期语言能力的发展。另外,这一结果还与国外多项研究一致(刘志军,陈会昌 2005:1126~1130;Yeung et al. 2002:1861~1879;Qi et al. 2006:5~16;Melhuish et al. 2008a:95~114),证明了家庭收入对儿童发展的影响具有文化普遍性。不过,由于本研究未同时进行跨文化跨地域的取样,因而无法横向对比不同地域、文化背景下被试群体中家庭收入的影响作用差异,这一点有待在今后的研究中深入分析。

近年来,我国一直处于地区、城乡、群体间的收入差距日益增大,贫富差距日益严重的国情之中,这可能会导致低收入家庭的收入更低,从而给儿童早期发展带来更加不良的影响。所以,如何采取更有效、直接的措施来降低我国居民的贫富差距已成为政策制定者和决策者应关注的核心问题。不仅如此,教育者和父母也应从儿童生活环境的创设入手,积极采取干预措施弥补低家庭收入带给儿童的不良影响,进而保证其身心健康发展。

(二)家庭学习环境在家庭收入作用中的中介效应

本研究发现,家庭学习活动、丰富生活经验、文化资料都与儿童早期语言能力存在显著正相关,而在 Melhuish et al. (2008b:1161~1162)的研究中却发现描述儿童丰富生活经验的 7 项活动得分与儿童的语言能力不存在相关。可见,家庭学习环境对个体发展的影响作用存在文化特异性,这可能是因为中国父母会在孩子很小时就开始重视孩子学业技能发展,并且在教育孩子的过程中秉承"寓教于乐",

所以在丰富生活经验中孩子也可能会积累学业技能；而外国父母崇尚孩子可以快乐且无负担地成长，所以可能不太关注丰富生活经验对儿童早期学业技能发展的重要影响作用。

另外，从考察家庭学习环境的中介效应过程中发现，家庭学习环境和丰富生活经验在家庭中介效应边缘显著，文化资料的中介效应达到显著水平，其中介效应占总效应的7.3%。这说明，家庭收入高的父母可能更倾向于为孩子准备更多的文化资料，比如图书、唱片等，进而为儿童创设更丰富的生活环境，借助于父母准备的文化资料，儿童的阅读时间和阅读次数都可能增加，从而促进儿童早期语言能力的发展。相反，低收入家庭由于没有更多的经济来源，投入到儿童学习环境中的资源可能更少，从而使低收入家庭儿童的文化资料缺乏、生活经验可能更单一，即家庭学习环境的质量更低；不仅如此，根据家庭压力模型，家庭收入较低的父母所面临的经济压力和情绪压力较之也可能更大（Conger et al. 2002：179~193），也致使他们没有更多的时间陪伴儿童从事日常的家庭学习活动，这也许是造成低收入群体儿童家庭学习环境质量低的原因之一。

（三）本研究的启示

尽管本研究工具都有较好的内部一致性信度，获取的家庭信息较真实、可靠，但相对国外采用观察和访谈法获取此类信息的研究而言，本研究单凭问卷和简单访谈法获取信息可能会存在误差；另外，研究获取的结果都在同一时间点上，未能考察早期经验对个体未来发展的影响，以及早期经验对个体发展作用的持续性和变化性。所以，在未来的研究过程中，应注意开展多种测查研究方法结合的追踪研究。不仅如此，影响儿童语言能力发展的早期经验因素众多，研究中仅发现家庭收入的解释率是11%，所以关注早期经验的其他方面，对于解释儿童早期发展也十分必要。

由于低收入家庭的儿童群体接触到的生活环境刺激劣于高家庭收入的儿童，比如，低家庭收入儿童获取图书、玩具和电脑的资源较少，与父母一起学习、读书、谈话的时间也较短，同时获取户外学习环境的机会也少（Bradley et al. 2001），从而导致他们更难取得较好的认知、学业和社会功能的发展。所以，利用正确的政策指导，合理提高家庭收入，从而改善低家庭收入儿童的生活环境，来促进低家庭收入儿童的发展就迫切需要引起政府、教育部门的关注。但是，收入的提升对于多数家庭而言相对比较困难，并且，我国目前正处于贫富分化日益加剧的国情之中，单纯依靠国家宏观政策改善收入状况来促进儿童发展还不够现实，因此，也需要广大家长积极地改善家庭学习环境、创设更多有利因素、提供更丰富的生活刺激来促进儿童早期发展，从而为孩子未来的健康发展奠定基础！

五、结论

本研究的主要结论如下：

（1）家庭收入对儿童早期语言能力有显著的独立预测作用，高收入家庭儿童早期语言能力和家庭学习环境得分均高于低收入家庭儿童。

（2）在家庭收入预测儿童早期语言能力的过程中，文化资料发挥了部分中介作用。

参考文献

刘志军，陈会昌　2005　7岁儿童语言表达的影响因素分析，《心理科学》第5期。

温忠麟，侯杰泰，张　雷　2005　调节效应与中介效应的比较和应用，《心理学报》第2期。

张　晓，陈会昌，张银娜，等　2009　家庭收入与儿童早期的社会能力：中介效应与调节效应，《心理学报》第7期。

中华人民共和国国家统计局　2010　按省、自治区、直辖市分城镇居民平均每人全年家庭收入，载 http: 219.235.129.58reportView.do?Url=xmlFiles-0860b4ca93e54fc0a6690145fbb92f17.xml&id=2ad1b00e87d24361ba4493ca-226de27c&bgqDm=20100000&i18nLang=zh-CN。

Bradley, R. H. & B. M. Caldwell. 1995. Caregiving and the regulation of child growth and development: Describing proximal aspects of caregiving systems.

Developmental Review 15: 38–85.

Bradley, R. H. & R. F. Corwyn. 2002. Socioeconomic status and child development. *Annual Review of Psychology* 53: 371–399.

Bradley, R. H., R. F. Corwyn, H. P. McAdoo, et al. 2001. The home environments of children in the United States Part I: Variations by age, ethnicity, and poverty status. *Child Development* 72: 1844–1867.

Conger, R. D., L. E. Wallace, Y. Sun, et al. 2002. Economic pressure in African American families: A replication and extension of the family stress model. *Developmental Psychology* 38: 179–193.

Conger, R. D. & M. B. Donnellan. 2007. An interactionist perspective on the socioeconomic context of human development. *Annual Review of Psychology* 58: 175–199.

Dahl, G. & L. Lochner. 2005. *The Impact of Family Income on Child Achievement*. Cambridge MA: National Bureau of Economic Research.

Duncan, G., C. J. Dowsett, A. Claessens, et al. 2007. School readiness and later achievement. *Developmental Psychology* 43: 1428–1446.

Foster, M. A., R. Lambert, M. Abbott-Shim, et al. 2005. A model of home learning environment and social risk factors in relation to children's emergent literacy and social outcomes. *Early Childhood Research Quarterly* 20: 13–36.

Li, H., H. Shu, C. McBride-Chang, et al. 2010. Chinese children's character recognition: Visuo-orthographic, phonological processing, and morphological skills. Accessed at https://onlinelibrary.wiley.com/doi/abs/10.1111/j.1467-9817.2010.01460.x.

Linver, M. R., J. Brooks-Gunn & D. E. Kohen. 2002. Family processes as pathways from income to young children's development. *Developmental Psychology* 38 (5): 719–734.

Liu, Y., M. Hao, P. Li, et al. 2011. Timed picture naming norms for Mandarin Chinese. *Plos One* 6(1): 1–7.

Melhuish, E. C., K. Sylva, P. Sammons, et al. 2008b. Preschool influences on mathematics achievement. *Science* 321: 1161–1162.

Melhuish, E., M. Phan, K. Sylva, et al. 2008a. Effects of the home learning environment and preschool center experience upon literacy and numeracy development in early primary school. *Journal of Social Issues* 64(1): 95–114.

Mistry, R. S., E. A. Vandewater, A. C. Huston, et al. 2002. Economic well-being and children's social adjustment: The role of family process in an ethnically diverse low-income sample. *Child Development* 73(3): 935–951.

Qi, C. H., A. P. Kaiser, S. Milan, et al. 2006. Language performance of low-income African American and European American preschool children on the PPVT-III. *Language Speech and Hearing Services in Schools* 37(1): 5–16.

Yeung, W. J., M. R. Linver & J. Brooks-Gunn. 2002. How money matters for young children's development: Parental investment and family processes. *Child Development* 73: 1861–1879.

（本文发表于《中国特殊教育》2012年第2期，第63~68页）

我国西部贫困地区儿童早期语言发展现状及影响因素分析

王博雅　李珊珊　岳　爱　李　英　史耀疆

一、研究背景和研究问题

在个体生命的最初三年，大脑快速发育，这个阶段的语言能力发展是儿童早期发展非常重要的组成部分。儿童早期语言发展滞后，可能会带来长远的消极影响。研究表明，儿童早期的语言和认知发展对未来的学业表现、教育水平、工作表现、生理与心理健康及非认知能力等，具有重要的作用（Heckman 2008；Horwitz et al. 2003；McCarthy 1933；Nelson et al. 2006；Whitehurst & Fischel 1994）。

儿童早期阶段的语言能力并不是一项独立的能力，它与早期社交情绪发展、认知发展及儿童发展的其他方面都有关联。邹冰（2012）发现，语言发展有障碍的儿童更容易伴有情绪和行为问题，表现为冲动性、注意缺陷、多动、攻击和自我伤害行为、不良饮食、不良情绪等。此外婴幼儿的语言发展与认知能力中物体的概念、对客体关系、对数字的理解及执行能力等具有相关关系（Waxman & Markow 1995；Carlson, Davis & Leach 2005；Müller et al. 2009）。存在表达性语言障碍的儿童，其精细动作、适应能力、语言和社交行为四个能区，也均存在一定比例的落后（李国凯，等 2017）。

然而，有关研究发现，婴幼儿早期语言发展状况并不乐观。一项针对发达国家的研究表明，存在语言发展滞后风险的1~3岁的婴幼儿的比例约为15%（Buschmann et al. 2008）。针对发展中国家的研究指出，儿童早期存在语言发展滞后风险的比例高达60%（Luo et al. 2017；Reilly et al. 2007）。《柳叶刀》杂志在2011年刊登的儿童早期发展系列论文中提到，早在 2007 年发展中国家有超过 2 亿的 0~5 岁儿童在成长过程中未被完全激发潜能，在认知、语言能力方面存在问题（Grantham-McGregor et al. 2007），由于经济衰退和气候变化等多方面的原因，这个群体的儿童数量在持续增加（Walker et al. 2011）。

家庭环境在儿童早期阶段的成长中扮演着重要的角色，与儿童语言发展更是息息相关。以往的研究发现，生活在社会经济状况更好尤其是父母教育水平更高的家庭的儿童，相比生活在状况较差家庭的儿童，词汇量增长更快（Bornstein & Haynes 1998），会使用更加复杂的语法和大量的词汇与父母交谈，并具有更好的讲故事的能力（Fekonja-Peklaj 2010）。这也是因为教育水平更高的父母会在日常生活中运用更多的词汇和表达方式，能够潜移默化地促进儿童的语言发展（Hart & Risley 1992；Hoff 2003；Rowe, Raudenbush & Goldin-Meadow 2012；Silvén, Ahtola & Niemi 2003）。相反，如果缺少亲子互动和良好的养育行为，将会给儿童早期语言能力的发展带来不利的影响（Luo et al. 2017；Mustard 2007）。

相较于国外研究而言，我国目前对于儿童早期语言发展的研究多集中在城市地区或特殊群体（李国凯，等 2017），缺少对农村地区儿童语言能力发展情况的描述，也缺少对儿童语言发展水平与相关因素之间关系的探讨。在测量工具方面，目前的研究在评估语言发展水平方面缺乏专门且精确的测量工具。因此，本研究的目标是分析我国农村地区儿童早期语言发展水平及其风险因素和影响因素。为了实现以上目标，本文将展开以下研究：（1）描述我国贫困地区儿童早期语言发展水平；（2）分析影响贫困地区儿童早期语言水平的因素；（3）分析儿童早期语言水平测量工具的准确性。

二、研究方法

（一）数据来源

本研究使用的数据来源有两个。一是来源于陕西师范大学教育实验经济研究所、斯坦福大学 Freeman Spogli 国际问题研究所（FSI）和中国科学院农业政策研究中心共同组成的农村教育行动计划（Rural Education Action Program，REAP）在秦巴山区开展的"养育未来：通过科学喂养和教育抚育干预促进农村贫困儿童健康成长"试点研究项目的基线数据（下文简称秦巴地区数据），调查对象为6~24个月的婴幼儿。

样本选取按照以下标准：（1）选取样本镇，收集秦巴山区三地市贫困县所有乡镇名单。为保证选取样本能够代表农村地区婴幼儿发展现状，项目组排除城关镇（城关镇多为县政府所在地，经济较为发达）及乡镇总人口不足800人（出生人口较少，难以达到有效样本量）的镇。（2）抽取样本村。在每个样本镇随机抽取一个样本村，将该样本村所有常住6~24个月月龄的婴幼儿纳入样本。此次抽样数据共调查了100个村1220个样本婴幼儿及其家庭。本数据涉及的项目经过了斯坦福大学伦理审查委员会的审查（协议号35921）。

第二个数据来源于2018年6~7月由REAP团队与N县政府开展的"养育未来：全县模式"项目的基线数据，此次调查对象为6~36个月的婴幼儿。N县地处秦岭中段南麓，总面积3678平方公里，人口7.4万，地广人稀；该县地理位置特殊，地形复杂，全县分为高山、中山和低山河谷3种地貌类型；下辖11个镇。N县政府驻城关镇，动植物资源丰富，经济发展状况较差，被定为国家级贫困县，2016年全县全体居民人均可支配收入14 615元，城镇居民人均可支配收入25 358元，全年农村居民人均可支配收入8270元。本数据涉及的项目经过了斯坦福大学伦理审查委员会的审查（协议号46564）和四川大学医学和伦理委员会的审查（批准编号K2018074）。

此次调查覆盖N县符合条件的全部婴幼儿，最后得到调查样本999个；在999个样本中，根据居住区域随机抽样得到254个样本婴幼儿进行了《贝利婴幼儿发展量表（第3版）》（Bayley-III）测试（下文简称贝利3测试）。

（二）研究工具

1. 贝利婴幼儿发展量表 – 第3版

本研究主要使用贝利3测试的语言量表部分作为衡量儿童早期语

言发展的测量工具。

《贝利婴幼儿发展量表》（Bayley Scales of Infant and Toddler Development，BSID）是由美国心理学家 Nancy Bayley 开发的一套评定婴幼儿行为发展的工具，于 1969 年发表了第 1 版（Bayley 1969），1993 年和 2006 年进行了两次修订，分别发表了第 2 版和第 3 版（Bayley-II，Bayley-III）。该量表由于其评估全面精确、评分便捷和较高的信度效度等优势，成为目前国际上广泛使用的婴幼儿发展量表之一，也是目前最好的心理发展量表，不仅适合在临床上应用，也适合在干预项目的评估当中使用。贝利 3 量表可以对儿童进行认知、语言、运动、社会情感、社会适应性行为五个领域进行评估（Bayley 2006）。

2. 样本特征信息问卷

本研究参考美国疾控中心使用的问卷，结合我国国情、贫困地区实际情况以及研究目标设计了样本儿童及其家庭特征信息问卷。该问卷收集的信息包括样本婴幼儿性别、出生日期、是否为独生子女、婴幼儿父母亲年龄、户口类型、教育程度、该家庭是否享受我国居民最低生活保障、谁在家庭中承担样本婴幼儿的主要监护人的职责（一般是奶奶或者妈妈）等。

3. 婴幼儿发展知识量表

本研究使用婴幼儿发展知识量表 KIDI-P（Knowledge of Infant Development Inventory -P）测量照养人的养育知识水平。

该量表是在 KIDI（Knowledge of Infant Development Inventory）基础上筛选出的缩略版本。KIDI 由美国学者 David MacPhee 于 1981 年编制，KIDI 及 KIDI-Preschool 被广泛运用于养育知识与婴幼儿发展问题研究上（Huang et al. 2005；Zolotor et al. 2008；Al-Maadadi & Ikhlef 2015）。KIDI-P 由两部分组成：第一部分包含 39 个条目，用来评估照养人对婴幼儿行为的理解。该部分条目描述了典型婴幼儿可能的表现以及一些会影响婴幼儿发展的行为，由照养人判断是否同意或是不确定，如"跟宝宝说出他（她）正在做的事情可以帮助他（她）的智力发育"，然后由照养人回答是否同意或是不确定。第二部分包含 19 个条目，由照养人判断婴幼儿在某个发展阶段是否能够完成某些事情，如果不是，是更大还是更小的时候能做到，如"3岁的宝宝能够区分左右手"，然后由照养人判断是更小的孩子能够做到，还是3岁的时候可以做到，还是更大的时候才可以做到。该量表有标准答案，答对得1分，答错或者不确定均不得分。

KIDI-P的计算标准为累计正确得分除以照养人实际完成的题目数。考虑到秦巴山区三地市的调查地点为偏远农村贫困地区，照养人的理解能力较差，所以在秦巴山区调查中，我们只是用了KIDI-P的第一部分；在N县的调查中，则使用了两部分。

4. 家庭养育环境量表

本研究使用联合国儿童基金会为大样本调查家庭环境所开发的量表——家庭养育环境调查（Family Care Indicators，FCI）中的6个问题来衡量照养人养育行为，即"您过去三天有没有和宝宝一起读书或者看绘本书""您过去三天有没有给宝宝讲故事""您过去三天有没有给宝宝唱儿歌""您过去三天有没有带宝宝在户外玩游戏""您过去三天有没有跟宝宝用玩具玩游戏""您过去三天有没有花时间和宝宝一起给东西命名、数数或画画"。照养人可回答"是"或"否"。

5. 其他语言量表

尽管贝利3测试被认为是更为标准的衡量儿童早期发展水平的量表，但是测试的成本较高。为了在干预和评估项目中节省成本，本研究将用贝利3测试语言部分对比《汉语言沟通量表（短表）》和《年龄与发育进程问卷（第3版）》沟通部分量表的准确性。

（1）汉语言沟通量表

《汉语言沟通量表（短表）》（Putonghua Communicative Development Inventory-Short Form，PCDI-SF）是一本采用父母报告的形式，测量8~30个月说普通话的儿童早期语言发展的评估量表。在这份量表中，父母按要求对不同类型的词汇进行判断。汉语言沟通量表有2个分量表，分别适用于发育正常的8~16个月婴儿（PCDI-SF：词汇和手势），以及16~30个月的幼儿（PCDI-SF：词汇和句子）（Tardif 2008）。另外我们使用了原版的MacArthur-Bates Communicative Development Inventory-Short Form中适用于30~36个月幼儿的分量表。目前该量表还没有进行汉化，我们根据我国婴幼儿的语言习惯进行了翻译。

"词汇和手势"包含了 106 项问题，内容有"婴幼儿初期对语言的反应""动作及手势"和"词汇"。在婴儿"词汇和手势"短表中，家长要报告儿童能"理解"表里哪些项目，"会说"哪些项目。

"词汇和句子"包含 113 项问题，内容有"词汇"和"句子"，家长则只需要回答儿童"会说"哪些项目。

"词汇和语言使用"包含了 106 项问题，内容有"词汇""句子"和"语言使用"，家长需要回答儿童"会说"哪些项目。

最后我们将计算孩子会说的词汇数量作为 PCDI 得分。

（2）年龄与发育进程问卷 – 第 3 版

《年龄与发育进程问卷（第 3 版）》（简称 ASQ-3）是儿童发育筛查量表，由卞晓燕教授翻译汉化为中国版本并制定中国城市常模（Bian et al. 2017），但是没有在农村地区广泛地使用。ASQ-3 将 3~66 个月儿童划分为 1m~、3m~、5m~、7m~、9m~、11 m~、13m~、15m~、17m~、19m~、21m~、23m~、25m16d~、28m16d~、31m16d~、34m16d~、39m~、45m~、51m~ 和 57~66m 共 20 个月龄组，与之相应有 2m、4m、6m、8m、10m、12m、14m、16m、18m、20m、22m、24m、27m、30m、33m、36m、42m、48m、54m 和 60m。ASQ-3 共 20 份问卷(简称 ASQ-3 月龄组)，每份问卷均分为沟通能区、粗大动作能区、精细动作能区、解决问题能区和个人 – 社会能区 5 个能区，各能区都有 6 个题目，分别赋值 10、5 或 0 分，每个能区的 6 个题目的得分之和为能区得分。在本研究中我们只使用了沟通能区部分（Communication）的题目。

（三）数据收集

本研究的主试为具有施测经验的学前教育学和心理学专业的硕士研究生，随机分组完成信息收集，其中贝利测试主试和问卷主试由不同的研究生负责。主试被随机安排入户，需要完成家长问卷、KIDI-P、FCI、PCDI-SF、ASQ-3。在正式调研前，项目组对主试进行了为期一周的标准化培训,包括 2 天的预调研,实地学习如何标准使用贝利测试进行测量,以及如何按照统一标准使用量表和问卷进行无引导的访谈,访谈结束后由项目组统一回收问卷,并进行检查。每个贝利测试耗时为 1 小时~2.5 小时不等,时长取决于被试者年龄大小和发展水平。语言部分测试时长为 20 分钟~1.5 小时不等。每份需要家长回答的问卷可在 40 分钟内完成,完成的速度取决于被试者的理解水平。ASQ-3 可在 10~15 分钟完成。在被试者不理解问题或者因为题目不符合其现实情况时,主试者尽可能帮助被试者理解问卷的问题,但不能过度解释。出现未答题目等于或者少于 2 题,可以根据 ASQ-3 量表的使用指南的计算方法进行处理(表 1)。

表 1 变量定义和测量

变量	定义和测量
贝利 3 语言分数	Bayley III 测试语言得分总分。根据 Bayley III 指导手册将语言部分得到的粗分转化为总分。在衡量儿童早期认知发展水平时,常采用该分低于健康人群平均水平 1 个标准差作为发展滞后的标准。由于中国没有 Bayley III 的常模,因此根据已有文献,将语言量表的均值和标准差确定为 109 和 12.3(Lowe et al. 2012; Serenius et al. 2013)。
养育知识	根据婴幼儿发展知识问卷 KIDI-P 计算而来的分数。计算标准为累计正确得分除以照养人实际完成的题目数。取值为 0—1 的连续型变量。
养育行为 汉语言沟通量表得分 ASQ-3 语言得分	根据六类刺激儿童早期发展的亲子互动活动,即过去三天有没有和宝宝一起读书或看绘本书、过去三天有没有给宝宝讲故事、过去三天有没有给宝宝唱儿歌、过去三天有没有带宝宝在户外玩游戏、过去三天有没有跟宝宝用玩具玩游戏。汉语言沟通量表得分为粗分,即量表中孩子会说的词语或句子个数。ASQ-3 语言得分即答对题个数,为连续变量。
婴幼儿年龄	根据婴幼儿出生证明中的出生日期计算的婴幼儿月龄,连续型变量。
婴幼儿性别	婴幼儿性别。1=女孩,0=男孩。
早产	婴幼儿是否早产。1=是,0=否。
兄弟姐妹数量	婴幼儿有无兄弟姐妹。1=有兄弟姐妹,0=没有兄弟姐妹。
婴幼儿照养人	婴幼儿第一照养人是否为母亲。1=是,0=否。
母亲年龄 母亲教育水平	婴幼儿母亲年龄(周岁)。1=25 岁及以上,0=25 岁以下。 婴幼儿母亲的受教育程度。1=初中及以上,0=初中以下。

（续表）

变量	定义和测量
父亲年龄	婴幼儿父亲年龄（周岁）。1=25岁及以上，0=25岁以下。
父亲教育水平	婴幼儿父亲的受教育程度。1=初中及以上，0=初中以下。
户口类型	婴幼儿户口类型，根据父母双方户口类型确定为农业户口或非农户口。如果父母双方均为非农户口，则婴幼儿户口类型为非农户口；如果父母双方均为农业户口，则婴幼儿户口类型为农业户口；如果父母双方一方为农业户口，一方为非农户口，则确定为农业户口。
家庭财产指数	根据家庭中是否有某些固定资产，进行主成分分析法得出的指数。

（四）统计分析

采用Stata15.1软件进行数据的录入和分析。

三、研究结果与分析

（一）样本婴幼儿及其家庭特征

样本婴幼儿性别、早产、兄弟姐妹情况、母亲照养情况的分布在两个数据中基本一致。由表2可知，在秦巴地区数据中，婴幼儿平均年龄为14个月，在N县数据中样本婴幼儿平均月龄约为20个月，且秦巴地区数据的母亲年龄及受教育水平显著低于N县样本中婴幼儿的母亲年龄及受教育程度。在秦巴地区数据中，母亲高中及以上学历的比例仅为18.2%，而N县样本婴幼儿母亲受教育程度为高中及以上的总体比例较高，为52.0%。但是该比例存在明显的城乡差异。其中，城市样本婴幼儿母亲受教育程度显著高于农村样本，高中及以上的比例分别为85.4%和44.2%，且N县城市地区的父亲教育水平显著高于农村地区。从经济条件上看，秦巴地区的经济发展水平显著低于N县家庭的水平，城乡之间存在较大差距。

表2 样本描述性统计

变量	总样本 (1) 均值 标准差	秦巴地区 数据 (2) 均值 标准差	N县 数据 (3) 均值 标准差	N县 城市数据 (4) 均值 标准差	N县农 村数据 (5) 均值 标准差	差异 (2)-(3) (6) p-value	差异 (4)-(5) (7) p-value
婴幼儿特征							
年龄（月）	15.617	14.725	19.902	18.354	20.262	0.000	0.143
	(0.165)	(0.158)	(0.510)	(1.103)	(0.572)		
性别	0.492	0.487	0.516	0.562	0.505	0.403	0.474
（1=女孩）	(0.013)	(0.014)	(0.031)	(0.072)	(0.035)		
早产	0.037	0.035	0.047	0.104	0.034	0.359	0.039
（1=是）	(0.005)	(0.005)	(0.013)	(0.045)	(0.013)		
是否有兄弟姐妹	0.504	0.506	0.496	0.396	0.519	0.779	0.124
（1=有）	(0.013)	(0.014)	(0.031)	(0.071)	(0.035)		
照养人特征							
母亲照养	0.700	0.700	0.701	0.521	0.743	0.980	0.002
（1=是）	(0.012)	(0.013)	(0.029)	(0.073)	(0.031)		
母亲年龄（周岁）	28.077	27.698	29.902	31.979	29.417	0.000	0.002
（1=25岁及以上）	(0.128)	(0.137)	(0.325)	(0.703)	(0.358)		
母亲教育水平	0.240	0.182	0.520	0.854	0.442	0.000	0.000
（1=高中及以上）	(0.011)	(0.011)	(0.031)	(0.051)	(0.035)		
父亲教育水平	0.269	0.225	0.484	0.917	0.383	0.000	0.000
（1=高中及以上）	(0.012)	(0.012)	(0.031)	(0.040)	(0.034)		
家庭特征							
家庭财产指数	0.516	0.496	0.610	0.917	0.539	0.001	0.000
	(0.013)	(0.014)	(0.031)	(0.040)	(0.035)		
样本量	1474	1220	254	48	206		

数据来源：作者调研

（二）样本儿童早期语言发展现状

由表3可知，总体上儿童早期存在语言发展滞后风险比例为

57.0%，严重滞后的比例为 26.5%。在秦巴地区样本中，语言总分平均分仅为 91.684，远低于健康人群均值 109 分；语言滞后（低于均值一个标准差）比例为 61.7%，远高于健康人群 15% 的比例；语言发展迟缓（低于均值两个标准差）的比例高达 29.4%。

表3 样本儿童语言发展水平

变量	总样本 (1)	秦巴地区数据 (2)	N县数据 (3)	N县城市数据 (4)	N县农村数据 (5)	差异 (2)-(3) (6)	差异 (4)-(5) (7)
	均值标准差	均值标准差	均值标准差	均值标准差	均值标准差	p-value	p-value
语言发展水平							
贝利语言总分	93.693	91.684	103.343	114.542	100.733	0.000	0.000
	(0.373)	(0.369)	(1.053)	(2.948)	(1.023)		
语言发展滞后	0.570	0.617	0.343	0.208	0.374	0.000	0.030
（1=是）	(0.013)	(0.014)	(0.030)	(0.059)	(0.034)		
语言发展迟缓	0.265	0.294	0.122	0.062	0.136	0.000	0.163
（1=是）	(0.011)	(0.013)	(0.021)	(0.035)	(0.024)		
样本量	1474	1220	254	48	206		

在 N 县样本中，语言总分平均分为 103.343，低于健康人群的均值 109 分，存在着明显的城乡差异。其中，城市样本语言总分均值为 114.542，高于健康人群均值，而农村样本语言总分均值较低，为 100.733；N 县样本语言滞后的比例为 34.3%，但是却存在显著的城乡差异。其中，农村样本婴幼儿认知滞后比例达到 43.78%，城市样本婴幼儿存在语言发展滞后风险的比例较低，为 20.8%，但仍高于健康人群的比例；N 县样本语言发展迟缓的比例为 12.2%，其中，城市样本和农村样本没有显著差异。

根据以上数据可知，目前在中国西部贫困地区存在婴幼儿语言发展滞后风险的问题，而且具有明显的城乡差异，城市婴幼儿的总体语言发展水平要优于农村婴幼儿。

（三）样本婴幼儿照养人的养育知识及养育行为

本文使用婴幼儿发展知识量表（KIDI-P）衡量婴幼儿照养人的养

育知识水平。从由表 4 可见，总体样本平均答出率为 53.9%，而秦巴地区样本婴幼儿主要照养人的答出率（54.2%）显著高于 N 县婴幼儿照养人的答出率（52.2%）。但在 N 县中城市与农村照养人的答出率没有显著差异。

表 4 样本儿童照养人养育知识及养育行为

变量	总样本 (1) 均值标准差	秦巴地区数据 (2) 均值标准差	N 县数据 (3) 均值标准差	N 县城市数据 (4) 均值标准差	N 县农村数据 (5) 均值标准差	差异 (2)-(3) (6) p-value	差异 (4)-(5) (7) p-value
养育知识得分	0.539 (0.003)	0.542 (0.003)	0.522 (0.007)	0.530 (0.016)	0.520 (0.007)	0.005	0.552
过去三天给孩子读绘本（1=是）	0.267 (0.012)	0.232 (0.012)	0.437 (0.031)	0.646 (0.070)	0.388 (0.034)	0.000	0.001
过去三天给孩子讲故事（1=是）	0.234 (0.011)	0.203 (0.012)	0.382 (0.031)	0.667 (0.069)	0.316 (0.032)	0.000	0.000
过去三天给孩子唱儿歌（1=是）	0.496 (0.013)	0.466 (0.014)	0.642 (0.030)	0.750 (0.063)	0.617 (0.034)	0.000	0.083
过去三天和孩子在户外活动（1=是）	0.748 (0.011)	0.727 (0.013)	0.850 (0.022)	0.938 (0.035)	0.830 (0.026)	0.000	0.061
过去三天和孩子用玩具做游戏（1=是）	0.707 (0.012)	0.693 (0.013)	0.772 (0.026)	0.875 (0.048)	0.748 (0.030)	0.013	0.059
过去三天和孩子一起命名、数数或画画（1=是）	0.428 (0.013)	0.422 (0.014)	0.457 (0.031)	0.500 (0.073)	0.447 (0.035)	0.311	0.506
样本量	1474	1220	254	48	206		

总体而言，贫困地区婴幼儿主要照养人与婴幼儿互动较少，养育行为较差，仅有 26.7% 的主要照养人在调查时的过去三天给婴幼儿读绘本书；23.4% 的主要照养人过去三天给婴幼儿讲过故事；49.6% 的主要照养人过去三天给婴幼儿唱过儿歌；74.8% 的主要照养人过去三天带婴幼儿在户外活动；70.7% 的主要照养人过去三天和婴幼儿用玩具一起做游戏；42.8% 的主要照养人过去三天和婴幼儿一起命名、数数或画画。从讲故事、唱儿歌、读书、户外活动及做游戏的比例上看，N 县婴幼儿

主要照养人的养育行为优于秦巴地区样本婴幼儿主要照养人。在 N 县样本中，城市的婴幼儿主要照养人在读书、讲故事、唱儿歌、户外活动及用玩具做游戏方面比农村地区的照养人做得更好。

（四）样本儿童早期语言发展水平的风险因素及影响因素分析

由表 5（3）可知：第一，女孩在儿童早期的语言发展水平显著高于男孩，这与已有的研究结果一致（Morisset et al. 1995；Etchell et al. 2018）；第二，早产儿的语言发展得分显著低于足月婴幼儿 1.607 分；第三，家庭财产综合得分较高家庭中的婴幼儿语言发展水平显著高于家庭财产综合得分低的婴幼儿 2.681 分；第四，从户口类型上看，非农业户口家庭中的婴幼儿语言发展得分高于农业户口家庭中的婴幼儿 10.633 分。此外，当未控制照养人养育知识及照养人养育行为时，婴幼儿母亲教育水平与婴幼儿语言发展水平显著相关；在控制了照养人养育知识及照养人养育行为后，相关性不再显著。

表 5 儿童早期语言发展水平影响因素的相关性分析

	贝利语言得分		
	(1)	(2)	(3)
月龄（月）	0.393***	0.404***	0.364***
	(0.051)	(0.050)	(0.052)
儿童性别	3.624***	3.698***	3.556***
（1=女；0=男）	(0.636)	(0.632)	(0.665)
是否有兄弟姐妹	−0.646	−0.236	0.056
（1=是；0=否）	(1.527)	(1.482)	(1.539)
是否早产	−1.709**	−1.833***	−1.607**
（1=是；0=否）	(0.669)	(0.663)	(0.673)
第一照养人	1.014	0.286	−0.254
（1=妈妈；0=奶奶或其他）	(0.631)	(0.663)	(0.679)
母亲年龄（周岁）	0.063	0.097	0.077
	(0.089)	(0.087)	(0.086)
母亲的教育水平	1.903**	1.408	1.082
（1=高中及以上；0=高中以下）	(0.958)	(0.964)	(0.963)

（续表）

	贝利语言得分		
	(1)	(2)	(3)
父亲的教育水平	1.091	0.998	0.643
（1=高中及以上；0=高中以下）	(0.852)	(0.822)	(0.824)
家庭财产综合得分	3.462***	3.225***	2.681***
（1=大于等于0；0=小于0）	(0.640)	(0.657)	(0.686)
户口	11.417**	11.336***	10.633**
（1=非农业；0=农业）	(4.501)	(4.177)	(4.369)
养育知识标准分		1.693***	1.573***
		(0.328)	(0.335)
读绘本书			2.559***
（1=是；0=否）			(0.836)
讲故事			1.439*
（1=是；0=否）			(0.748)
唱儿歌			1.206
（1=是；0=否）			(0.775)
在户外玩游戏			−0.696
（1=是；0=否）			(0.660)
用玩具做游戏			0.211
（1=是；0=否）			(0.830)
给东西命名、数数或画画			0.159
（1=是；0=否）			(0.756)
样本量	1474	1474	1474
R-squared	0.336	0.348	0.362

表5的结果显示，在控制了其他因素的情况下，照养人养育知识水平越高，婴幼儿语言发展情况越好；在养育行为方面，影响儿童早期语言发展的主要养育行为是读绘本书及讲故事。过去三天给婴幼儿读绘本书和讲故事的家庭中的孩子语言发展水平显著高于没有读绘本书和讲故事的家庭中的婴幼儿。

（五）儿童早期语言发展测量工具的准确性分析

贝利3婴幼儿发展量表（Bayley-III）是目前国际通用量表中最准

确的量表之一。贝利 3 测试需要主试使用一套玩具与婴幼儿进行时长为 1 小时至 2.5 小时不等的一系列任务游戏，其中语言部分的时长约为 20 分钟至 1.5 小时不等，主试要根据孩子的反应或完成情况进行评分。尽管贝利 3 测试结果更加准确全面，但成本较高。本文为了研究是否有其他方法可以较为准确地评估儿童早期的语言发展，在数据收集时同时使用了《汉语言沟通量表（短表）》《年龄与发育进程问卷（第 3 版）》沟通部分的量表对家长进行访问，根据家长给出的答案来评估婴幼儿的语言发展。

如表 6 所示，ASQ-3 沟通量表和汉语言沟通量表与贝利 3 均有显著的和较强的相关性。汉语言沟通量表与贝利 3 语言量表相关性为 0.423（$p < 0.001$），ASQ-3 沟通量表与贝利 3 语言量表的相关性为 0.393（$p < 0.001$），汉语言沟通量表与 ASQ-3 沟通量表的相关性最强，为 0.511（$p < 0.001$）。汉语言沟通量表在小月龄段与贝利 3 测试的相关性较弱（0.287），但随着月龄增加，相关性增强。ASQ-3 沟通量表与贝利 3 语言量表的相关性随月龄的增大较为稳定。

表 6 贝利 3 语言量表，汉语言沟通量表，ASQ-3 沟通量表的相关性分析

	全样本		8~16 个月		17~29 个月		31~36 个月	
	汉语言沟通量表－表达得分	贝利 3 语言得分	汉语言沟通量表－表达得分	贝利 3 语言得分	汉语言沟通量表－表达得分	贝利 3 语言得分	汉语言沟通量表－表达得分	贝利 3 语言得分
贝利 3 语言得分	0.423***		0.287***		0.420***		0.4724***	
ASQ-3 沟通得分	0.511***	0.393***	0.304***	0.306***	0.629***	0.424***	0.557***	0.377**

四、结论

以上研究数据表明，我国西部贫困地区 6~36 个月样本婴幼儿普遍存在早期语言发展滞后风险问题，57% 的样本婴幼儿存在语言发展滞后风险。对比 N 县的农村和城市数据可知，城乡之间存在显著差异。N 县的农村地区婴幼儿存在语言发展滞后风险的比例更高（37.4%），与城市婴幼儿存在语言发展滞后风险的比例（20.8%）有显著差距。

本文数据显示，我国西部贫困地区照养人的养育知识水平较低，养育知识的答出率仅为53.9%，其养育行为情况总体较差，尤其是在讲故事、读绘本、唱儿歌等活动方面比例较低，城乡之间在养育行为方面也存在明显差距。

从回归结果来看，女孩的语言发展水平显著高于男孩，早产儿的语言发展水平低于足月婴幼儿。大量临床资料表明，早产会导致大脑功能受损，这是影响婴幼儿发展的生理原因。早产有可能导致婴幼儿在运动、感觉、语言等方面的缺陷。另外，城乡婴幼儿的家庭环境存在较大差异，相对于城市家庭，农村家庭经济情况较差，这是限制婴幼儿早期语言发展的风险因素。

在控制了其他变量的情况下，第一照养人养育知识与婴幼儿语言发展显著相关。照养人养育知识水平越高，婴幼儿语言发展越好。读故事和读绘本是与语言发展相关的主要养育行为。会给孩子讲故事和一起读绘本的家庭，其孩子的语言发展水平显著高于家中没有讲故事和读绘本行为的孩子。本研究结果发现，在控制了养育知识水平和养育行为后，母亲的受教育程度的显著关系性消失了。尽管母亲的受教育程度低会在一定程度上限制婴幼儿的语言发展，但是只要照养人和婴幼儿进行类似读绘本、讲故事的亲子互动，将有利于促进婴幼儿语言发展。也就是说，尽管贫困地区照养人受教育程度较低，但是通过对家庭养育知识和行为的干预，教会家长如何与孩子进行科学有效的互动，可以改善欠发达地区婴幼儿的语言发展。

此外，本研究数据显示，《汉语言沟通量表（短表）》及《年龄与发育进程问卷（第3版）》沟通量表与贝利3测试语言量表均表现出显著的相关性。《汉语言沟通量表（短表）》在小月龄段与贝利3测试的相关性较弱，但随着月龄增加，相关性增强。在儿童早期发展的干预和评估项目中，使用适合的、准确性高、成本低的量表进行评估和反馈等，有助于提高项目效果、提高成本效益及准确评估项目。

参考文献

李国凯，刘桂华，钱沁芳，等　2017　家庭养育环境对发育性语言障碍儿童语言发育和社会情绪的影响，《中国当代儿科杂志》第5期。

邹冰 2012 儿童孤独症与特定性言语和语言发育障碍的鉴别诊断，《中国儿童保健杂志》第 10 期。

Al-Maadadi, F. & A. Ikhlef. 2015. What mothers know about child development and parenting in Qatar: Parenting cognitions and practices. *The Family Journal* 23(1): 65–73.

Bayley, N. 1969. *Scales of Infant Development*. New York: Psychological Corp.

Bayley, N. 2006. *Bayley Scales of Infant Development 3rd Edition, Technical Manual*. PsychCorp, Harcourt Assessment, Inc.; San Antonio, TX.

Bian, X., H. Xie, J. Squires, et al. 2017. Adapting a parent completed, socioemotional questionnaire in China: The Ages & Stages Questionnaires: Social - Emotional. *Infant Mental Health Journal* 38(2): 258–266.

Bornstein, M. H. & O. M. Haynes. 1998. Vocabulary competence in early childhood: Measurement, latent construct, and predictive validity. *Child Development* 69(3): 654–671.

Buschmann, A., B. Jooss, A. Rupp, et al. 2008. Parent-based language intervention for two-year-old children with specific expressive language delay: A randomised controlled trial. *Archives of Disease in Childhood* 94(2), retrieved from: https: //adc.bmj.com/content /94/2/110.

Carlson, S. M., A. C. Davis & J. G. Leach 2005. Less is more: Executive function and symbolic representation in preschool children. *Psychological Science* 16(8): 609–616.

Etchell, A., A. Adhikari, L. S. Weinberg, et al. 2018. A systematic literature review of sex differences in childhood language and brain development. *Neuropsychologia* 114: 19–31.

Fekonja-Peklaj, U., L. Umek & S. Kranjc. 2010. Children's storytelling: The effect of preschool and family environment. *European Early Childhood Education Research Journal* 18: 55–73.

Grantham-McGregor, S., Y. B. Cheung, S. Cueto, et al. 2007. Developmental potential in the first 5 years for children in developing countries. *The Lancet*, retrieved from: https: //doi. org /10. 1016 /S0140-6736 (07) 60032-4.

Hart, B. & T. R. Risley. 1992. American parenting of language-learning children:

Persisting differences in family-child interactions observed in natural home environments. *Developmental Psychology* 28(6), 1096.

Heckman, J. J. 2008. Schools, skills, and synapses. *Economic Inquiry* 46(3): 289–324.

Hoff, E. 2003. The specificity of environmental influence: Socioeconomic status affects early vocabulary development via maternal speech. *Child Development* 74(5): 1368–1378.

Horwitz, S.M., J. R. Irwin, M. J. Briggs-Gowan, et al. 2003. Language delay in a community cohort of young children. *Journal of the American Academy of Child & Adolescent Psychiatry* 42(8): 932–940.

Huang, K. Y., M. O. B. Caughy, J. L. Genevro, et al. 2005. Maternal knowledge of child development and quality of parenting among White, African-American and Hispanic mothers. *Journal of Applied Developmental Psychology* 26(2), 149–170.

Lowe, J. R., S. J. Erickson, R. Schrader, et al. 2012. Comparison of the Bayley II Mental Developmental Index and the Bayley III cognitive scale: Are we measuring the same thing? *Acta Paediatrica* 101(2): e55–e58.

Luo, R., F. Jia , A. Yue, et al. 2017. Passive parenting and its association with early child development. *Early Child Development & Care* (1): 1–15.

McCarthy, D.1933. Language development. In C. Murchison (ed.) *The International University series in psychology: A handbook of child psychology*, 329–373. New York, NY, US: Russell & Russell /Atheneum Publishers.

Morisset, C. E., K. E. Barnard, & C. L. Booth. 1995. Toddlers' language development: Sex differences within social risk. *Developmental Psychology* 31(5): 851.

Mustard, J. F. 2007. Experience-based brain development: Scientific underpinnings of the importance of early child development in a global world. *Early Child Development: From Measurement to Action*, 43–86. Washington DC: The World Bank.

Müller, U., S. Jacques, K. Brocki, et al. 2009. *The Executive Functions of Language in Preschool Children*, 53–68. New York, NY: Cambridge University Press.

Nelson, H. D., P. Nygren, M. Walker, et al. 2006. Screening for speech and language delay in preschool children: Systematic evidence review for the US Preventive Services Task Force. *Pediatrics* 117(2): e298–e319.

Reilly, S., M. Wake, E. L. Bavin, et al. 2007. Predicting language at 2 years of age: A prospective community study. *Pediatrics* 120(6): e1441–e1449, retrieved from: https: //doi. org /10. 1542 /peds.2007-0045.

Rowe, M. L., S. W. Raudenbush & S. Goldin-Meadow. 2012. The pace of vocabulary growth helps predict later vocabulary skill. *Child Development* 83(2): 508–525.

Serenius, F., K. Källén, M. Blennow, et al. 2013. Neurodevelopmental outcome in extremely preterm infants at 2.5 years after active perinatal care in Sweden. *Jama* 309(17): 1810–1820.

Silvén, M., A. Ahtola & P. Niemi. 2003. Early words, multiword utterances and maternal reading strategies as predictors of mastering word inflections in Finnish. *Journal of Child Language* 30(2): 253–279.

Tardif, T., P. Fletcher, Z. X. Zhang, et al. 2008. *Chinese Communicative Development Inventories: User's Guide and Manual*. Beijing, China: Peking University Medical Press.

Walker, S. P., T. D. Wachs, S. Grantham-McGregor, et al. 2011. Inequality in early childhood: Risk and protective factors for early child development. *The Lancet* 378 (9799): 1325–1338.

Waxman, S. R. & D. B. Markow. 1995. Words as invitations to form categories: Evidence from 12- to 13-month-old infants. *Cognitive Psychology* 29(3): 257–302.

Whitehurst, G. J. & J. E. Fischel. 1994. Practitioner review: Early developmental language delay: What. If anything. Should the clinician do about it? *Journal of Child Psychology and Psychiatry* 35(4): 613–648.

Zolotor, A. J., M. Burchinal, D. Skinner, et al. 2008. Maternal psychological adjustment and knowledge of infant development as predictors of home safety practices in rural low-income communities. *Pediatrics* 121(6): e1668–e1675.

（本文发表于《华东师范大学学报（教育科学版）》2019年第3期，第47~57页）

贫困代际传递的神经机制以及教育阻断策略

周加仙　王丹丹　章　熠

贫困的代际传递（intergenerational transmission of poverty）是指在一定的社区或阶层范围内，贫困以及导致贫困的相关条件和因素在代际延续，使后代重复前代的贫困境遇（李晓明 2006；王瑾 2008）。自 20 世纪 60 年代初美国学者提出贫困的代际传递概念以后，学者们对贫困代际传递的成因提出了许多理论解释。例如，社会阶层说、文化贫困论、要素短缺论、智力低下论、环境成因论、素质与功能贫困论、社会排斥论、能力贫困论等，从政治制度、经济生活、文化教育等角度对贫困的代际传递做了大量的理论阐释。这说明贫困的代际传递问题已经成为人文科学与社会科学等众多领域学者共同关注的对象。事实上，贫困现象的代际传递也是认知神经科学、表观遗传学、发展与教育心理学、教育政策学关注的重点。迄今，有关贫困对脑、认知机制、心理行为机制的研究已经积累了大量的实验研究证据，但是很少有学者从神经科学、心理学与教育学相整合的跨学科角度对贫困的代际传递现象进行系统的阐述与梳理，并提出科学的教育阻断策略。本文从教育神经科学的整合研究视角出发，聚焦于贫困代际传递的认知神经与心理机制研究，以期为中国精准教育扶贫策略的实施与贫困代际传递的阻断提供科学的证据。

一、阻断贫困的代际传递是当前我国政府教育扶贫政策的重点

1998 年诺贝尔经济学奖获得者、印度经济学家阿玛蒂亚·森（Sen 1981）在对贫困进行深入研究的基础上提出，贫困是指人们在创造收入的能力和机会方面的困难，表明贫困人口缺少获取和享有正常生活的

能力。根据收入和消费水平，贫困可以分为绝对贫困和相对贫困。在消灭绝对贫困方面，按照2010年农民年人均纯收入2300元的扶贫标准，我国农村绝对贫困人口从1978年的7.7亿人减少到2015年的5575万人，减少了7.1亿人，减少的比率高达92.8%。同期农村贫困发生率，从97.5%下降到5.7%，降低了91.8个百分点，对全球绝对贫困人口的减少做出了重要的贡献。同时我们也要清醒地看到，消除贫困的任务依然艰巨。截止到2015年年底，我国城镇和农村还存在6604.6万享受低保的贫困人口。而相对贫困更加复杂，将伴随着社会经济的发展而永远存在。

阿马蒂亚·森（Sen & Brundtland 1999）进一步指出，教育的缺失是"能力剥夺的贫困"，不仅会影响亲代成年时的能力，还会影响子代的生活，包括子代成年后的生活，引发"贫困的代际传递"，这是比收入贫困更深层的贫困。因此，让贫困孩子接受良好的教育，是阻断贫困代际传递的重要途径。2006年3月，我国政府首次将"贫困的代际传递"这一概念写入"十一五"规划，提出一系列措施来改善贫困家庭子女的成长环境，防止贫困的代际传递。这说明贫困的代际传递问题已经引起了我国政府的高度关注，体现出我国政府反贫困战略的调整与深化。习近平总书记多次强调阻止贫困现象代际传递是功在当代、利在千秋的大事。在阻止贫困代际传递的策略上，习近平总书记多次强调教育的作用。为此，2013年7月，教育部等七部委联合出台《关于实施教育扶贫工程的意见》，把教育扶贫作为精准扶贫的根本，把大力发展高质量的乡村教育作为重要途径。事实上，贫困的代际传递是世界范围内的一个政策难题，因此受到各国政策制定者以及不同学科学者的高度重视。

对于个体而言，人生的不同阶段所经受的致贫因素各不相同，这对处于不同阶段贫困人口的教育提出了不同的要求。例如，凯恩（Cain 2009）等人分析了从个体出生一直到老年的生命历程中不同阶段所经受的致贫因素。在0~4岁，个体易受到营养状况、抚育和刺激、疾病、危险环境、失去父母、对女孩的忽视与歧视以及残疾等一系列因素的影响；在5~11岁，儿童易遇到入学困难、对女孩教育投入少、疾病以及失去父母等多种风险；在12~24岁又面临辍学、早婚早育以及进入高危行业工作等风险；而在 20 多岁至 30 多岁、中年阶段及老年阶段又会面临各种不同的风险及压力因素。由此可见，一代人所面临的风险因素已经十分繁杂，两代人甚至三代人之间与贫困相关的各种影响因素相互交织，构成了一个多种因素交互作用的复杂环境，从而对儿童的脑与认知机制产生影响。单纯解决其中某些因素无法形成对抗贫困的合力，其产生的效果还有可能被其他影响因素所吞噬。

儿童青少年期是个体身体和心理快速成长的阶段，对其以后发展的影响起着重要的作用，也是消除亲代遗留的不利因素的最佳时期。研究发现，儿童期和青春期社会经济资源的剥夺对个体有持续性的影响，使得他们在成年之后很难从贫困之中脱离出来。儿童期越贫困的子代，在成年之后就越难摆脱贫困的桎梏。通过对贫困和非贫困儿童在成年时期收入水平的对比发现，贫困会减少前者在成年时的收入水平，并增加 3% 的贫困概率（Bellani 2013）。心理学和神经科学的研究发现，贫困家庭的学生在心理健康、情绪管理、压力应对、社会交往、认知及教育成就等方面存在明显的不足（Evans 2004）。这些不足均有其神经基础，通过对子代大脑结构及功能的影响传递下去。例如，诺布尔等人（Noble et al. 2005）以幼儿园的儿童为研究对象，测试了家庭经济地位对儿童五个基本认知系统（语言、执行功能、记忆、空间认知和视知觉）的影响，结果发现，中产阶级的孩子比低收入家庭的孩子在语言、记忆和执行功能任务上表现得更好，而在空间认知和视知觉任务上两组并没有显著差异。这说明贫困对儿童的语言能力、记忆功能和执行功能会产生损伤，并且这种损伤在各个年龄段都会出现，从幼儿时期一直持续至青少年时期，甚至可能会影响到成年后的神经认知功能。

二、贫困代际传递的认知神经机制

贫困代际传递的认知神经科学研究旨在了解贫困是怎样影响脑的结构与功能进而产生代际传递的。这一领域的学者借助各种神经影像技术，采用严谨科学的实验方式，揭示贫困代际传递的神经机制。这里主要聚焦于教育水平、认知等方面的代际传递研究，以期能够提出具有针对性的精准教育阻断策略。

（一）教育水平代际传递的神经机制

2015年，习近平总书记提出将教育和就业作为斩断贫困代际传递的两大关键，这说明教育和就业已成为我国扶贫政策的重要切入点。研究发现，亲代教育水平对子代的影响程度甚至超过收入的影响（Mayer 1997）。同时，教育水平还具有代际传递的效应，即亲代的教育水平可以显著预测子代的教育水平。在经济和其他领域，已有相当数量有关教育水平代际传递的研究，从几代人教育水平的对比中支持了教育水平具有代际传递这一事实。

从神经科学的研究视角来看，教育水平不仅与自身的脑结构与功能的发育有关，而且还会影响下一代的脑结构与功能的发展。例如，诺布尔等（Noble et al. 2013）研究了47名处于青春期后期的被试，这些被试的教育年限在11~18年。实验通过对上纵束、扣带束和前侧放射冠与教育水平相关的分析发现，上纵束的完整性与教育水平之间存在显著相关，随着个体教育水平的增加，上纵束的完整性也相应提升。上纵束连接着额、顶、枕、颞区域，对各区域活动的连接起着重要作用。吉亚那罗斯等（Gianaros et al. 2013）的研究也发现，教育程度较高的被试，其白质的各向异性系数（FA）值也相应增大，而FA值越大说明神经发育越好。由此可见，贫困的亲代教育水平与其神经结构与功能的发展有关。

进一步的研究则发现，亲代的教育水平与子代的颞叶、扣带回、额叶之间存在显著的相关，亲代的教育水平越高，子代颞叶的皮质面积越大（Noble et al. 2015）。颞叶主要负责处理听觉信息，社会经济地位主要通过语言环境来影响颞叶的发展，语言环境是指由亲代所提供的语言刺激，一般与亲代的教育程度之间存在相关。在学习方面，扣带回也承担着重要的作用，扣带回位于大脑结构的边缘系统，参与人类的认知控制、学习等行为。亲代的教育程度能显著地预测右侧扣带回前部的皮质厚度和右侧后带回的表面积，亲代的教育程度越低，子代儿童的扣带回皮质就越薄，表面积越小（Lawson et al. 2013；Noble et al. 2013）。亲代的教育水平还与子代的左侧额上回皮质厚度具有显著相关，生长在贫困家庭的子代儿童往往IQ分数和学业成就分数更低，并且难以形成比具有高社会经济地位家庭的儿童更加熟练的阅读和数学技能（Sirin 2005；Bornstein 2014；Brooks-Gunn 1997）。也就是说，由于受到亲代教育水平的影响，子代脑的发育不充分，由此而影响子代的学习能力，进而影响了他们的教育水平。

综合已有的神经科学领域有关亲代社会经济地位与子代脑发育关系的研究发现，亲代的教育水平与子代的额叶、颞叶、扣带回等多个脑区均存在相关，神经科学的证据证明，教育水平确实具有代际传递的效应。亲代的教育水平和子代儿童脑发育的这种关系很可能是受到亲代教育水平所带来的资源的调节，具有更高教育水平的亲代往往能获得更高的收入，因此有能力购买更加有营养的食物、提供更加丰富的认知刺激的家庭学习环境以及更加高质量的儿童抚育或者更安全的社区环境。而贫困的亲代由于缺乏营养，没有获得适当的认知刺激以及高质量的教育，导致其神经认知机制没有得到充分的发展，这将通过其行为对其子代的学业成就产生影响。例如，由于亲代所受的教育有限，无法向子代传递正确的教育理念以及对教育的正确认识，在学业上也无法给予子代适当的学业指导；亲代在语言上的贫乏也会影响子代语言能力的发展。所有这一切都会影响子代脑与认知机制的发展，导致子代儿童和青少年的教育水平不高。贫困的亲代给子代所带来的这些负面影响最终使得贫困在两代人之间产生了代际传递的现象。

（二）认知能力代际传递的神经机制

认知能力是指接收、加工、储存和应用信息的能力。认知能力包括知觉、记忆、执行功能、注意、思维、想象、语言加工、数学加工等能力，是学生成功完成学习活动最重要的心理条件，对一个人的教育成就、就业机会、社会交往、情绪管理、收入、身体健康等都具有重要的影响。有研究表明，认知能力的发展会受到两个重要因素的影响：

一是胎儿期、婴儿期及童年期的营养状况。胎儿期和婴儿期是人脑形成的重要时期，为童年期和成年期的认知发展奠定基础。在生命的前五年，营养对认知的发展具有重要的决定作用。这个时期，人脑在不断发生变化，包括神经元增殖、突触形成、神经元和髓鞘的消减等。研究表明，与营养充足的儿童相比，胎儿期和婴儿期的营养匮乏会导致子代儿童的脑细胞和灰质体积均较少。大脑发育不充分也会导致个体在以后的认知表现上落后于未经历过贫困的儿童。其中最典型的是对饥荒的研究。研究者发现，胎儿期与生命早期经历过饥荒所造成的营养不良，不仅会影响亲代自身成年期的认知功能，还会对子代产生负面的影响。例如，王瑶等（2015）发现，与未暴露于饥荒年的人群的认知功能进行比较，中国饥荒年（1959~1961）处于胎儿期、婴儿期的人群在短延迟回忆、长延迟回忆、线索回忆、再认方面以及简易智力活动等方面都显著更差，表明生命早期不同时期（胎儿期、婴儿期）暴露于营养不良环境有可能会影响其成年后的认知功能。而且更为重要的是，经历过三年饥荒的亲代，还会对子代在成年时的视觉空间运动、心理灵活性和选择性注意等认知功能产生影响（Li et al. 2015）。

二是童年期所处的认知刺激环境。儿童的认知能力和学业成就都会受到父母社会经济地位的严重影响。大量的研究表明，贫困的环境与认知表现较差存在显著的相关关系。贫困中的子代儿童一般接触到的认知刺激较少，而富有家庭的儿童则生活在刺激丰富的环境中。研究显示，亲代的社会经济地位可以显著预测子代儿童的认知能力、非认知能力和健康。亲代的贫困会影响语言、执行功能和记忆等认知功能。与认知功能有关的三个主要脑区分别是额叶、颞叶和海马。额叶在自上而下的注意控制、抑制、情绪管理和复杂学习上相当重要。在整个儿童和青少年时期甚至成年期，负责较高认知功能的额叶仍然处于成熟的过程之中。颞叶则在记忆和语言理解方面，包括辨别字词、识别语音、通达词意等，非常重要，而海马在加工空间和情境信息以及长时记忆上起到关键作用。海尔等（Hair et al. 2015）采用简化版韦氏智力量表（WASI）和伍德科克－约翰逊成就测验第三版（WJ-III）量表对不同经济水平的儿童的字词、阅读、执行、推理等能力进行了测量，并对他们进行功能性磁共振扫描，结果发现，社会经济地位低的子代会出现异常的脑发育状况，额叶、颞叶和海马显示出显著的差异。最近有些研究阐述了社会经济地位对执行功能的影响，包括计划、冲动控制、注意控制,而额叶是执行功能的主要神经基础。社会经济地位较低的子代儿童比具有较高或中等社会经济地位的子代儿童在选择性注意、抑制、认知控制以及工作记忆方面都表现得较差。许多研究采用不同的任务研究了从婴儿期到青春期的儿童,结果发现,社会经济地位较低的儿童执行功能也较差（Ardila et al. 2005；Beatriz et al. 2005；Mezzacappa 2004；Sarsour et al. 2011）。选择性注意也是依靠额叶的一种认知加工能力,低收入家庭的子代儿童在完成选择性注意任务的过程中,其脑电波活跃程度更低（D'angiulli et al. 2008：293~300；Stevens et al. 2009：634~646；Kishiyama et al. 2009：1006~1115）。

语言作为重要的认知刺激之一,对子代的认知能力影响较大。语言能力包括词汇、阅读,作为一种认知功能,与贫困水平之间具有显著的相关。耶德诺罗等（Jednoróg et al. 2012）研究了23名具有不同的社会经济地位的健康的10岁儿童,结果发现,语言会受到社会经济地位的影响。洛佩兹·博（López Bóo 2014）等的研究发现,不同经济地位的子代儿童在认知技能上的差异非常显著,该研究调查了当地具有不同经济地位的子代儿童的接受性语言能力,结果发现,低收入家庭子代儿童的接受性语言能力显著低于高收入家庭的子代儿童。因此,语言能力方面最能体现代际传递,儿童语言的复杂程度与父母的经济地位和儿童的前额叶皮质之间存在联系,父母的语言复杂程度会影响下一代的前额叶发育,而前额叶在语言功能中发挥着重要的作用。子代前额叶皮质的异常发育导致他们的语言发展落后于其他人,进而影响其他方面。

贫困也会影响记忆,主要影响子代的工作记忆和程序记忆。工作记忆系统主要依赖于颞叶结构的中部和背外侧前额叶皮质,而程序记忆系统主要依赖于基底核。有研究发现,经历过贫困的子代青少年在工作记忆上的表现较差,并且他们的海马和背外侧前额叶的体积也较小,而在程序记忆和基底核上未发现差异,这说明贫困会选择性地影响依赖于海马-前额叶的工作记忆,而很少影响依赖于纹状体的程序性记忆（Leonard et al. 2015）。

贫困环境对儿童认知行为与学业成绩会产生代际影响,并得到了大样本的行为数据的支持。例如,有研究者分析了8556名女性从怀孕开始的队列研究数据，探讨其中 4600 名 5 岁和 14 岁儿童的母亲社会经济地位与儿童认知发展的关系。研究发现，出生前母亲的社会经济地位状况可以预测儿童 5 岁时的词汇理解能力。在词汇理解能力得分位于后 10% 的人数中，低收入家庭的孩子数量是正常组的两倍。孩子祖父母的职业状况可以独立预测 5 岁儿童的词汇理解能力以及 14 岁儿童的词汇推理能力（Najman et al. 2004）。这表明，家庭的社会经济地位对儿童认知发展具有代际传递性。这可能是因为低收入的祖父母无法为他们的子女提供良好的生育环境，而母亲的营养状况、情绪、环境毒素等会直接影响到胎儿的认知与情绪发展，产生长期的影响。这种代际传递可能是由于祖父母、父母与孩子共同的遗传和环境因素造成的（Ben-Shlomo & Kuh：2002）。

三、贫困代际传递的教育阻断策略

在国家扶贫的宏观政策支持下，不少贫困者依靠自身的努力，打破了贫困代际传递的恶性循环，但是大多数脱离绝对贫困的人仍然处于相对贫困的阶层，贫困儿童的健康和营养状况、教育机会、学业成就、工作机会、父母和邻居的榜样、家庭的期望、贫困儿童的抱负、在家庭中的地位以及经历贫困的时段等因素都会制约他们的发展（Harper et al. 2003）。因此，政府部门、教育部门在关注绝对贫困人口脱贫以及精准教育扶贫的同时，仍然需要关注相对贫困的群体，同时为绝对贫困人口与相对贫困人口提供必要的生活条件和公平的教育发展机会，使他们通过自身努力，公平地参与社会竞争获取相应的社会地位和财富。本文结合国家脱贫攻坚计划，从以下两个方面提出相应策略。

（一）国家教育扶贫政策是阻断教育水平代际传递的重要保障

2016 年 11 月，国务院（2016）印发的《"十三五"脱贫攻坚规划》（以下简称《规划》）发布了一系列教育扶贫措施来阻断贫困的代际传递，扶贫工程涉及了从幼儿园到高等教育的各个学段。

有证据显示，学前教育对个体以后的入学和持续接受教育起到支持性的作用，尤其是对贫困地区的儿童（Engle et al. 2007）。多年来由于贫困地区学前教育机构缺乏，我国贫困地区的许多儿童无法获得学前教育入学的机会，没有普遍享受到高质量的学前教育，这一问题得到了我国政府的高度重视。《规划》鼓励普惠性幼儿园的发展，支持贫困地区农村适龄儿童入园。大量研究表明，儿童青少年期是认知发展的重要阶段，因此，在这一阶段为贫困儿童和青少年提供优质的教育尤为重要。与研究成果相一致，我国政府将基础教育设施达标问题、教育普及和教育质量的提高纳入扶贫政策。《规划》明确提出，要改善贫困地区义务教育薄弱学校的基本办学条件，解决或缓解贫困地区城镇学校"大班额"和农村寄宿制学校"大通铺"问题，逐步实现城乡义务教育学校校舍、场所标准化，提升贫困地区基础教育的质量、降低贫困家庭的就学负担。到2020年，我国义务教育的覆盖率将从2015年的90%增加到93%，使得更多的贫困学生享受到高质量的基础教育。在高中教育阶段，《规划》明确指出，增加贫困地区高中阶段的教育资源，使未升入普通高中的初中毕业生基本进入中等职业学校就读。实施"技能脱贫千校行动"，为每个有就读技工院校意愿的贫困生提供免费的技工教育，为每个有劳动能力且有参加职业培训意愿的贫困劳动者提供每年至少1次的免费职业培训，提供助学金、减免学杂费、书本费以及家庭补助的政策。与这些措施相配套，《规划》要求拓展乡村教师的补充渠道，鼓励地方根据当地的需求培养"一专多能"的教师。

　　国家层面的这些教育扶贫政策保障了贫困人口的教育权利，是阻断贫困代际传递、实施教育公平的根本途径。这些政策与政策研究结果相一致。例如：马新（2009）分析了教育不公平对贫困代际传递的强化作用，认为是精英教育和教育产业化的目标取向，加剧了教育的不公平和贫困的代际传递，提出阻断贫困代际传递的教育策略是完善国家对公民教育权的保障政策、实施教育公平的重要途径。何笑笑（2011）从教育起点公平、教育过程公平以及教育结果公平三个角度，阐述了义务后教育对贫困代际传递的影响，进而揭示了义务后教育不公平的深层原因，指出义务后教育公平是打破贫困代际传递的关键环节。

（二）认知干预是阻断贫困代际传递的重要措施

认知能力对一个人的教育成就、就业机会、社会交往、情绪管理、收入、身体健康等都具有重要的影响，对个体的学业和就业尤其重要。如前所述，生命早期的营养状况和生命早期所接受的认知性刺激的丰富程度都会影响个体认知能力的发展。贫困家庭由于资源短缺，亲代在子代生命早期的物质和精神投入都相对较少，致使子代认知能力的发展不充分，进而影响子代以后的认知表现，导致认知能力出现代际传递。目前，我国的脱贫攻坚规划已经关注到农村义务教育阶段贫困家庭儿童的营养状况，中央财政为纳入国家试点单位的农村义务教育学生按每生每天4元（800元/年）的标准提供营养膳食补助，并鼓励地方开展营养改善计划试点，中央财政给予适当的补助。由于亲代孕期妇女的营养及健康状况会影响子代胎儿期和婴幼儿时期的脑发育与认知发展，这个时期良好的营养状况为以后个体的认知发展与身体健康发展打下基础，会大大减少疾病因素对个体自身及家庭的影响。因此，优先重视亲代孕期妇女及子代婴幼儿营养及健康状况，努力提升饮食安全，保障他们的营养，是制约贫困代际传递现象的重要因素。例如，贝居姆和森（Begum & Sen 2009）的研究表明，母亲的健康状况应该是国家政策关注的重点，因为母亲的健康和孩子的健康之间具有生物学上的联系，母亲的健康状况对长期的经济增长、克服贫困的持久性和代际传递具有重要的社会经济意义。因此，根据脑与认知科学的研究以及我国扶贫政策的现状，我们建议政府投入和社会捐赠侧重为绝对贫困线以下的育龄妇女、孕妇、哺乳期妇女以及学龄前阶段的儿童补充营养，提供免费的营养膳食保健服务。

在认知性刺激的丰富性方面，需要家庭与学校共同解决。第一，向贫困母亲宣传育儿知识，为抚养者讲解认知性刺激对抚育儿童的重要性，尽量为儿童提供丰富的刺激环境。第二，语言作为认知能力的一个重要方面，受到家庭环境的影响非常大。例如，博伊斯等（Boyce et al. 2013）的研究发现，贫困家庭的语言和文化环境与24和36月龄的儿童语言能力显著相关。通过对贫困母亲的培训，改善贫困家庭的语言和文化环境，有助于儿童的发展（Sweet & Appelbaum 2004；Boyce et al. 2010）。第三，为贫困家庭提供儿童发展所需的书籍或学习材料，丰富他们的家庭学习环境。第四，建议中小学、幼儿园为贫困儿童提供丰富多彩的课程内容或实践活动，促进学生认知能力的发展。

由于贫困儿童主要在普通学校的普通班级中学习，因此，在教学中需要发挥教师们的创造性，积极探索适合贫困儿童的班级教育策略。我们的前期研究表明，通用教学设计可以在普通班级中提升贫困儿童的教学质量，在阻断贫困的代际传递方面具有积极的作用（周加仙 2010）。

总之，贫困的代际传递是教育水平、认知发展等多方面因素交互作用的结果，并对贫困者以及贫困者的后代在脑的结构与功能方面产生持续性的影响。政府的扶贫政策、教育部门的认知干预与情绪管理对策是阻止贫困代际传递的有效措施。

参考文献

国务院 2016 《"十三五"脱贫攻坚规划》，11 月 23 日。

何笑笑 2011 义务后教育公平：打破农民工贫困代际传递关键环节，《中国证券期货》第 10 期。

李晓明 2006 贫困代际传递理论述评，《广西青年干部学院学报》第 2 期。

马 新 2009 教育公平对切断贫困代际传递的作用，《现代教育管理》第 1 期。

王 瑾 2008 破解中国贫困代际传递的路径探析，《社会主义研究》第 1 期。

王 瑶、王永红、陈 霞，等 2015 生命早期暴露于中国饥荒年（1959 年至 1961 年）人群认知状态的研究，《重庆医科大学学报》第 1 期。

周加仙 2010 为了每位学生的发展：基于脑与认知科学的通用教学设计，《全球教育展望》第 1 期。

Ardila, A., M. Rosselli, E. Matute, et al. 2005. The influence of the parents' educational level on the development of executive functions. *Developmental Neuropsychology* 28(1): 539–560.

Beatriz, V., J. A. Colombo, M. I. Martelli, et al. 2005. Performance on the A-not-B task of argentinean infants from unsatisfied and satisfied basic needs homes. *Revista Interamericana de psicologia/Interamerican Journal of Psychology* 39(1): 49–60.

Begum, S. & B. Sen. 2009. Maternal health, child well-being and chronic poverty: Does women's agency matter? *Bangladesh Development Studies* 32(4): 69–94.

Bellani, L. & M. Bia. 2013. Measuring intergenerational transmission of poverty. In ECINEQ Meeting.

Ben-Shlomo, Y. & D. Kuh. 2002. A life course approach to chronic disease epidemiology: Conceptual models, empirical challenges and interdisciplinary perspectives. *International Journal of Epidemiology* 31(2): 285–293.

Bornstein, M. H. & R. H. Bradley. 2014. Socioeconomic status in children's development and family environment: Infancy through adolescence. In *Socioeconomic Status, Parenting, and Child Development*. Hoboken: Taylor and Francis.

Boyce, L. K., M. S. Innocenti, L. A. Roggman, et al. 2010. Telling stories and making books: Evidence for an intervention to help parents in migrant head start families support their children's language and literacy. *Early Education and Development* 21(3): 343–371.

Boyce, L., S. L. Gillam, M. S. Innocenti, et al. 2013. An examination of language input and vocabulary development of young latino dual language learners living in poverty. *First Language* 33(6): 572–593.

Brooks-Gunn, J. & G. J. Duncan. 1997. The effects of poverty on children. *The Future of Children* 7(2): 55–71.

Cain, E. 2009. Social protection and vulnerability, risk and exclusion across the life-cycle.

D'angiulli, A., A. Herdman, D. Stapells, et al. 2008. Children's event-related potentials of auditory selective attention vary with their socioeconomic status. *Neuropsychology* 22(3): 293–300.

Engle, P. P., M. Black, J. R. Behrman, et al. 2007. Series, child development in developing countries. Strategies to avoid the loss of developmental potential in more than 200 million children in the developing world. *The lancet* 369(9557): 229–242.

Evans, G. W. 2004. The environment of childhood poverty. *American Psychologist* 59(2): 77–92.

Gianaros, P. J., A. L. Marsland, L. K. Sheu, et al. 2013. Inflammatory pathways link socioeconomic inequalities to white matter architecture. *Cerebral Cortex* 23(9): 2058–2071.

Hair, N. L., J. L. Hanson, B. L. Wolfe, et al. 2015. Association of child poverty, brain development, and academic achievement. *JAMA Pediatrics* 169(9): 822–829.

Harper, C., R. Marcus & K. Moore. 2003. Enduring poverty and the conditions of childhood: Life course and intergenerational poverty transmissions. *World Development* 31(3): 535–554.

Jednoróg, K., I. Altarelli, K. Monzalvo, et al. 2012. The influence of socioeconomic status on children's brain structure. *PLoS One* 7(8): e42486.

Kishiyama, M. M., W. T. Boyce, A. M. Jimenez, et al. 2009. Socioeconomic disparities affect prefrontal function in children. *Journal of Cognitive Neuroscience* 21(6): 1106–1115.

Lawson, G. M., J. T. Duda, B. B. Avants, et al. 2013. Associations between children's socioeconomic status and prefrontal cortical thickness. *Developmental Science* 16(5): 641–652.

Leonard, J. A., A. P. Mackey, A. S. Finn, et al. 2015. Differential effects of socioeconomic status on working and procedural memory systems. *Frontiers in Human Neuroscience* 9: 554.

Li, J., L. Na, H. Ma, et al. 2015. Multigenerational effects of parental prenatal exposure to famine on adult offspring cognitive function. *Scientific Reports* 5: 13792.

López Bóo, F. 2013. Intercontinental evidence on socioeconomic status and early childhood cognitive skills: Is Latin America different? IDB Working Paper Series, No. IDB-WP-435, Inter-American Development Bank (IDB), Washington, DC, http://hdl.handle.net/11319/4588.

Mayer, S. E. 1997. Trends in the economic well-being and life chances of America's children. In Duncan G. & Brooks-Gunn J. (eds.) *Consequences of Growing Up Poor*, 49-69. Russell Sage Foundation.

Mezzacappa, E. 2004. Alerting, orienting, and executive attention: Developmental properties and sociodemographic correlates in an epidemiological sample of young, urban children. *Child Development* 75(5): 1373–1386.

Najman, J. M., R. Aird, W. Bor, et al. 2004. The generational transmission of socio-economic inequalities in child cognitive development and emotional health. *Social Science & Medicine* 58(6): 1147–1158.

Noble, K. G., M. F. Norman & M. J. Farah. 2005. Neurocognitive correlates of socioeconomic status in kindergarten children. *Developmental Science* 8(1): 74–87.

Noble, K. G., M. S. Korgaonkar, S. M. Grieve, et al. 2013. Higher education is an age-independent predictor of white matter integrity and cognitive control in late adolescence. *Developmental Science* 16(5): 653–664.

Noble, K. G., S. M. Houston, N. H. Brito, et al. 2015. Family income, parental education and brain structure in children and adolescents. *Nature Neuroscience* 18(5): 773–778.

Sarsour, K., M. Sheridan, D. Jutte, et al. 2011. Family socioeconomic status and child executive functions: The roles of language, home environment, and single parenthood. *Journal of the International Neuropsychological Society* 17(1): 120–132.

Sen, A. K. & G. H. Brundtland. 1999. Breaking the poverty cycle investing in early childhood: Keynote addresses. Inter-American Development Bank.

Sen, A. K. 1981. *Poverty and Famines: An Essay on Entitlemzent and Deprivation*. Oxford: Clarendon Press.

Sirin, S. R. 2005. Socioeconomic status and academic achievement: A meta-analytic review of research. *Review of Educational Research* 75(3): 417–453.

Stevens, C., B. Lauinger & H. Neville. 2009. Differences in the neural mechanisms of selective attention in children from different socioeconomic backgrounds: An event-related brain potential study. *Developmental Science* 12(4): 634–646.

Sweet, M. A. & M. I. Appelbaum. 2004. Is home visiting an effective strategy? A meta-analytic review of home visiting programs for families with young children. *Child Development* 75(5): 1435–1456.

（本文发表于《教育发展研究》2018 年第 2 期，第 71~77 页）

附录：语言扶贫问题研究已发表论著索引

卞成林　2018　深度贫困地区脱贫的语言要素，《领导科学》第30期。

卞成林，刘金林，阳柳艳　2019　中越边境居民语言能力与经济收入关系研究：以广西东兴市为例，《语言战略研究》第1期。

卞成林，刘金林，阳柳艳，等　2017　少数民族地区普通话推广的经济发展效应分析：来自广西市际面板数据的证据，《制度经济学研究》第3期。

陈丽湘，魏　晖　2019　推普脱贫有关问题探讨，《语言文字应用》第3期。

陈伦超　2011　语言符码理论视野下对城乡学前儿童语言表达差异的审思及启示，《四川职业技术学院学报》第2期。

陈敏倩，冯晓霞，肖树娟，等　2009　不同社会经济地位家庭儿童的入学语言准备状况比较，《学前教育研究》第04期。

陈千柳　2016　少数民族地区双语教育与就业的关联性研究，西南交通大学硕士学位论文。

陈媛媛　2016　普通话能力对中国劳动者收入的影响，《经济评论》第6期。

成　童，付英丽，邢晓沛，等　2017　家庭社会经济地位与学龄前儿童执行功能的关系：父母卷入度和语言的链式中介作用，《中国心理学会第二十届全国心理学学术会议——心理学与国民心理健康摘要集》，北京：中国心理学会。

程　虹，刘星滟　2017　英语人力资本与员工工资——来自2015年"中国企业—员工匹配调查"的经验证据，《北京师范大学学报（社会科学版）》第 1 期。

程　虹，王　岚　2019　普通话能力与农民工工资——来自"中国企业—劳动力匹配调查"的实证解释，《教育与经济》第 2 期。

程名望，王　娜，史清华　2016　语言对外来农民工收入的影响——基于对上海外来农民工情况的调查，《经济与管理研究》第 8 期。

戴先任　2018　"推普脱贫"是精准扶贫一个重要切入口，《中国商报》3 月 2 日第 P02 版。

邓玉清　2016　1~3 岁留守儿童语言发育迟缓的临床干预分析，《深圳中西医结合杂志》第 2 期。

丁建庭　2018　扶贫先扶智 扶智先推普，《南方日报》2 月 28 日第 F02 版。

方小兵　2019　海外语言与贫困研究的进展与反思，《语言战略研究》第 1 期。

冯传书，刘智跃　2019　略论"精准推普"，《语言文字应用》第 1 期。

伏　干　2016　父母外出打工对农村儿童语言使用影响的研究——以江苏省阜宁县为例，《语言文字应用》第 1 期。

盖笑松，闫　裕　2007　国外社会经济地位不利儿童的发展促进项目，《外国教育研究》第 12 期。

海　霞　2019　普及国家通用语言，助力精准扶贫，促进民族团结，《语言战略研究》第 2 期。

何勇海　2018　"扶贫先推普"绝非多此一举，《湖南日报》3 月 5 日第 7 版。

何勇海　2018　推广普通话也是一种扶贫，《工人日报》3 月 2 日第 3 版。

何勇海　2018　脱贫要过"语言关"并非多余，《经济日报》3 月 2 日第 9 版。

贺利中　2007　影响儿童语言发展的因素分析及教育建议，《教育理论与实践》第 06 期。

赫　琳　2018　语言扶贫有助于永久脱贫，《中国教育报》5 月 31 日第 5 版。

胡晓艳，周　兢　2017　儿童语言研究的发展趋势分析——基于文献计量的科学知识图谱研究，《外国中小学教育》第 8 期。

黄海英　2019　新疆全面推行国家通用语言文字与语言扶贫的关系研究，《边疆经济与文化》第 2 期。

黄　红，郭　迪　1996　影响城乡儿童细运动发育和语言发育的因素，《中国心理卫生杂志》第 3 期。

黄少安，张卫国，苏　剑　2016　《语言经济学导论》，北京：商务印书馆。

吉　晖　2019　国外家庭教育环境与儿童语言能力发展研究，《教育评论》第 4 期。

姜　杉，汪　雯　2017　普通话对农民工收入的影响分析——基于甘肃省 360 农户的调查，《人力资源管理》第 4 期。

蒋　丽　2019　论如何培养外来流动儿童语言发展能力，《才智》第 13 期。

金　江，尹菲菲，廉　洁　2017　普通话水平与就业关系的实证检验，《制度经济学研究》第 1 期。

金仁萍　2006　培养农村幼儿口语能力的实践探讨，《学前教育研究》第 12 期。

李大维　2009　低社会经济地位对儿童发展的影响研究综述，《学前教育研究》第 3 期。

李德鹏　2018　更新推广普通话理念　服务国家扶贫攻坚战，《中国社会科学报》4 月 10 日第 3 版。

李国凯，刘桂华，钱沁芳，等　2017 家庭养育环境对发育性语言障碍儿童语言发育和社会情绪的影响，《中国当代儿科杂志》第 5 期。

李海梅　2019　推广普通话也是扶贫，《发展导报》4 月 16 日第 17 版。

李凌峰　2018　新时代民族地区贫困人口汉语语言能力扶贫路径研究，《现代商贸工业》第 17 期。

李　秦，孟岭生　2014　方言、普通话与中国劳动力区域流动，《经济学报》第 4 期。

李　伟　2018《反贫困与中国儿童发展》，北京：中国发展出版社。

李小云，屈哨兵，赫　琳，等　2019　"语言与贫困"多人谈，《语言战略研究》第 1 期。

李晓燕　2010　不同教育背景母亲在亲子会话中词汇运用的差异比较，

《学前教育研究》第 3 期。

李秀卿　2018　构建旅游扶贫与普通话普及联动共进机制的思考，《西昌学院学报（社会科学版）》第 2 期。

李艳玮，李燕芳，刘丽莎　2012　家庭收入对儿童早期语言能力的影响作用及机制：家庭学习环境的中介作用，《中国特殊教育》第 2 期。

李宇明　2018　扶贫语境话推普，《语言文字周报》9 月 6 日第 1 版。

李宇明　2018　修筑扶贫脱贫的语言大道，《语言文字周报》8 月 1 日第 1 版。

李宇明　2019　语言减贫的理论与实践（代主持人语），《云南师范大学学报（哲学社会科学版）》第 4 期。

李宇明，黄　行，王　晖，等　2018　"推普脱贫攻坚"学者谈，《语言科学》第 4 期。

李宇星　2018　文化背景异质性对劳动者工资收入的影响——基于方言视角的研究，《经济论坛》第 2 期。

刘国辉　2013　中国的外语教育：基于语言能力回报率的实证研究，山东大学博士学位论文。

刘国辉，张卫国　2016　中国城市劳动力市场中的"语言经济学"：外语能力的工资效应研究，《山东大学学报（哲学社会科学版）》第 2 期。

刘　璐　2009　农村留守幼儿言语能力发展问题研究，华中师范大学硕士学位论文。

刘　泉　2014　外语能力与收入——来自中国城市劳动力市场的证据，《南开经济研究》第 3 期。

刘　艳　2019　推普脱贫中的语言交换行为分析——基于安徽省某贫困地区的语言调查，《语言战略研究》第 1 期。

刘　焱，秦金亮，潘月娟，等　2012　学前一年幼儿入学语言准备的城乡比较研究，《教育学报》第 5 期。

刘毓芸，徐现祥，肖泽凯　2015　劳动力跨方言流动的倒 U 型模式，《经济研究》第 10 期。

刘志军，陈会昌　2005　7 岁儿童语言表达的影响因素分析，《心理科学》第 5 期。

吕君奎　2013　通用语言、小语种语言与少数民族就业问题研究，《新疆大学学报（哲学人文社会科学版）》第 1 期。

吕晓玲　2018　语言教育：助力精准扶贫，《济南日报》11 月 6 日第 A04 版。

潘昆峰，崔　盛　2016　语言能力与大学毕业生的工资溢价，《北大教育评论》第 2 期。

秦广强　2014　进京农民工的语言能力与城市融入——基于适应性区群抽样数据的分析，《语言文字应用》第 3 期。

饶峻妮，旃媛媛，王丽娜，等　2018　孟连县"直过民族"脱贫攻坚国家通用语言文字推广帮扶途径探讨，《西南林业大学学报（社会科学版）》第 1 期。

申夏惠，曹爱华，李沙沙，等　2018　语言发育迟缓儿童的影响因素及综合干预疗效研究，《中国儿童保健杂志》第 12 期。

沈　骑　2015　学第二外语，你该有"投资"新理念，《文汇报》11 月 20 日。

沈卓卿　2014　论社会经济地位对儿童学业发展的影响，《教育研究》第 4 期。

盛春媛　2019　论语言扶贫在脱贫攻坚中的作用——评《语言经济学导论》，《新闻爱好者》第 7 期。

石　琳　2018　精准扶贫视角下少数民族地区国家通用语言文字普及深化的策略，《社会科学家》第 4 期。

史维国　2018　语言扶贫是新时期普通话推广的重要使命，《中国社会科学报》10 月 16 日第 3 版。

史维国，刘昕怡　2019　少数民族地区语言扶贫效应研究，《哈尔滨师范大学社会科学学报》第 2 期。

宋晓敏　2011　对话式阅读对低收入家庭儿童叙事能力的影响，首都师范大学硕士学位论文。

宋占美，阮　婷　2012　美国处境不利儿童补偿教育政策及其对我国的启示，《学前教育研究》第 4 期。

田光辉，杨庚梅　2019　湖南易地扶贫搬迁移民社区语言和谐问题研究，《知识经济》第 6 期。

田学军　2019　聚焦推普脱贫 推进语言文字事业全面发展,《语言文字报》5月22日第1版。

王博雅,李珊珊,岳　爱,等　2019　我国西部贫困地区儿童早期语言发展现状及影响因素分析,《华东师范大学学报(教育科学版)》第3期。

王春辉　2018　精准扶贫需要语言教育协力,《中国社会科学报》3月6日第3版。

王春辉　2018　论语言因素在脱贫攻坚中的作用,《江汉学术》第5期。

王春辉　2019　语言与贫困,《语言战略研究》第1期。

王春辉　2019　语言与贫困的理论和实践,《语言战略研究》第1期。

王春辉　2019　中华人民共和国语言扶贫事业七十年,《云南师范大学学报(哲学社会科学版)》第4期。

王春梅,吕元霞,洪黛玲　1994　儿童语言发展影响因素的调查与分析,《中国优生优育》第3期。

王海兰　2012　个体语言技能资本投资研究,山东大学博士学位论文。

王海兰　2018　深化语言扶贫 助力脱贫攻坚,《中国社会科学报》9月11日第3版。

王海兰　2018　语言人力资本推动经济增长的作用机制研究,《语言战略研究》第2期。

王海兰　2019　国内经济学视角语言与贫困研究的现状与思考,《语言战略研究》第1期。

王海兰　2019　"三区三州"地区普通话能力的收入效应研究——以西藏自治区波密县的调查为例,《云南师范大学学报(哲学社会科学版)》第4期。

王海兰,宁继鸣　2012　语言技能:作为人力资本的经济学分析框架,《制度经济学研究》第1期。

王浩宇　2019　藏族青年语言能力与社会经济地位关系调查研究:以天祝县为例,《语言战略研究》第1期。

王　娟,鲍　玲,杨　洋　2017　母亲的受教育水平与儿童叙事能力的关系:语言支架的中介作用,《中国临床心理学杂志》第2期。

王　娟,沈秋苹　2017　家庭读写环境对儿童词汇发展的影响——母亲语言支架的中介效应,《中国临床心理学杂志》第 4 期。

王美芬,张　萍　2005　流动人口儿童语言能力影响因素分析,《中国妇幼保健》第 3 期。

王　晓,黄　晖,乐宝珍,等　2009　家庭环境因素与流动人口学龄前儿童图片词汇测试结果相关因素分析,《中国儿童保健杂志》第 3 期。

王兆萍,马小雪　2019　中国少数民族劳动力普通话能力的语言收入效应,《西北人口》第 1 期。

吴　华　2011　农村不同语言发展水平儿童家庭文化资本的研究,东北师范大学硕士学位论文。

熊　毅　2016　外语学习能力与高校毕业生收入的经济效应分析,《当代职业教育》第 8 期。

徐现祥,刘毓芸,肖泽凯　2015　方言与经济增长,《经济学报》第 2 期。

许静荣　2017　家庭语言政策与儿童语言发展,《语言战略研究》第 6 期。

杨晨晨,刘云艳　2017　可行能力理论视域下早期儿童教育扶贫实践路径建构,《内蒙古社会科学》第 6 期。

尹　静　2017　流动学前儿童语言生态环境亟待改善,《光明日报》内参,12 月 25 日第 3 版。

尹　静　2019　家庭社会经济地位对儿童语言发展的影响,《学前教育研究》第 4 期。

英吉卓玛,张俊豪　2016　语言经济学视角下藏族大学毕业生藏汉双语水平与收入的相关性研究——以青海省 T 县藏族大学毕业生为例,《民族教育研究》第 3 期。

余咏思　2019　"三大工程"全向发力　推普助力脱贫攻坚,《语言文字报》6 月 5 日第 1 版。

曾从周　2014　家庭嘈杂度对学前儿童语言和执行功能的影响——基于留守和非留守儿童的研究,河南大学硕士学位论文。

曾维秀,李　甦　2006　儿童叙事能力发展的促进与干预研究(综述),《中国心理卫生杂志》第 9 期。

张　　惠　2013　家庭文化资本与幼儿语言发展水平的关系研究，首都师范大学硕士学位论文。

张建磊　2014　作为人力资本的语言技能研究对外语教育的启示，《重庆第二师范学院学报》第1期。

张　　洁　2019　语言扶贫视域下的儿童早期语言发展干预策略及实践，《云南师范大学学报（哲学社会科学版）》第4期。

张　　洁　2019 国外贫困与儿童语言发展研究的回顾与展望，《语言战略研究》第1期。

张维佳　2016　成长环境对农村留守幼儿语言发展的影响——农村2—7岁留守幼儿语言发展个案分析，中原工学院硕士学位论文。

张卫国　2017　《语言的经济学分析：一个基本框架》，北京：中国社会科学出版社。

张卫国　2018　作为人力资本、公共产品和制度的语言：语言经济学的一个基本分析框架，《经济研究》第2期。

张卫国，刘国辉，陈屹立　2007　语言与收入分配关系研究评述，《经济学动态》第7期。

张先亮，赵思思　2013　论试论国民语言能力与人力资源强国，《语言文字应用》第2期。

张之红　2019　乡村振兴视角下贫困村推普脱贫存在的问题及改进对策——基于K村的调查，《乡村科技》第15期。

赵　　颖　2016　语言能力对劳动者收入贡献的测度分析，《经济学动态》第1期。

郑妍妍，李　　磊，庄媛媛　2015　全球化与学英语的回报——来自中国微观调查数据的经验研究，《中央财经大学学报》第5期。

中国发展研究基金会　2013　《反贫困与中国儿童发展》，北京：中国发展出版社。

中国发展研究基金会　2017　《中国儿童发展报告2017：反贫困与儿童早期发展》，北京：中国发展出版社。

周端明　2003　普通话推广的经济学分析，《安徽师范大学学报（人文社会科学版）》第4期。

周加仙，王丹丹，章　熠　2018　贫困代际传递的神经机制以及教育阻断策略，《教育发展研究》第 2 期。

周　兢，李晓燕　2010　不同教育背景母亲语用交流行为特征比较研究，《心理科学》第 2 期。

朱维群　2017　把推广普通话纳入扶贫攻坚战，《贵州民族报》9 月 15 日第 A02 版。